应用技术型高等院校物流管理与工程学科统编系列教材

商品与商品养护

主　编　孙宏岭

副主编　刘雨平　袁　清

中国财富出版社

图书在版编目(CIP)数据

商品与商品养护/孙宏岭主编.—北京:中国财富出版社,2016.4(2018.8重印)

(应用技术型高等院校物流管理与工程学科统编系列教材)

ISBN 978-7-5047-6082-1

Ⅰ.①商… Ⅱ.①孙… Ⅲ.①商品养护—高等学校—教材 Ⅳ.①F760.4

中国版本图书馆 CIP 数据核字(2016)第 061269 号

| 策划编辑 | 张 茜 | 责任编辑 | 颜学静 | | |
| 责任印制 | 尚立业 | 责任校对 | 梁 凡 | 责任发行 | 敬 东 |

出版发行	中国财富出版社		
社　　址	北京市丰台区南四环西路 188 号 5 区 20 楼	邮政编码	100070
电　　话	010-52227588 转 2048/2028(发行部)	010-52227588 转 321(总编室)
	010-68589540(读者服务部)	010-52227588 转 305(质检部)
网　　址	http://www.cfpress.com.cn		
经　　销	新华书店		
印　　刷	中国农业出版社印刷厂		
书　　号	ISBN 978-7-5047-6082-1/F・2555		
开　　本	787mm×1092mm　1/16	版　　次	2016 年 4 月第 1 版
印　　张	23.25	印　　次	2018 年 8 月第 2 次印刷
字　　数	537 千字	定　　价	48.00 元

应用技术型高等院校物流管理与工程学科统编系列教材
编 委 会

顾 问

丁俊发　中国物流与采购联合会原常务副会长，中国物流学会原常务副会长

耿富德　河南省物流协会名誉会长，郑州财经学院党委书记

主 任

李庆阳　郑州财经学院常务副院长

沈兴龙　中国财富出版社高级顾问，原副总编辑

副主任

孙宏岭　河南物流学会常务副会长，郑州财经学院教授

赵予新　黄河科技学院工商学院院长，教授，河南工业大学校长助理

编委会成员

李　赞　郑州财经学院院长助理

李建丽　河南交通职业技术学院物流学院院长，教授

周全申　河南工业大学图书馆原馆长，教授

王桂朵　河南牧业经济学院工商管理系主任，教授

杜　泌　郑州财经学院管理系主任

宋之苓　河南牧业经济学院市场营销系主任，教授

田振中　郑州升达经贸管理学院物流管理教研室主任

袁　清　郑州财经学院管理系党总支书记

欧阳菲　河南经济贸易职业学院物流管理教研室主任

潘娅媚　河南工业贸易职业学院经济贸易系副主任

胡久贵　郑州财经学院管理系副主任

刘雨平　郑州财经学院管理系物流管理教研室主任

李海波　郑州大学西亚斯国际学院物流管理教研室主任

汪俊芝　黄河交通学院物流管理教研室主任

王维娜　郑州科技学院工商管理学院物流管理教研室主任

总策划

张　茜　中国财富出版社物流分社副主编，现代物流教材中心副主任

序　言

从 1978 年实施改革开放以来，中华大地发生了翻天覆地的变化，中国进入全球大国行列，成为世界第二大经济体，两个百年的宏伟目标振奋着 13 亿人民为振兴中华而战。但任何事情都得一分为二看待，都得脚踏实地实施。目前，中国社会、经济发展进入新常态，"三期叠加"，其中首要的是改变经济发展方式，开展供给侧结构性改革。中国的人口红利期已过，要转向发展人才红利与人力资源素质红利，所以，以习近平同志为总书记的党中央提出了"教育兴国"与"人才强国"战略。《国家中长期人才发展规划纲要》（2010—2020年）指出，"人才是指具有一定的专业知识或专门技能，进行创造性劳动并对社会做出贡献的人，是人力资源中能力和素质较高的劳动者。人才是我国经济社会发展的第一资源。"中国著名经济学家程思危认为，"经济只能保证我们的今天，科技可以保证我们的明天，只有教育才能确保我们的后天"。教育的发展与改革被提到了战略的高度。为了适应经济社会发展对高等技术应用性人才的迫切需求，教育部提出"引导一批本科高等学校向应用技术类型高等学校转型"，本科高校区分为普通本科与应用本科，这一方向是完全正确的，且已十分迫切。

物流产业作为国民经济基础性、战略性产业，对人才的需求是综合性的，但主要是应用型实战人才。根据教育部的要求和物流业发展的需求，中国财富出版社、河南省物流行业协会及学会、郑州财经学院等高校以及众多物流企业联手，编辑出版"应用技术型高等院校物流管理与工程学科统编系列教材"。这是一个良好的开端，我希望今后所有的物流教材要贯彻启发型、案例型、模块型，以及创新性、实用性、系统性原则。本套教材把理论、案例、实习实训三部分教学内容一体化融通，充分体现了应用型教学特色，是应用型教材的积极探索。这要感谢大家的努力！在此希望本套教材在教学实践中进一步完善、提升，为中国高等应用型物流人才培养做出贡献。

丁俊发

2016 年 1 月

前　言

　　现代物流与传统物流最大的区别之一是后者重储藏、保管，前者重流通。但是，重保管也好，重流通也好，无论商品的库存周转率有多高，从生产到消费仍然存在时间和空间位移，在位移的过程中，无论是运输、储存、包装、装卸搬运还是流通加工及配送等物流环节，哪一个环节都不可忽视商品养护，否则，将会发生质量问题，商品质量的变化等于在增加物流中的损耗。如果销售一个商品的利润为10％，那么需要销售10个同样的商品才能弥补上损耗一个商品的亏损。如果一个物流工作者眼看着商品变质却束手无策，还谈什么物流技术；连一个仓库管理员都做不好，何谈现代物流与供应链管理。现在，物流界常说"零库存"，然而零库存不是不要库存，要库存就要养护。但是，商品养护不仅仅是静态的养护，也包括动态的养护，特别是运输、配送等过程中的变质、污染更应该引起重视，如果一个商品即将到达消费者手中实现其商品价值和使用价值的时候确发生了质变而作为垃圾处理，那么这会比生产商生产一个次品浪费更多的社会资源。

　　本书组织了郑州财经学院、河南工业大学、河南省物流与采购联合会、河南省物资集团公司的专家、学者及在一线从事物流教学、科研及管理的人员参加编写。因此本书具有以下特点：

　　（1）本书在内容上以应用技术为主，基于"大众创新"的需要，将必要的理论知识融入其中，无论是学生就业还是创业，既有其所需要的理论基础，又具有从事商品养护技术与管理的实用技能。

　　（2）本书在结构上是课堂教材、实验实训指导及复习思考题"三合一"，将"学、做、练"融为一体，"课堂、企业、实验室"融为一体，"理论、实践、操作"融为一体，克服了长期以来存在的课堂教学与企业实践脱节，课堂教学与实验实训脱节，实验实训与企业实践脱节。同时每章开始有引导案例、结束有案例分析，突破了单一的传授知识模式。

　　（3）本书参编人员是由高等院校、行业协会及物流企业相关人员组成，针对应用技术型物流类专业人才培养的特色和学生就业或创业的特点选取素材，进行编写。宗旨是强化学生分析问题解决问题的能力，同时也培养了学生爱岗敬业、诚信等综合素质。

　　本书作为高等院校应用技术型物流管理与工程学科相关专业本科和专科教材，同时也适用于电子商务、市场营销、国际贸易、连锁经营等专业选用教材，也可用作物流企业员工培训教材。

本书第一至第四章由袁清编写，第五、第十章由韩国山编写，第六、第七、第十一、第十二、第十五章由刘雨平编写，第八、第九、第十三、第十四章由张小蒙编写，毕国海、李鹏等同志也参与了资料的收集和部分章节的编写工作，全书由孙宏岭教授任主编，刘雨平、袁清两位老师任副主编。在编写过程中得到郑州财经学院和中国财富出版社领导的大力支持，深表感谢！由于时间仓促，水平有限，书中不妥之处诚请同行给予批评指正！

编　者

2015 年 8 月

目 录

第三篇　商品养护实务

第一篇

基 础 知 识

第一章 绪 论

知识目标

1. 了解商品的基本特征。
2. 理解并掌握现代商品的概念及其构成。
3. 掌握商品使用价值的本质。
4. 熟悉商品学的研究对象和主要研究内容。
5. 了解商品养护与商品养护技术。
6. 理解商品养护的目的与任务。
7. 掌握商品养护的基本策略。

技能目标

1. 能够阐明某个具体商品的功能（或效用）、商品体、有形附加物、无形附加物，并分析它们之间的关系。
2. 能够区别商品养护基本策略中的"防"与"治"，并在实施过程中努力做到防治结合。
3. 能够分析判断不同商品质量变化的多种形式，为实施商品的科学养护奠定良好的基础。

引导案例

在日常生活中，商品的类型多种多样。我们所熟悉的服装、鞋帽、烟酒、糖茶、医药、化妆品、家用电器，以及节日燃放的烟花爆竹等，它们中有的怕霉、怕潮，有的怕热、怕冻，还有的易燃、易爆。在商品储运过程中，影响其质量变化的因素很多。比如空气的温度，油毡、复写纸、各种橡胶制品及蜡等，这些商品怕热，如果储运温度超过一定要求就会发黏、熔化或变质。医药针剂、口服液、墨水、乳胶、水果等，若储运过程中温度过低，则会使商品冻结、沉淀或失效；而水果储藏在1℃比在4℃～5℃储藏时寿命要延长1倍，但储藏温度过低，则又会引起果实冻结或发生生理失调，也会缩短其储藏寿命。再比如空气的湿度，由于商品本身含有一定的水分，如果空气相对湿度超过 75％，吸湿性的商品就会从空气中吸收大量的水分而使含水量增加，这样就会影响到商品的质量。如食盐、糖、洗衣粉等出现潮解、结块；服装、药材、糕点等发霉、变质；金属生锈等。但空气相对湿度过低（低于 30％），也会使一些商品的水分蒸发，从而影响商品质量，甚至失去使用价值。如皮革、香皂、木器家具、竹制品的开裂等。

商品在储运期间，宏观上处于静止状态，但商品本身不断发生各种各样的运动变化，这些变化都会影响到商品的质量。商品养护技术，就是要通过分析不同商品的特性，掌握其变化规律，从而采用科学的防治技术，有效控制其储运条件，避免其由量变发展到质变。

思考：

1. 实施商品养护究竟有什么意义？
2. 观察家用冰箱的温度与所储物品特性。

商品在人们的生活中随处可见，那么所有的物品都可以定义为商品吗？有时即使我们选购了称心如意的商品，但当商品到达我们的手中时，商品质量却可能会发生各种各样的变化，甚至造成商品损失。本章内容就是要帮助我们正确理解"商品"的概念和特征，把握商品学的研究对象，研究商品在物流过程中的变化规律及其防治。通过本章的学习，对商品、商品学的研究内容有一个基本的认识，明确商品养护的目的、任务与基本策略。

第一节　商品与商品学

一、商品的本质

（一）商品的概念

1. 商品的概念

商品是人类社会生产力发展到一定历史阶段的产物，剩余产品的出现和产品所有权的交换促使了商品的形成。所谓商品是指用来交换，并能满足人们某种需要的劳动产品。对此，《资本论》与《辞海》中都有非常经典而全面的解释。马克思在《资本论》中提出："商品首先是一个外界的对象，一个靠自己的属性来满足人的某种需要的物。"也就是说商品是供别人消费，而不是供生产者或经营者自己消费的劳动产品。中国《辞海》中对商品作出了如下解释："为交换而生产的劳动产品，具有使用价值和价值二因素。供自己消费而生产的劳动产品不是商品，为他人生产，但不经过交换的劳动产品也不是商品。"商品是使用价值和价值的统一体，其使用价值是价值的物质承担者，具有满足人们某种需要的属性，构成了社会财富的物质内容，是商品学学科所研究的重点内容。而商品的价值是商品的社会属性，人们按照价值进行商品交换，即交换各自的"劳动"，它是经济学研究的重要范畴。

从商品概念所涵盖的范围来看，商品有狭义和广义之分：狭义的商品特指用于交换，能够满足人们某种需要的有形产品；广义的商品既包含有形产品，也包含无形产品，如知识、技术、信息、服务、劳务等。

2. 商品特征

（1）商品必须是劳动产品。即通过人类的劳动创造出来的产品，是人类一般劳动的结晶。天然的阳光、空气和水不能称之为商品；而当这些天然物质经过人们的劳动生产加工并用于交换后，则又可转化成为商品。随着社会经济的发展，商品的内涵不断延伸，它既可以是有形的物质产品，也可以是无形的精神产品，如知识、技术等。

（2）商品必须能满足人们和社会的某种需要。这里强调了商品使用价值的属性，即商品的有用性。使用价值是由商品本身能满足人们某种需要的属性所形成的，它包括商品的自然属性和社会属性两部分，体现了人们的明确需要和隐含需要。失去了使用价值的劳动产品，如伪劣品、废弃品等劳动产品均不能视为商品。

（3）商品必须用于交换。交换是一种市场化的产物，商品是供别人或社会消费，而不是供生产或经营者自己消费的劳动产品。为自己消费而生产的产品不是商品，为他人生产的产品若不经过交换也不能称之为商品。因为这类劳动产品，只有使用价值而未体现出价值属性，商品是使用价值和价值的统一。

3. 商品分类

从商品的效用性来看，马克思指出："物的效用使物成为使用价值。"随着社会经济的不断发展，商品使用价值的内涵不断丰富，现代商品已经从物质形态的劳动产品，逐步发展到能够满足人们某种社会需要的所有形态，商品的物质性与商品的知识性共同构成了商品的效用性。因此，现代商品学所研究的商品，既包括实物商品，如生产资料商品和生活资料商品，也包括其他形态的商品，如劳务形态的商品、资源形态的商品、知识形态的商品等（见图1-1）。但商品学主要侧重于研究有形的生活资料商品。

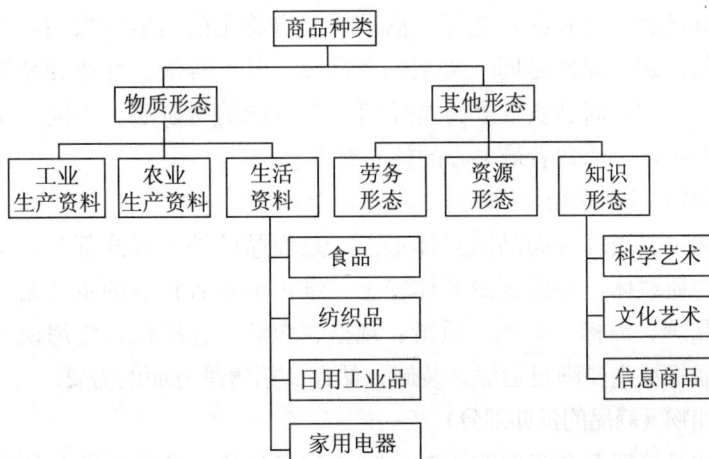

图1-1　商品种类

（二）现代商品的整体概念

随着人们对商品多样化需求的不断提升，经营者不得不站在买方的角度广泛研究消费者的需要。在商品售卖过程中，只有在提供商品体本身的同时，还能从满足消费者的心理利益出发，不断增加商品的附加价值和利益，消费者才乐于接受，产品才能真正转化为现实的商品。因此，经营者必须着眼于现代商品的整体概念来重新审视商品。现代商品的全部内容应包括商品体和它的附加物两大部分，其附加物又可分为有形附加物和无形附加物两类。我们可以通过以下的商品球模型来表示（见图 1-2）。

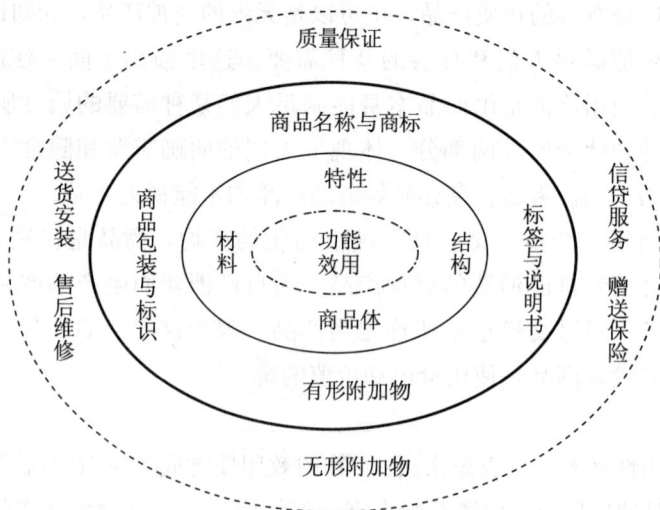

图 1-2　商品球模型

1. 商品体（商品的核心部分）

商品体主要指商品的核心部分，是消费者购买商品时真正追求的核心利益。如购买电视机是要获取其图像和音效的功能，购买洗衣机是为了实现清洗衣物的功能，购买手机是为了满足通信便利的功能等。商品体具有特定的功能或效用，不同商品体的功能具有明显的差别，即使是同一类型的商品体，其在等级、性能和品质上也存在高低、优劣之分，它们在商品质量上的差异满足着不同消费阶层、不同消费需求、不同消费能力的消费者，是消费者最关心的核心要素。

2. 有形附加物（商品的形式部分）

有形附加物主要表现为商品的具体形态，是商品的外在形式部分，也是商品核心部分所依附的物质载体，是保证商品体安全、维护消费者权益的重要组成部分。它主要包括商品的品牌、商标、外观、质量、规格、包装、合格证、使用说明书、保修单等内容，在流通领域主要满足运输、装卸、储存、销售等方面的需要。

3. 无形附加物（商品的延伸部分）

无形附加物是消费者在实施购买时，除了对商品核心及形式部分的需要得到满足之外，还同时获得商品附加价值和利益的需要，它是商品的延伸部分，主要包括在售前、售中和售后阶段所提供给消费者的各种附加服务和利益。如商品信息咨询、优惠或折扣、免费送货及培训、安装调试、售后保证、维修服务、退换/退赔服务承诺等。在市场竞争日益激烈的今天，非价格竞争已成为企业重要的竞争手段，善于开发和利用商品的无形附加物，不仅有利于促进潜在商品向现实商品的转化，而且也有利于企业在同类竞争中站稳脚跟，长期立于不败之地。

二、商品学的研究对象

商品学研究的客体是商品，商品是使用价值和价值的统一体。商品的使用价值则是商品学研究的范畴。商品学就是研究商品使用价值及其变化规律的科学。商品学的研究对象是商品的使用价值及其实现的规律性。

1. 商品的使用价值

商品的使用价值是指商品满足人们某种需要的效用，即商品的有用性。商品的使用价值是由商品体本身的属性所形成的，商品的自然属性构成了其使用价值的物质基础，能满足人们某一方面的直接需要，是商品使用价值实现的前提条件。商品的使用价值主要包括商品的外形、成分、结构、物理性质、化学性质、生物学性质，以及商品在流通与使用过程中，由于自然和社会环境变化对其带来的影响等。因此，商品学必须从商品体的自然属性来研究商品的使用价值。

2. 使用价值实现的规律性

商品处于密切的社会联系中，其使用价值的实现不仅取决于商品的自然属性，还取决于社会对它的需要，通常认为是社会属性或社会适用性。商品的社会属性构成了使用价值的社会基础，是满足社会需要和实现商品交换必不可少的组成部分。因此，商品学的研究对象还必须从自然属性扩展到社会属性。如研究商品的经济性、政治性、区域性、民族性、文化性、艺术性、时代性等的变化规律。我们如果不关注社会、环境变化对商品带来的影响，而盲目地进行生产和经营，尽管商品的自然有用性能够保持，但由于不具备社会适用性，从而不能完成交换过程，造成大量积压和滞销，使商品的使用价值无法实现。

总之，商品的使用价值是商品在一定条件下满足社会需要的自然属性和社会属性的总和，是由商品的自然有用性和社会适用性共同构成的，它是一个动态的、综合性的概念。因此，商品自然属性的相对稳定性和商品社会属性的相对变化性是商品生产的重要决定因素，商品经营者必须准确把握使用价值实现的规律性，不断调整商品结构，促进企业的经济效益不断提升。

三、商品学的研究内容

商品学的研究内容是由商品学的研究对象决定的。从商品学的研究对象来看，商品学的研究内容应以商品体为基础，以商品质量和商品品种为核心，以商品属性不断满足商品交换和消费需要及其他社会需要为主线，围绕商品—人—环境系统，全面、综合、动态地研究商品使用价值及其商品所在系统的变化规律性（见图1-3）。

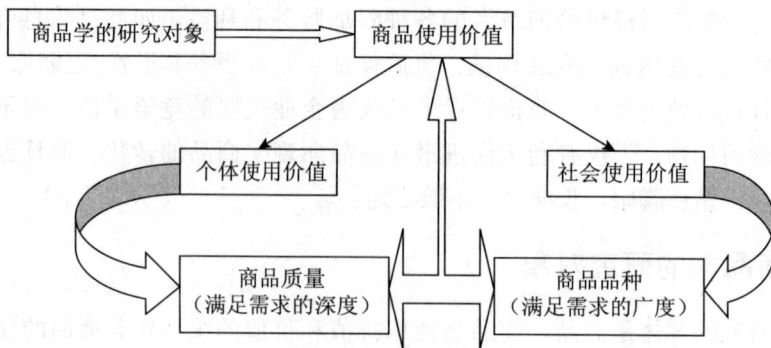

图 1-3　商品学研究内容示意

商品质量和商品品种是商品使用价值在质和量上的不同表现形式，它们之间既有不同的含义，又密切相关。一方面，研究商品质量离不开商品品种，不同的商品品种有不同的商品质量要求；另一方面，研究商品品种也离不开商品质量，商品质量的不同往往反映出商品品种的差异。

商品使用价值在质上的要求主要通过商品质量来体现，商品质量的优劣反映了商品属性满足消费者需求的程度。主要包括商品的成分、结构和性质，商品分类与编码，商品标准与标准化，商品质量及其影响因素，商品质量的检验与评价，商品包装，商品保管与养护，商品的储运，商品与资源、环境的关系等内容。商品品种是一个宏观概念，是具有某种（或某些）共同属性和特征的商品群体。商品使用价值在量上的表现形式主要通过商品品种来体现，商品品种反映了商品属性满足消费者需求的广度。主要包括商品分类、商品品种分析与评价、新产品研发、商品信息管理等内容（见图 1-4）。

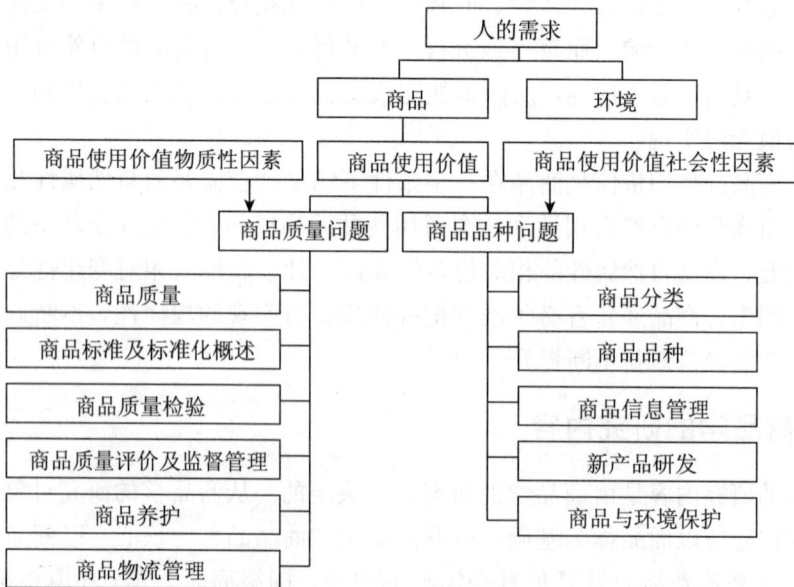

图 1-4　商品学研究脉络示意

第二节　商品养护与商品养护技术

一、商品养护的概念

商品在从供给者向需求者转移的过程中，要经过运输、装卸搬运、流通加工、配送、储存等诸多物流环节，并跨越一定的时间和空间。受内外诸多因素的作用和影响，商品在此期间会发生某些质和量的变化，如果不能得到很好的养护，则会造成惊人的损失。因此，为了使商品在物流活动中的安全得到充分保障，我们必须及时发现并认真分析商品质量产生变化的原因，并有针对性地采取科学、合理的技术方法和管理措施，避免商品的损耗和劣变，以最大限度地减少商品在物流过程中可能带来的损失。

所谓商品养护是指在物流过程中为了保证商品质量、减少商品损耗、防止商品变质所进行的维护和保养。从严格意义上来说，商品从离开生产领域至到达最终用户之前这段时间的保养与维护工作都被称为商品养护。由于这一过程涉及的环节多、时间跨度大、环境复杂，所以商品的养护工作对于商品质量起着至关重要的作用。

二、商品养护的目的与任务

（一）商品养护的目的

商品养护是物流活动中不可缺少的常规性工作，最大限度地降低商品的损耗、保护商品的质量，充分实现商品的使用价值和价值，提高企业经济效益，是商品养护的根本目的。商品养护工作就是要不断研究商品在物流活动中的影响因素、质量发生变化的规律性和安全储存商品的科学养护方法，以积极控制不利因素、努力创造良好的物流环境及条件，从而保证商品的质量，避免和减少商品损耗。

随着我国综合国力的不断增强，国际地位的不断提高，对外贸易的大幅增长，特别是我国人民生活水平的提高，对商品质量要求也越来越高，保证和维护商品质量已成为物流管理工作的重要内容，它关系到产品的声誉和竞争实力。因此，商品养护的重要性日益显现。

进入 21 世纪，科学技术的发展日新月异，新商品如雨后春笋不断涌现，对商品养护也提出了越来越高的要求。因此，需要我们不断加强学习，掌握各种新材料、新产品的特性，及时更新各种新的养护技术和方法，进而推动商品养护技术科学化的进程，有效保证商品质量的安全。

（二）商品养护的任务

商品养护的基本任务是对物流活动中的商品，根据其种类与特性、质量变化规律、危害程度、季节影响等，按轻重缓急分别研究制定相应的技术和措施，保证商品质量不受侵害，以最大限度地避免或降低商品损耗、减少商品损失。

做好商品养护工作，首先必须研究导致商品在物流过程中发生质量变化的主要因素。其一，商品本身自然属性的影响因素，即商品本身的结构、成分和性质，这是影响商品质量变化的内因；其二，商品所处环境的影响因素，如温度、湿度、光照、含氧量、辐射、微生物等，这是引起商品质量变化的外因。

因此，商品养护主要承担着两大工作任务：一是研究商品在物流过程中受内、外因素的影响情况及其引起质量变化的规律性；二是研究保证商品质量安全的科学养护方法，以避免或降低商品损失，保护商品的使用价值和价值，这也是最重要的工作任务。

三、商品养护策略

任何商品只有在一定的时间、一定的条件下保持其质量的稳定性，才能保持其使用价值和价值。因此，在物流的各个环节中，当商品超过了一定的时间，或者各种条件发生变化时，其质量就会发生相应变化，且商品的种类不同，其质量变化的方式、速度、程度也会不同。商品本身的因素和物流环境条件决定了商品质量变化的情况，同时也决定了商品流通的时间界限。越容易发生质变的商品，其对物流条件的要求就越严格。因此，对于易发生质量变化的商品，及时、恰当地进行商品养护就显得尤为重要。

商品养护的基本策略是"预防为主，防治结合"。"防"是为了避免或降低商品在物流过程中的损耗和劣变而采取的积极预防措施。积极主动、合理有效地防范商品质量和数量的变化，把质量事故消灭在萌芽状态，做到防患于未然，可以收到事半功倍的效果。比如，可以采取控制温度、湿度、通风、密封、采用新的包装材料和技术等具体措施来实施商品在物流过程中的有效控制。"治"是指商品出现轻微质量问题后的及时救治，是一种亡羊补牢的方法，也是在商品将面临更大损失时所采取的挽救措施。相对于"防"而言，"治"是被动的、迫不得已的。如轻微霉变后的晾晒、金属锈蚀后的除锈等均属于"治"的具体措施。"防"和"治"是物流商品养护不可缺少的两个方面。其中"防"更为主动，能达到最大限度地保护商品质量、降低商品损失的目的，因此要做到防得早、防得好，防控预案要细致周密，并渗透到物流活动的各个环节。

在实施商品养护的过程中，还要特别注意预防火灾、爆炸、燃烧、污染等恶性事故和大规模损害事故的发生，做好排查，及时发现和消除事故隐患。当损害现象不慎发生时，要及时采取有效措施，防止损害进一步扩大，尽可能减少商品损失。

四、商品养护技术

在物流活动过程中，由于商品的种类繁多、材料构成千差万别、自然属性各异、环境条件复杂多变，因此，商品质量的变化形式也是多种多样的，如变形、破碎、霉腐、虫蛀、鼠咬、锈蚀、挥发、溶化、熔化、渗漏、聚合、裂解、老化、干裂、萎缩、燃烧、爆炸等。那么商品养护就必须根据这些变化的不同原理来探讨科学的养护措施。

商品养护技术是研究商品在物流过程中的质量变化规律，并采用科学的方法进行有效防治的技术，即以影响商品质量变化的因素为出发点，针对影响商品质量变化的内、外因素分析，采取切实可行的管理措施，对商品进行的保养和维护。

商品养护技术是融合了多种学科的综合性应用学科，它与物理学、化学、微生物学、昆虫学、气象学、机械和电子等诸多学科密切相关。由于受到其他学科技术发展的影响，需要不断将这些相关学科的新理论、新技术应用于商品养护，因此，商品养护学也是一门不断发展的学科，它将伴随着其他学科的发展而不断完善。

由于商品养护技术具有很强的实践性和应用性，我们必须针对商品的特性，在理论的指导下，不断探索、总结，逐步发展完善，保证商品在物流活动中的质量安全，从而为社会创造更高的经济效益和社会效益。

第三节 案例分析

案例一：

商品的使用价值

猪肉是人们经常食用的一类食物，而对有些人来说，却无食用价值；中山服原来为我国的国服，而现在流行的是休闲服、西服等；灯具已大大突破了照明这一效用，而以其艺术性成为美化生活的一部分。无氟冰箱、无磷洗衣粉、可降解塑料、低噪声家电和绿色食品越来越受到人们的青睐。世界卫生组织一直推荐使用含氟牙膏来预防龋齿，这是由于氟是一种坚固骨骼和牙齿的物质。目前国内含氟牙膏的使用已经非常普遍，不少厂家也把"含氟"牙膏作为卖点进行广泛宣传。但在不同地区的生态环境中，氟的含量高低却不尽相同，人体吸收过量氟后会引发中毒反应，最主要的病症就是氟斑牙和氟骨症。由此可知，含氟牙膏并非人人都适用。

（资料来源：http：//wenku. baidu. com/link？url＝C31pW6PgYbKmHmSuIBBRiflpv7LJvirDXz4CZnVy9OilQTSyzg67LNXgenboiX3UtybUwWt‐hGoup267XuBr3QdE‐4dFliF＿NPnrgAUvX＿）

分析：根据以上资料，试分析商品学的研究对象及研究内容。

案例二：

袋装牛奶的坏包问题

（1）苦包：牛奶的乳香味主要是通过其营养成分体现的，如蛋白质、脂肪、乳糖等。除了这些主要的营养成分外，牛奶中还有一些微量的有机物，如各种酶等。尽管酶的数量微小，但它的存在对牛奶的影响却很大。苦包即纯牛奶味道发苦，这是由牛奶内含的酶类有机物引起的。牛乳经超高温灭菌后，酶钝化、失活，但如果在储藏、运输中受撞击或在高温暴晒等外界刺激下，失活的耐热酶可能被激活，产生一些苦味的氨基酸、脂肪酸等。如果喝到这样的苦奶不必担心，氨基酸等对人体无毒无害，但建议不要继续饮用。

（2）酸包：纯牛奶口味发生明显变化，变酸、有异味，这是由于产品包装不严密，微生物入侵牛奶经发酵作用产生的。另外，由于酶的复活，也会使牛奶酸度升高而形成酸包。这种情况下，饮用就可能会造成腹泻。

（3）胀包：胀包的牛奶一定是酸包，其外观各方凸鼓、形状不规则，敲击发出内空声音，一般在生产后五天之内未被发现，应属后期原因所致，如温度过高或变化过于频繁、运输碰撞、摩擦、野蛮装卸等。

酸包、胀包的牛奶对人体有害，不能饮用。

（资料来源：http：//www. enjoymilk. blog. sohu. com）

分析：试从商品养护的角度解析袋装牛奶的坏包问题。

案例三：

微冻对虾保鲜效果好

南美白对虾、斑节对虾等虾类食品，是营养丰富、味鲜物美，人们喜食的水产品。因其富含蛋白，在常温中较容易腐败变质，造成资源的浪费，捕捞和养殖对虾不能很好地全部利用；而采用冷冻、冻藏方法，保鲜时间不长，易在冷藏过程中变质。

据了解，美国和国际上一些研究机构所采用低温保存方法，成本较高，不适合于对虾的保鲜。

南极鱼类在低温中仍能保存生命体的机理，这是因为，在温度下降时，有些鱼类如鳕鱼，其血液中含有一种特殊的抗冻蛋白。有些动物在温度下降时，会增加体内细胞多糖类物质以抗冻，而且会在动物体表层结成微冻状冰，以冻抗冻。从而，体内细胞不会因外界温度下降而导致冰结晶冻胀破裂，生命体得以保持，在温度上升时复苏、复活。

根据生物以冻抗冻的机理，发明者经过4年研究和实验，总结出了更为先进的微冻技术。在实验中，泥鳅、鲫鱼经微冻后，解冻均能复活；对虾和鱼经体细胞切片检验，细胞壁保存完好，解冻时无可溶性蛋白和细胞原生质外渗现象，故解冻水清澈洁净。

经微冻后的对虾，再经过冷处理，放置在－18℃的冷库中冷藏，最长时间存放24个月，保鲜达到国家虾类一级鲜度标准。此前采用该技术经批量生产存放6个月的对虾，解冻后达到鲜虾头尾完整，有一定的弯曲度，虾体较挺，呈青白色，半透明不发红，外壳有光泽，稍湿润，煮熟后呈红色，味香浓，虾体具弹性，弯曲，具有活虾的相似品质。这说明，微冻技术用于虾类保鲜取得水产品保鲜科技上的重大突破。

采用微冻技术加工的微冻对虾，无化学防腐剂，属纯天然健康食品。据介绍，这种微冻技术还可应用到肉类、水果等方面的保鲜。

（资料来源：中国农业网，http：//www. zgyy. com. cn）

分析：结合此案例，请分析商品养护技术及其创新。

第四节 实习实训指导

一、实训的性质与目的

商品与商品养护学是一门应用科学，其理论性和实践性都较强、应用面较广。适用于物流类各专业，尤其对应用型本科层次物流管理与工程学科各专业具有更强的指导意义。结合本章内容，通过实习实训活动的开展，促使学生理论联系实际，培养学生的专业基础素质，使学生正确认识和分析商品学的研究对象及研究内容，掌握并积极探索各类商品的基本特性及在物流过程中发生质量变化的规律性，激发学生努力采取相应的商品养护技术措施，以有效维护商品在物流过程中的质量，保护商品的使用价值。

二、实训的目标

1. 在大型商场中随机抽取商品，学生能够准确分析具体商品的功能（或效用）、商品体、有形附加物、无形附加物，并分析它们之间的关系。

2. 初步培养学生在日常生活和工作中对商品的正确理解，能够将商品知识运用到日常管理活动。

3. 认识并分析不同商品质量变化的多种形式，树立商品养护意识，学生在实施过程中应努力做到"防""治"结合。

4. 启发和鼓励学生自主学习，自己探索，培养学生独立学习、善于思考和勇于创新的能力。

三、实训项目内容

参观附近大型商场，对其中的商品及其养护措施进行市场调查。

四、实训任务

1. 以具体商品为例，试说明其功能（或效用）、商品体、有形附加物、无形附加物，并阐述它们之间的关系。

2. 参观大型商场后，试从商品养护的角度谈谈对你的启示？

3. 学生认真总结，按要求完成实训报告。

实训报告模板

学生姓名		专业班级		学号	
课程名称			实训时间		
实训内容					
实训记录	基本要求：写清实训目的、实训要求、实训任务、实训步骤（简要）、实训过程、实训结果等内容。				
实训收获	通过实训，学生应取得如下收获： 1. 通过实训掌握了哪些知识点？ 2. 通过实训，在对商品的认知方面有何提高？ 3. 通过实训培养了哪些意识？ 4. 通过实训提高了哪些技能？ 5. 通过实训提升了哪方面的能力？ 6. 通过实训积累了哪些经验？				
指导教师对学生实训过程的表现进行简要记录			指导教师签名 年　　月　　日	成绩评定	

五、实训操作要点

1. 工具准备及要求。实训前学生应带好笔、记录本、通信工具、摄影器材等实训所需的相关材料，并选择管理规范的大型超市，按时到达指定地点，积极参与实训活动，不得无故旷训。

2. 知识准备。要求学生提前回顾本章所学内容，掌握相关知识点。

3. 实训开展。进入商场随机抽取商品，按要求对该商品进行认真观察和记录。

4. 课后作业。实训结束后，学生应按指导教师的要求全面总结，认真完成实训报告，不得抄袭。

六、考核评定

指导教师应结合学生的课堂表现、实训态度、实训表现，根据学生实训报告的撰写质量，公平公正地对学生本次的实训成绩给予评定。实训成绩满分 100 分，其中课堂表现占 20%，实训态度及表现（可根据学生遵纪守法、学习态度等）占 40%，实训报告质量占 40％。以上三项累加后，按优秀（90～100 分）、良好（80～89 分）、中等（70～79 分）、及格（60～69 分）和不及格（59 分以下）五个等级评定。

复习思考题

一、概念题

1. 商品体
2. 有形附加物
3. 无形附加物
4. 商品的使用价值
5. 商品养护

二、选择题

1. 商品学研究的核心内容是（　　　）。

A. 商品使用价值　　　　　　　　　B. 商品价值

C. 品种、质量及其相关内容　　　　D. 宏观及微观管理

2. 商品是具有使用价值的（　　　）。

A. 劳动产品　　　B. 社会产品　　　C. 工业品　　　D. 农产品

3. 商品的使用价值就是商品的（　　　）。

A. 功能　　　　　B. 有用性　　　　C. 价值性　　　　D. 价格

4. 某些天然物品，如（　　　）等，虽然具有使用价值，但因其不是劳动产品，所以不能称为商品。

A. 阳光　　　　　　　　　　　　　B. 空气

C. 雨水　　　　　　　　　　　　　D. 原始森林

5. 商品的无形附加物有（　　　）等。

A. 送货上门　　　　　　　　　　　B. 免费调试

C. 使用说明书　　　　　　　　　　D. 售后维修

6. 下列项目中，可能成为商品学研究内容的是（　　　）。

A. 商品质量　　　　　　　　　　　B. 商品标准

C. 商品检验　　　　　　　　　　　D. 商品包装

三、填空题

1. 商品学是研究_____的科学。

2. 商品学的研究对象是_____。

3. 商品的使用价值属于_____研究的范畴。

4. 商品的整体概念主要包括_____、_____和_____三个层面的内容。

5. 商品养护的基本策略是_____。

四、简答题

1. 商品具有哪些不同于物品、劳动产品的特征？

2. 商品整体概念由哪些要素组成？

3. 简述商品学的研究对象及研究内容。

4. 如何正确理解商品使用价值的本质？商品学如何研究商品使用价值？

5. 简述商品养护的目的。

6. 商品养护应采取何种策略？

第二章　商品分类与编码

知识目标

1. 了解商品分类和商品编码概念以及国内外主要的商品分类与编码标准。
2. 理解商品分类与商品编码的意义与原则。
3. 熟悉常见的商品分类标志。
4. 能够正确使用商品分类标志。
5. 熟悉商品条码及其应用。

技能目标

1. 能够结合具体的商品实例，用所学的分类标志和分类方法对其进行简单分类。
2. 能够解析具体商品的代码构成及其含义。

引导案例

啤酒与尿布

　　"啤酒与尿布"的故事可以说是营销界的经典段子，打开百度搜索一下，你会发现很多人都在津津乐道于"啤酒与尿布"，可以说 100 个人就有 100 个版本的"啤酒与尿布"的故事。故事的时间跨度从 20 世纪 80 年代到 21 世纪初，甚至连故事的主角和地点都会发生变化——从美国跨越到欧洲。认真地查了一下资料，我们发现沃尔玛的"啤酒与尿布"案例是正式刊登在 1998 年的《哈佛商业评论》上面的，这应该算是目前发现的最权威报道。

　　"啤酒与尿布"的故事产生于 20 世纪 90 年代的美国沃尔玛超市中，沃尔玛的超市管理人员分析销售数据时发现了一个令人难于理解的现象：在某些特定的情况下，"啤酒"与"尿布"两件看上去毫无关系的商品经常会出现在同一个购物篮中，这种独特的销售现象引起了管理人员的注意，经过后续调查发现，这种现象出现在年轻的父亲身上。在美国有婴儿的家庭中，一般是母亲在家中照看婴儿，年轻的父亲前去超市购买尿布。父亲在购买尿布的同时，往往会顺便为自己购买啤酒，这样就会出现啤酒与尿布这两件看上去不相干的商品经常会出现在同一个购物篮的现象。如果这个年轻的父亲在卖场只能买到两件商品之一，则他很有可能会放弃购物而到另一家商店，直到可以一次同时买到啤酒与尿布为止。沃尔玛发现了这一独特的现象，开始在卖场尝试将啤酒与尿布摆放在相同的区域，让年轻的父亲可以同时找到这两件商品，并很快地完成购物；而沃尔玛超市也可以让这些客户一次购买两件商品、而不是一件，从而获得了很好的商品销售收入。

思考：

1. 从该案例中试分析对商品进行科学分类的重要意义。

2. 请观察超市中商品组合有什么规律及条码的含义。

随着现代科技的发展和进步，商品的升级、换代与创新层出不穷，商品市场的新品种不断涌现。在现代商品市场日新月异的新形势下，商品分类是社会发展的必然结果。对商品进行科学、系统的分类，恰当地编制商品目录，是商品学研究的重要内容之一。将品种繁多的商品条理化，并加以系统地归纳和整理，有助于为研究商品不同群体的特性、准确把握同类商品的养护技术奠定良好的基础。

第一节　商品分类的含义、标志和基本方法

一、商品分类的概念、意义和原则

（一）商品分类的概念

分类是我们认识事物、区分事物的重要方法之一，科学的分类可以把看起来杂乱无章的事物条理化，以服务于人们的各种需求。现代商品种类繁多，特征各异，性能也各不相同，因此对商品进行分类是非常有必要的。所谓商品分类是指根据一定的目的，为满足商品生产、流通、消费、管理等各种需要，选择恰当的分类标志或特征，将商品集合体科学、系统地逐次划分，直至最小单元的过程。

由于不同企业的管理目的、范围和需要并不相同，因此，商品分类的体系和具体层次也会有所不同。目前我国商品分类形成了门类、大类、中类（品类）、小类、品种和细目等层级。我国商业部门统计商品目录分类有 23 个门类（详见表 2-1）。

表 2-1　　　　　　　　　　商业部门统计商品目录分类

顺序码	商品名称	顺序码	商品名称
1	肉食禽蛋类	4	糖业、糕点类
2	耕畜类	5	卷烟类
3	其他类	6	酒类

续　表

顺序码	商品名称	顺序码	商品名称
7	鲜菜类	16	针棉织品类
8	干菜及调味品类	17	百货类
9	盐类	18	文化用品类
10	茶叶类	19	五金类
11	水产类	20	交电类
12	干鲜果类	21	家用电器类
13	纺织品类	22	化工类
14	棉花类	23	其他类
15	蚕丝类			

商品大类体现商品生产和流通领域的行业分工，既要同生产行业对口，又要同流通组织相适应。目前我国商品在门类的基础上又划分为 89 个大类，如五金类、化工类、日用百货类、印刷品类、针织纺织类、钟表类、水产类、食品类等。商品中类即商品品类或品目，是对大类商品的进一步按组别划分，是若干具有共同性质或特征的商品的总称。如在商品的食品大类中又可分为蔬菜和果品、肉和肉制品、乳和乳制品、蛋和蛋制品等商品中类。商品小类是商品中类按照商品的特点、性质等方面的特征所作出的进一步划分，如木质家具、皮革家具、竹、藤家具、金属家具等都属于商品小类。商品品种是按照商品的成分和性能等特征进行的具体划分，反映了商品的具体类型，如白酒、红酒、黄酒、果酒及其他酒等都属于商品品种。商品细目是对商品品种的详尽描述和进一步区分，包括商品的规格、花色、等级等，如 53 度飞天牌茅台酒、12.5％vol 长城牌干红葡萄酒、3.1％vol 崂山牌啤酒等（商品分类层次及实例见图 2-1）。

（二）商品分类的意义

1. 商品分类有利于国民经济各部门的信息化管理

商品的生产与消费涉及国民经济的各个部门，直接影响到国民经济和社会发展。随着信息技术的发展，只有将商品统一分类，才更加有助于国家的统筹规划和管理。商品分门别类地统计资料和数据，为国家的总体规划提供了可靠的依据。

2. 商品分类有利于商品的科学化管理和标准化实施

商品的种类繁多，只有将商品科学分类，在物流活动中的计划、统计、核算、储运、销售、进出口等工作才能顺利进行。同时，随着电子商务、电子数据交换、条码技术、无线射频技术、数据库、网络技术等信息技术的广泛应用，对商品的分类和编码提出了更新、更高的要求，商品分类无疑促进了商品管理的科学化进程。

通过科学的商品分类，可以使商品名称和类别达到标准化和统一化，有效避免了同一商品在生产和流通领域由于商品名称不统一而带来的麻烦。商品分类是编制商品目录的基础,科学、完善地商品分类有助于商品目录的层次化和条理化,为商品的标准化实施创造良好的条件。同时,明确商品的分类方法、品种规格、各种具体商品的技术要求等,都将有助于科学制定各种商品的质量标准。

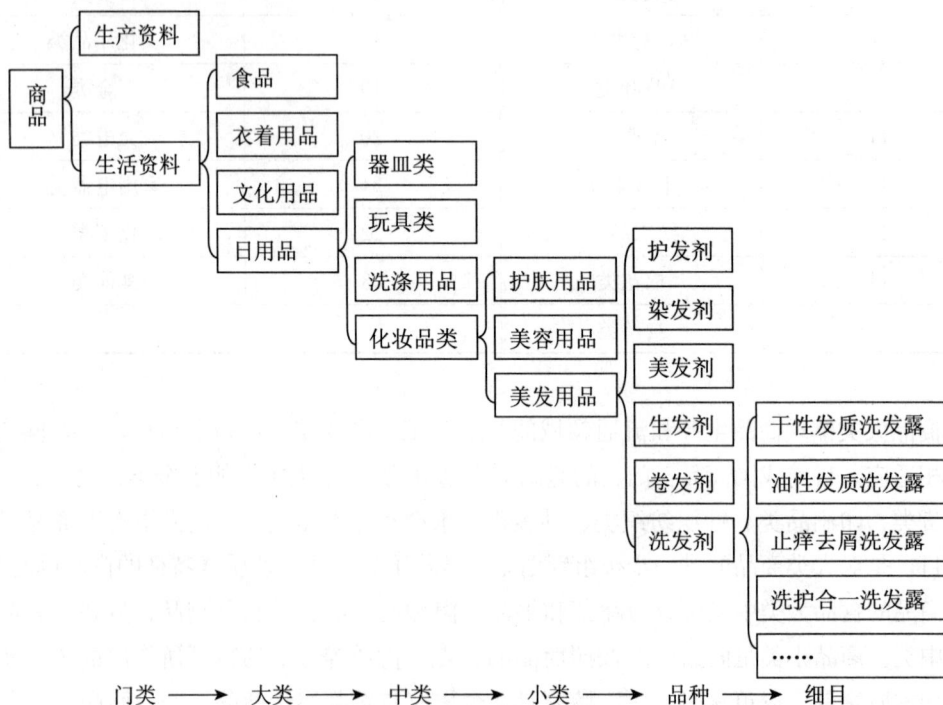

图 2-1   商品分类层次示意

3. 商品分类有利于企业经营管理和消费者选购

科学的商品分类有利于企业经营者实施有效地商品采购管理、储存管理、销售管理,便于及时掌握企业经营业绩,为商品的准确统计和分析、促进经营者的科学决策提供有益的支撑。另外,科学的商品分类也有利于经营者合理地设计和布局商品陈列,特别是对畅销品和促销品地合理分区码放,都将为消费者的选购提供更多的快捷和便利。

4. 商品分类有利于开展商品研究和教学工作

科学的商品分类有利于将个别商品的个性特征归纳整理为某类商品的类别特征,对深入分析商品的性质、全面评价商品的质量、准确把握其变化规律、科学实施商品养护、促进新产品的研发等工作提供科学依据。在教学过程中,商品分类有利于使教学内容更加系统化和专业化,便于学生对知识点的理解和掌握,有利于学生专业能力的有效提升。

(三) 商品分类的原则

1. 科学性原则

商品分类首先应遵循科学性原则,从客观要求出发,商品名称准确、统一,并把握分类对象最本质、最稳定的属性或特征作为分类依据，按照商品分类的具体目的，科学合理地划分分类层级，并保证每个分类层级采用唯一的分类标志，使商品能够明显区分开分类对象，分类条理清晰，确保商品分类体系的唯一性和稳定性。

2. 系统性原则

系统性原则要求以选定的分类对象最本质、最稳定的属性或特征为基础，将其商品总体按照一定的顺序进行系统化排列，使每个分类对象在体系中都占据一个位置，形成一个合理的科学分类系统。系统性体现了单个商品与商品整体及其彼此之间的关系，是商品分类的关键。

3. 实用性原则

实用性原则是检验商品分类的实践性标准。商品分类既要满足国家商品管理系统的要求，也要满足各行业商品管理系统的实际需要。物流活动中的商品分类就是能够充分满足商品科学化管理的需要。符合实际需要的商品分类可以提高物流活动的效率，更好地为商品经营者和消费者提供服务。沃尔玛以消费者购买行为作为分类标志，灵活地将"尿布与啤酒"组合，创造了独特的经济效益。随着科学研究的进一步深入，多学科地有效融合，将会有更多新的分类标志引入经营管理活动中。

4. 兼容性原则

兼容性是指相关的各个分类体系之间应具有良好的对应与转换关系。建立新的商品分类体系要注意与原有分类体系保持一定的连续性，并充分考虑到与国际通用分类体系的对应和协调，使相关分类体系能够相互衔接、查询和对比。

5. 拓展性原则

商品分类应满足商品不断发展、更新和变化的需要。在建立新的商品分类体系时，应预先设置收容类目，留有足够的扩展空间，以确保新商品的列入不会打乱原有分类体系，并为下一级分类子系统的延展和细化创造条件。

二、商品分类的标志

商品分类标志是编制商品分类体系和商品目录的重要依据和基准。按其适用性的差异可以分为普遍适用分类标志和局部适用分类标志。普遍适用分类标志是按照所有商品种类共有的特征、性质、功能等为依据来划分的，如产地、形态、体积、用途、原材料、加工方法等，常用于商品大类、中类、小类等具有高层次类目的分类标志；局部适用分类标志是按照部分商品共有的特征为依据来划分的，是一种特殊的分类标志，如化学成分，包装形式，动植物部位、颜色、形状，播种、收获季节，电器商品的功率等，常用于某些商品小类、品种、细目等低层级类目的分类标志。

（一）选择商品分类标志的基本原则

由于在实际活动中商品分类的目的不同，所依据的分类标志也会有所区别，我们无法找到一种能够包罗所有商品的分类标志。同时，随着科学技术的不断进步，新材料、新产品不断涌现，逐步扩大的商品经营范围也很难使商品的分类保持一成不变。

但是，商品分类要注意保持相对的稳定性和连贯性，没有科学依据、随意制定的商品分类标志，则会给物流活动造成各种混乱局面，因此，选择商品分类标志还必须遵循一定的原则。

1. 目的性原则

不同的分类标志具有不同的适用性。分类标志的选择必须保证在此基础上建立起的分类体系能够满足商品分类的目的和要求，这是商品分类的关键。

2. 包容性原则

包容性原则要求分类标志的选择必须做到能够包容所分类的全部商品，并能为不断补充新商品留有余地。

3. 区分性

区分性原则强调分类标志要清晰而明确，并保证能够从本质上将不同类别的商品明显区分开来。

4. 唯一性原则

在选择商品分类标志时，同一类别的商品只允许对应一个分类标志，并能从本质上反映出各商品的不同特性，绝不可同时采用两种或两种以上的分类标志；体系内的同一层级范围内只能采用同一种分类标志，以免多种分类标志下引发子项互不相容的混乱局面。

5. 逻辑性原则

在商品分类体系中，要求上下层级的隶属关系和同一层级的并列关系具有一定的逻辑性。因此选择分类标志时，还要注意使分类体系的下一级分类标志成为上一级分类标志的合理继续和延伸。

6. 便捷性原则

分类标志的选择必须保证建立起的商品分类体系在具体应用中便于操作，易于使用，以便更好地采用数字编码和运用计算机技术进行数据处理。

（二）常见的商品分类标志

由于选择的分类标志不同，所进行的商品分类形式也会有所不同。在此，介绍以下几种最为常见的分类标志。

1. 以商品用途为分类标志

商品用途是体现商品使用价值的重要标志，也是实现商品使用价值的基础，它与消费者的需要密切相关，同时还常常作为研究商品质量、商品品种，乃至进行商品研发的重要参考依据。以商品用途作为分类标志，不仅适用于对商品大类的划分，而且也适用于对商品类别、品种的进一步细分。例如，根据商品用途不同，可分为生活资料商品和生产资料商品；生活资料商品按用途又可划分为食品、衣着用品、日用工业品等；日用工业品可进一步细分为器皿类、洗涤用品类、家用电器类、文化用品类、化妆品类等类别；化妆品类商品还可继续分为护发类化妆品、护肤类化妆品、美容类化妆品等；美发类化妆品又可再细分为洗发剂、护发剂、染发剂、美发剂、生发剂等；

洗发剂还可进一步细分为油性洗发露、中干性洗衣发露、止痒去屑洗发露、洗护二合一洗发露等。目前许多按用途划分的商品类目名称，如食品、纺织品、医药品、化妆品、家用电器、交通工具等均已经成为固定下来的专有名词被广泛使用于现实生产和生活之中。

以用途为标志对商品进行分类，有利于对比具有相同用途商品的质量水平和性能差异，从而不断改进商品质量、扩大品种规格、促进新产品研发，同时也为商品的经营管理、消费者的对比选购提供各种便利条件。目前该分类标志已被广泛采用于商品研究、开发、流通等各个方面，但值得注意的是，对于多用途商品一般不宜采用这种分类标志。

2. 以商品原材料为分类标志

商品的原材料是决定商品质量、性能和特征的重要因素之一。以原材料作为商品分类标志，可以清晰地显示出商品的本质特性，并反映在商品的成分、结构、性能、以及加工工艺、包装形式、储运方式、使用方法、养护技术等方面的较大差异上。例如，纺织品可根据原材料的不同划分为棉织品、麻织品、毛织品、丝织品、化纤织品等类型，不同原料的商品在物流活动中具有不同的要求。

以原材料作为分类标志，特别适用于原料性商品和原料对质量具有较大影响的商品，准确掌握原材料的本质差异可以帮助我们科学高效地管理和控制商品质量。但这种分类标志不适用于由多种原料制成的商品或商品质量及品种特征与原材料关系不大的商品，如电视机、冰箱、汽车等。

3. 以商品加工工艺为分类标志

由于商品加工工艺直接参与到商品质量和品种的形成过程，因此也是决定商品质量和品种的重要因素。许多采用原料相同且具有同一用途的商品，由于加工工艺不同，所形成的商品品种也会截然不同。例如，国际上将茶叶的加工工艺简单分为不发酵、半发酵、全发酵三种形式，则形成了性能和特征完全不同的绿茶（不发酵）、青茶（半发酵）、红茶（全发酵）三种商品。

以加工工艺作为商品分类标志，特别适用于那些选用多种加工工艺会形成不同产品特性的商品。但对于那些虽然选用了不同的加工工艺，但成品性能、特征不会产生实质性区别的商品，如工业合成法和粮食发酵法制成的酒精等，则不宜采用此分类标志。

4. 以商品的化学成分为分类标志

商品的化学成分是形成商品性能、用途及质量变化的决定因素。在一定条件下，商品的化学成分不同，其属性、等级、用途及储运方式等也不相同。由于现代单一成分的商品很少，许多商品性能及质量都取决于它的主要成分或特殊成分。因此，商品的主要成分或特殊成分就成为商品的常用分类标志。例如，按主要化学成分的不同，化肥可分为氮肥、磷肥、钾肥；按塑料制品主要化学成分（合成树脂）的差别，可分为聚乙烯、聚氯乙烯、聚苯乙烯、聚丙烯、有机玻璃、尼龙塑料等。再如，玻璃的主要成为是二氧化硅，按其所含特殊化学成分的不同，可分为钢化玻璃（特殊成分为氧化钠）、耐高温钾玻璃（特殊成分为氧化钾）、防辐射铅玻璃（特殊成分为氧化铅）、硼硅玻璃（特殊成分为硼硅）等；营养护肤品按其所含特殊成分——营养添加剂的不同，也可细分为珍珠营养霜、芦荟营养霜、人参营养霜、貂油营养霜等。

按化学成分进行商品分类，对深入研究商品的性能、等级、质量变化、储运及养护条件等方面都具有非常重要的意义。该分类标志特别适用于化学成分已知，且对商品特性影响较大的商品，但对于化学成分较复杂、稳定性差，易发生变化，以及对商品特性影响不大的商品，则不适宜采用此分类标志。

三、商品分类的基本方法

在对商品进行分类时，通常采用的基本方法有线分类法和面分类法。在实际活动中，往往会将以上两种方法结合起来使用。

（一）线分类法

线分类法是一种传统的分类方法，应用范围非常广泛。线分类法也称层次分类法，是将分类对象按照选定的分类标志，逐次分成若干个层级，每个层级再分成若干个类目，以排列成一个有层次、逐级展开的分类体系（见表 2 - 2）。

表 2 - 2   线分类法样

大类	中类	小类
家具	木质家具 金属家具 塑料家具 竹藤家具	床、椅、凳、桌、箱、架、厨柜

在线分类体系中，通过所选择的分类标志，将分类对象划分为若干门类、大类、中类、小类、品种和细目等层次类目，各类目有专门的称谓，它们之间会形成隶属或并列关系。在这个分类体系中，一个类目相对于它直接划分出来的下一级类目而言，称为上位类，即被划分的商品类目；相反，划分后的类目，即下一级类目相对于被划分的上一级类目而言，称为下位类；而由同一个类目直接划分出来的下一级诸多类目之间，则彼此称为同位类。上位类与下位类之间形成隶属关系，而同位类之间则构成并列关系（见图 2 - 2）。

线分类法的优点主要包括：层次清晰、逻辑性强，信息容量大，在实际信息处理的应用中，既符合手工信息处理的传统习惯，又便于计算机对信息处理的操作和应用。其缺点主要包括：分类结构弹性差，不易添加和扩展新增类目。因此，采用线分法编制商品分类目录时，必须预先留有足够的后备容量。

第一层　　　　　　第二层　　　　　　　第三层

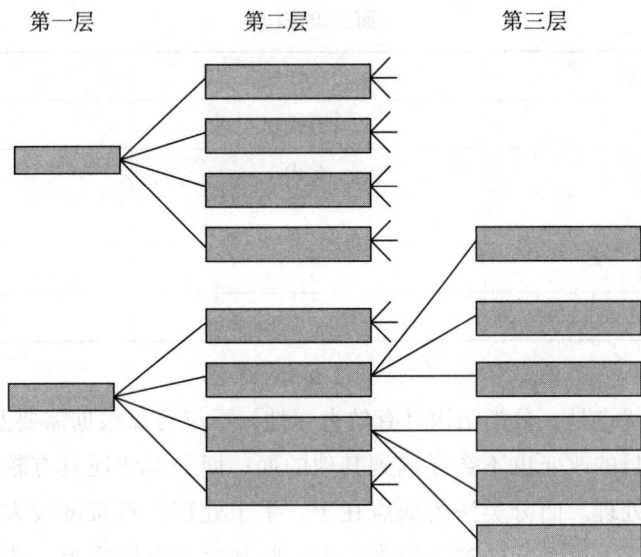

图 2‑2　线分类法结构

（二）面分类法

面分类法又称为平行分类法，是将分类对象按选定的若干分类标志，划分为彼此没有隶属关系的若干组独立类目，每组类目视为一个"面"，每个"面"又可划分出彼此独立的若干个分类类目，然后将各个"面"按一定的顺序平行排列（见图2‑3）。

第一面　　　　　　第二面　　　　　　　第三面

图 2‑3　面分类结构

用面分类法对商品进行分类时，应按照事先规定的排列顺序，将"面"中相应的类目组配在一起，形成一个新的复合类目，用以表示选定对象中的各商品项目。如表2‑3的服装分类就是按照面分类法组配的。将服装的面料、式样、款式三个基本特征分为服装三个独立的"面"，每个"面"又包含若干个独立类目，将这些类目按指定顺序组配，就可以得到诸如纯毛男式西装、纯棉女式连衣裙等不同的复合类目。

表 2 - 3 面分类法样

服装面料	式样	款式
纯棉	男式	中山装
纯毛	女式	西装
真丝		猎装
涤棉		夹克
毛涤		连衣裙

面分类法的优点是：分类结构具有较大弹性，不仅可以根据需要及时增减任何面，而且面内任何类目的改变也不会影响到其他的面；面分类法还具有较强的适用性，方便信息的检索和处理。面分类法的缺点在于：手工处理信息难度较大，而且也不能充分利用容量，客观上可组配的类目很多，但实际却存在空码现象，造成系统代码的闲置和浪费。如表 2 - 3 中真丝男式连衣裙、纯棉女式中山装等复合类目就没有实际意义。

由于商品种类繁多，属性较为复杂，很难只选用某种单一的方法来对商品进行分类，因此，在实际应用中通常将线分类法与面分类法结合在一起使用，一个为主，一个为辅，被称为综合分类法。

四、商品分类目录

商品分类目录简称商品目录，就是在商品分类的基础上，用表格、文字、数字、字母等全面记录和反映商品分类体系的文件形式。商品分类是编制商品目录的基础，商品目录又是商品分类的具体体现。只有按照商品分类原则来编制商品目录，才能使商品条理清晰，有利于商品管理的科学化、信息化和高效化。

由于编制商品目录的主体、对象、目的、内容不同，商品目录也会出现多种不同的类型。我们可以根据需要选择按照用途、目的、产销地区、管理权限或适用范围等的不同标准来划分商品目录类型。现重点介绍根据商品目录编制单位及适用范围对商品目录类型的划分。在这种划分标准下，商品分类目录可分为国际商品分类目录、国家商品分类目录、行业（部门）商品分类目录、企业商品分类目录四类。

（一）国际商品分类目录

随着世界经济一体化进程的加快，各国之间的贸易往来越来越频繁，都需要统一的国际贸易商品分类标准进行衡量。所谓国际商品分类目录是指由权威的国际组织或地区性集团编制的商品目录。目前，国际上通用并广泛采用的国际商品分类目录主要包括：国际关税合作理事会组织制定的《商品名称和编码协调制度》（*The Harmonized Commodity Description and Coding System*，HS）；联合国统计署组织制定的《国际贸易标准分类》（*Standard International Trade Classification*，SITC）；联合国统计署与原欧共体统计部门共同制定的《主要产品分类》（*Center Produc Classification*，CPC）等。

（二）国家商品分类目录

国家商品分类目录是指由国家指定机构编制，在国民经济各部门、各地区进行计划、统计、财务、税收、物价、核算等工作时，必须一致遵守的全国性统一商品目录。

我国国家商品分类目录是为适应科学化、信息化、现代化管理需要，通过国家标准的统一形式对商品进行科学、系统地分类，以实现我国的国内外贸易、经济管理、物流管理等活动的有效运行。如我国现行的国家商品分类目录《全国主要产品分类与代码》（GB/T 7635—2002）。美国的《联邦物资编目系统》（FSC）、日本的《商品分类编码》等都属于国家商品分类目录。

（三）行业（部门）商品分类目录

行业（部门）商品分类目录，是指由行业或其主管部门编制的，在该行业（部门）统一使用的商品目录。如，我国原商业部编制实行的 SB/T 10135—1992《商业行业商品分类与代码》、对外经济贸易部编制的《对外贸易进出口业务统一商品目录》、商检局编制的《商检机构实施检验的进出口商品种类表》等。需要注意的是，行业商品分类目录的编制原则必须与国家商品分类目录保持一致。

（四）企业商品分类目录

企业商品分类目录是指在遵循国家及行业商品分类目录原则的前提下，为满足企业生产经营管理的实际需要而编制的商品分类目录。这种商品目录主要服务于特定企业的生产、储运、销售及管理等方面的需要。

各类商品目录一旦编制完成并投入实施后，应在较长一段时间内保持相对的稳定性。但商品目录也并非一成不变，应适时根据商品生产和商品经济的不断发展进行修订和完善，以充分发挥其在实际应用中的广泛作用。

第二节　商品编码

一、商品编码概述

（一）商品编码的概念、作用和原则

1. 商品编码的概念和作用

商品编码又称商品代码或商品代号，是指在商品分类的基础上，按照一定的规则，赋予某类或某种商品以相应代码的过程。商品分类与商品编码是相辅相成的，商品的科学分类是合理商品编码的前提和基础；商品编码是商品分类体系和商品目录的重要组成部分，科学、恰当的商品编码又是商品分类体系实用性得以充分发挥的重要体现。

商品编码在商品生产、经营和管理活动中起着至关重要的作用。一方面，通过科学的商品编码，可以使繁杂的商品名称、规格等系统化、条理化，有利于简化业务手续、提高劳动生产率，促进企业现代化经营管理和服务效率的提升；另一方面，商品

编码的国际化、标准化、通用化又可以提高信息技术的广泛应用，促进经济和社会效益，推动商品流通和国际贸易的迅速发展。目前，一些发达国家已经建立了现代化的统一商品分类编码系统，通过信息化、科学化管理，有效避免了商品在设计、生产、储运、销售等各个环节可能带来的浪费，物资供应、资金周转、统计检索等工作质量和工作效率显著提高，经济效益明显增强。

2. 商品编码的原则

为充分体现商品分类体系的实用价值，应建立统一的商品分类编码系统，商品编码过程必须遵循以下基本原则。

（1）唯一性原则。每一个代码应与指定的商品类目一一对应，即编码结构必须保证每一个编码对象仅有唯一的一个代码。

（2）层次性原则。即编码要具有清晰的层次结构，能明确地反映商品分类体系和分类目录内部固有的逻辑关系，使商品编码具有一定的规律可循。

（3）简明性原则。在能准确识别商品类目的前提下，编码应尽可能缩短，做到简单明了，容易读取和操作，以达到提高工作效率的目的。

（4）协调性原则。商品编码不仅要与国家商品分类编码标准相统一，而且还必须与国际通用商品分类编码制度相协调，以保证商品信息通过国际平台进行交流和共享。

（5）稳定性原则。通过科学化编制，商品编码一经确定后不易经常更改或随意发生变动，以免打乱商品编码体系，从而造成不必要的人力、物力和财力的浪费。

（6）扩展性原则。在设计和分配商品编码结构时，应注意提前留有足够的备用码位，以充分满足新产品开发及产品更新换代的需要，为新类目的增加和旧类目的删减留有余地。

（二）商品编码的种类

按照划分的标准不同，商品编码的种类也会有所不同。依据用途的差别来划分，商品编码可分为商品分类码、商品销售识别码和辅助识别码三种类型。商品分类码是基础，也是所有编码中地位最重要的编码，常用于对商品统计核算和经营分析的处理工作；商品销售识别码主要包括条码、店内码、代用码、联销码等，此类编码通常不能区分商品的自然属性，也不能作为经营统计的分类码来使用；辅助识别码主要包括供应商编码、地区编码、部门代码、仓库代码、库存批次代码、凭证编码、报表编码、操作权限代码等，虽然看似它们与商品无直接关系，但却与企业的经营管理直接相关，因此辅助识别码也被称为管理代码。

商品编码按其所用的符号类型划分，可分为数字型编码、字母型编码、数字和字母混合型编码以及条码四种。其中数字代码和条码在商品分类编码中普遍采用。

1. 数字型编码

数字型编码是用一个或若干个阿拉伯数字来表示分类对象的代码。因具有结构简单、使用方便，便于信息处理，易于推广的特点，故目前被世界各国普遍采用。数字型编码的编制方法主要包括顺序编码法、层次编码法、平行编码法和混合编码法四种类型。

（1）顺序编码法。

顺序编码法是按商品分类目录中商品所排列的先后顺序，依次给予顺序数字代码的一种编码方法。在对商品进行编码时，要把编码对象集合体按一定特性划分为系列进行编制，每个代码所标志的数列长度要完全一致。顺序编码的方法简单，对容量不大的编码集合体非常适用。

（2）层次编码法。

层次编码法是按商品类目在分类体系中的层次顺序，依次赋予对应数字作为相应商品编码的一种编制方法。层次编码法更适用于线分类体系，反映了商品分类中隶属层级关系，是目前许多重要的商品分类体系均采用的主要方法。国家标准 GB 7635—1987《全国工农业产品（商品、物资）分类与代码》采用的就是层次编码法，整个编码结构分为四个层级，由 8 位数字代码组成，从左至右每两位数字代表一个层级，即第 1、2 位数字表示第一层级，代表大类；第 3、4 位数字表示第二层级，代表中类；第 5、6 位数字表示第三类层级，代表小类；第 7、8 位数字表示第四类层级，代表品种。

层次编码法的优点是层次突出，逻辑性强，能明确反映出分类编码对象的属性、特征及其相互关系，便于机器对数据的有效汇总；层次编码法的缺点在于，结构弹性较差，需要事先预留相当数量的备用号来延长其使用寿命，从而造成代码冗余现象。因此，层次编码法更适用于编码对象变化不大的情况。

（3）平行编码法。

平行编码法是将编码对象按其属性或特征分成若干个"面"，每个"面"内的类目按照一定的规律分别确定一定数量的码位作为数字代码，面与面之间的数字代码存在并列平行关系，可以根据需要，按预先确定的"面"的排列顺序选用各个面中的代码，以组合成复合代码的一种编码方法。平行编码多适用于面分类体系，其优点在于编码结构的弹性较好，可以简单地增加分类面的数量，甚至还可以对个别面进行更换；但由于该编码方法的代码较长，且可能存在空码现象，所以平等编码法的代码冗余度大，容量利用率低，且不利于计算机管理。

（4）混合编码法。

混合编码法是由层次编码法和平行编码法结合起来使用的一种编码方法。在实际编码应用中，基于两种方法客观存在的优缺点，可以分列出编码对象不同的属性或特征，某些属性或特征可以选择层次编码法表示，其余属性或特征则采用平行编码法表示。恰当地将层次编码法与平行编码法结合起来使用，将会收到更加理想的效果。

2. 字母型编码

字母型编码是用一个或若干个字母来表示商品代码的一种编码方法。使用该方法对商品进行分类编码时，一般按照字母的先后顺序进行编制，用大写字母表示商品大类，用小写字母表示商品其他类目。字母型编码便于记忆和识别，但由于计算机处理存在一定的难度，且各国采用的字母种类也不尽相同，同时，当分类对象数量较大时，往往会出现重复现象，因此该方法在商品分类编码中很少使用。

3. 数字和字母混合型编码

数字和字母混合型编码是用数字和字母按一定规律混合排列编制而成的一种编码方法。它兼具上述两种编码方法的优点，结构严密，具有良好的条理性和直观性，但由于编码组成形式较复杂，计算机输入效率低、错码率高，因此，该编码方法较少采用。

4. 条码

条形码简称条码（Bar Code），是由一组规则排列的条、空及对应字符组成的，用以表示一定信息的标识（GB/T 18354—2006）。它是一种可以通过专用光电扫描阅读设备识读，并实现数据准确传输至电脑终端的一组特殊代号，由粗细不同、黑白（彩色）相间的条、空及对应字符，按一定的编码规则组合排列起来，以反映特定信息的图形。为了便于识别，我们看到的条码符号下部通常会印刷其所代表的数字、字母或专用符号。条码是目前国际上普遍采用的商品编码方法，在世界各国应用极其广泛。它是一种自动识别技术，已成为商品进入国际化市场的有效"通行证"。

二、商品条码

（一）商品条码的结构与发展

商品条形码也称商品条码，是由国际物流编码协会（GSI）规定的，用来表示商品标识代码的条码。它是由一组按一定规则排列的条、空组合及其对应字符组成的，表示一定商品信息并贴附在相应商品及其包装上的标识。商品条码由两部分组成，其条、空组合部分称为条码符号，用以条码识读器快速扫描、准确识读商品信息；其对应下方的一组数字表示的是商品识别代码，主要供人来进行识别。商品条码的结构如图 2-4所示。

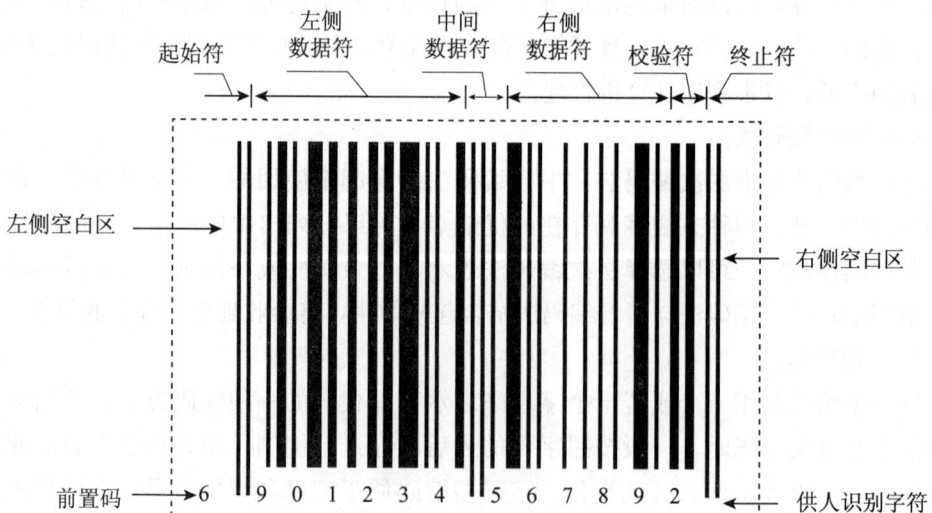

图 2-4　商品条码的结构

条码由解码阅读器识读后，诸如商品的国别、厂商、产地、名称、特性、价格、数量等一系列商品信息就会被全部输入计算机系统加以利用和处理。这不仅实现了订货、仓储、售货等的自动化管理，而且也可以通过产、供、销信息系统把售货信息及时反馈给生产厂商，真正实现了商品现代化管理方式的高效运行。因此，商品条码是快速、准确地进行商品信息流和物流控制的现代化手段。

商品条码最早起源于美国。1973 年，美国统一代码委员会（Uniform Code Council，UCC）选定了 IBM 公司提出的 Dalte-Dictance 条码系统，并在此基础上制定了通用产品代码和条码（UPC）。UPC 条码的问世，很快促进了条码技术在北美地区的超级市场及食品杂货类商品中的广泛推广和应用。

1974 年，英国、前联邦德国、法国、意大利、瑞士、比利时等欧洲 12 国的制造商和销售商代表在 UPC 商品条码技术的基础上，研制出了与 UPC 商品条码兼容的 EAN 商品条码系统，并于 1977 年正式成立了欧洲物品编码协会（European Article Numbering Association，EAN）。EAN 商品条码技术的建立，加剧了条码技术在欧洲乃至全球化的推广进程，也助推了 EAN 从区域化组织快速演变为一个国际性组织。1992 年，欧洲物品编码协会正式更名为国际物品编码协会（EAN International），仍沿用 EAN 简称。随着条码技术的广泛应用，EAN 与 UCC 强强联手，先后签署了两次合作协议（EAN/UCC 联盟Ⅰ，EAN/UCC 联盟Ⅱ），成为推行全球化标识和数据通信系统的唯一国际性组织。2002 年 11 月，UCC 正式加入 EAN，并自 2005 年 1 月 1 日起，EAN 码也能在北美地区正常使用，且美国、加拿大新的条码用户也采用了 EAN 条码标识商品。此举标志着 EAN 真正成为了全球化的物品编码组织，随之，EAN 全球统一标识系统的推广应用迅速扩展到世界各地。

我国条码技术的研究始于 20 世纪 70 年代。到 20 世纪 80 年代末，条码技术在我国商业领域重点使用，特别在外贸商品应用中得到逐步推广。为了进一步普及条码技术，1988 年 12 月，国家技监局正式成立了中国物品编码中心，并在各地设立了分支机构，以规范管理和协调我国的商品条码工作。1991 年 4 月，中国物品编码中心被国际物品编码协会正式接纳为会员国，为 EAN 条码系统在我国大规模推广应用创造了积极的条件。目前，条码技术已在我国工业、商业、出版业、物流业、服务业等行业中得到了广泛的应用，大大提高了供应链的效率。

（二）商品条码分类

商品条码根据其编码主体的不同，可以分为厂家条码和店内码两种类型。我们通常所说的商品条码主要指的是厂家条码。厂家条码和店内码的差异在于编码场所、编码内容和商品对象的不同。如表 2-4 所示。

表 2 - 4 厂家条码与店内条码比较

项目 种类	编码场所	编码内容	商品对象
厂家条码	生产、包装阶段（工厂）	前缀码、厂商识别代码、商品项目代码等（部分由厂家设定）	加工食品、日用百货等
店内条码	加工、陈列、销售阶段（超级市场流通加工中心、商店）	零售商店店内用商品编码（原则上由零售店自己设定）	生鲜食品及未经厂家编码的加工食品、日用百货等

1. 厂家条码

厂家条码是生产厂家在商品生产过程中直接印刷在商品包装上的条码，它不包括商品价格信息。目前常用的厂家条码主要包括 EAN 条码和 UPC 条码两大编码系统。在商品流通中，EAN 或 UPC 条码又可分为消费单元条码和储运单元条码两类。前者是指通过一些零售渠道直接销售给最终用户的商品包装单元条码，主要有标准版（EAN - 13、UPC - A）和缩短版（EAN - 8、UPC - E）两种形式；后者是由若干消费单元组成的稳定而标准的集合，是一系列储运业务所必需的商品包装单元条码。在储运包装箱上通常选用的是 ITF - 14 条码或 UCC/EAN - 128 条码。

厂家条码应用最多的是 EAN 或 UPC 条码消费单元模式，即 EAN - 13 和 EAN - 8，或 UPC - A 和 UPC - E。下面我们重点来认识这几种常用的厂家条码。

（1）EAN - 13 条码和 EAN - 8 条码。

EAN - 13 商品条码又称为标准版 EAN 商品条码，是由上部的条码符号和下部供人识别的字符组成。条码符号包括左侧空白区、起始符、左侧数据符、中间分隔符、右侧数据符、校验符、终止符、右侧空白区八个部分，通过阅读器扫描识读，可以将其所包含的所有信息转换为计算机可读取的二进制信息以供利用。如图 2 - 5 所示。

图 2 - 5 EAN - 13 商品条码示意

EAN - 13 商品条码下部，供人识别的字符共包含 13 位数字，分别由前缀码、厂商识别码、商品项目代码和校验码组成。其中前 3 位数字是由 EAN 统一分配的前缀码（见表 2 - 5）。

表 2 - 5　　　　　　　　　EAN 已分配给各国（地区）编码组织的部分前缀码

前缀码	各编码组织所在国家（地区）	前缀码	各编码组织所在国家（地区）
00～13	美国、加拿大	385	克罗地亚
20～29	北美地区内部备用码	387	波黑
30～37	法国	40～44	德国
380	保加利亚	45，49	日本
383	斯洛文尼亚	460～469	俄罗斯

　　我国商品目前使用的 EAN/UPC 系统前缀码有 7 个，690～694 这 5 个前缀码为中国大陆使用；中国台湾为 471；中国香港为 489；中国澳门为 958。第 4～7 位数字为厂商识别码，代表商品的生产厂家及代理商的相关信息，我国目前的厂商识别码由中国物品编码中心统一向申请厂商分配；第 8～12 位数字为商品项目代码，由厂商根据相关规定自行编码，表示商品的名称、商标、种类、规格、包装类型等信息；最后的第 13 位数字则是校验码，是为了校验整个代码的正确与否，以保证扫描输入的可靠性。另外，期刊和图书通常也采用 EAN - 13 商品条码，用来表示期刊号和图书号，前缀为"977"的为期刊号 ISSN，前缀为"978"的为图书号 ISBN。

　　EAN - 8 商品条码又称缩短版 EAN 商品条码，它的条码符号结构与 EAN - 13 商品条码大致相似，其主要区别点在于 EAN - 8 商品条码压缩了左、右侧数据符及条、空模块的数量，对印刷面积较小而无法印贴 EAN - 13 商品条码的零售包装商品较为适用。如图 2 - 6 所示。

EAN-13　　　　　　　　　　　　　EAN-8

6 901234 567892　　　　　　　6901 2341

图 2 - 6　EAN - 13 和 EAN - 8 对比示意

　　（2）UPC - A 条码和 UPC - E 条码。

　　UPC 商品条码也是一种模块组合型条码，与 EAN 商品条码完全兼容，主要用于商品储运和商品销售两种包装，在美国和加拿大应用较广。UPC - A 条码是 UPC 商品条码的标准版，供人识别的字符由 12 位数字代码组成。首位字符编码为系统字符，位于左侧的空白区内，系统码的数字标识不同则含义不同（见表 2 - 6）。

表 2 - 6　　　　　　　　　UPC - A 商品条码的系统字符规定

系统字符	应用范围	系统字符	应用范围
0，6，7	规则包装商品	4	零售商自用的店内码

系统字符	应用范围	系统字符	应用范围
2	不规则重量的商品	5	商家的优惠券
3	药品及医疗用品	1，8，9	备用码

其余字符编码由厂商代码、商品代码及校验码三部分构成。其结构如图 2-7 UPC-A 商品代码结构图和图 2-8 UPC-A 商品条码示意图所示。

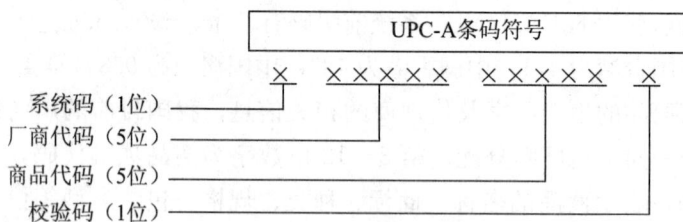

图 2-7　UPC-A 商品代码结构

图 2-8　UPC-A 商品条码示意

UPC-E 商品条码是缩短版的 UPC 条码，该条码的厂商代码和商品代码总共才 6 位。如图 2-9、图 2-10 所示。一般来说，只有诸如香烟、化妆品等很小的商品，无法印刷 UPC-A 条码时，才允许选择使用 UPC-E 商品条码。

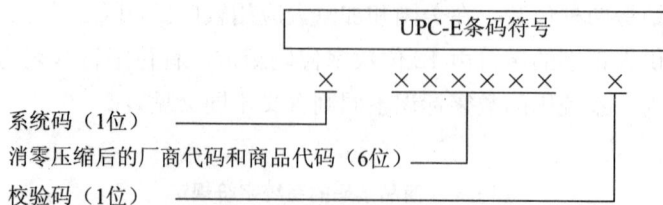

图 2-9　UPC-E 商品代码结构

图 2 - 10　UPC - E 商品条码示意

2. 店内码

店内码是指商店为便于对店内商品进行管理，按照相应规定对商品自行编制和使用的条码标识。目前的店内码通常适用于两种情况，一种用于散装商品变量消费单元的标识，如鲜肉、水果、蔬菜、熟食等，它们往往以随机数量进行销售，通常按基本计量单位计价，其编码任务只能由零售商来完成。因此，当零售商购进这类商品后，会根据消费者的不同需要重新分装，当顾客选定不同数量的商品后，商店会使用具有店内条码打印功能的智能电子称对商品称重，并自动编码、制成店内码标签，然后粘贴在商品外包装上进行销售；另一种用于商品定量消费单元的标识，这类商品具有规则包装，通常按照商品件数计价销售，原则上应由生产商编印条码，但往往由于生产商的商品未申请使用条码或印制的条码质量不高、不便识别，故商店只能自己编制店内码。

第三节　案例分析

案例一：

玩具文具 "身份证" 造假多，　条码违规最高罚 3 万

商品条码是商品的全球统一标识，是商品在国内国际市场流通的"身份证"。但市场上有相当一部分商品条码不合格甚至存在冒用现象。

据了解，长沙市场上儿童玩具、文具、食品类商品使用未备案的境外注册商品条码的现象较严重，文具、服装类则存在较严重的以其他条码冒充商品条码行为。对此，长沙质监部门对长沙市某商场内的商品展开了一次商品条码大检查，发现在 1000 多种商品中，有 10% 左右的商品条码存在问题。而从正在使用的商品条码的情况来看，问题主要集中在：商品条码印刷不规范；存在擅自使用未经注册商品条码的现象，如有的使用现有编码组织尚未启用或已注销的厂商识别代码和相应的商品条码；商品条码合法性方面存在问题，一些企业注册的商品条码使用期限过期未办理续用或使用已被注销的识别代码。但是，商家和公众对商品条码却关注不够。

商品条码就是商品的"身份证"，也是商品经过 POS 扫描后进入超市的"入场券"。条码的获取具有严格的规定，一些质量低劣的商品无法取得合格的条码，就盗用别的条码，并以较低价格出售，这不仅导致原生产厂家的产品销售问题受到冲击，还有可

能出现假冒伪劣产品，对市民的消费安全造成危害。此外，消费者在超市购物时，一般对商品条码也很少过问，有超市工作人员则称，还没有遇到消费者对商品条码表示质疑的现象。一些商家同样也存在着这样的问题，一些小的超市与商场根本就没有商品条码意识，而且对商品条码这一"身份证"认识不够，没有引起重视。

根据国家《商品条码管理办法》的相关规定，任何单位和个人不得伪造、冒用未经中国物品编码中心批准注册的厂商识别代码和相应的商品条码；经销的商品印有未经核准注册、备案或者伪造的商品条码，除责令其改正外，有关部门还应该对其处以30000元以下的罚款。

（资料来源：《长沙晚报》2007-01-16 王斌）

分析：通过以上案例，试分析理解并关注商品条码的重要性。

案例二：

沃尔玛的商品识别技术

当今商业竞争异常激烈，企业核心竞争力最重要的表现就在商品流通速度上。美国零售商巨头沃尔玛在全球零售行业中的最大优势就是配送系统效率极高。沃尔玛拥有29个配送中心，每个配送中心为120家商店服务，公司每天要向各个商店发送15万箱货物。他们用激光打印机打印出ITF-14条码（即14位交叉25条码）标签，由拣货员把标签贴到纸箱的顶部，运送系统把纸箱运到分拣机上。在分拣机上，全方位扫描器扫描条码标签，并根据计算机指令将货物分拣，直至将这些纸箱传送到开往目的地的运输车辆上。

随着商品数量不断增多，沃尔玛通过采用新的UCC/EAN-128条码体系，将旗下每个配送中心都提高到30万箱的吞吐能力，极大地节约了企业的运营成本。这一切都依赖于其强大的信息技术及商品识别系统的有力支撑，商品识别与条码技术的有效运用为沃尔玛创造了一个又一个奇迹。

（资料来源：http://wenku.baidu.com）

分析：

1. 沃尔玛是如何利用信息技术降低其配送中心运作成本的？
2. 沃尔玛利用了什么信息技术赢得了自己的竞争优势？

案例三：

商品标识——"马肉风波"

欧盟负责卫生和消费者事务的委员托尼奥·博格表示，近来波及欧洲多国的"马肉风波"截至目前仍属于商品标识问题，而非食品安全事件。

当天，欧盟成员国农业部长在布鲁塞尔举行紧急会议，讨论如何应对"马肉风波"。博格在会前对记者说，如果汉堡包或其他食品中存在马肉，商品标识就应予以标明，消费者有权知道食用何种商品。很显然，有人在"马肉风波"中欺骗性地标识了商品，这违反了欧盟有关商品标识的法规。此外他还强调，欧盟食品安全系统是世界上最安全的系统之一，欧盟规定食品供应链应具有溯源性，这将有助于成员国查清食品的最终来源。

欧洲部分牛肉制品掺杂马肉的事件闹得沸沸扬扬，法国、英国、瑞典、荷兰等国食品监督部门已纷纷宣布展开调查。

（资料来源：新华网张伟《欧盟委员称"马肉风波"非食品安全问题》，2013-02-14）

分析：请从欧盟相关商品标识法规出发全面分析该起案例。

第四节　实习实训指导

一、实训目的

1. 了解商品分类在商品养护中的重要作用。
2. 掌握商品分类标准的选用和商品条码内容，会识读商品分类目录。
3. 能够结合具体的商品实例，用所学的分类标志和分类方法对其进行简单分类。
4. 能够解析具体商品的代码构成及其含义。
5. 能胜任超市理货员的工作。

二、实训项目内容

熟悉商品分类、商品代码编写及条码使用。

三、实训方式

本次实训分小组完成，3～5人一组开展实训。

四、实训任务

1. 到大型连锁超市（或图书馆/药店）调查商品的分类方法、分类依据及其合理性，并能正确解析某一具体商品代码的含义。
2. 学生认真总结，按要求完成实训记录表，并分小组完成一份PPT汇报材料。分析该超市采用了什么分类方法？商品分类的依据是什么？并分析其合理性和可改进建议及理由。
3. 谈谈自己本次的实训心得体会？

实训记录表（商品分类与编码）

调查对象名称（超市/图书馆/药店）	
调查对象具体地址	
商品布局与陈列情况	
（　　　）商品分类情况	
（　　　）商品分类情况	
（　　　）商品分类情况	
（　　　）商品	对应代码：（　　　　　　　　）
（　　　）商品	对应代码：（　　　　　　　　）
（　　　）商品	对应代码：（　　　　　　　　）
通过本次实训，你有何体会和经验？发现了哪些问题？有什么好的建议？	

五、实训操作要点

1. 工具准备及要求。实训前学生应带好笔、记录本、通信工具、摄影器材等实训所需的相关材料，并选择管理规范的大型连锁超市（或图书馆/药店），按时到达指定地点，积极参与实训活动，不得无故旷训。

2. 知识准备。要求学生提前回顾本章所学内容，掌握相关知识点。

3. 实训开展。进入商场（或图书馆/药店）随机（或按教师指定要求）抽取商品，按实训任务，对商品的分类及编码情况进行认真观察和记录。

4. 课后作业。实训结束后，学生应按指导教师的要求全面总结。

（1）认真填写实训记录表。

（2）分小组完成一份PPT汇报材料。分析该超市（或图书馆/药店）采用了什么分类方法？商品分类的依据是什么？并分析其合理性和可改进建议及理由。

（3）请列举超市的一种具体商品，分析属于哪类代码，并指出该代码的结构（到图书馆的学生，请调查图书的分类、了解图书条码，并随手抽出一部书，判断它应该属于哪一大类、中类、小类等。/调查药店的学生，请抽取广州白云山制药厂生产的"白云山"牌风油精，其零售包装上条码下部的数字代码为6902401002291，试解释它的代码构成及含义）。

六、考核评定

指导教师应结合学生的课堂表现、实训态度、实训表现，根据学生实训报告的撰写质量，公平公正地对学生本次的实训成绩给予评定。实训成绩满分100分，其中课堂表现占20%，实训态度及表现（可根据学生遵纪守法、学习态度等）占40%，实训报告质量占40%。以上三项累加后，按优秀（90～100分）；良好（80～89分）；中等（70～79分）；及格（60～69分）和不及格（59分以下），分五个等级评定。

复习思考题

一、概念题

1. 线分类法

2. 面分类法

3. 商品分类目录

4. 商品编码

5. 平行编码

6. 商品条码

二、选择题

1. 在建立分类体系时，设置收容项目体现了（　　）原则。

A. 整体性 　　　　　　　　　　　B. 层次性

C. 包容性 　　　　　　　　　　　D. 可延性

2. 在线分类体系中，上位类与下位类之间存在（　　）关系。

A. 并列 　　　　　B. 隶属 　　　　　C. 独立 　　　　　D. 复合

3. 线分类法的主要缺点体现在（　　）方面。

A. 层次 　　　　　　　　　　　　B. 逻辑性

C. 信息容量 　　　　　　　　　　D. 结构弹性

4. 国际物品编码中心研制的全球统一标志系统称为（　　）系统。

A. UCC 　　　　　B. EAN 　　　　　C. ANCC 　　　　　D. POS

5. 商品条码中的条码符号由（　　）等部分组成。

A. 起始符 　　　　　　　　　　　B. 终止符

C. 数据符 　　　　　　　　　　　D. 校验符

6. 在 EAN-13 条码中，中国物品编码中心的前缀码是（　　）。

A. 460 　　　　　B. 590 　　　　　C. 690 　　　　　D. 880

7. 商品目录按其适用范围，可分为（　　）。

A. 国际商品目录 　　　　　　　　B. 国家商品目录

C. 行业商品目录 　　　　　　　　D. 企业商品目录

8. 在商品的分类实践中，通常以商品的（　　）作为分类标志。

A. 用途 　　　　　　　　　　　　B. 原料

C. 加工工艺 　　　　　　　　　　D. 化学成分

三、填空题

1. _____是编制商品分类体系和商品目录的重要依据和基准。

2. EAN 条码或 UPC 条码可分为_____单元条码和_____单元条码两种模式。

3. 区分红茶、绿茶、乌龙茶的分类标志是_____。

4. 《全国工农业产品（商品、物资）分类与代码》中采用的是_____编码法。

四、简答题

1. 什么是商品分类？

2. 简述几种主要分类标志的适用范围。

3. 什么是商品代码？商品分类、商品目录与商品代码有何内在联系？

4. 试述 EAN 条码标准版的结构。

5. 简述 UPC 条码与 EAN 条码的主要差异。

第三章　商品包装

知识目标

1. 了解包装、销售包装和运输包装的概念、包装的分类及作用、包装材料应具备的性能。

2. 熟悉商品包装材料的种类和性能特点、主要包装技术的基本原理。

3. 能够用价值分析法评价包装的合理化。

技能目标

1. 能够根据商品的不同特性，恰当选择包装材料和包装技术。

2. 能够正确评价某具体商品包装的科学性、合理性。

引导案例

目前，无菌保鲜包装在世界各国尤其是发达国家的食品制造业中极为盛行，英、德、法等国大部分饮料使用无菌包装，其应用不仅限于果汁和果汁饮料，而且也用来包装牛奶、矿泉水和葡萄酒等。日本近期研制的以一种磷酸钙为原料的矿物浓缩液渗进吸水纸袋中，蔬菜水果等食品放入这种纸制包装材料中运输，果蔬可从矿物浓缩液中得到营养供给，磷酸钙还能吸收蔬菜水果释放出的乙烯气体和二氧化碳，抑制叶绿素的分解，起到维持鲜度的效果，目前这种技术已经在日本推广应用。美国还推出天然活性陶土和聚乙烯塑料制成的新型水果保鲜袋，这种新型保鲜袋犹如一个极细微的过滤筛，气体和水汽可以透过包装袋流动。试验表明，用新包装袋包装水果蔬菜，保鲜期可增加一倍以上，且包装袋可以重复使用，便于回收。而最新的保鲜技术则是英、德研制开发的在容器和盖子内壁上采用除氧材料，通过这些除氧材料来"吃掉"容器内部多余的氧气，以达到保鲜和延长产品保存期的目的。

思考：

1. 商品包装究竟会起到什么作用？

2. 试分析你在零售店所采购的食品及日用品所选择的商品包装材料和包装技术，是否有改进和创新的可能性？

商品包装是商品生产环节的重要组成部分。对于绝大多数的商品而言，只有经过包装才算真正完成其生产的全过程，才能够进入流通和消费领域。商品包装既是一种本身具有价值和使用价值的特殊商品，同时又是实现其内装商品价值和使用价值的重要手段。优质包装不但能在出售商品时给予补偿，而且还能因市场供求关系得到超值补偿，从而带来商品的巨大经济效益。但是包装不足、包装不当、过度包装等则有碍于商品价值和使用价值的实现。

第一节　商品包装概述

从广义上来讲，包装是商品生产的最后一道工序，也是物流的第一道工序。只有经过包装环节，商品才开始进入流通和消费领域。因此，商品包装在物流活动中具有相当重要的地位。

一、商品包装概念与作用

（一）商品包装的概念

我国国家标准 GB/T 18354—2006《物流术语》中对包装给予了明确的定义："为在流通过程中保护产品、方便储运、促进销售，按一定技术方法而采用的容器、材料及辅助物等的总体名称。也指为了达到上述目的而采用容器、材料和辅助物的过程中施加一定技术方法等的操作活动。"

商品包装是依据商品的属性、特征、形态、数量以及储运条件和销售需求，采用合理的包装材料和技术手段，按照设计要求创造出来的造型与装饰相结合的商品实体。其中，包装材料、包装技术、包装造型和设计装潢是构成包装实体的四大要素。包装材料是包装的物质基础，是包装价值实现的物质承担者；包装技术是实现商品质量保护的关键所在；包装造型是包装材料和包装技术的具体表现形式；设计装潢是提升商品品味、促进商品销售的重要手段。这四大要素的完美结合，构成了商品包装实体的物质和文化内容，因此，商品包装具有技术性和艺术性双重特征。

（二）商品包装的作用

商品包装在物流活动中起着重要的作用。它主要体现在能够容纳商品、保护商品、方便流通、促进销售等方面。

1. 容纳商品

商品包装最基本的作用就在于能够容纳商品。许多如气态、液态和粉末状固态商品，其本身并没有固有的形状，只有通过包装容纳作用，才能使这些商品具有特定的形态，从而进入物流活动的各个环节。

2. 保护商品

保护商品是商品包装最重要的作用。商品在物流活动中，不可避免地会受到各种外界因素的影响，如自然条件的变化、微生物及害虫的侵蚀、外力的破坏、环境的污染、有害物质的侵蚀等，将会导致商品可能发生物理、化学、机械、生物学等方面的变化，从而造成商品质量的损失。科学合理的商品包装，不仅能使商品抵抗或减缓各种因外界因素导致的破坏，有效地保护商品质量，而且对危险商品采用特殊的包装，也可以有效防范它对人类、生物或周围环境造成的侵害。

3. 方便流通

合理的商品包装为物流活动提供了一定的便利条件。它不仅能够大大提高作业效率及商品管理的效能，使物流操作快捷、准确、可靠、便利，而且商品包装上的各种标志也明确说明了被包装物的详细信息及注意事项，极大地方便了商品在物流活动各个环节中的处理工作。同时，物流包装上的商品信息也方便了消费者辨识商品和操作使用，对顾客选购商品起到了重要的消费指导作用。

4. 促进销售

商品包装是构成商品的重要组成部分，具有技术性和艺术性双重功能。站在商品销售的角度来讲，商品包装可谓是无声而忠诚的推销员，在商品和消费者之间起着重要的媒介作用。精美的商品包装可以起到美化商品、吸引顾客、促进购买的作用，对商品的宣传和促销起到了积极的影响。

二、商品包装的分类

在生产、流通和消费过程中，包装所起的作用不同，包装的类别也不相同。对包装的科学分类应有利于充分发挥包装在流通和消费领域的作用，有利于商品的物流和商流，有利于包装的标准化、规格化和系列化，有利于物流作业机械化、自动化，有利于科学管理水平和科学技术水平。

包装的大体分类有下列几种方法。

（一）按包装在流通领域的作用分类

现代包装的形式具有多样化、复杂性和交叉性。从不同的功能角度出发，包装分类各不尽相同。按其在流通领域的作用，包装分为物流包装和商流包装两大类。

1. 物流包装

产品进入物流环节的包装称为物流包装。物流包装主要包括运输包装、托盘包装和集合包装。

（1）运输包装。

根据国家有关标准《物流术语》（GB/T 18354—2006），运输包装定义为：以满足运输仓储要求为主要目的的包装。它具有保障商品的安全、方便储运装卸、加速交接、检验的作用。

（2）托盘包装。

根据国家有关标准《物流术语》（GB/T 18354—2006），托盘包装定义为：以托盘为承载物，将包装件或产品堆码在托盘上，通过捆扎裹包或胶贴等方法加以固定，形成一个搬运单位，以便使用机械设备搬运。托盘包装整体性能好，堆码稳定性高，适合于机械化作业，提高物流效率3～8倍，同时也减少了物流活动中包装件的碰撞、跌落、倾倒，提高产品物流过程中的安全性。托盘包装也可归类于集合包装。

（3）集合包装。

将一定数量的包装件或商品装入具有一定规格、强度、适宜长期周转使用的重大包装器内，形成一个合适的装卸搬运单位的包装。例如集装箱、集装托盘、集装袋等。

集合包装的出现一方面进一步提高了物流效率和顾客服务水平；另一方面也是对传统储运的更大改革，使传统的物流发生了较大的变化。集合包装的主要作用如下。

①有利于装卸搬运的机械化、自动化。将零散小包装集合成大的包装单元，在装卸搬运时可以采用叉车等机械设备，提高作业效率，减轻劳动强度，节省劳动力，并为装卸搬运自动化创造了条件。

②提高物流效率及服务水平。集合包装能够从发货单位直接运到收货单位，减少物流环节，提高物流效率，实现"门到门"服务，提高了服务水平。

③确保物品在物流过程中的安全。集合包装将物品密封在包装容器（例如集装箱）内，实际上是一个大的外包装，在储存、运输及装卸搬运过程中，不需拆箱或拆包，有效地保护物品减少、破损和丢失。

④节约包装材料，降低物流成本。集装箱、托盘等集合包装容器可以反复周转使用，原有的外包装可以降低用料标准。集合包装便于联运，简化运输手续，提高运输工具运载能力等，降低运输费用。集合包装还可以短时间露天存放，节约库容，减少仓储费用，物流成本较低。

⑤包装规格标准化。集合包装要求单件物品的外包装尺寸必须适合于集装箱或托盘等集合包装容器的尺寸，否则将会出现空位。这就促使包装的标准化、规格化和系列化。

⑥便于商品计量。集合包装可高层有规律的堆码，便于清点数量。

2. 商流包装

商流包装就是通常所说的销售包装。根据我国国家有关标准《物流术语》（GB/T 18354—2006）定义为：直接接触商品并随商品进入零售店和消费者直接见面的包装。

商流包装在设计时重点考虑的是包装造型、结构和装潢。因为与商品直接接触，因此，在包装材料的性质、形态、式样等因素，都要为保护商品着想，结构造型要有利于流通。图案、文字、色调和装潢能吸引消费者，能激励消费者的购买欲，为商品流通创造良好条件。另外，包装单位要适宜顾客的购买量和商店设施条件。这种包装同时具有一定的保护功能和方便功能。

（二）按包装形态层次分类

按包装形态层次分为个包装、内包装、外包装。

1. 个包装

个包装是直接盛装和保护商品的最基本包装形式。个包装的标识和图案、文字起到指导消费、便于流通的作用。

2. 内包装

内包装是个包装的组合形式，在流通过程中起到保护产品、简化计量和方便销售的作用。

3. 外包装

外包装是商品的外层包装，起到保护商品、简化物流环节等作用。

(三) 按包装的使用范围分类

1. 专业包装

针对被包装物品的特点专门设计、专门制造，只适用于某一专门物品的包装。

2. 通用包装

根据包装标准系列尺寸制造的包装容器，用于无特殊要求的或符合标准尺寸的物品。

(四) 按包装容器分类

(1) 按照包装容器的变形能力分为软包装和硬包装。

(2) 按照包装容器的形状分为包装袋、包装箱、包装盒、包装瓶、包装罐等。

(3) 按照包装容器的结构形式分为固定式包装、折叠式包装、拆解式包装。

(4) 按照包装容器使用的次数分为一次性使用包装、多次使用包装、固定周转使用包装。

第二节　商品包装材料与技术

包装材料是发展包装技术、提高包装质量、降低包装成本的基础。因此，了解包装材料的成分、属性、适用范围、发展趋势，对恰当选取包装材料、提高包装技术水平、研发新型包装材料、扩展新的包装技术、创造新型包装容器等都具有相当重要的意义。

一、商品包装材料

(一) 商品包装材料的概念

商品包装材料是指用来制造商品包装容器和用于商品包装运输、装潢、印刷等所使用的主料、辅料及其他包装所用相关材料的总称。用于商品包装的材料分为主要材料和辅助材料两类。纸和纸板、木材、塑料、金属、玻璃、陶瓷、竹藤、天然和化学纤维、复合材料等均属于主要包装材料；而填充物、黏合剂、涂料、油墨、钉铆材料、捆扎材料等则属于辅助包装材料。

(二) 对商品包装材料的要求

从现代商品包装的作用来看，包装材料应满足以下几方面的要求。

1. 保护性要求

包装材料的保护性要求就是包装材料必须达到能够保护内装商品在整个流通过程中免受损伤，防止变质和损失的要求。在选择包装材料时，应根据不同商品的成分、特性，以及对包装的不同要求来定。商品包装的保护性要求能否达到，主要取决于包装材料的机械强度、防潮防水性、耐酸耐碱性、耐热耐寒性、透光透气性、遮光性、耐油性、防紫外线性等。

2. 易加工操作性要求

包装材料的易加工操作性，是要求商品包装材料必须具有易加工、易成型、易填充、易封合等要求，在现代化生产技术条件下，能够适应自动化包装机械操作，具有高劳动生产率的特点。这就要求包装材料要具有可塑性、刚挺性、光滑性、可黏性、热合性、可焊性、抗静电性等特性，更有利于包装材料的加工操作。

3. 外观装饰性要求

包装材料的色泽度、透明度、纹理图案、印刷适应性等自身的特性，必然影响包装材料的美观性和吸引力，具有良好外观装饰效果的包装材料能较好地产生陈列效果，有利于抬高商品身价，激发消费者强烈的购买欲望。

4. 生态环保性要求

包装材料的生态环保性是要求商品的包装材料要绿色环保，既有助于资源的有效利用，又有利于环境保护。因此，在选择商品包装材料时，要注重生产原料的可再生性，加工过程中不污染环境，废弃后便于处理、回收和再利用。

5. 安全性要求

包装材料的安全性要求，特别强调直接接触的内装商品为食品的商品包装，其材料要无毒、无害、无菌，甚至具有杀菌功能，切不可给食品带来污染，从而危害到消费者的健康。目前，有关包装材料成分迁移的安全性问题更应引起了人们的关注和重视。例如，在一定条件下，金属材料中的锡、塑料材料中的增塑剂、抗氧化剂等有害物质，可能会通过慢慢扩散，从而迁移到食品上，形成潜在的毒害，因此，对这类包装材料的选择必须要求其成分迁移最大值处于安全要求的范围内才是可行的。

小知识

新型包装材料

日本许多造纸企业纷纷为印刷包装领域研究和生产绿色包装印刷用纸，活跃了绿色包装产品市场。日本 Nippon 纸业有限公司研制开发出完全以天然纤维为原料，品名为 "Npimold Paper" 深度冲压纸，其伸缩性是普通纸的 5～10 倍。这种冲压纸模压成形时可压制文字、图案和三维曲面，类似塑料制品的加工，将其凸像加工平滑可实现更好的密封。该产品的制作可采用当前的塑料制品设备，根据设计方案模压成形。由于加工前不需要加热软化，可提高生产效率和节约能源。Challenge Five 有限公司推出了由 Mit Subishi 公司生产的可生物降解薄膜和信封。这种薄膜和信封是从玉米淀粉中提取的聚乳酸为原料而生产的，可使用大豆油墨进行胶版印刷。

新型纸包装的最新应用市场是酒类包装。例如，日本现正流行以纸盒包装取代玻璃瓶作为酒类包装。西方国家也有使用纸材料包装葡萄酒，把酒灌装入利乐无菌砖型纸盒中。因为这种利乐包具有安全、保质、不易碎及不易爆炸的优点，而且携带方便又容易开启。此外，它的一个突出之处是由 6 层复合材料组成，加强了密封性，也增强了包装的防酒精渗漏、挥发的作用；同时，又可阻挡阳光直接照射，避免变质。日本近期还研发了一种用来装食油的复合纸盒，以纸为基材，经铝塑 6 层复合而成，其结构是：PE/纸/PE/AL/PET/PE。该包装不仅重量轻、安全，而且适合印刷。

（三）包装材料的特点与应用

目前常用的包装材料主要包括纸和纸板、塑料、金属、玻璃、陶瓷、纤维制品、复合材料等，其中纸、塑料、金属、玻璃是现代商品包装的四大支柱材料。随着科学技术的不断进步，新材料、新技术的不断涌现，包装材料的应用也在不断更新和完善。

1. 纸和纸板

纸和纸板是用于商品包装的传统材料，也是商品流通与销售不可缺少的主要包装材料，其应用相当广泛，使用量居四大包装材料之首。纸和纸板的界定通常按定量或厚度来区分。凡定量在 200 克/平方米以下，或厚度在 0.1 毫米以下的称为纸，在此指标之上的则称为纸板。由于纸较轻、较薄，难以形成特定形状的包装容器，因而常用作裹包衬垫，如模制鸡蛋盘就是用纸浆直接经模制压模、干燥而制成的衬垫材料，主要用于鸡蛋包装，大大减少了运输中的损失。而纸板则主要用来制作相应的包装容器，如纸箱、纸盒、纸桶、纸袋、纸杯、纸盘等。在纸质包装容器中，用量最多的是瓦楞纸箱，常用于包装家用电器、日用百货、服装鞋帽、蔬菜水果等，随着科技的进步，瓦楞纸箱也正趋于规格化、标准化和新型化方向发展。而其他的纸质包装容器则多用于销售包装，如普遍应用于食品、药品、玩具，以及其他生活用品的包装。

纸质包装材料的主要优点在于：具有适宜的强度、耐冲击性及耐摩擦性；无毒、无味，卫生条件易于达标；具有良好的成型性和折叠性，易于进行机械化加工和自动化包装生产；可印刷性强，方便商品介绍和宣传美化；价格较低、重量较轻，有利于节省包装和运输成本；使用后便于回收和再循环利用，不会造成环境污染。同时，纸质包装材料也存在一定的缺点，如防潮性低、防水性差、气密性差、透明性差等，也使其在包装容器的制作范围上受到了一定的限制，目前常通过制作纸塑复合材料等来弥补不足，以尽可能扩大其应用范围。

2. 塑料

塑料是 20 世纪发展起来的新型包装材料。目前，世界塑料制品总产量的 1/4 都用于包装，塑料用于包装的使用量仅次于纸和纸板。由于其几乎适用于任何形态的包装，所以塑料在许多方面逐步取代了传统的包装材料，再加上塑料还能与许多材料合成复合材料，因此，被认为是现代包装材料领域的主力军。

塑料用于包装的主要优点包括：物理机械性能优越，具有适宜的强度和弹性，耐压、抗震、耐冲击、耐折叠、耐摩擦、防潮、防水、密闭性好；化学稳定性优良，耐酸碱、耐腐蚀、耐油脂、耐药剂；比重小、材质轻，易加工成型，光泽度好，透明性强，方便印刷制作和装饰装潢；生产成本低，能耗少；适合采用如真空技术、充气技术、拉伸与收缩技术、贴体技术、复合技术等多种包装新技术。但是，塑料作为包装材料，其强度不如钢铁，稳定性不如玻璃，且在外界环境作用下易产生静电，时间长易老化、变脆。有的塑料异味大，并具有一定的毒害，甚至有害成分可能会迁移渗入内装物，对商品造成一定的危害；同时，塑料包装废弃物不利于降解和回收，易对环境造成一定的污染。

目前，较多采用的塑料包装材料主要包括如下几种。

（1）聚乙烯塑料（PE）。聚乙烯塑料是一种乳白色、蜡状、半透明的通用热塑性材料，是我国合成树脂中产能最大、进口量最多的品种。其质量轻、柔软度高、不易脆化、无味无毒、化学稳定性强、绝缘性好。按照聚乙烯塑料密度的不同，可将其分为高密度聚乙烯、中密度聚乙烯和低密度聚乙烯三种类型，各有其不同的特点。高密度聚乙烯具有良好的耐冲击性，但弹性和透明度则不如低密度聚乙烯，因此更适用于制造大型真空包装容器、重包装袋，以及各种桶、盒、瓶、杯、盘等包装容器；中密度聚乙烯较低密度聚乙烯而言，其机械性能、电绝缘性和耐腐蚀性较强，通常不用做包装材料；而低密度聚乙烯的柔软性、透明性、透气性及耐冲击性较好，但硬度与抗张强度较差，因而更适于制造薄膜和包装袋，并常与其他材料复合生产各种复合包装材料。另外，聚乙烯塑料还可以用来制造软管、泡沫材料和涂层材料。由于其无毒无害，且性能优良，也常被用于制造药品和食品的包装。

（2）聚氯乙烯塑料（PVC）。聚氯乙烯塑料属于通用热塑性塑料，具有良好的机械性能和化学稳定性，其成本低、强度高、透光率好、气密性和耐水性好，可塑性强、装饰性和印刷性良好，主要用于日用工业品的包装材料，可分为软质和硬质两类。软质聚氯乙烯多用于制造薄膜和各种包装袋；硬质聚氯乙烯可用于制作各种瓶、盒、杯、盘等包装容器。除无毒聚氯乙烯硬片可用来盛装水果、食品外，聚氯乙烯塑料一般不适合用作食品包装。

（3）聚丙烯塑料（PP）。聚丙烯塑料属于韧性塑料，是各类塑料中质量最轻的一种。其机械强度高于聚乙烯，具有耐冲击性高、耐摩擦性好、耐腐蚀性强、无味、无毒、价廉、具有良好的绝缘性、耐热性和空气阻绝性等优点。但在低温时易变脆、老化，且耐磨性减弱。聚丙烯塑料可用于吹塑和真空成型制造各种瓶、盒、杯、盘、包装薄膜、编织袋、打包袋等包装制品。双向拉伸聚丙烯薄膜可代替玻璃纸用于包装食品和糖果，其成本低于玻璃纸。但聚丙烯塑料不宜用作香味浓郁商品的包装，也不适宜用作较长时间存放植物油和矿物油的包装。

（4）聚苯乙烯塑料（PS）。聚苯乙烯属于硬质塑料，是一种质量较轻、强度较高、无味、无毒、耐腐蚀性强、表面光泽度和印刷性较好的包装材料。包装工业中常用改性聚苯乙烯（如抗冲聚苯乙烯、高抗冲聚苯乙烯）注塑成型制造各种桶、盒、深杯、盘等包装容器，也可用拉伸聚苯乙烯和泡沫聚苯乙烯制作浅杯、盒、盘等包装容器，用于盛装食品、酸或碱等。聚苯乙烯加发泡剂制作的泡沫材料，通常用作仪器、仪表、电视机等电器产品的缓冲包装材料。

（5）聚酰胺塑料（PA）。聚酰胺是一种合成纤维，属于塑料，通常被称为尼龙。它无毒无害；具有良好的韧性、耐冲击性、耐磨性能强；硬度、疲劳强度和抗张强度较高；耐光性、气密性和耐蒸气加热性好；印刷性和装饰性能佳。尼龙主要用于软包装，特别是在食品软包装上的应用更加广泛。此外，还可用于制造绳索和打包带，而且其坚固性能要优于聚丙烯打包带。

（6）聚酯塑料（PET）。聚酯塑料是一种无色透明、光泽度好的薄膜，具有较好的韧性与弹性；机械强度较高；耐热性、耐寒性和耐油性较好；防潮性、防水性和气密性较强；并具有极好的防止异味透过性和极小的水蒸气透过率。因此，其常作为优良的食品包装材料，特别适合制成各种饮料的包装容器。目前，聚酯瓶已被大量用于含气饮料的包装，是最具有发展前途的包装容器。此外，聚酯薄膜与聚乙烯、聚丙烯等热合性好的树脂共聚或涂层制成复合薄膜，常被用作冷冻食品及需要加热杀菌食品的包装材料。

3. 金属材料

金属的种类繁多，而用于包装的金属材料主要包括钢材、铝材及合金材料。其中包装使用的钢材有薄钢板、镀锌低碳薄铁板、镀锡低碳薄钢板（马口铁）；包装使用的铝材有纯铝板、合金铝板和铝箔。

金属材料的优点主要表现为：机械强度高、牢固结实、耐碰撞，在流通过程中能够很好地保护内装物，大大降低商品的损坏率；密封性好、阻隔性强、防潮、耐光，有效保证罐藏食品的中长期保存效果；金属材料具有良好的延展性，有利于工业机械加工成型；金属表面特殊的光泽，有利于进行印刷和装饰装潢，金属箔和镀金属薄膜就是理想的商标材料；易于回收和循环再利用，有利于环境保护。但是，金属材料的成本较高，且钢铁等金属材料的化学稳定性差，在潮湿的环境中易发生锈蚀，遇酸碱易腐蚀，因而，其在包装上的应用也受到了一定的局限。在实际应用中，常在钢板外镀锌、镀锡、镀铬，或加涂层等方法来提高其耐腐蚀性和耐酸碱度，但无疑也提高了其生产成本。

小知识

金属罐的包装设计

在市场需求日益提高的包装行业里，金属罐设计五花八门，这就要求包装设计者不断地创新，以适应消费者的不同需求。

以前印刷金属罐，一般只印罐身，但目前就是在罐端也开始进行彩色印刷。现在市场上出现的一种缩颈罐，它采用引人注目的黑色易开盖。并且，食品饮料已经不是印刷金属罐的唯一市场，目前它越来越多地被用在建筑材料如装饰漆等产品的包装中。

在金属罐上还有一些新的技术成果，这些成果使金属罐的用途和功能得到了极大的扩展。比如新近出现的一种油墨，可以随着温度的变化而变色。过去这种油墨只用在罐头的外贴标签上，现在却可以把温度计直接印刷到金属罐上。

在金属罐上制作全息商标也是一个发展趋势。目前在澳大利亚等国的铝制啤酒罐上都制作了全息商标，有关专家们相信，直接在钢板上蚀刻全息商标在不久的将来就会风靡全世界。

目前，刚性金属材料主要用于制造运输包装、集装箱及食品、饮料和其他商品的销售包装，还有少量用于加工各种瓶罐的盖底及捆扎材料等。例如，重型钢瓶、钢罐，主要用来盛装酸性液体及压缩、液化和加压溶解的气体；薄钢板桶普遍用于存放各类食用油脂、石油及化工商品；铝和铝合金桶主要用于盛放酒类商品及各种食品；镀锌薄钢板桶主要用来存放粉状、浆状和液化商品；铁塑复合桶适用于存放各种化工产品及腐蚀品、危险品；马口铁罐、镀铬钢板罐常作为罐头及饮料工业的重要包装容器；金属听、盒宜于盛装奶粉、饼干、茶叶、咖啡、香烟等。软性金属材料主要用来制造软管和金属箔。例如，用于包装膏状化妆品、清洁用品、医药品、文化用品、食品等商品的材料通常采用铝制软管；铝箔通常与纸、塑料等其他包装材料制成复合包装材料，用于食品、药品、化妆品、香烟、化学品等的包装材料。

4. 玻璃和陶瓷

玻璃和陶瓷均属于以硅酸盐为主要成分的无机性材料，二者用作包装材料均已具有相当长的历史，目前，玻璃仍作为现代包装的主要材料之一，广泛应用于商品包装容器的生产制造中。

玻璃用作现代包装材料，其优点主要表现为：化学稳定性好、耐腐蚀性强、无毒无味、卫生安全；质地坚硬、密封性好、不透气、不透湿、有一定的紫外线屏蔽性；透明度高、易于加工成型和宣传美化；资源丰富、价格低廉；便于回收和循环利用，有利于资源节约和环境保护。但是，玻璃作为包装材料，也存在强度低、不耐碰撞、易破碎、重量大、运输成本高、能耗大等缺点，甚至一旦破碎会对人身造成一定的伤害，这些局限在一定程度上也制约了玻璃在包装上的应用。目前，随着工业技术的发展进步，对玻璃也在进行不断地处理和改良，玻璃的强化、轻量化技术及复合技术已有了一定的更新，大大增强了其对包装的适应性，进一步扩大了玻璃在包装中的应用范围。

玻璃主要用于制造销售包装容器，如玻璃瓶、玻璃罐，并广泛应用于罐头、酒类、饮料、调味品、化妆品、药品、化学试剂、文化用品等的包装。同时，玻璃也用于制造大型运输包装容器，用来装运强酸类产品；还可用来制造玻璃纤维复合袋，主要用来包装化工产品和矿物粉料。

陶瓷具有很强的化学稳定性和热稳定性、耐酸碱腐蚀性高、遮光性能优异、密封性好、成本低廉，通常制成缸、罐、坛、瓶等多种包装容器，并广泛用于包装各种发酵食品、咸菜、腌菜、酱菜、调味品、蛋制品及化工原料等。此外，陶瓷瓶也是酒类及其他饮料的销售包装容器，其款式造型多样，古朴典雅，釉彩、图案装潢美观，是高级名酒包装的最佳选择。

5. 其他包装材料

（1）木质材料。木质材料具有分布广、质量轻、强度高、且有一定的弹性，耐压、耐冲击、化学、物理性能稳定，易于加工、不污染环境等特点，因此，在包装工业中仍然占据非常重要的地位，目前仍是大型和重型商品运输包装的重要原料，也用于包装那些批量小、体积小、重量大、强度要求高的商品。木材作为包装材料，虽然具有独特的优越性，但由于其结构不均匀，易受温度和湿度的影响而发生变形、开裂、翘曲等质量变化，也易腐、易燃、易蛀，从而降低强度。同时，由于森林资源的匮乏、生态保护的需要，抬高了木质材料的成本，因而其发展潜力也受到了一定的限制。目前，木质包装容器的使用量正在逐步减少，并逐渐被其他包装容器所取代。

（2）纺织材料。包装使用的纺织品材料主要有棉、麻植物纤维、矿物纤维和化学纤维。它们主要用于制袋和包裹商品。例如，布袋和麻袋有适宜的牢固，轻巧、便捷，适用于盛装粮食及其制品、食盐、食糖、农副产品、中药材、化肥、化工原料等。由于棉、麻等天然材料生态环保，因而也具有较大的发展潜力。

（3）竹藤及枝草类材料。竹类、野生藤类、树枝类和草类等天然材料的取材相当广泛，且价格低廉，用它们编织成的包装容器具有通风、轻便、结实、独特及环保等特点，适合于包装各类农副产品。由于这些天然生物材料来源丰富，成本低廉，且生态环保，废弃后可被微生物分解，不会对环境造成任何污染，因此被人们视为理想的生态材料。

（4）绿色包装材料。目前，世界各国研制成功的绿色包装材料主要有可降解腐化包装材料和可食性包装材料。世界各工业发达国家都在研制和开发生产利用生物或光可降解的包装材料，对于不可回收利用的包装废弃物能够分解腐化，不能形成永久的垃圾。美国已建成可降解塑料生产线；英国已研发出 8～12 周即可完成光降解的塑料；日本较早研制出无毒可降解塑料用于医药、食品的包装；我国有关研究机构相继研发出光降解、生物降解及光和生物双降解塑料薄膜。

可食性包装材料主要有可食用的淀粉、蛋白质、植物纤维和其他天然物质。这些材料对人体和环境无害，可以食用而且富有营养，在包装业中具有很大的发展前景。在国际上，目前可食性包装材料已经开始应用于食品、药品等的包装。

二、商品包装技术

商品包装技术是指包装操作时所采用的技术和方法。只有通过合理的包装技术，才能使包装与商品形成一个整体，从而有针对性地保障内装商品的质量不受损失。为了取得更好的保护效果，有时也会选择两种或两种以上的技术组合使用。随着科技的进步、知识的更新，商品包装技术也正在不断地发展和完善。按照包装的主要用途不同，可以将商品包装技术分为销售包装技术和运输包装技术。

（一）销售包装技术

商品销售包装技术主要包括泡罩包装技术、贴体包装技术、真空包装技术、充气包装技术、收缩包装技术、拉伸包装技术、保鲜包装技术、无菌包装技术等。在实际应用中，包装技术的选择应根据包装商品的性能特点、包装环境的具体要求、包装材料的性质和包装造型结构的具体情况来定。

1. 泡罩包装技术与贴体包装技术

泡罩包装是将商品封合在用透明塑料薄片形成的泡罩与底板之间的一种包装方法。该方法是由德国在 20 世纪 50 年代末发明并推广应用的，由不与商品贴体的塑料透明罩壳和底板两个构件组成，罩壳固定在底板上，最早使用于药片和胶囊的包装。泡罩通常选用纤维素、聚苯乙烯、聚乙烯树脂、聚氯乙烯、复合铝箔等包装材料来制作，底板可选择白纸板、涂布复合材料（主要是涂布热封涂层）、瓦楞纸板、涂层铝箔和聚氯乙烯等复合材料。泡罩包装具有重量轻、密封性好、透明直观、保护性强、能包装任何异型商品、便于销售等特点，多用于药品、日用小商品等的包装。

贴体包装也称真空黏附式包装，是目前世界主要出口国家及地区发展最快的产品包装之一。贴体包装是将商品放在能透气的、用纸板或塑料薄片（膜）制成的底板上，上面覆盖能加热软化的塑料薄片，通过底板抽真空，使薄片（膜）紧密地包贴住商品，并使其四周封合在底板上的一种包装方法。能加热软化的塑料薄片材料通常采用的是聚乙烯和离子聚合物。其中聚乙烯薄片适合包装大而重的商品；离子聚合物薄片适合包装小而轻的商品。底板可以选用塑料薄膜、印刷的纸板及瓦楞纸片、胶合板等材料。与泡罩包装不同的是，其一，贴体包装用被包装物为模具，而不再另用模具；其二，贴体包装只能用真空吸塑法进行热塑型；其三，为了便于抽真空，底板上需要预先加工多个小孔。贴体包装具有透明、轻便、防水防尘、保护性强、便于展销等特点，而且无须缓冲材料和固定材料，也不会引起公害。

2. 真空包装技术与充气包装技术

真空包装是将商品装入气密性包装容器，然后抽去容器内部的空气，使密封后的容器内达到预定真空度的一种包装方法。该方法一般用于高脂肪低水分的食品包装，主要作用是要排掉氧气，以减少或避免脂肪氧化，同时抑制霉菌或其他耗氧微生物的繁殖。真空包装也适用于轻纺工业品的包装，能够缩小包装商品的体积，降低流通费用，同时还能防止虫蛀和霉变。

充气包装是在真空包装的基础上发展起来的，它是将商品装入气密性包装容器中，用二氧化碳、氮、二氧化氮等气体置换容器中原有空气，以达到防霉腐和保鲜食品目的的一种包装方法。充气包装主要用于肉类食品、谷物加工等食品包装，其作用是抑制微生物的生长和繁殖，减缓或避免食品氧化变质，亦可防止金属包装容器由于罐内外压力不均而易发生的瘪罐现象。此外，充气包装技术还可用于日常工业品的防锈和防霉。

3. 收缩包装技术

收缩包装是以收缩薄膜为包装材料，包裹在商品外部，通过适当温度加热，使薄膜受热自动收缩紧包商品的一种包装方法。收缩薄膜是一种经过特殊拉伸和冷却处理的塑料薄膜，具有一定的收缩应力，这种应力重新受热后会自动消失，使薄膜在其横向和纵向上急剧收缩，厚度增加，从而紧裹内装商品，起到良好的包装效果。

收缩包装具有透明、紧凑、均匀、稳固、美观的特点，同时由于密封性强，收缩包装的防尘、防潮、防污染、防盗窃等保护性措施极佳，因此适用于食品、日用工业品及纺织品的包装，特别适用于形态不规则商品的包装。但是，这种包装技术需要通过加热收缩设备来完成，因此在一定程度上也会增加企业的投资、费用和能耗，而且加热的技法过程又使其不适宜包装冷冻或怕受热的商品。

4. 拉伸包装技术

拉伸包装是在20世纪70年代开始使用的一种包装技术。它是在常温下，依靠机械装置将具有弹性的薄膜围绕单件或多件商品拉伸、裹紧，并在其末端进行封合的一种包装方法。与收缩包装技术相比，拉伸包装不需加热，可大大节省设备投资和维修费用，其能源消耗也只有收缩包装的1/20，适合那些不能加热的商品，如鲜肉、蔬菜、冷冻食品等。拉伸包装的缺点是防潮性比收缩包装差，且拉伸薄膜有一定的自黏性，如许多包装件堆垛在一起，搬运时可能会因黏结而受到损伤。

5. 保鲜包装技术

保鲜包装是建立在包装材料、包装容器和实施相应技术处理基础上，而实现商品最大限度保存其品质和价值的技术与方法。根据保鲜原理的差异，可将其分为保鲜剂包装和气调包装（也称置换气体包装）两类。保鲜剂包装可通过固体保鲜剂或液体保鲜剂对水果、蔬菜等进行保鲜，其中固体保鲜剂法是将保鲜剂装入透气小袋，封口后再装入内包装，以吸附水果、蔬菜散发的气体而延缓后熟过程的一种包装方法；液体保鲜剂法是将水果在浸涂液中浸润取出，表面则形成一层极薄的可食用保鲜膜，既可堵塞果皮表层呼吸气孔，又可起到防止微生物侵入和隔温、保水的作用。气调包装是在能阻隔气体进出的材料中，用适合食品保鲜的特殊保护气体置换包装容器内的空气，以此来抑制细菌繁殖，达到长期保存和保鲜的一种包装技术。具有气体阻隔性能的包装材料通常采用硅气窗（也称人造气窗），它在塑料袋上烫接一块硅橡胶窗，通过硅窗上的微孔调节包装内的气体成分，硅窗的透气性绝佳，能根据果蔬生理代谢的需要，较好的调节氧气、二氧化碳浓度，抑制水果、鲜菜、鲜蛋的呼吸作用，从而延长其储存期，达到保鲜的目的。

6. 无菌包装技术

无菌包装是在罐头包装的基础上发展而成的一种包装技术。它是先将食品及包装容器通过超高温灭菌并冷却后，在无菌室进行充填和封合的一种包装技术。与罐头包装相比，无菌包装的特点是：采用超高温瞬间杀菌并迅速冷却，因此能够较好地保存食品原有的结构、营养、色调及鲜味；杀菌所需热能比罐头少25％～50％；由于冷却后才包装，因而对包装容器的耐热及耐压性均无较高要求，故既可以有效降低成本，又便于消费者操作使用。目前无菌包装广泛适用于各类液体食品的包装。

（二）运输包装技术

运输包装技术主要分为两大类型。一类是针对商品的形态特点而采用的技术和方法，称为一般包装技术；另一类是针对商品的特性而采用的技术和方法，称为特殊包装技术。

1. 一般包装技术

对于一般包装技术而言，最关键的是对于不同形态的商品进行包装时，如何合理选择内外包装的形态和尺寸问题。一般包装技术通常包括下列几项。

（1）合理置放、固定和加固内装物。若要在运输包装体中装进形态、规格各不相同的商品，就必须具备相应的包装技巧。只有在包装中对商品进行合理置放、固定和加固，才能达到保护商品、节省材料、减少损失的目的。例如，具有规则外形的商品要进行套装；对于易损部件要注意加固；内装物置放要注意各处重量的均匀性；商品与商品之间要注意隔离和固定。

（2）松泡商品体积压缩。在对商品进行包装时，由于一些松泡商品占用容器的容积太大，必然会占据较大的运输空间和储存空间，增大了运输存储的费用，不利于成本控制。因此，对于松泡商品，要考虑采用真空包装法，提前压缩体积后再进行运输和存储。

（3）合理选择内、外包装的形状及尺寸。在运输过程中，有的商品包装件需要装入集装箱，那么包装件与集装箱之间的尺寸就必须配合好，以避免装箱时出现空隙，不能有效地提高箱容、保护商品。通过采用包装模数系列可以保证容器底面尺寸的合理配合，以有效解决包装件与集装箱之间的尺寸配合问题。内包装要注意其底面尺寸必须与包装模数相协调；外包装要注意避免过高、过大、过扁、过重。外包装高度的选择一般由商品特点来决定。松泡商品通常选择稍高一些，沉而重的商品可选择稍低一些；包装件装入集装箱一般情况下易平放，不易立放或侧放。

（4）外包装的捆扎。合理进行外包装捆扎将对包装起着非常重要的作用。对外包装捆扎不仅能对单个或数个物件捆紧捆牢，方便运输、装卸和储存，同时还能有效地加固容器、保护商品、压缩容积、减少费用、防止失窃。具体捆扎的方法，一般根据包装形态、运输方式、容器强度、内装物重量等情况的不同来相应选择。可采用的方法包括井字捆、十字捆、双十字捆和平行捆等。对于体积较小的普通包装，一般在打包机上进行捆扎，而对于集合包装，用普通捆扎方法则费时费力，更适宜采用收缩包装技术和拉伸包装技术。

2. 特殊包装技术

商品运输过程中的特殊包装技术主要包括：防震包装技术、防潮包装技术、防霉包装技术、防锈包装技术和集合包装技术等方法。

（1）防震包装技术。

防震包装技术也称缓冲包装技术，是为了在物流过程中减缓商品受到的冲击和震动，确保其质量完好无损而设计的具有缓冲减震作用的包装。防震包装通常采用三层结构，即内层商品、中层缓冲材料、外层包装箱。在遇到外力作用时，缓冲材料能有效地吸收能量，及时分散作用力而有效地保护商品，通常采用的缓冲包装材料有泡沫塑料、木丝、弹簧等。

根据商品性能特点和运输装卸条件的不同，可以将防震包装技术分为全面缓冲法、部分缓冲法和悬浮式缓冲法三种类型。全面缓冲法是在商品与包装之间填满缓冲材料，以达到对商品所有部位的全面缓冲保护。部分缓冲法是在商品或内包装件的局部或边角部位使用缓冲材料衬垫，以达到保护商品的效果。该方法对于某些整体性或允许加速度较大的商品来说，既不会降低缓冲效果，又能节省缓冲材料，降低包装成本。悬浮式缓冲法适合于允许加速度小的易碎品或贵重物品。该方法采用坚固容器外包装，将商品或内包装（商品与内包装之间的合理衬垫）用弹簧悬吊固着在外包装容器中心，在受到外力震动时，可以通过弹簧的缓冲作用达到保护商品的目的。对于一些形状复杂、不规则的商品或小批量的商品，通常会采用发泡包装。发泡包装是缓冲包装的较新方法，需要通过特制的发泡设备，将能生产塑料泡沫的原料直接注入内装物与包装容器之间的缝隙处，数十秒后即会引起化学反应，产生 $50\sim200$ 倍的发泡，形成紧裹内装物的泡沫体，从而有效地保护商品。

（2）防潮包装技术。

防潮包装技术是采用具有一定隔绝水蒸气能力的防湿材料对物品进行包装，既能隔绝外界湿度变化对内装物的影响，同时又能满足包装内的相对湿度符合内装物的要求，从而保护商品质量的包装技术。

在防潮包装材料中，金属和玻璃的阻隔性最佳，防潮性能最好；塑料薄膜有一定的防潮性能，但它多由无间隙、均匀连续的孔穴构成，而水蒸气易在孔穴中扩散，从而造成透湿的特性。塑料的主要成分不同，塑料薄膜透湿的程度也会有所差异，特别是由于密度、厚度和加工工艺不同，其差异性较大；而纸板的结构松弛，阻隔性最差。但若在其表面涂布防潮材料，则会具有一定的防潮性能。在实际应用中，多采用增配防潮附加物（干燥剂、涂料、衬垫等）的方法来提高包装的防潮性能。在包装容器内配放干燥剂防潮，较适合于小型包装和有限期的防潮包装，常用的干燥剂有硅胶（防潮珠）、活性炭干燥剂、蒙脱石干燥剂、生石灰干燥剂等；添加涂料的方法主要包括涂布法、涂油法、涂蜡法、涂塑法等，主要目的是将防潮性能较差的材料，如纸制品进行防潮处理，以提高其防潮性能；防潮衬垫是对易受潮和透油的包装内加衬一层或多层防潮材料，如牛皮纸、蜡纸、防油纸、铝箔、塑料薄膜等以达目的。防潮包装的方法较多，在实际应用中，各种防潮包装方法可以单独使用，也可以几种方法组合使用，以有效提高包装的防潮效果。

（3）防霉包装技术。

防霉包装技术是防止包装和内装物霉变而采取一定防护措施的包装方法。在适宜的温、湿度条件下，霉菌吸收包装或商品上的有机物作为营养而生长繁殖，从而使商品结构遭到破坏，产生霉变。防霉包装根据微生物的生理特点，有针对性地控制各种霉菌的生长要素，并选用具有较强抗霉菌性的包装材料和容器，再辅以良好的包装工艺和方法来抑制霉菌的生长。

耐霉耐湿、密封性强的抗霉包装材料主要包括以钢、铁、铝为主的金属材料和玻璃、钙塑瓦楞纸箱等非金属材料，而那些如纸和纸板、油毛毡、木材、棉麻纤维织物、绳索等不抗霉材料，需经过防霉处理后方能使用。目前对不抗霉材料的防霉处理方法主要有：在生产包装材料时添加防霉剂、用防霉剂浸湿包装容器或在包装容器内喷洒适量防霉剂等。此外，还要采用密封性能较好的包装容器，如选用泡罩、真空和充气等严密封闭的包装，既可有效阻隔外界湿气侵入包装，又可抑制霉菌的生长和繁殖。

防霉包装工艺方法有密封包装和非密封包装之分。密封包装可采用抽真空置换惰性气体密封包装法、干燥空气封存包装法、除氧封存法及挥发性防霉剂防霉法；非密封包装则通过直接对商品进行防霉处理或在包装箱上设置通风窗，通过有效控制包装箱内的含湿量达到防霉的目的。

（4）防锈包装技术。

防锈包装技术是防止金属制品与周围介质发生化学腐蚀和电化腐蚀而采用一定防护措施的包装技术。在包装中要特别注意对大气锈蚀的防护。防锈包装可以采用化学防护法，对金属表面进行处理，如镀锌、镀锡、镀铬等，这些防护镀层不但能阻隔钢铁制品表面与大气接触，而且一旦发生电化学作用时，则会使镀层先受到腐蚀，从而保护了钢铁制品的表面；也可采用氧化处理（俗称"发蓝"）和磷化处理（俗称"发黑"）的化学防护法；还可采用涂油防锈、涂漆防锈和气相防锈等方法，如可以在五金制品表面涂一层防锈油，再用塑料薄膜封装。涂漆处理是对薄钢板桶和某些五金制品先进行喷砂等机械处理后，再涂上不同油漆的方法。气相防锈是采用气相缓蚀剂进行防锈的方法，目前较多采用的是气相防锈纸，即将涂有缓蚀剂的一面朝向内包装制品，外层再用石蜡纸、金属箔、塑料袋或复合材料密封包装。如包装空间过大，则最好填加适量防锈纸片或粉末。除此之外，还可采用普通塑料袋封存、收缩或拉伸塑料薄膜封存、可剥性塑料封存和茧式防锈包装、套封式防锈包装、充氮和干燥空气等封存法防锈。

（5）集合包装技术。

集合包装技术是将若干商品或包装件重新组合为恰当的包装单元，装入具有一定规格、强度，并用于长期周转使用的包装容器内，以形成一个更大搬运单元的包装技术。集合包装是一种现代化的包装方法，具有促进物流合理化、科学化、现代化的突出特点，推广应用集合包装也是国际物流的发展趋势。目前常见的集合包装有集装箱包装、集装袋包装和托盘集合包装。通过集合包装可以有效地保护货物，防止损坏和丢失；节省包装材料，减化流程、降低费用；提高仓库空间利用率；推动流通作业机械化、自动化和综合化；加速实现流通领域铁路、水路、航空、公路等不同运输工具的快速换装、多式联运和"门对门"服务；推动商品流通朝着标准化、科学化和现代化方向发展。

第三节　商品包装合理化

商品包装合理化是其作用能否正常发挥的前提条件。我国商品包装经历了单纯考虑商品保护的大包装阶段、突出商品美化的小商品阶段，以及小包装发展为无声的推销员三个阶段。现代商品包装应随着商品流通环境的变化、包装技术也不断发展和更新。合理的商品包装既要符合国情，又要满足消费者需要，并能够取得最佳的经济和社会效益。在市场经济条件下，商品包装既不能停留在第一阶段，造成包装不足，也不能一味追求包装材料、包装容器和包装技术的过分奢华。用虚假包装来愚弄和欺诈消费者，必将自毁企业形象和品牌。

一、商品包装合理化的三大要素

商品包装的合理化一方面包括包装总体的合理化，这种合理化通常用整体物流效益与微观包装效益的统一来衡量；另一方面也包括包装材料、包装技术、包装方式的合理组合及运用。商品包装的合理化一般应具备三大要素，即防止包装不足、防止包装过剩，以及从系统性角度分析物流包装的价值。

（一）防止包装不足

在物流活动中，由于包装材料和容器选择不当、包装强度不足、包装成本过低等原因所造成的商品在物流过程中发生的质量损耗是不可低估的。由于包装材料选择不当，不能很好地承担运输防护及促进销售的作用；包装强度不足，会使包装防护性减弱，从而造成包装物的破损；包装容器的层次及容积不足，也会对内装物带来一定的侵害；而包装成本过低，则不能达到有效的包装目的。

（二）防止包装过剩

由于包装物强度设计过高、包装保护材料选择不当等造成的包装过剩问题，尤其在发达国家表现得极为突出。包装物强度设计过高，如包装材料截面过大，包装方式大大超过强度要求等，会使包装防护性过高；包装材料选择不当、标准过高，如本可以用纸板为原料，但却采用镀锌、镀锡材料等；包装技术过高、包装层次过多、包装体积过大等；包装成本过高，一方面可能使支出大大超过减少损失可能获得的利益；另一方面，包装成本上升又会抬高商品价格，从而损害消费者的利益，不利于促进商品销售。

（三）从系统性角度分析物流包装的价值

确定商品包装形式，选择包装方法，均要与物流诸要素的变化相适应，以确保用科学方法确定最优包装。

1. 影响商品包装的首要因素是装卸搬运

不同的装卸搬运方式决定着不同的包装选择，手工装卸搬运应按人工可以胜任的重量单位进行包装，而机械装卸搬运，只要在交易上允许，则可尽量选择大的包装单位进行包装。若采用人工装卸搬运方式，包装的外形及尺寸应适合人工操作，过重的包装会对工人的健康造成伤害，过轻的包装又会增加人工装卸搬运的频率，从而引起疲劳、降低效率。研究表明，包装的重量为人工体重的40%较为合适，即男劳动力20～25千克，女劳动力15～20千克是比较恰当的。目前我国铁路运输，特别是汽车运输，大多还采用手工装卸搬运，因此包装的外形和尺寸必须为人工操作提供一切便利条件；若采用机械装卸方式，包装的重量则可以大大增加，如集装箱做外包装可达10吨以上。此外，操作人员素质低、不规范作业等也会直接引发商品的损失。

2. 影响包装的第二大因素是储存

在确定包装时，需准确掌握商品储存的条件和方式。若采用高堆垛储存，要求包装必须达到较高的强度；采用低堆垛或货架储存，包装的强度就可以相应降低，以节约资源和费用。此外，货物储存如需堆码，最下层货物的包装应能承受上层所有货物的总重量。以重量为25千克的包装单元为例，如果货物堆码5层，则最下层箱子的最低承重应为100千克。

3. 影响包装的第三大因素是运输

运输工具类型、输送距离长短以及路况好坏等均会对包装提出不同的要求。如路况较好的短距离汽车运输，可采用轻便包装；同一种商品，若是长距离的车船联运，则要求采用厚实、严密的包装。杂货载运如用传统的货船混载，必须严格使用木箱包装，而改用集装箱后，只用纸箱就完全可以达到要求。

二、商品包装合理化的主要措施

为了更好地实现商品包装在物流中的各项功能，满足物流主要环节对商品包装的要求，同时又能使包装成本最低，必须做到商品包装的合理化。包装合理化一般采用以下措施：

（1）掌握物流实况，发挥最经济的保护功能。

（2）包装材料减量化、轻薄化。

（3）强化环保意识，减少包装废弃物及其污染。

（4）包装设计标准化。

（5）包装容器便于物流作业，便于消费者使用或食用。

（6）包装费用同内容物价值相适应。

（7）物流包装尽可能集装单元化。

三、用价值分析法优化商品包装

（一）价值分析法的主要内容

（1）必要性。逐次检查，找出多余部分及不必要之处。

（2）效果。采用替代材料和容器，包装的功能会减少还是增强。

（3）包装成本与内装物的用途对比是否相称。

（4）物品本身性能是否需要和适应其包装。

（5）价格是否合理，可否再降低。

（6）包装的规格尺寸是否恰当，是否实现标准化。

（7）整个包装工艺是否经济、高效。

（8）在整个物流过程中的安全性是否达标。

（9）各项成本构成是否合理。

（10）包装原料、半成品及容器的物流是否合理。

（二）价值分析法的基本要点和特性

1. 价值分析法的四个基本要点

（1）功能。主要指物流包装的使用价值、性能、效用及其满足用户需求的程度。

（2）必要性。用户所要求的包装物品，在物流过程中必须保持或达到的功能。

（3）寿命周期成本。指从包装产品的研制、生产、使用、维修，直到最后报废为止的全部费用。主要包括制造费和使用费。

（4）产品的价值。指产品的功能与功能成本之间的对比关系。一般用如下公式表示：

$$价值（V）＝功能（F）/成本（C）$$

2. 价值分析具有的主要特征

（1）价值分析是以功能成本分析为中心，即对功能与成本之间的关系进行定性、定量分析、核算。

（2）价值分析的宗旨是以最低的寿命周期成本，生产出功能上满足用户需求的物流包装及其作业。

（3）价值分析是一个技术性、经济性、全面性、组织性的综合分析活动，利用有组织的系统分析借以开发人力智慧，达到集思广义的效果。

（三）价值分析程序

价值分析流程一般可分为四个阶段，12个步骤（见表3-1）。

表3-1　　　　　　　　　　　　价值分析流程

工作阶段	详细步骤	价值分析设问
确定对象阶段	（1）选择对象 （2）收集情报	（1）这是什么
功能分析阶段	（1）功能的定义 （2）功能的整理 （3）功能的评价	（2）它的作用是什么 （3）它的成本是多少 （4）它的价值是多少

工作阶段	详细步骤	价值分析设问
方案制定与评价阶段	(1) 方案制定 (2) 概略评价 (3) 具体化及试验研究 (4) 详细评价 (5) 提案审批	(5) 有其他方法实现这个功能吗 (6) 新方案成本是多少
实施阶段	(1) 方案实施 (2) 效果评价	(7) 新方案能满足要求吗

第四节　案例分析

案例一:

有关包装材料和包装技术引发的赔偿问题

某医院利用德国贷款购买了一套进口医疗设备,包括 CT 机、500 米 AX 光机、C 形臂 X 光机,均为德国公司生产。某日,这批货物由一家运输公司安排了两辆厢式货车运出,车厢外用雨布防潮。途中突遇暴雨。到达目的地时,德国公司、运输公司、医院三方同时在场监视卸货,当场发现一部货车的货物外包装被雨水淋湿。经检验检疫人员现场勘查发现,这个车厢装有 4 只包装箱:2 只木箱、2 只纸箱。纸箱被雨水淋湿变形,内部设备可以窥见。其中一只纸箱内无任何防潮保护设施,另一只只有塑料膜保护。经开箱检验,确认木质包装中的 500 米 AX 光机、C 形臂 X 光机外包装虽然受潮,但内部有塑料真空包装并添加防潮剂,真空包装内还有两层密封包装,设备保护完好,可以进入安装检验程序。而纸箱包装箱内均为 CT 机的核心部件,价值占整套设备的 1/3 (价值 290 万元人民币)。恰恰是最重要的部分,且由于严重受潮,已经无法安装。后经多方维权索赔,最终外方终于认赔。

　　　　　　　(资料来源:http://china. findlaw. cn/hetongfa/shewaihetong/13836. html)

分析:

(1) 为什么是厂商(德方)赔偿,而不是运输公司?

(2) 针对这样的精密仪器和设备,应采用什么样的包装材料和包装技术?

案例二：

材料1——新型可降解生物食品包装问世

食品包装在食品保鲜及食品安全中发挥着重要作用。它不仅可以保护食品，使食品在离开工厂到消费者手中的流通过程中，防止生物的、化学的、物理的等外来因素的损害，它也可以具有保持食品本身稳定质量的功能，它方便食品的食用，又是首先表现食品外观，吸引消费的形象，具有物质成本以外的价值。

欧盟第七框架研发计划的一个研究项目宣布在食品包装领域取得重要成果。科研人员从乳清蛋白中提取出一种生物材料，用于生产多功能薄膜，并且已经研究出规模化生产方法。

这种新型包装材料可有效防止食品氧化、霉变，阻止化学和生物污染，可显著提高食品的货架期。

目前食品的包装都采用从石油化工原料中提取的聚合物（例如，乙烯醇聚合物）生产的塑料薄膜为包装材料，对环境构成污染。欧盟科研人员采用乳清为原料，研制的包装材料具有生物降解特性。生产工艺为：首先将甜乳清和酸乳清分离和提纯，制备高纯度乳酸蛋白分离液，然后利用各种方法，获得具有超强成膜特性的蛋白。最后，在乳清蛋白中混入不同浓度的生物软化剂和添加剂，增加薄膜的机械承载力。

食品包装生产企业只要对现有的生产工艺和设备稍加改进就可生产这种生物降解包装材料。该技术目前已申请专利。

（资料来源：中国食品网，http://www.5food.cn）

材料2——再生纸包装正成为全球主流发展趋势

在全球回收材料市场上，再生纸包装所占的比例是最大的——约为所有回收包装的65%。除了几个对玻璃包装情有独钟的国家之外，纸张和纸板在全球范围内的回收率都是非常高的。随着中国和其他国家制造业的迅猛发展，市场对纸包装的需求将进一步增长。据预测，再生纸包装市场将在未来几年中以5%的年均复合增长率保持增长，并将在2018年达到13.9亿美元的规模。

美国和加拿大领跑全球。自1990年至现在，美国和加拿大的纸张和纸板回收量已经增长了81%，并分别达到了70%和80%的回收率。欧洲国家对纸张的回收率平均为75%，而像比利时和澳大利亚这样的国家甚至能够达到90%。在英国和很多其他的西欧国家里，纸张的回收率为80%，东欧和其他国家相对落后，这主要是由于缺乏足够的回收设施造成的。

再生纸在美国的纸浆总供应量中所占的比例为37%，而发展中国家的纸浆需求量更是连年上涨，其中中国、印度和其他亚洲国家的人均纸张消费量的增长速度是最快的。中国运输包装业的发展和消费规模的日益扩大，直接导致了市场对纸包装需求的增长。自2008年开始，中国的纸包装需求量始终以6.5%的速度保持增长，增速远高于世界其他地区。而随着市场对纸包装需求量的增长，再生纸的市场需求量也在不断攀升。

箱板纸包装是再生纸包装中规模最大的一个领域。美国大约有30％的回收纸张和纸板被用来生产瓦楞纸包装中常用的挂面纸板。美国有很大一部分再生纸包装都被出口到了中国，而剩下的则被做成了折叠纸箱等产品。以2011年为例，美国出口到中国和其他国家的再生纸数量达到了当年纸张总回收量的42％。

未来市场供应缺口巨大。据预测，到2018年，全球每年的再生纸供应缺口将达到150万吨。因此，纸张公司会在发展中国家投资建设更多的纸包装企业，以满足当地不断增长的市场需求。

将来，纸包装将成为聚苯乙烯包装的理想替代品。很多包装巨头现在都将目光转向了纸质包装。比如星巴克公司现在就只采用纸杯，并在某些地区积极推动包括闭环系统在内的纸张回收项目。随着铜版纸包装和瓦楞纸包装的回收利用技术的发展，再生纸市场的规模将再次扩大，而这也势必会促进纸张回收成本的大幅降低和市场对再生纸需求的增长。

食品市场是再生纸增长最快的一个领域。尽管它在整个再生纸市场中所占的比例还非常小，但增速惊人。随着经济的回暖、食品市场的发展和消费者环保意识的增强，市场对再生纸的需求将以更快的速度保持增长。而在政府部门和各环保组织的压力下，各个企业也将对纸包装投入更多的热情。

（资料来源：中国食品网，http：//www.5food.cn）

分析： 试从绿色包装的角度分析本案例。

案例三：

苗木的包装

为保证苗木长途运输的质量，首先要考虑的问题就是苗木的包装与运输。因为在运输过程中，苗木暴露于阳光之下，长时间被风吹袭，会造成苗木失水过多，质量下降，甚至死亡。所以，在运输中尽量减少水分的流失和蒸发，对保证苗木的成活率有很大作用，这就是要求我们必须注意苗木的包装问题。

（1）包装的目的和材料。据相关介绍，曾用油松和侧柏一年生播种苗进行晒根，试验结果表明，在华北3月下旬的阳光下，油松一年生播种苗60分钟全死；侧柏一年生播种苗晒4小时的成活率只有3.1‰，而且经过日晒的苗木成活后再生长也受影响，侧柏苗对照的平均苗高为39.9厘米，晒1小时的平均苗高为31.3厘米，晒2小时为26.8厘米，晒4小时生长不正常。而用包装袋包装来运输的云杉苗，经过1周其成活率仍为100％。由此可见，苗木运输时间较长时，要进行细致的包装，一般用的包装材料有：草包、蒲包、聚乙烯袋、涂沥青不透水的麻袋和纸袋，集运箱等。

（2）包装方法。可用包装机或手工包装。对于大苗如落叶阔叶树种，大部分起裸根苗。包装时先将湿润物放在包装材料上，然后将苗木根对根放在上面，并在根间加些湿润物（如苔藓、温稻草、湿麦秸等）；或者将苗木的根部蘸满泥浆。这样放苗到适宜的重量，将苗木卷成捆，用绳子捆住。小裸苗也用同样的办法即可。而针叶和大部分常绿阔叶树种因有大量枝叶，蒸腾量较大，而且起苗时损伤了较多的根系，起苗后和定植初期，苗木容易失去体内的水分平衡，以致死亡。因此，这类树木的大苗起苗时要求带上土球，为了防止土球碎散，以减少根系水分损失，所以挖出土球后要立即用塑料膜、蒲包、草包和草绳等进行包装；或用木箱，对特殊需要的珍贵树种的包装有时用木箱。包装时一定要注意在外面附上标签，在标签上注明树种的苗龄，苗木数量，等级，苗圃名称等。

（资料来源：中国花卉报，http：//news. china-flower. com，"苗木的包装与运输"）

分析：对苗木如何包装才能保证其质量不受损失？

第五节　实习实训指导

一、实训目的

1. 培养学生能够根据商品的不同特性，恰当选择包装材料和包装技术的能力。

2. 学生能够正确评价某具体商品包装的科学性、合理性。

3. 培养学生实践能力，提高学生的动手能力。

二、实训项目内容

商品包装材料、包装技术及包装合理化社会调研。

三、实训方式

本次实训分小组完成，3～5人一组开展实训。

四、实训任务

1. 通过查阅资料和社会调研，谈一谈适度包装的"度"应如何把握？

2. 评价某商品包装的得与失。

3. 通过网络调研目前世界与我国商品包装技术的主要趋势。

4. 学生认真总结，按要求完成实训作业。

五、实训操作要点

1. 工具准备及要求。实训前学生应带好笔、记录本、通信工具、摄影器材等实训所需的相关材料，按指导教师要求积极开展实训活动，不得无故旷训。

2. 知识准备。要求学生提前回顾本章所学内容，掌握相关知识点。

3. 实训开展。分小组完成，并将调研情况认真记录和总结。

4. 课后作业。要求学生自选评价对象，结合商品的不同特性，在掌握商品包装材料及一般包装技术的基础上，以商品包装合理化为理论依据，进行综合分析与评价，并形成文字材料。

六、考核评定

指导教师应结合学生的课堂表现、实训态度、实训表现，根据学生实训报告的撰写质量，公平公正地对学生本次的实训成绩给予评定。实训成绩满分 100 分，其中课堂表现占 20%，实训态度及表现（可根据学生遵纪守法、学习态度等）占 40%，实训报告质量占 40%。以上三项累加后，按优秀（90～100 分）；良好（80～89 分）；中等（70～79 分）；及格（60～69 分）和不及格（59 分以下），分五个等级评定。

复习思考题

一、概念题

1. 运输包装

2. 集合包装

3. 商流包装

4. 泡罩包装技术

5. 贴体包装技术

6. 拉伸包装技术

7. 防锈包装技术

8. 集合包装技术

二、选择题

1. 与销售包装不同的是，运输包装（　　）。

A. 重装潢　　　　B. 重装饰　　　　C. 重防护　　　　D. 重流通

2. 以下具有良好防潮功能的包装物是（　　）。

A. 纸袋　　　　B. 麻袋　　　　C. 塑料袋　　　　D. 草袋

3. 牙膏和皮鞋油的包装属于（　　）。

A. 便携式　　　　B. 贴体式　　　　C. 惯用包装　　　　D. 适用型

4. （　　）因其成本低、无污染、可回收而备受青睐。

A. 纸质材料　　　　B. PE 材料　　　　C. 金属材料　　　　D. 木材原料

5. 下列包装中，（　　）适用于果蔬的包装。

A. 真空包装　　　　　　　　　　B. 充气包装

C. 无菌包装　　　　　　　　　　D. 硅窗气调包装

6. 下列可用于药片或胶囊包装技术的是（　　）。

A. 泡罩包装技术　　　　　　　　B. 贴体包装技术

C. 热收缩包装技术　　　　　　　D. 拉伸包装技术

7. 下列包装中，具有无毒无味特点的有（　　　）。

A. PE　　　　　　　B. PVC　　　　　　　C. PP

D. PS　　　　　　　E. PA

三、填空题

1. 包装的基本作用是_____。

2. _____包装是"无声的推销员"。

3. 根据包装在流通中所起的作用不同，可分为_____和_____。

4. _____和_____是用于商品包装的传统材料，其使用量居四大包装材料之首。

5. _____和_____均属于以硅酸盐为主要成分的无机性材料，二者用作包装材料均已具有相当长的历史。

四、简答题

1. 何为商品包装？商品包装有何作用？

2. 商品运输包装与销售包装在作用上有何相同？有何区别？

3. 简述常用包装材料的种类及特点。

4. 简述一般包装技法的内容。

5. 如何实现商品包装合理化？

第四章　商品质量与商品标准

知识目标

1. 了解商品质量的概念、要求及主要影响因素。

2. 理解商品标准和标准化的概念，了解标准化的作用。

3. 掌握我国商品标准的分级和它们之间的关系，熟悉商品的国际标准和发达国家的重要商品标准。

4. 了解商品检验概念、内容与分类，明确商品质量检验方法。

5. 了解商品质量分级与商品质量标志的概念与作用，商品质量标志的种类。

6. 掌握商品分级的方法。

7. 掌握商品质量评价的内容。

8. 熟悉商品质量管理发展阶段，了解全面质量管理的概念及特点。

9. 掌握商品质量管理的基本方法。

技能目标

1. 能够通过感官比较检查两种商品的质量优劣。

2. 能够根据识别伪劣商品的方法，判断某种具体商品的真伪。

3. 通过考察某商贸企业商品质量管理的实际情况，能够分析其特点，并提出改善建议。

4. 熟悉商品质量追溯与全程监督体系。

引导案例

皮衣的质量纠纷

王先生参加服装展览会，看上一件皮衣的样式，随手买了一件，同时也看到提示牌上写了"当面检验，概不退货"八个大字。回家后试穿发现皮衣脱皮，质量不合格。王先生立即返回展览会要求退货，被拒绝。王先生向媒体反映了这种情况，媒体对皮衣生产商进行曝光，使皮衣生产商销售量及订货量大减。皮衣生产商以侵犯其名誉权为由将王先生告上法院，要求其在媒体上赔礼道歉，并赔偿经济损失。

思考：法院应如何公开判处这起民事纠纷？为什么？

质量是商品的基本内容。商品学所研究的商品使用价值及其实现规律，是紧紧围绕着商品质量这个核心问题展开的。商品标准是商品生产、质量评价、监督检验、贸易谈判的依据和准则，商品标准化是沟通国际经济技术合作的桥梁和纽带，也是促进国际贸易发展的前提和基础。

第一节 商品质量

商品质量既是商品进入市场的通行证，也是现代工商企业和消费者关注的热点。它不仅是一个经济问题，也是一个社会和政治问题，保证和提高商品质量，是满足人们日益提高的生活水平和社会不断发展的需要。

一、商品质量的概念及其构成

（一）质量的概念

人们对质量的认识源于对质量实践活动的认知，并随着人类生产活动、科技文化等的不断发展以及社会进步而逐步深化。由于研究者对质量的本质理解有不同的角度和侧重，因此对于质量的定义，可谓是仁者见仁，智者见智。但归结起来，可以大致分为两种类型。

第一种类型出自某些权威组织和机构，并以文件或相关法律法规的形式作出了统一规定。例如，国际标准化组织在国际标准 ISO 8402—1994 中对质量作了如下定义：质量是反映实体满足明确和隐含的能力的特性总和。欧洲质量管理组织对质量所下的定义是：一种产品的质量是满足和实现使用者需求的程度。日本工业标准（JIS）中对质量的定义是：为确定某种物品或某种服务是否满足了自己的目的而作为评价对象的所有特性和性能的总和。我国国家标准 GB 6583—1986 中给质量的定义是：产品、过程或服务满足规定或潜在要求（或需要）的特性和特征的总和。

第二种类型出自于某些专家学者代表性的研究成果。美国著名质量管理专家朱兰（J. M. Juran）博士从社会受益和用户需求满足的角度明确提出了质量的定义："质量即适用性。产品的一个重要特点，是其能够满足那些使用它们的社会成员的需要。"而日本著名质量管理专家田口玄一教授从社会受害和用户损失的角度提出的质量定义为：所谓质量是商品上市后给予社会的损失，但是功能本身所产生的损失除外。这里的损失仅限于功能波动的损失和弊害项目的损失。如洗衣机工作时出现的转速不稳属于功能波动的损失；而洗衣机工作时出现噪声和振动过大的现象则属于弊害项目，这些都对社会和使用者带来了一定的损失。两者对质量本质的理解虽然站在了不同的角度，但对质量的内涵认识具有本质性的统一。

(二) 商品质量的概念

在对质量定义分析和研究的基础上，我们对商品质量做出如下定义：所谓商品质量是指商品满足规定或潜在要求（或需要）的特征和特性的总和。这里的"规定"，是指国际上的通行标准或国家的有关法律法规、质量标准、技术要求、买卖合同等方面的界定；潜在要求（或需要）表明了社会和公众对商品的适用性、安生性、卫生性、耐久性、可靠性、经济系、信息性、艺术性等方面的期望，它是一种隐含的要求，往往是不言而喻的；特征是用来区分同类商品不同品种的显著标志；特性是不同类别商品所特有的属性。综上所述，商品质量是商品具备适用功能，评价其满足规定和消费者需求程度的一个综合性的概念。

在我国商品学界，一般认为商品有广义和狭义之分。广义的商品质量是指商品适合其用途所需，以及满足消费者需求的各种属性的综合。它衡量了商品使用价值的综合属性，包括自然属性、社会属性和经济属性等。狭义的商品质量主要是指商品的内在质量，是由商品的自然属性决定的，它强调了商品的自然质量，是评价商品使用价值优劣程度的各种自然属性的综合，也是商品质量的最低要求和合格的依据。

(三) 现代商品质量观

商品质量是一个动态的概念，人们对商品质量的认识和理解也是随着社会生产、科技进步、经济发展以及人们生活方式和消费观念的变化而不断发展变化的。例如，我国消费者对商品的要求，以往更注重耐用、经济和实用，而现在更突出了商品审美价值的需要。

随着商品经济的发展，商品交换已从卖方市场转变为买方市场，产品同质化程度也日益提高，市场竞争愈演愈烈。人们购买商品不再仅仅满足于基本的物质需求，而是更加强调追求更高层次的精神享受。因此，现代商品质量观应该完整地包含自然质量、无形质量和社会质量三个层次。自然质量，即商品满足消费者明确和潜在需求的各种物质性特征，如物理特性、化学特性、功能特性等；无形质量特指与商品相关的各种服务质量，如咨询服务、免费送货、售后服务等；社会质量是指商品从生产、流通、消费乃至废弃等整个生命周期内满足全社会利益所必需的特性，如环境保护、资源节约、废弃整治等。

(四) 商品质量的构成

1. 商品质量由外观、内在和附加质量构成

商品的外观质量主要是指通过人的感觉器官直接感受到的商品的特性，如商品的造形、款式、规格、色彩、气味、味道、声响等；商品的内在质量主要反映了商品的内在属性，通常需要通过实验或测试手段才能显示出来的商品特性，如商品的物理性质、化学性质、机械性质、生物学性质等；商品的附加质量则主要反映了商品的品牌、信誉、售后服务等。

在实际应用中，对于不同种类的商品，其外观质量、内在质量和附加质量可以有

所侧重。商品的内在质量往往可以通过外观质量表现出来，并通过附加质量得以更加充分的实现。

2. 商品质量由设计、制造和市场质量构成

设计质量是指商品在生产前，由设计部门对商品品种、规格、造型、质地、花色、装潢、包装等方面的设计过程中形成的质量因素；制造质量是指在生产过程中形成的，符合设计要求的质量因素；市场质量是指在整个流通过程中，对商品实施的维护保障及附加的质量因素。

设计质量是商品质量形成的起点和前提，制造质量是形成商品质量的重要方面，对商品质量的各种性质起着决定性的作用；市场质量是商品质量得以充分实现的保证。

3. 商品质量由自然、社会和经济质量构成

自然质量是商品自然属性带给商品的质量因素；社会质量是商品社会属性所要求的质量因素；经济质量是商品消费投入方面需要衡量的因素。

商品自然质量是构成商品质量的基础；商品社会质量是商品质量满足社会需求程度的具体体现；商品经济质量则反映了人们对商品质量经济方面的要求。

二、商品质量的基本要求

商品的用途是要满足消费需求，因此必须对商品质量提出基本要求。但是商品的种类繁多，不同的商品其功能用途、质量特性各不相同，能够满足需要的具体内容也不一样。而且不同的消费者由于消费目的不同，即使对同种商品的具体质量要求也会存在不同的差异。为了便于研究，我们对其进行了归纳和总结，提出了商品一般应具备满足需要和符合使用、消费需求的基本质量特性主要包括以下五个方面。

（一）实用性

实用性是指商品为满足一定的用途或达到使用目的所必需具备的各种性能或功能。它是所有商品必须具备的基本功能，也是构成商品使用价值的基础。不同商品的使用目的不同，实用性也不同。如食品以食用为主要目的，就必须满足安全功能、卫生功能和营养功能；服装的实用性体现在遮体、御寒及美观上；照明灯具的实用性主要表现在其具有通电发光的功能；冰箱必须满足制冷功效；热水瓶必须有保温性能等。此外，即使是同一类商品，由于其品种不同，在实用性上也会有不同的体现。例如，同为玻璃产品，玻璃杯要求其耐热性突出；窗用玻璃要能体现出明亮透光；化学玻璃则要求其耐酸碱性强等。

（二）安全卫生性

商品质量的安全卫生性要求主要表现在两大方面。一是商品质量必须满足使用者的健康不受侵害；二是商品质量还必须满足人类生存的社会和环境不受侵害。因此，商品质量的安全卫生性，一方面，要求商品在生产、流通，尤其在消费者使用过程中，必须保障使用者的人身安全与健康。如食品中不能含有对人体有害的物质，必须符合卫生标准；服装等接触人体的穿戴织物不能含有对皮肤有刺激性的物质，贴身类衣物

的甲醛不能超标，同时还应具有良好的透气性和吸湿性；家用电器必须具有良好的绝缘性和防护装置；儿童玩具的材质必须无毒无害，成品必须能够有效防范任何对儿童的不安全隐患。另一方面，商品质量的安全卫生性还表现在商品在废弃阶段，不能对人类的生存环境和社会带来危害。如不能造成大气污染、水污染、噪声、辐射、废弃物污染等公害及一切现代社会问题。在当今社会，环境保护已成为社会可持续发展的重要影响因素之一，越来越得到世界各国的重视和关注。

（三）审美性

审美性是指商品质量能够满足人们感官审美需要的属性。包括商品的外观、形态、质地、款式、气味、味道和品种多样化等方面的内容。现代社会，随着人们生活方式和消费观念的变化，物质需求已不能完全满足人们对商品质量的多方面需求，精神方面的审美价值越来越受到人们的重视，因此，现代商品质量的审美性要求应该是商品物质方面的实用性与精神方面的审美性的高度统一，商品的审美性已成为提高商品竞争能力的重要手段之一。

食品的审美性要求食品形态、色泽、香气、味道等方面能够吸引消费者的食欲和购买欲；服装等纺织类商品质量的审美性主要体现在其质地、款式、色彩、花纹、风格等方面能够具有时代性、艺术性、协调性，符合穿着者的年龄差异、个性特点、文化素养，并能提升其品位；日用工业品的审美性主要表现在外观无瑕疵、质量无缺陷，并兼具装饰性、艺术性、时尚性等特点。

（四）寿命和可靠性

商品的寿命也称商品的生命周期或保质期，是指商品在流通或消费阶段，可以不变质地连续储存或使用的最大期限，它反映了商品的耐用程度。

不同商品的寿命表示方法和内容不同。商品在流通领域的寿命称为货架寿命，如鲜活食品的保鲜期、干品的储藏期等；商品在使用阶段的寿命称为使用寿命，如汽车的报废里程、灯泡的连续照明时间、电池的连续放电时间等。有些商品的寿命主要强调其储存寿命，即在规定条件下，使用性能不失效的储存总时间，如药品的保质期、化妆品的有效期等。

可靠性是指商品在实际使用过程中，在一定的使用期限内及一定条件下，完成规定的使用功能的能力。其内在含义体现了商品在使用过程中表现出来的质量稳定性。对于不同商品而言，质量的可靠性主要衡量其功能的稳定性、精确度以及性能的持久性等质量特征。

（五）经济性

从消费者的角度来看，商品的经济性要求主要包括两方面的内容。一是商品质量与商品价格的最佳匹配，即"物美"与"价廉"的统一；二是商品价格与商品使用费用的最佳匹配。对于消费者来说，总是寄希望于商品的质量特性最好，而价格及使用和维护费最低，即要求商品质优与低成本、低使用维护费相统一。这是消费者的期待，也是一种理想化的标准。美国著名质量管理学家戴明（Edwards Deming）认为：质量就是以最经济的手段，制造出市场上最有用的商品。

在实际应用中，商品质量的经济性体现在商品的质量、价格、使用维护费应当满足一个基本合理的匹配，商品既不能片面追求低成本，使其质量粗制滥造，又不可不计经济得失形成过剩质量，也不能造成买得起、用不起，使用与维护费用过高的现象。经济实惠、使用与维护费恰当的商品最能满足消费者的实际需要。

（六）信息性与可追溯性

信息性是指消费者有权获得有关商品的相关信息。主要包括商品的名称、用途、规格、型号、原料、成分、生产厂家、厂址、生产日期、保质期、商标、质检标志、生产及卫生许可证、储运、安装使用与售后服务等。

可追溯性是指根据记载的标识，追踪商品的原材料、零部件及商品实体、加工历史、应用情况、出厂后的分布和位置等的能力。商品条码标识等信息技术的应用为实现自动化追踪提供了有效的手段。为实现可追溯性，通常应给每个商品附上与作业原始资料一致的标记，如日期、序号、批号、件号等。实现可追溯性一般需要支付很高的费用，当合同要求时，应对可追溯的范围进行明确的规定。

三、影响有形商品质量的主要因素

在实际应用中，从生产过程到流通领域，乃至消费活动，各个环节都可能会影响到商品质量。为了能够对商品质量实施有效控制，就必须认真分析，全面掌握诸多的影响因素。

（一）生产过程中影响商品质量的因素

对于来自农、林、牧、渔等产业的天然商品，其质量主要取决于其品种选择、栽培和饲养方法、生长的自然环境和收获季节及方法等因素。

对于工业商品来说，生产过程中的市场调研、开发设计、原料质量、生产工艺及设备、质量控制、成品检验与包装等诸多环节都会影响商品质量。

1. 市场调研

市场调研是商品开发设计的基础。在进行商品开发之前，首先，要充分调研商品消费需求，因为满足消费者的需求既是商品质量的出发点也是落脚点；其次，要全面分析影响消费需求的因素，从而使商品开发设计具有前瞻性；最后，必须收集、分析和比较国内外同行生产者的商品及品种信息，及时吸取以往的成功经验及失败教训，通过科学的市场预测，来确定究竟应该设计何种产品，才能真正适合目标市场的需要。

2. 开发设计

设计质量是商品形成的前提条件，设计质量的形成是商品质量形成的起点。开发设计包括原材料选用的配方、商品的结构、性能、工艺及包装装潢等。在产品开发设计中，要注重设计的科学性与合理性。如果开发设计的质量存在问题和偏差，那么即使制造艺术再高超，生产操作再精细，也无法提高产品的质量水平。

3. 原料质量

原料质量是决定商品质量的重要因素。原材料、元器件或零部件不同，最终必然导致商品在性能和质量上的差异。如使用含硅量高的石英砂制成的玻璃制品，透明度和色泽俱佳，而使用含铁量高的硅砂制成的玻璃制品的透明度和色泽却较差；不同长度的棉纤维制成的纱线和布匹，它们的外观和强度存在明显的差别；用嫩而鲜的叶为原料制成的绿茶，其有效成分含量高，色、香、味、形俱佳，而以老叶制成的绿茶则质量差、档次低。因此，在其他因素相同的条件下，原料质量的优劣将直接影响到产品的质量和等级，在对原料进行选购时，必须分析透彻原料的属性，确定好选择原料的标准，并把好原料质量验收关。

在保证商品质量的前提下，选用原料还应考虑资源的合理使用和综合利用。选用资料丰富的代用品可以降低原料成本和扩大原料来源。例如，由于我国木浆原料缺乏，在造纸工业中，每年需大量进口木浆原料，而选用来源丰富的草浆造纸，可以有效缓解森林资源匮乏的矛盾。此外，利用边脚碎料或适当搭配回收废旧材料，并结合其他综合利用方法，则更有利于提高商品的经济效益和社会效益。

对于以元器件为基本单元的商品，应特别注意每个零部件的质量，因为元器件的可靠性是构成整机可靠性的保证。特别是那种功能串联型的商品，个别元器件质量不过关往往会导致整机故障，从而影响商品的正常使用。

4. 生产工艺及设备

生产工艺及设备的质量同样对商品质量起着决定性作用。相同的原料采用不同的工艺，不仅会制成不同的商品品种，还会形成不同的商品质量。例如，同样的五谷杂粮，酿造方法不同，会形成清香、浓香、酱香等风格迥异的白酒类型。在棉布生产工艺中加入精梳工序，能够使棉布的外观和质量发生明显改善。科技的进步、技术的革新，可以使商品质量发生质的飞跃，这种变化往往是通过生产工艺的改进来实现的。例如，在平板玻璃的生产中，使用新式的浮法工艺将玻璃熔化在金属液体上成型，其光洁度和平整度是老式垂直引上法工艺难以比拟的。此外，未按工艺标准的技术要求操作，也易引发商品的质量缺陷，如原料熔化不充分会使玻璃制品表面出现波纹或沙粒，从而影响质量。

设备质量也是影响商品质量的因素之一，设备的故障往往会出现不合格品。设备的自动化、现代化、复杂化程度的提高，又会使故障发生的机会有所增加，使故障影响的范围更广。因此，加强设备的维护与管理，防止故障发生和降低故障发生率，保持设备加工的精度，是保护商品质量的必要条件。

5. 质量控制

质量控制的目的在于及时发现并消除不正常因素对商品质量的不良影响，保证商品的制造质量达到设计质量的要求。所谓质量控制是指从原料到成品的整个生产过程的质量控制，包括原料质量控制、设备和工具的质量控制、工艺条件和操作规范的质量控制等。为了保证成品的质量，首先，所有的原材料、元器件投入生产前均应保证符合相应的质量标准，并对原材料进行仔细地筛选、除杂、称量和调配。其次，所有的生产设备及工具，包括机器、模具、计量工具等，均应对其完好度和精密度进行验证，并定期维护和校验。最后，工艺过程控制要求保持各项工艺参数的稳定性，杜绝工作失误，同时在工艺流程的各个工序设置必要的检验环节，对工艺过程、半成品质量进行检查和验收，以防不合格品进入下一工序。

6. 成品检验与包装

成品检验是依据商品标准及其相关规定来判断成品及其包装质量合格与否的工作。大批量的商品，其重要的质量特征、安全性能及外观项目，往往需要百分之百检验，而其他项目一般可采用分批抽样或连续抽样的检验方法。值得一提的是，对因不合格返修的商品仍需重新进行检验。检验中发现的问题应及时反馈给相关方面，以便及时记录、改进和提高。

商品包装作为商品的重要组成部分，已经成为商品不可缺少的附加物，因此，包装质量也是构成商品质量的重要因素。包装的设计要求应与制成品的设计要求相适应。商品包装可以减少和防止外界因素对商品内在质量的影响，并起到装饰和美化商品的作用，对商品的储运、销售和使用提供了各种便捷。科学合理的包装应该是包装保护功能、美化功能、推销功能、便捷功能和包装成本合理控制的协调和统一。

（二）流通过程中影响商品质量的因素

1. 运输

商品进入流通领域后，运输就成为商品流转的必要条件。运输对商品质量的影响与运程的远近、时间的长短、运输气候条件、运输线路、运输方式、运输工具、装卸工具等诸多因素有关。商品在运输过程中会受到震动、颠簸、冲击、挤压等物理机械作用，也会受到温度、湿度、风吹、日晒、雨打等气候条件的影响，而且商品在装卸过程中还可能发生碰撞、跌落、破碎、散失等现象，这些情况的发生不但会增大商品损耗的风险，也会导致商品质量下降。

2. 仓库储存

仓库储存是商品完成生产环节，尚未进入消费领域之前的存放。商品自身的属性、仓库内、外环境的条件、储存场所的适宜性、商品的养护技术与措施、存储期的长短等因素都会影响到库存商品的质量。

商品自身的属性是商品质量发生变化的内因，仓储环境条件，如温、湿度、光照度、含氧量、臭氧、尘土、微生物、害虫等，则是引起商品储存期发生质量变化的外因。通过采取一系列保养和维护库存商品质量的技术与方法，有效地控制好储存环境条件，将会减少或延缓外界因素对仓储商品质量的不良影响。

在实际应用中，储存环节在流通领域对商品质量的影响起着决定性作用。商品发生质量变化是一个从量变到质变的过程，必须强化商品的储存管理，准确掌握商品在储存期的质量变化规律，才能有针对性地对不同商品实施相应的保护措施，加强商品养护和管理。

1）商品的储存管理

（1）商品的入库管理。

商品的入库管理是做好商品养护工作的基础，主要包括加强场所的布局与准备、严格商品入库验收及科学堆码三部分内容。

①加强场所的布局与准备。

首先，选择适宜的仓储场所。商品的储存必须依据其性能和相应的库存适宜条件安排恰当的场所，并做到合理分类、分区存放，特别注意品种分开、干湿分开、新旧分开，对于商品性质相异或消防要求不同的商品，不得同仓共存。比如，怕潮、易霉变和锈蚀的商品，应存放在干燥通风库；怕热、易挥发的商品，易存放于低温库；鲜活及易腐食品应冷藏或冷冻；危险品则应专库存放。

其次，对仓储场所进行彻底打扫，保持卫生清洁，特别注意做好对仓虫、鼠害、霉腐微生物的杀灭工作。

最后，确保水、电及仪器仪表等设备运转正常，能源满足供应，库房的门、窗、顶棚、墙壁、地面等建筑设施符合要求，仪器设备性能良好。

②严格商品入库验收。

商品入库验收主要包括商品数量、包装及质量的验收工作，分为以下几个基本步骤：

第一，查验总数及包装质量，见异则要拆验商品。

第二，确保单、货相符。通常对商品品名、编号、货号、规格、数量等项目进行单货核对。

第三，商品质量检验完好后方可入库。

第四，对于数量、包装及质量发生问题的商品拒绝入库，并应立即在货单上注明，以备随后查明原因，划分责任，妥善处理。

③科学堆码。

堆码应科学、合理，符合安全、方便、多储的原则。比如，对小型商品可选择在货架上堆码；对易变形的商品应堆成平直交叉式实心垛；对易霉变的商品则堆成通风垛为宜。此外，各类码垛应利于盘点和出入库。一般货垛之间应留出 1 米以上的过道，货垛与库内干道距离设定在150～200 厘米为宜，货垛距外墙50 厘米，距内墙30 厘米，距柱10～20 厘米，距库顶或灯 50 厘米。

（2）商品的库存管理。

商品的库存管理是做好商品养护工作的关键环节，主要包括库房及商品的在库检查、严格控制仓储条件等重点工作。

①库房及商品的库存检查。

按照仓储要求，做好环境卫生、虫鼠害卫生及消防安全检查，确保检查不留死角。严格按照制度规范对储存的商品进行定期与不定期、定点与不定点检查，做到重点检查与一般检查相结合、抽查与普查相结合，达到早预防、早发现、早解决的目的。

②仓库温、湿度的控制与管理。

温度与湿度之间存在密切联系，当温度发生变化时，湿度通常也会随之发生变化。如果温度下降到一定程度，其所含水蒸气就会达到饱和状态，并开始逐步液化成水，这就是结露现象。如果温度继续下降，空气中的水蒸气还会在商品或包装表面凝结成水滴，称为水凇现象。

仓库内的温、湿度变化规律的走势与库外基本一致，但通常会延迟 1～2 小时，且幅度也小于库外。此外，夜间的库温高于白天，白天的库温低于库外。而湿度对密封良好的库房影响不大，但库房的朝向、结构、建筑材料的选取、商品的位置及垛形、库内外的温、湿度等都会对库房商品质量产生较大差异。一般来说，库房和货垛上部的温度高、湿度小，底部则相反。靠近门窗位置与库房里侧的温、湿度也会有所不同。

库房的温、湿度调控方法主要包括密封、通风、吸潮、气幕隔潮、自动控制调节温、湿度等。

密封是利用导热性差、隔潮性好或不透气的材料，将商品严密包裹密封起来，以减少外界不良因素对商品质量的影响。常用的密封材料有防潮纸、油毡纸、塑料薄膜、化学成膜剂等，密封的形式主要分为整库密封、库内小室密封、货垛密封、货架密封及按件密封等。采用密封的方法来调控温、湿度时，必须要事先检查商品的温度、含水量及质量，等商品完全符合要求后才能对其进行密封措施。此外，科学确定密封时间、及时检查密封效果也是非常重要的环节。

通风是通过掌握空气温、湿度变化规律，利用温差越大，空气流动越快的原理，选择恰当的时机，使库内、外空气进行对流，以达到调节库内温、湿度的目的。通风的常见方法有自然通风和机械通风两种。自然通风是利用库房的门、窗或通风洞等，使库内外空气自然对流的方法，它无须使用专门设备，操作简单、经济易行。但要根据风向灵活选择，一般北风、东北风、西北风有利于散湿；而西南风、东南风则较为潮湿。需要注意的是，选择自然通风法时，风力不可超过五级，以免带进扬尘和沙土。机械通风主要利用库房上部安装的排风扇和下部安装的送风扇，用外力促使库内外空气交换的方法，合理使用也能达到较好的效果。

吸潮是在梅雨季节或阴雨天，库内外湿度均较大而无法进行通风散热时，在库房密封的前提下，使用去湿机或吸潮剂来降低库内湿度，保证商品质量的方法。去湿机是将吸入机内的潮湿空气，通过蒸发器凝成水滴后排出，并将干燥冷却的空气送入库内，以此反复循环达到去湿的目的。去湿机散湿效果好，效率高，特别适用于纺织品、烟糖制品、贵重百货、精密仪器、电工材料等仓库的去湿。吸潮剂分为吸收剂和吸附剂两类。吸收剂的主要功能是吸收水汽，而自身会慢慢变成液体而失去吸潮能力，石灰石、无水氯化钙等均是常用的吸收剂。吸附剂含有大量的毛细孔，具有强烈的吸附性能，能快速吸附空气中的大量水汽，常用的有硅胶、活性炭等。吸附剂突出的优点是，吸潮后仍为固体，对商品也无任何不良影响，而且烘干后可重复使用，适用于仪器、电信器材、钟表等贵重商品的防潮。

气幕隔潮是利用机械鼓风机产生的强气流，在仓库门口形成一道气流屏障，由于其风速大于库内外空气流动的速度，可以起到阻止库内外空气自然交换的作用，防止库外潮热空气进入库内。

自动控制调节温、湿度，是利用光电自动控制设备去潮的一种方法。其工作原理是：当库内温、湿度超过规定标准时，光电自动控制设备能够自动报警、开启仓窗、运行去湿机、记录和调节库内温、湿度等；当库内温、湿度降至要求标准时，其又能自动感应，关闭门窗，停止去湿工作。

（3）商品的出库管理。

商品出库也称发货业务，是根据业务部门或存货单位开具的出库凭证，从进行出库凭证审核开始，逐次进行拣货、分货、发货检查、包装，直至把商品点交给要货单位或发运部门的一系列作业过程。

①商品出库的基本要求。

一是遵循"先进先出"的出库原则；二是严格按照出库计划进行操作，并做到"三不"，即未接单据不翻账、未经审核不备库、未经复核不出库；三是及时准确，保证需要。做到"三核""五检查"，即核实凭证、核对账卡、核对实物，对单据和实物检查品名、检查规格、检查件数、检查重量、检查包装；四是出库商品要符合运输要求。

②商品出库业务流程。

商品出库业务流程主要包括：出库准备、核单备货、复核、包装、点交、登账、清理等过程。

2）商品储存期的质量变化

在商品储存期内，引起商品质量变化的内因包括商品的成分、性质及结构，外因包括温度、湿度、日光、氧气、微生物、虫鼠等。由于内外因的作用，商品可能会发生霉变、虫蛀、锈蚀、老化、溶化、干裂、褪色、挥发、呼吸、后熟等。其中，霉变、锈蚀、虫蛀、老化、呼吸和后熟是商品储存期内最易发生的质量变化。

（1）霉变。

霉菌在商品上生长繁殖而导致的商品变质现象即为商品的霉变。霉菌是一种低等植物，无叶绿素，菌体为丝状，主要依赖孢子进行无性繁殖。空气中含有非常多的霉菌孢子，人类用肉眼根本无法观测到。在生产和储运过程中，它们一旦落在商品体上，恰逢外界温、湿度适宜，且商品上又富含它们需要的营养物质，就会迅速生长菌丝。其中一部分伏在商品表面或深入商品内部，能够吸取营养物质并排泄代谢产物，称为营养菌丝；另一部分菌丝竖立于商品表面，在顶端形成子实体或产生孢子，称为全生菌丝。菌丝集合体的形成就会随之出现商品有霉味或"长毛"的变质现象。

但是商品发生霉变除了依赖于足够的营养物质外，还必须具备能够滋生其生长繁殖的环境温床，如温度、湿度、光照、酸碱度等。多数霉菌喜湿、好氧、适宜在20℃～30℃的酸性环境中生长，但在日光下曝晒数小时后，大部分会死亡。掌握商品霉变的过程及规律，有利于从外因出发，做好有效的防控，从而延长商品在仓储期的寿命。

（2）虫蛀及鼠咬。

由于仓虫及鼠类不仅会污染商品，而且还可能传播病菌，因此对商品的储存具有更强的危害性。

由于仓虫种类多，食性杂，传播广，所以在一般仓库中都会有仓虫存在。仓虫一般具有较强的适应性，在恶劣环境下也不会影响它的生存，而且由于其食性杂，繁殖性及繁殖期均很长，对温度、光线、化学药剂等外界环境的刺激具有一定的趋向性，因此对商品储存质量造成的危害极大。

鼠类属于啮齿动物，在仓库中最常见的是小家鼠、黄胸鼠和褐家鼠。鼠类的繁殖性强，繁殖量较大，一般寿命能达 $1\sim3$ 年，且食性杂，具有咬啮的习性，记忆力强，视觉、嗅觉和听觉都非常灵敏，一般在夜间活动较为频繁。

（3）锈蚀。

锈蚀是金属与外界环境发生了化学反应或电化反应所引起的破坏现象。根据金属所处环境的差异，会引起不同性质的化学反应，从而形成化学锈蚀和电化学锈蚀两种类型。

在金属锈蚀中，化学锈蚀约占腐蚀总量的 $10\%\sim20\%$，它是在干燥的环境中或无电解质存在的条件下，金属制品遇到空气中的氧而发生的氧化反应。经过化学锈蚀的金属表面会形成一层薄薄的氧化膜，可使金属表面的色泽变暗。但有些金属的氧化膜，如铝制品表面的氧化膜却能对金属起到一定的保护作用。

（4）老化。

老化是一些以高分子化合物为主要成分的商品，如塑料制品、橡胶制品、纤维制品等，受日光、热和氧等环境的作用而失去原有优良性能的化学变化。其反应原理是高分子化合物在光、热、氧等因素作用下，引起大分子链断裂、高聚物分子量下降的降解反应；或者引起分子链相互连接，形成网状或体型结构的交联反应。发生降解反应，会使高分了材料变软、发黏，从而使其机械强度下降低；发生交联反应会使高分子材料变硬、发脆，从而失去弹性。

（5）呼吸作用。

呼吸作用是指生物体中的能源物质（多为糖类），在氧化还原酶作用下，逐步降解为简单物质和放出能量的过程。呼吸作用是生物有机体普遍的生理现象，也是鲜活食品最基本的生理活动。

呼吸作用分为有氧呼吸和缺氧呼吸两种类型，它们的基质相同，最终都是有机体营养成分的消耗和热量的释放。但有氧呼吸产生的热量，一部分用于鲜活食品维持基本生理活动的能量，另一部分释放于环境中，可使储存环境升温，加速鲜活食品腐烂变质，同时升温还有利于霉腐微生物的生长繁殖，对维护鲜活食品的储存质量是非常不利的。缺氧呼吸的实质是酒精发酵，产生的酒精和乙醇会破坏鲜活食品的组织，使其腐烂变质，甚至还会引起鲜活食品中毒，其后果比有氧呼吸更严重。但正常的有氧呼吸，不仅可以使鲜活食品获得必要的生命能量，而且也是一种自我防卫的手段，从而抵御微生物的侵害，防止生理性病害的发生。若呼吸过于旺盛，则也会快速消耗食品的营养成分。因此，对于鲜活食品的储存，既要防止缺氧呼吸，又要能够保持最低程度的有氧呼吸。

（6）后熟作用。

后熟是植物性鲜活食品采收以后，其成熟过程的继续。由于果品、瓜类及果菜类食品成熟后采摘比成熟前采摘在储运过程中容易腐烂变质，因此后熟通常发生在该类商品的储运中较为适宜。食品在成熟前采摘，它们脱离母体后，物质的积累被迫停止，但食品中有机成分的合成——水解平衡更趋向于水解作用方向，呼吸作用更趋向于缺氧呼吸方式，使商品的生理特性及质量均发生了一系列变化，而后逐渐达到成熟。这类食品通过后熟作用，其色泽、香气、口味及口感等方面均有明显提高，食用质量显著改进。例如，香蕉、柿子、猕猴桃、西瓜、甜瓜等，都是经过后熟作用才具有更好的食用价值。

促进食品后熟条件主要有高温、氧气和某些刺激性气体的成分和含量，如酒精、乙烯等，我们可以根据需要加速或延缓该类食品的后熟过程。例如，苹果在储运过程中，为延长或推迟后熟和衰老过程，可以采用适宜的低温和适量的通风条件，也可以通过放置活性炭、焦炭分子筛等吸收剂，来排除苹果库房中的乙烯成分；而为了适应市场消费的需要及早上市，可利用人工催熟的方法加速该类食品的后熟过程。

3. 销售服务

销售服务过程中的进货验收、入库短期存放、提货搬运、安装调试、包装服务、送货服务、技术咨询、维修和退换服务等方面的工作质量，都是最终影响消费者购买商品质量的因素。其中，技术咨询服务是指导消费者对复杂商品、新技术商品进行正确安装、使用和维护的有效方式。在实际应用中，许多商品的质量问题并非是商品本身的缺陷，往往是由于使用者缺乏对商品的认知或未按说明书要求进行了不当操作所引起的。从当前消费者对商品销售服务的要求来看，良好的售前、售中和售后服务已成为消费者评价商品质量的重要组成部分。

（三）消费过程中影响商品质量的因素

1. 使用范围和条件

每种商品都会有其特定的使用范围和使用条件，消费者在使用中只有遵从其使用范围和条件，才能顺利发挥商品的功能和价值。例如，家用电器的电源要区别交、直流电和适用的电压值，否则不但不能正常工作，反而还会损坏商品；若使用条件要求设置地线保护，则必须按要求安装地线，否则不仅大大增加了危险系数，甚至还可能发生触电身亡的恶性事故。

2. 使用方法和维修保养

在使用过程中，消费者还应在了解商品结构和性能特点的基础上，正确掌握商品的使用方法，具备一定的商品养护常识，以保证商品质量不受损害，从而延长商品使用寿命。如穿着皮革服装时，应避免被利器划伤或重度摩擦；且避免接触油污、酸性或碱性物质以及雨雪；适宜悬挂起来置于干燥处储藏，切勿用皮鞋油揩擦，以防发霉、压瘪、起皱或泛色。

3. 废弃处理

使用过的商品及其包装物作为废弃物被丢弃到自然环境中后，一些得以回收再利用，而另一些则不能或不值得回收利用，甚至也无法被自然环境或微生物分解，便成为了垃圾充斥于自然界中。此外，还有一些废弃物会对自然环境带来污染，严重破坏了生态平衡。为此，环境问题越来越成为世界各国关注的焦点问题，不少国际组织积极呼吁，将对环境的影响纳入商品质量指标体系中。因此，商品及其包装物的废弃处理问题，以及是否对环境造成污染，将成为决定商品质量的又一重要因素。

对于商品废弃物，首先应分门别类，做到尽可能加以回收利用；其次要积极开展综合利用、变废为宝的治理工作；最后应逐步限制、严格禁止可能产生公害的商品生产，努力寻找无害的替代品，以最大限度地保护人类的生存环境。

第二节　商品标准

一、商品标准的概念

（一）标准的概念

在国家标准《标准化工作指南　第I部分：标准化和相关活动的通用词汇》（GB/T 20000.1—2002）中对"标准"作了如下定义："为了在一定范围内获得最佳秩序，经协商一致制定并由公认机构批准，共同使用和重复使用的一种规范性文件。"同时，还进一步注明："标准宜以科学、技术和经验的综合成果为基础，以促进最佳的共同效益为目的。"

标准定义揭示了如下内涵。

1. 标准的本质是统一

当某项技术或事物需要进行协调统一时，制定统一的标准就显得尤为重要，它可以协调和统一与之相关的各方利益和行为。

2. 标准具有重复性遵循的特征

任何标准都是在一定范围内对重复发生的事物进行的统一规定。

3. 标准的基础是科学、技术和实践经验的综合成果

标准不仅是新材料、新技术、新工艺等科学技术进步和创新的成果，而且也是人们在实践中不断总结和吸收的具有普遍性和规律性经验的结果。

4. 标准的目的是获得最佳秩序和最佳效益

在一定范围内，通过技术规范建立起有利于社会经济发展的最佳生产秩序、技术秩序和市场秩序，从而促进最佳社会效益。

5. 标准的形式是公认机构批准发布的文件

标准一般表现为自己的一套特定格式和规范文件，并由权威机构制定、发布和实施，具有严格的标准化程序。

6. 标准的制定体现了各方利益

标准是相关各方（生产商、经销商、消费者和政府等）在共同协商一致的基础上制定的，体现了与之相关的各方利益和意志。

（二）商品标准的概念

商品标准是指为了保证商品的适用性，对商品必须达到的某些或全部要求，包括商品品种、规格、质量、等级、性能、技术、功能、检验、包装、储运等方面所作的统一技术规定。商品标准属于技术范畴，是一定时期、一定范围内具有约束力的产品技术规范，是商品生产、质量监督、检验评判、贸易洽谈、仓储运输、商品售卖、使用维护等活动的准则，也是对商品质量引发争议时做出仲裁的依据，对满足和提高商品质量，增加生产和流通环节的经济效益，维护消费者的合法权益等方面都具有非常重要的意义。

二、商品标准的分类

（一）按照标准约束力的差异，商品标准可分为强制性标准和推荐性标准

强制性标准也称法规性标准，是由法律、行政法规所规定的，必须予以强制执行的标准。这类标准一经颁布和实施，必须严格贯彻执行，否则将会受到政府监管机构的制裁，并承担由此产生的一切责任。我国《标准化法》规定，凡涉及保障人体健康、人身财产安全的标准及法律、行政法规规定强制执行的标准均属于强制性标准，如药品标准、食品卫生标准、商品生产及流通过程中的安全标准等。凡不符合强制性标准的商品，被禁止生产、销售和进口，对违反标准造成严重后果的，将追究直接责任人的相关法律责任。

推荐性标准也称自愿性标准，指利益相关方可以自愿采用、自愿认证的标准。与强制性标准不同，这类标准没有强制性约束力，在市场经济体制完善的国家中，大多实施的是推荐性标准，国际性标准往往也采用推荐性标准。对于推荐性标准，企业有自主选择的权利，国家通常会采取优惠政策引导和鼓励企业采用，事实上，绝大多数企业为了谋求生存和贸易竞争的需要，也愿意采用这类标准。

（二）按照标准表现形式的差异，商品标准可分为文件标准和实物标准

文件标准是标准的一般表达形式，是指用特定的规范格式，通过表格、文字、数据、图样等形式，表述商品的规格、性能、参数、质量、等级、标志、检验方法、包装要求、储运条件等有关技术内容的统一规定。

实物标准也称标准样品，是文件标准的有益补充。通常指某些难以用文字准确表达的商品质量要求，可通过监管机构组织权威的标准化制定组织，用实物制成与文件标准规定的质量要求完全或部分相同的标准样品，作为评定商品质量等级的依据。例如，我国的粮食、棉花、羊毛、茶叶及名优白酒等商品都制成有标准样品，并用以在各个环节对商品质量进行等级评定。

此外，商品标准还存在多种分类形式。按照标准成熟度的不同，可将商品标准分为正式标准和试行标准；按照商品适用范围的不同，商品标准还可分为出口标准和内销标准、生产型标准和贸易型标准；按照标准保密性的不同，可将商品标准分为公开标准和内控标准；按照标准性质的差异，商品标准又可分为基础标准、安全标准、卫

生标准、方法标准、管理标准、环保标准、其他标准等。

三、商品标准的分级

为了适应不同的生产技术水平、管理水平以及满足各种不同的经济要求，按照适用领域和有效范围的差异，商品标准可分为不同的级别。世界各国由于社会经济条件不同，存在不同的分级方法，每个级别都有其相对固定的代号，每个标准又有与之相对应的唯一编号。

（一）国际商品标准的分级

从世界范围来看，商品标准通常分为国际标准、区域标准、国家标准、行业或专业团体标准四个级别。

1. 国际标准

按照我国颁布的《采用国际标准管理办法》中的规定，国际标准通常是指国际标准化组织（ISO）、国际电工委员会（IEC）和国际电信联盟（ITU）所制定的标准，也包括由国际标准化组织认可并收集到《国际标准题录索引》中予以公布的其他国际组织所制定的标准。

ISO、IEC、ITU 这三大国际标准化组织制定的标准分别称为国际标准化组织标准、国际电工委员会标准和国际电信联盟标准，均属于推荐性标准。其中，国际标准化组织（ISO）制定和颁布的标准一般每隔 5 年审定一次，国际标准化组织通过它的 2800 余个技术机构开展一系列技术活动，是国际标准化组织标准制定的重要支撑。著名的 ISO 900 和 ISO 14000 系列国际标准就是由国际标准化组织（ISO）制定的；国际电工委员会（IEC）是世界上最早成立的国际性电工标准化机构，主要负责有关电气工程和电子工程领域中的国际标准化工作；国际电信联盟（ITU）是联合国的一个专门机构，也是联合国机构中历史最长的一个国际性组织，所属电信标准化部门的主要职责是完成国际电信联盟有关电信标准化的目的，促进电信在全世界达到标准化。

目前，世界上大约有 300 多个国际或区域组织来制定标准或技术规范。其中，被国际标准化组织（ISO）认可的一些国际组织（见表 4 - 1）制定的部分标准也为国际标准。

国际标准的编号由国际标准代号、标准序号和发布年份号构成。国际标准代号通常使用发布该标准的国际组织的英文简称（如 ISO、IEC 等），标准序号与发布年份号之间用"—"或"："隔开，如 ISO 14000：1996。

国际标准的制定和实施，不仅促进了国际间的科技交流和专业化协作，而且也加速了世界贸易的发展，推进了世界经济的全球化进程。目前的国际标准多为推荐性标准，但由于它具有较高的权威性，因此，已成为国际性的发展趋势，被世界大多数国家和企业自愿接受。

表 4 - 1　　　　　　　ISO 认可的与标准化有关的国际组织

序号	国际组织名称	英文缩写	序号	国际组织名称	英文缩写
1	国际计量局	BIPM	21	国际煤气工业联合会	IGU
2	国际人造纤维标准化局	BISFA	22	国际制冷学会	IIR
3	食品法典委员会	CAC	23	国际劳工组织	ILO
4	时空系统咨询委员会	CCSDS	24	国际海底组织	IMO
5	国际建筑研究实验与文献委员会	CIB	25	国际种子检验协会	ISTA
6	国际照明委员会	CIE	26	国际电信联盟	ITU
7	国际内燃机会议	CIMAC	27	国际理论与应用化学联合会	IUPAC
8	国际牙科联盟会	FDI	28	国际毛纺组织	IWTO
9	国际信息与文献联合会	FID	29	国际动物流行病学局	OIE
10	国际原子能机构	IAEA	30	国际法制计量组织	OIML
11	国际航空运输协会	IATA	31	国际葡萄与葡萄酒局	OIV
12	国际民航组织	ICAO	32	材料与结构研究实验所国际联合会	RILEM
13	国际谷类加工食品科学技术协会	ICC	33	贸易信息交流促进委员会	TarFIX
14	国际排灌研究委员会	ICID	34	国际铁路联盟	UIC
15	国际辐射防护委员会	ICRP	35	经营交易和运输程序和实施促进中心	UN/CEFACT
16	国际辐射单位和测试委员会	ICRU	36	联合国教科文组织	UNESCO
17	国际制酪业联合会	IDF	37	国际海关组织	WCO
18	万围网工程特别工作组	IETF	38	国际卫生组织	WHO
19	国际图书馆协会与学会联合会	IFTA	39	世界知识产权组织	WIPO
20	国际有机农业运动联合会	IFOAM	40	世界气象组织	WMO

2. 区域标准

区域标准是指由世界某一区域性标准化组织制定并发布，在一定区域内开展实施的标准。这种国际区域性组织常由地理原因或政治与经济原因形成，其制定的区域标准仅在该区域内发生作用。区域标准的发布和实施有利于促进区域性标准化协约国之间开展贸易往来，推进技术交流与合作。国际上较为重要的区域标准包括：欧洲标准化委员会（CEN）制定的欧洲标准（EN）；欧洲电工标准化委员会（CENELEC）制定的标准；亚洲标准咨询委员会（ASAC）制定的标准；泛美技术委员会（COPANT）制定的标准等。在当前世界区域经济集团化发展不断加快的背景下，区域标准也将不断增多，其作用也将逐渐增强。

3. 国家标准

国家标准是指由世界上各主权国家的标准化组织制定、发布的标准，在本国的主权区域范围内使用。目前最为典型的国家标准是由美国国家标准学会（ANSI）制定的美国国家标准。美国国家标准学会是美国国家标准化中心，用以研究、制定、指导实施本国的国家标准，并提供国内外标准化情报，在一定程度上起着行政管理的作用。此外，英国、德国、日本、法国等都有自己的国家标准（见表 4 - 2）。

表 4 - 2　　　　　　　　　　　　国外较为重要的国家标准及代号

序号	国家标准制定机构	国家标准	代号
1	美国标准学会（ANSI）	美国国家标准	ANSI
2	英国标准学会（BSI）	英国国家标准	BS
3	德国标准化学会（DIN）	德国国家标准	DIN
4	日本工业标准调查会（JISC）	日本国家标准	JIS
5	法国标准化协会（AFNOR）	法国国家标准	NF

4. 行业或专业团体标准

目前，世界上一些国家的专业团体，如学会、协会或其他民间团体等，有时也会发布一些标准，其中一些也已成为国际上公认的权威性标准，它们为行业提供了科学的技术规范，并被世界各国广泛采用。下面是一些国家的专业团体发布的部分标准及代号（见表 4 - 3）。

表 4 - 3　　　　　　　　　　　　专业团体标准及代号

序号	制定机构	制定标准	代号
1	美国石油学会（API）	美国石油学会标准	API
2	美国机械工程师协会（ASME）	美国机械工程师协会标准	ASME
3	美国试验与材料协会（ASTM）	美国试验与材料协会标准	ASTM
4	美国食品与药物管理局（FDA）	美国食品与药物管理局标准	FDA
5	美国机动车工程师协会（SAE）	美国机动车工程师协会标准	SAE
6	美国电信工业协会（TIA）	美国电信工业协会标准	TIA
7	德国电气工程师协会（VDE）	德国电气工程师协会标准	VDE

（二）我国商品标准的分级

根据我国 1989 年颁布的《标准化法》规定，把我国的商品标准划分国家标准、行业标准、地方标准和企业标准四级。

1. 国家标准

国家标准是指由国家标准化主管机构批准发布，对国家经济、技术发展有重大意义，要求必须在全国范围内统一实施的标准。我国的国家标准主要包括：重要的工农业产品标准；基本原料、材料、燃料标准；通用的零部件、元器件、构件、配件和工具、量具标准；通用的试验和检验方法标准；商品质量分级标准；广泛使用的基础标准；有关安全、卫生、健康和环保标准；有关互换、配合通用技术术语标准等。

我国国家标准的形成流程是先由国家标准化管理委员会编制计划，然后组织国务院有关主管部门或专业标准化技术委员会提出草案，一般报国家质量监督检验检疫总局（国家质检总局）审批和发布；有时也会由卫生部、农业部等国务院有关行政主管部门审批和发布；特别重大的需报国务院审批和发布。我国国家标准可分为强制性国家标准和推荐性国家标准两类，其编号均由国家标准代号、标准顺序号和发布年代号构成。国家标准代号用汉语拼音的大写字母表示，强制性国家标准的代号为"GB"，推荐性国家标准的代号为"GB/T"。标准顺序号和发布的年代号分别由相应的阿拉伯数字表示。如，"GB 18101—2000"，属强制性国家标准，指的是 2000 年发布的 18101 号标准；"GB/T 18103—2000"，属推荐性国家标准，指的是 2000 年发布的 18103 号标准。

为了适用中国的国际化发展需要，我国的国家标准积极鼓励采用国际标准和国外先进标准。这种做法一方面可以引入和借鉴，从而节省制定类似标准所带来的人、财、物方面的成本支出；另一方面也是促进我国对外开放，加强国际贸易往来，吸收国家先进技术和管理水平，提高我国商品参与国际竞争能力的有效途径。

2. 行业标准

我国的行业标准是指在没有国家标准的前提下，在行业范围内统一制定和实施的标准。一般由国务院有关行政主管部门或行业协会制定，并报国家质检总局备案后才能发布和实施。需要注意的是，我国行业标准的制定以不违背相关的国家标准为前提。对于已有的行业标准，当相应的国家标准发布实施后，其将自行废止。目前我国的行业标准主要有：行业范围内的主要产品标准；通用零部件、配件标准；设备、工具和原料标准；工艺规程标准；通用的术语、符号、规则、方法等基础标准。

我国的行业标准编号与国家标准编号类似，且也有强制性标准和推荐性标准之分。其编号一般由行业标准代号（见表 4-4）、标准顺序号和标准发布年代号构成。如行业标准代号后附有"/T"，则表示推荐性行业标准的代号，比如，"FZ/T 73001—2008"，指 2008 年发布的 73001 号纺织行业推荐性标准。

3. 地方标准

地方标准是指在没有形成国家标准和行业标准的前提下，又需要对地方某些领域统一制定和实施的标准。地方标准制定的范围主要限制在农业、工业产品安全卫生及地方特色的产品方面。地方标准一般由省、自治区、直辖市质量技术监督管理部门制定、审批和发布，并报国家质检总局和国务院有关行业主管部门备案，但当相应的国家标准和行业标准发布实施后，也随即废止。地方标准的制定和实施，对于满足地方发展需要，因地制宜地发展地方经济具有非常重要的意义，但要注意避免造成地方分割和贸易保护。

地方标准编号也与国家标准编号原则相统一，分别由地方标准代号、标准顺序号和发布年代号组成。强制性地方标准代号为："DB" ＋地区代码（见表4－5）＋"/"；推荐性地方标准代号为："DB" ＋地区代码（见表4－5）＋"/T"。例如，"DB 12/112—1999"表示1999年发布的天津市强制性地方标准；"DB12/T 114—1999"表示1999年发布的天津市推荐性地方标准。

表4－4　　　　　　　　　　　　我国行业标准代号

行业标准名称	标准代号	主管部门	行业标准名称	标准代号	主管部门
农业	NY	农业部	劳动和劳动安全	LD	劳动和社会保障部
水产	SC	农业部	电子	SJ	信息产业部
水利	SL	水利部	通信	YD	信息产业部
林业	LY	国家林业局	广播影视	GY	广播电影电视总局
轻工	QB	商务部	电力	DL	发展和改革委员会
纺织	FZ	商务部	金融	JR	中国人民银行
医药	YY	国家药品监督管理局	海洋	HY	国家海洋局
民政	MZ	民政部	档案	DA	国家档案局
教育	JY	教育部	商检	SN	国家出入境检验检疫局
烟草	YC	国家烟草专卖局	文化	WH	文化部
黑色冶金	YB	商务部	体育	TY	国家体育总局
有色冶金	YS	商务部	商业	SB	商务部
天然石汽油	SY	商务部	物资管理	WB	商务部
化工	HG	商务部	环境保护	HJ	国家环境保护总局
石油化工	SH	商务部	稀土	XB	发展和改革委员会
建材	JC	商务部	城镇建设	CJ	建设部
地质矿产	DZ	国土资源部	建筑工业	JG	建设部
土地管理	TD	国土资源部	新闻出版	CY	国家新闻出版署
测绘	CH	国家测绘局	煤炭	MT	商务部
机械	JB	商务部	卫生	WS	卫生部

行业标准名称	标准代号	主管部门	行业标准名称	标准代号	主管部门
汽车	QC	商务部	公共安全	GA	公安部
民用航空	MH	中国民用航空总局	包装	BB	中国包装工业总公司
兵工民品	WJ	国防科工委	地震	DB	国家地震局
船舶	CB	国防科工委	旅游	LB	国家旅游局
航空	HB	国防科工委	气象	QX	中国气象局
航天	QJ	国防科工委	外经贸	WM	商务部
核工业	EJ	国防科工委	海关	HS	海关总署
铁路运输	TB	铁道部	邮政	YZ	国家邮政局
交通	JT	交通部			

表 4-5　　　　　　　　　　　　　　　　地区代码

地区	代号	地区	代号
北京市	11	湖北省	42
天津市	12	湖南省	43
河北省	13	广东省	44
山西省	14	广西壮族自治区	45
内蒙古自治区	15	海南省	46
辽宁省	21	重庆市	50
吉林省	22	四川省	51
黑龙江省	23	贵州省	52
上海市	31	云南省	53
江苏省	32	西藏自治区	54
浙江省	33	陕西省	61
安徽省	34	甘肃省	62
福建省	35	青海省	63
江西省	36	宁夏回族自治区	64
山东省	37	新疆维吾尔自治区	65
河南省	41	台湾省	71

四、商品标准的实施

商品标准的贯彻和实施是整个标准化活动的重要环节，要通过技术监督部门、产品归口部门、设计部门和企业等各方面的密切配合与分工协作。

商品标准一经批准发布，就成为商品生产、流通、消费等各领域贯彻执行的技术依据，任何单位或个人不能随意变更或降低执行标准。对于强制性标准，必须严格执行，坚决禁止生产、销售或进口不符合强制性标准的商品。国家鼓励企业自愿采用推荐性标准，凡遵循国家标准、行业标准、地方标准或企业标准进行生产的企业，应按规定要求在产品说明书、包装物上标注所执行标准的代号、编号和名称。企业优化老产品、研制新产品，均应当符合标准化要求。质量监督检验部门要做好监管和控制，严格按照标准进行商品质量监督和认证，杜绝任何没有标准依据的产品进行生产和上市销售。对于因违反标准造成不良后果，甚至引发重大事故者，由质量技术监督部门或有关行政主管部门依据《标准化法》和实施条例中的相关规定，根据不同情节进行处理。此外，在贯彻实施商品标准过程中，还要注意对相关信息做好收集、整理、汇总和研究工作，为今后标准的更新和完善提供素材和科学依据。

五、商品标准化

（一）商品标准化的有关概念

1. 标准化概念

标准化是指在经济、技术、科学及管理等社会实践中，对重复性事物和概念，通过制定、发布和实施标准达到统一，以获得最佳秩序和社会效益的全部活动过程。对标准化概念的理解可从三个要点来把握。

第一，标准化是一个过程性概念。标准化是一项活动，一个过程，它不是一个孤立的事物，而是由共同的可重复的事物构成的一系列活动。这个活动包括从标准计划的编制、制定、发布到实施的全过程。

第二，标准化是一项有目的的活动。标准化的目的就是要在一定范围内获得最佳秩序和社会效益。

第三，标准化是一个不断循环往复的过程。尽管标准化一经制定，在一段时间内必须保持相对的稳定性，但随着社会的进步、技术的更新，标准化也应当适时地修订和完善。标准每修订一次，标准化过程就循环一次，标准的技术水平就提高一次。因此，标准化过程就是不断提高标准水平、螺旋式上升的过程。

2. 商品标准化概念

商品标准化是整个标准化活动中的重要组成部分，是衡量一个国家生产技术水平和管理水平的尺度，也是评价一个国家现代化水平的重要标志。现代化水平越高，就越需要商品标准化。所谓商品标准化是指在商品生产和商品流通的环节中，制定、发布及推行商品标准的活动。其目的是促进商品经济的高速发展，保证以优质的产品满足人们日益增长的物质和文化需要，增强商品参与国际竞争的能力。商品标准化主要包括：名词术语统一化；商品质量标准化、质量管理与质量保证标准化、商品分类编码统一化、商品零部件通用化、商品品种规格系列化、质量检验与评价方法标准化、商品包装、储运、养护规范化等。

(二) 商品标准化的形式

商品标准化的形式指的是标准化内容的存在方式，即标准化过程的表现形态。根据不同的标准化内容和任务，商品标准化可以有多种形式，标准化任务不同，达到的目的也不同。

商品标准化的形式是由标准化的内容决定的，并随着标准化内容的发展而变化。但商品标准化的形式又有其相对的独立性和自身的继承性，同时又反作用于内容，影响内容。商品标准化的过程就是标准化内容和形式的辩证与统一。商品标准化的形式主要有：简化、统一化、系列化、通用化、组合化和模数化。简化和统一化是最传统、最初级的一般标准化形式，而系列化、通用化、组合化和模数化则是标准化发展的高级形式。

1. 简化

简化是指去除多余、重复、低功能的商品，剔除落后的原材料、零部件、工艺、装备等，为新的商品类型、品种、规格的研发清除障碍，进一步提高商品的质量水平。

简化一般是事后进行，也就是商品规模发展到一定规模后，才对商品的类型数目加以缩减。

2. 统一化

统一化是把同类商品两种及以上的表现形式归并在一起或限定在一定范围内的商品标准化形式。它是商品标准化活动中内容最广泛、应用最普遍的一种形式。统一化的目的是为了消除不合理多样化可能造成的无序和混乱，以建立共同遵循的秩序、规范商品管理。

商品统一化的过程通常有两种类型，一种是绝对统一，它没有任何的灵活度，如各种编码、代号、标志、名称、单位等；另一种是相对统一，既在出发点和总趋势统一的前提下，存在适度的灵活性，需要根据具体情况区别对待。例如，商品质量标准通常是对商品质量的绝对统一，而一些分级规定、指标限定区间、公差范围等质量指标则允许存在一定的灵活性。在商品标准化活动过程中，需要统一的对象很多，如概念、符号、代号、术语、标志、质量指标、检验方法、操作工艺、包装、储运、质量管理等。随着现代化商品生产的发展，生产经营过程间的联系日益复杂化，尤其在国际经济一体化的大背景下，商品标准需要统一的对象也将越来越多，统一的范围也会越来越广。

3. 系列化

系列化是商品标准化的高级表现，就是对同一类商品中的一组商品同时进行标准化的一种形式。通过对同一类商品发展规律的分析研究、国内外产需发展趋势的预测，结合我国的具体实际，使某类商品系统的结构优化、功能最佳的标准化形式。

商品系列化通常包括制定商品基本参数系列、编制商品系列型谱和进行系列设计等内容。商品基本参数系列就是将商品的基本参数按照一定的规律排列而形成的数列，它是指导企业规划商品品种、确定商品功能、帮助用户选用商品的最基本依据。基本参数系列确定得是否得当，不仅关系到该商品与相关商品之间的结构优化与配套协调，而且在很大程度上也影响着企业和社会的经济效益；编制商品系列型谱是指通过详尽地分析，对基本参数系列所限定的商品进行型式规划，通过图表反映出基型商品和变型商品的关系及商品品种发展的总趋势，以形成一个简明的品种系列表。商品的系列型谱是该商品品种发展规划的一种表现形式，它不仅为选择商品发展方向、制定技术发展规划、科学组织商品生产以及调整现在商品、发展变型商品等提供依据，而且还可以有效遏制企业盲目设计无发展前途的品种；系列设计是以基型为基础，对整个系列商品进行的技术设计或施工设计。它能在全国范围内有效地防止同类商品的型式、规格的杂乱和重复，集中优势力量，做到最大程度节约资源。

4. 通用化

通用化是指在相互独立的系统中，选择和确定具有功能互换性或尺寸互换性的子系统或功能单元的标准化形式。互换性是通用化实现的前提。所谓互换性指的是不同时间、不同地点生产出的商品或零件，在装配、维修时，无须作任意改变就能被替换和使用的性能。通用化的程度越高，互换性就越显著，生产的机动性就越大，对市场的适应能力就越强，商品的销路也就越广。提高商品的通用化水平，对防止无意义的多样化、减少企业负担、降低经营风险、增强企业竞争能力、提高国民经济效益都具有突出的作用。

5. 组合化

组合化是按照标准化的原则，设计并制造出　系列通用性较强的单元（或称标准单元），然后根据需要再组合成不同用途的商品的一种标准化形式。

组合化的实质是系统的分解与重组，把一个具有某种功能的商品看作一个能分解成若干功能单元的系统，由于某些功能单元具有特定功能和互换功能的双重属性，于是这类功能单元便被分离出来，以标准单元或通用单元的形式独立存在，这就是分解。为了满足一定的要求，可以把若干准备好的标准单元、通用单元和个别的专用单元，按照特定的要求进行有机组合，形成一个具有新功能的新系统，这就是组合。组合化的过程就是分解与重组的统一。目前，组合化的原理和方法已经广泛应用于机械类商品和仪器仪表的制造、家具、工艺品和建筑业的使用，并取得了明显的效益。

6. 模数化

所谓模数是指在某种系统的设计、计算和布局中，普遍、重复应用的一种基准尺寸。模数化是指在系统的设计、计算和结构布局中，制作和使用尺寸协调的标准模数的活动，其在建筑物、构件或制品中得到了较为广泛的应用。应用标准模数使产品和建筑物的结构尺寸达到模数配合，当所有的配合尺寸均为模数或基本模数的倍数时，称为完全的模数配合。模数配合是一种尺寸指南，不仅为制造单位提供了一套协调的产品尺寸，而且也为设计人员展示了可供最佳选择的尺寸，使产品或建筑物的结构更趋完美。

由于模数具有良好的尺寸拼加性，可在内、外包装物之间获得很好的容纳效果，因此，在仪器仪表制造业中，元件、器件、零部件与机箱、机柜之间，集装箱与包装箱之间等具有尺寸对接关系的积木组装结构制品中，利用模数的尺寸拼加性，可以达到较为理想的组装目的。

（三）商品标准化的作用

商品标准化是一个国家现代化发展中的重要工作，对指导商品生产、提高商品质量、扩大对外经济、促进国际技术交流、增强国家综合实力等方面都具有不可忽视的作用。

1. 商品标准化是现代化商品生产和流通的必要前提，是巩固和发展专业化协作的基本条件

标准化是实现商品现代化生产和流通的前提和基础。现代化商品生产是以科学技术的先进性和生产过程的社会化为特征的高度复杂的生产组合。生产的机械化、连续性、快节奏要求各生产部门之间的专业协作化程度日益提高，商品标准化必然成为技术上高度统一、过程中广泛协调的前提和重要手段。在现代化的商品生产和流通领域，只有实现了商品标准化，才能使各个环节、各个部门有机地协调统一起来，从而顺利地组织社会化大生产，以获得最佳经济效益。

2. 商品标准化是建立最佳商品秩序，实现现代化科学管理及全面质量管理的基础

商品标准是企业管理目标在质量方面的具体化、明确化和定量化。商品标准的制定和实施可以有效指导商品的生产、流通、质验、监督、管理、控制等活动，建立最佳的商品运行秩序。质量管理是企业管理的核心，而商品标准化是实施全面质量管理的一个重要组成部分，没有统一的标准就没有管理的依据，商品标准化是实施科学管理的保证。

3. 商品标准化是提高商品质量、合理扩大商品品种、提高企业竞争力的技术保证

商品质量标准既是企业管理的目标，又是衡量商品质量优劣的技术依据。根据商品标准，企业可以判定质量差距，从而制定措施、改进不足、提高质量、降低成本、促进研发、扩大品种、提升企业竞争力。

4. 商品标准化是合理利用资源、保护环境、节能增产、促进经济全面和可持续发展、提高社会效益的有效手段

合理利用资源、保护环境、节能增产既是重要的经济技术政策，也是制定商品标准的重要原则。商品标准化的任何一种形式，都会有利于企业目标的实现，有利于资源的合理利用和环境保护，有利于经济的全面和可持续化发展，促进社会效益的提升。

5. 商品标准化是积累实践经验、推广应用新技术、促进科技进步的有效支撑

在商品的研制、开发、生产、流通、使用等各个环节中，通过商品标准化实施，不断积累实践经验，有效推进新材料、新技术、新工艺、新产品的开发。当通过技术鉴定，并被纳入相应的标准后，将会得到迅速推广和应用，从而获得显著的经济效益。

6. 商品标准化促进国际交流、国际经济贸易，提高商品在国际市场上的竞争力

促进我国的国际经济和贸易发展离不开标准化。积极采用国际标准，可以有效地消除国际贸易技术壁垒，提高我国商品在国际市场的竞争力，促进我国对外贸易的快速发展。此外，商品标准也是国际贸易仲裁的依据，利用标准化可以有效地协调和解决国际贸易争端，充分保护国家的利益不受侵害。

第三节　商品检验与监督

一、商品检验概论

（一）商品检验的概念

我国国家标准《质量管理体系——基础和术语》（GB/T 19000—2000；ISO 9000：2000）规定："检验是指通过观察和判断，适当结合测量、试验所进行的符合性评价。"

商品检验（Commodity Inspection）是指商品的供货方、购货方或者第三方在一定条件下，借助于某种手段和方法，按照合同、标准或国内外有关法律法规、惯例，对商品的质量、规格、重量、数量、包装、安全及卫生等方面进行检查，并做出合格与否或通过验收与否的判定或为维护买卖双方合法权益，避免或解决各种风险损失和责任划分的争议，便于商品交接结算而出具各种有关证书的业务活动。

在商品生产阶段，商品质量检验是商品检验的中心内容，也是商品学研究的一个重要内容。商品质量检验曾经在早期的质量管理阶段发挥了重要的产品质量"把关"作用，对于目前全面质量管理的发展、完善阶段，由于防控并非能做到万无一失，因此，质量检验仍是商品质量管理的一项重要内容。

在商品流通领域，商品检验一般用于进出口贸易。国内异地交易有时也需要检验。进出口商品检验是商品检验机构对进出口货物的品质、规格、数量等进行查验、分析和鉴定，并出具检验证书的一种活动，它是国际贸易中一个不可缺少的重要环节，主要用来保证进出口商品符合标准或合同规定的条件。

（二）商品检验的分类

在商品的生产及流通领域，由于检验的目的不同、检验的数量不同、检验对象流向的不同等，商品检验可以有不同的分类标准。常见的商品检验分类有以下几种类型。

1. 按照检验目的分类

（1）生产检验，又称第一方检验、卖方检验。它是由生产企业或其主管部门自行设立的检验机构，对所属企业进行原材料、半成品和成品商品的自检活动。目的是及时发现不合格产品，保证质量，维护企业信誉。经检验合格的商品应有"检验合格证"标志。

（2）验收检验，又称第二方检验、买方检验。是由商品的买方（批发业、零售业或工业用户）为了维护自身及其顾客利益，保证所购商品符合标准或合同要求所进行的检验活动。其进行商品检验目的是及时发现问题，反馈质量信息，促使卖方纠正或改进商品质量。在实践活动中，商业或外贸企业还常派"驻厂员"，对商品质量形成的全过程进行监控，对发现的问题及时要求产方解决。

（3）第三方检验，又称公正检验、法定检验。是由处于买卖利益之外的第三方（如专职监督检验机构），以公正、权威的非当事人身份，根据有关法律、标准或合同所进行的商品检验活动。如公证鉴定、仲裁检验、国家质量监督检验等。目的是维护各方面合法权益和国家权益，协调矛盾及纠纷，促使商品交换活动的稳定和有序。

2. 按照检验商品的数量分类，可分为全数检验和抽样检验

（1）全数检验：又称全额检验、百分之百检验，是对整批商品逐个（件）进行的检验。其特点是能够全部了解整批商品质量信息，给人一种心理上的信任感。缺点是由于检验量大，其费用高，易造成检验人员疲劳而导致漏检或错检。因此，全数检验更适用于批量小、质量特性少且批次质量不稳定、昂贵、精密度高、涉及安全性等的商品检验。

（2）抽样检验：是按照已确定的抽样方案，从整批商品中随机抽取少量商品作为样品进行全数检验，并依据测试结果去推断整批商品质量合格与否的检验。它具有省时省力、资源节约的优点，具有一定的科学性和准确性，是一种比较经济的检验方式。但检验结果相对于整批商品实际质量水平，总会有一定误差。抽检样本占整批商品的比例越大，其检验结果的误差越小。

3. 按照商品检验对象的流向分类，可分为内销商品检验和进出口商品检验

（1）内销商品检验，是指国内的商品经营者、用户及其商品质量管理机构与委托的检验机构或国家质检总局及其所属的商品质量监督管理机构与其认可的检验机构，按照国家有关法律法规、技术标准或合同规定，对内销商品所进行的检验活动。从商品检验的实践活动来看，目前我国商品经营者大多并不具备对商品质量进行检验、鉴定的技术手段，采用较多的是感官检验或委托有关检验机构进行内销商品的检验。

（2）进出口商品检验，对于我国而言，指的是由我国进出口商品检验机构，依照相关法律法规、技术标准、合同规定、国际贸易惯例及公约等，对进出口商品进行的法定检验、公证鉴定和监督管理检验。其中，进出口商品检验机构是依据我国有关法律法规以及相关规定，经国家质检总局许可，接受对外贸易关系人或者国内外检验机构及其他有关单位的委托，办理进出口商品鉴定业务的中资、中外合资、中外合作及外商独资的进出口商品检验鉴定机构及其分支机构。法定检验是商品检验机构按照国家的法律法规的相关规定，对必须实施检验的进出口商品，依据国家技术规范的强制性要求进行的检验，未经合格的商品不得进出口；公证鉴定是应国际贸易关系人的申请要求，商品检验鉴定机构以公证人的身份，办理规定范围内进出口商品的检验鉴定业务，并为当事人办理有关事务出具有效证明；监督管理是国家质检总局及其许可的商品检验鉴定机构，通过行政管理手段，对进出口商品的检验部门和检验人员进行监督管理、对生产企业的质量体系进行评审、对进出口商品进行抽查检验等，是我国商检机构对进出口商品进行检验把关的重要措施。

4. 按照商品检验对商品体本身是否产生破坏性，可分为破坏性检验和非破坏性检验

（1）破坏性检验，是指为获得必要的质量信息，经抽检测试的样品遭到破坏，不

能继续使用的检验。

（2）非破坏性检验，也称无损检验，是指经抽检测试的样品仍不影响正常使用的检验。

二、商品质量检验的方法

由于商品的种类繁多，性能各异，功能不同，检验其质量的方法也有很多。根据检验对象、原理、条件、工具等的不同特点，可分为感官检验法、理化检验法和试用检验法三大类。

（一）感官检验法

感官检验法是凭借检验者的感觉器官及其实践经验，对商品质量做出判定或评价的一种检验方法。由于这种检验方法简便、快捷、成本低廉，很少受检验条件的限制，具有较强的适应性和灵活性，且一般不会损坏被检商品，因此特别适用于目前还不能用仪器做出定量评价指标的商品和不具备较高检验投入的机构和消费者。近年来，随着现代感官应用技术的发展，感官检验在经验评判的基础上，研究出了一套具有心理学原理设计，并利用统计学的方法分析和处理感官数据，将难以确定的商品感官指标客观化、定量化，从而使感官检验更具可靠性和对比性。由于感官检验适用于绝大多数商品，也极易消费者进行简单操作，因此，已成为目前广泛适用的一种重要检验手段，其感官质量指标对评价商品质量意义重大。

根据感官的类别不同，可以把感官检验分为视觉检验、听觉检验、味觉检验、嗅觉检验和触觉检验。即通过视觉、听觉、味觉、嗅觉、触觉检验法来进行检验。这些不同的感官检验法可以单独使用，但大多数还是混合使用的。例如，电器的外观和噪声；酒类的味道、食用油的透明度、颜色、气味；粮食的外观、气味、干湿度、夹杂物、新鲜程度；烹调制品的色、香、味；罐头食品的外观、味道、保鲜程度；纺织品的图案、色泽，面料的疵点和手感；医药制品的色、味、干湿度等。

根据感官检验目的不同，可以把感官检验分为分析型感官检验和偏爱型感官检验两种类型。分析型感官检验又称Ⅰ型或 A 型感官检验法。它是以经过培训后评价员的感觉器官作为"仪器"来判定商品的质量特性或鉴别商品间的差异及质量优劣。这种检验法要求评价员抛开主观意愿，通过专业技术分析对商品做出客观评价。偏爱型感官检验法又称Ⅱ型或 B 型感官检验法。它是通过未经培训的消费者的感觉来判断消费者对某种商品的偏爱程度，因此是一种主观评价方法。分析型感官检验法和偏爱型感官检验法的不同之处在于，前者需要评价者采用统一的评价尺度和条件，而后者全凭消费者的主观感受来评判，因此后者对同一商品的评价结果往往因人、因时、因地而异。

感官检验法简便易行、快速灵活，是目前较传统的商品质量检验方法。但由于不可避免地受到检验人员的技术水平、实践经验、客观环境及主观因素的影响，因此，检验结果可能存在一定的误差。若要使检验结果更为精准，可选择采取理化检验法进行商品质量检验。

（二）理化检验法

理化检验法是在实验室中进行的，通过一定的环境条件限制，利用各种仪器、器具和试剂手段，运用物理、化学及生物学的原理来测试商品质量的方法。这种方法主要用来检验商品的成分、结构、物理性质、化学性质、安全性、卫生性及对环境的污染和破坏性等。理化检验的结果较为精准，可以用数据定量表示，但对检验条件和设备要求严格，对检验人员的专业理论和操作技术水平要求较高。随着科技的发展、计算机的广泛应用，现代检测技术在实施自动控制和数据处理方面得到了快速发展，促进了理化检验逐步朝着自动化、快捷化、精准化方向发展。

根据检验原理的不同，理化检验法可分为物理检验法、化学检验法和生物学检验法。

1. 物理检验法

按照检验的性质和要求不同，物理检验法通常会采用不同的仪器进行，检验的具体方法也会存在一定的差异。因此，物理检验法又可细分为一般物理检验法、力学检验法、光学检验法、电学检验法和热学检验法。

一般物理检验法是通过各种量具、量仪、天平或专用仪器来检测商品的长度、宽度、高度、厚度、重量、质量、面积、体积、密度、表面光洁度等一般物理特性的方法。这些商品特性不仅是区别商品规格的依据，而且往往也是买卖双方达成合同约定中的量化指标。

力学检验法是通过各种力学仪器测量商品机械性能的检验方法，主要用来测定商品在受到外力作用后的表现，是衡量商品坚固耐用程度的重要依据。通过力学检验法主要检验商品的抗拉强度、抗压强度、抗冲击强度、抗弯曲强度、耐磨强度、硬度和弹性等。如皮鞋、服装等通常利用力学检验法进行测定。

光学检验法是利用光学仪器（光学显微镜、折光镜、旋光仪等），对商品的光学性质进行检测的方法。光学检验通常包括光学指标测量和光稳定性检验两个方面。光学指标测量主要适用于一些对透光率、屈光度、折光率等光学指标具有明确要求的商品质量的测量，如眼镜、望远镜等光学产品及器件等。光稳定性检验主要用于测量商品在受到诸如紫外光等高频率光的照射后的稳定性。尤其是高分子材料商品，有可能发生光老化现象，导致构成商品的分子聚集结构甚至是分子结构发生改变，从而使商品性能下降。

电学检验法是利用电学仪器对某些商品的电学性能进行测定的方法。该检验方法特别适用于家用电器、照明灯具、电线电缆、绝缘材料等商品的检测。在电学检验中，为满足使用者的需求，保证其使用安全，应根据其质量标准，对标准所规定的一系列电学指标进行检测，特别是绝缘强度的检验，该指标合格与否直接关系到使用者的人身安全，因此是电学检验中最为重要的测定指标。

热学检验法是通过热学仪器，对商品的热学性能进行检测的方法。主要包括熔点测定、凝固点测定、沸点测定、耐热性检验等。金属制品、塑料制品、橡胶制品、玻璃和搪瓷制品、化工类、化妆品类等商品，它们的热学性质都与商品的质量和品种有关。

2. 化学检验法

化学检验法是利用化学试剂或仪器对商品的化学成分、含量及其稳定性进行检测的方法。由于化学检验项目较多，可根据检验项目的内容不同，分为化学组成分析和化学稳定性检验。

化学组成分析是通过检测，可确定商品的原料、化学组成及含量。任何商品都有其特定的原料和化学组成部分，它是决定商品性能、特点和用途的重要因素之一，因此对构成商品的原料、化学组成及含量进行分析是商品检验的重要内容。例如，在纺织品检验中，要鉴定构成织品的纤维种类，对混纺织品还要确定纤维的混纺比；在奶制品的质量检验中，还要测定其中的蛋白质含量是否达标等。

化学稳定性检验是测定商品抵抗化学介质作用能力的检测。商品的化学稳定性又可细分为耐盐稳定性、耐水稳定性、耐酸碱稳定性、耐氧化剂稳定性、耐有机溶剂稳定性等多个指标。例如，可通过盐雾试验，测定电镀件的耐盐稳定性，从而检测其是否容易发生锈蚀；保温瓶的瓶胆应具有良好的耐水稳定性，以确保在使用过程中不会被水浸蚀；纺织纤维制品都应具有一定的耐水稳定性和耐酸碱稳定性，以满足穿着和洗涤的要求。

3. 生物学检验法

生物学检验法通常用于食品类、医药类和日用工业品类商品等的质量检验。它主要包括微生物学检验法和生理学检验法。

微生物学检验法是通过显微镜观察法、培养法、分离法和形态观察法等，对商品中是否存在有害微生物及其存在数量进行检测，并判定其是否超标。对于食品、医药品和日用工业品而言，微生物的种类及含量是衡量其安全及卫生性的重要指标，关系到使用者的人身健康，因此，在相关质量标准中，对微生物种类及其含量均有严格要求。

生理学检验法是用于测定商品对人体有无危害及危害性大小的方法，也用于食品的可消化性、发热量、营养价值的测定及检测粮食的发芽情况等。该检验方法多用于动物的活体试验，一般用在兔、鼠等动物的身上，通过观察动物健康状况的变化或解剖观察体内的病变来确定毒性的大小。只有通过了无毒害测试后，视情况需要并经有关部门批准后，方可在人体上进行试验。

（三）试用检验法

试用检验法是指通过模拟实际使用或消费者亲自试用来检验商品质量的方法。它常作为商品经营部门采用的商品质量评价方法。在试用检验的实施过程中，一般可通过模拟不同的使用环境、用户试用、消费者使用信息反馈三种方法来实现。

模拟不同的使用条件适用于商品的安全性能测试。许多商品的安全性能都需要在模拟仿真的使用环境下进行测试，如汽车的安全气囊质量指标测试，就是通过碰撞试验来模拟汽车在事故环境中的测试方法。用户试用法测试的应用也非常普遍，如某些纺织品类商品的皮肤过敏性反应测试；新药制剂的使用效果及副作用临床试验测试等。消费者使用信息反馈是通过消费者的真实试用后给予的反馈信息来评判商品质量的方法。

三、商品质量评价与管理

（一）商品质量分级

商品质量分级是商品检验活动的一个重要环节，是对商品质量进行综合评判的结果。商品质量分级是以消费者需求差异化为前提的，只要存在商品市场需求的差异，商品质量分级就必然存在。

1. 商品质量分级的概念及作用

商品质量分级是根据商品质量标准和商品实际质量的检验结果，将同种商品划分为若干等级的工作。商品品级是商品质量分级的反映，是依据商品质量高低所确定的等级，是商品鉴定的重要内容之一。商品品级通常用"等"或"级表示，"其顺序性反映了商品质量的高低，如一等（级）、二等（级）、三等（级），也可显示为甲等（级）、乙等（级）、丙等（级）等。对于我国境内生产和销售的工业产品等级的划分和评定，是按照我国国家标准《工业产品质量分等导则》（GB/T 12707—1991）中的相关规定执行的，原则上将工业产品的实物质量划分为三个品级，列为优等品的质量必须达到国际先进水平，列为一等品的质量必须达到国际一般水平，列为合格品的质量则必须达到国内一般水平。当产品质量达不到现行标准时，则被列为废品或等外品。

2. 商品质量分级的方法

商品质量分级的方法有很多，可进一步归纳为百分记分法、限定记分法、限定缺陷法三种类型。

（1）百分记分法。百分记分法是按照商品的各项质量指标要求规定为一定的分数，然后根据各项指标对商品质量的影响程度划分权重。当各项质量指标都完全符合要求时，则认为其商品质量无可挑剔，其总分为满分 100 分；当其中某项或某些指标不符合标准要求时，则会被相应扣减，其总分就会降低。若总分达不到规定分数线的等级标准，则商品等级就会相应降低。百分记分法特别适用于食品及日用工业品的分级管理活动。

（2）限定记分法。限定记分法是将商品的各种质量缺陷，即疵点规定为一定的分数，由疵点分数的总和确定商品等级的方法。商品的缺陷越多，疵点分数越高，则商品的等级越低。这种方法一般在日用工业品中采用。

（3）限定缺陷法。限定缺陷法是在标准中规定，商品每个等级限定疵点的种类、数量和疵点的程度。这种方法主要用于工业品的分级，如日用工业品中全胶鞋质量指标共有 13 个感官指标，其中，鞋面起皱或麻点在一级品中规定"稍有"，二级品中规定"有"，鞋面砂眼在一级品中规定"不许有"等。

（二）商品质量标志

1. 商品质量标志的含义及作用

商品质量标志是依据一定的法定程序颁发给生产企业的，用来证明其商品达到一定水平的符号或标记。常见的质量标志有：合格标志、认证标志、商检标志、免检标志、环境标志、绿色食品标志、有机食品标志、纯羊毛标志、真皮标志等。商品质量标志是商品达到某种质量品质的凭证，只有法定机构依据规定程序，对达到一定条件要求的企业进行授权后，该企业才能使用这种质量标志。

实行商品质量标志，不仅能够有效地保证商品质量，而且也能有效地维护消费者权益。尤其是对于一些有关人身安全及健康的商品，只有国家强制实行质量标志，才能有效地防止商品粗制滥造，避免不合格品流入市场。因此，商品质量标志既能增加消费者对商品生产者的信任，从而促进生产者经济效益的提升，同时又是对商品质量的担保，极大地为消费者选购提供了便利条件。

2. 商品质量标志的种类

（1）质量合格标志。质量合格标志又称产品检验合格证，是商品出厂前由内部质检部门对其各项质量指标进行检验合格后所颁发的合格标志。任何产品都必须经过合格检验环节后才能出厂进入流通领域。合格标志的形式根据产品的形状、性质等特点不同而异，一般用图案或代号表示，或系挂、粘贴在包装上。同类商品的不同等级，可以用不同图案或颜色的标志来表示。

（2）质量认证标志。商品质量认证标志是为证明某个商品符合特定的标准和技术要求，而由认证机构设计并发布的一种专用标志。国内通行的认证标志有方圆标志、长城标志、PRC 标志等。其中，方圆标志是中国方圆认证委员会颁发的产品质量标志，可细分为方圆合格认证标志和方圆安全认证标志，各项质量指标均符合相应的标准及技术要求后，分别颁发合格或安全认证标志；长城标志是中国电工产品委员会颁发的电工类商品专用的安全认证标志；PRC 标志是中国电子元器件质量认证委员会颁发的电子元器件专用的合格认证标志（见图 4-1）。

作为一种质量标志，产品质量认证标志的基本作用在于向消费者传递正确、可靠的质量信息。随着世界贸易全球化的发展，国际上普遍通过采用实行第三方产品质量认证制度来保证商品质量的统一，大大提高了产品的信誉度、减少了重复检验、消除了技术壁垒、保证了生产及流通的稳定、维护了消费者的权益。目前 ISO 和 IEC 的成员国和地区会员中，大都开展了产品质量认证工作，只是标志有所区别。如美国采用 UL 标志、英国采用风筝标志、法国采用 NF 标志、德国采用 VDO 标志、日本采用 JIS 标志、中国香港采用 HK 标志等。

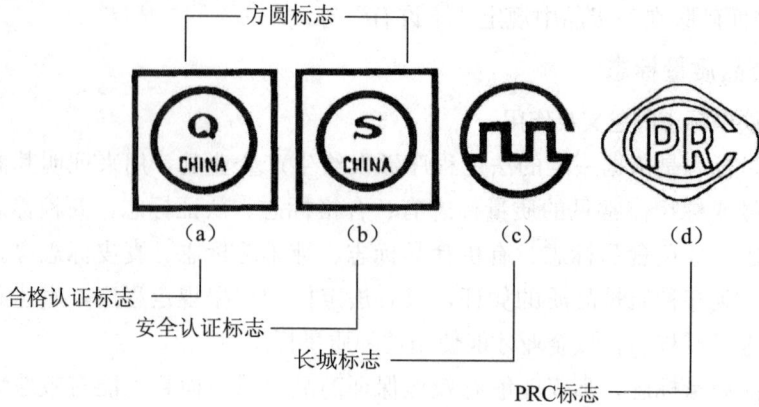

图 4-1　中国商品质量认证标志

（3）商检标志。商检标志也称 CCIB 标志，是由国家或地方商检局按照相关规定，对通过认证合格的进出口商品及生产企业颁发证书、准许使用的进出口商检标志。商检标志分为安全标志、卫生标志和质量标志三种类型（见图 4-2）。

图 4-2　中国进出口商品检验标志

我国对涉及安全、卫生等重要的进出口商品及其企业，分别实行进口安全质量许可证和出口安全质量许可证制度，即进口商品必须取得进口商检安全标志方可进口，出口商品必须取得出口商检质量标志方能出口。

（4）环境标志。环境标志是一种印刷或贴附在商品或包装上的图案标识，用以证明该商品在其整个生命周期内，完全符合环境保护的要求，不会危害人体健康，也不会对生态环境造成破坏或环境危害极少，有利于资源的节约和再利用。ISO 14000 环境管理系列标准，是国际标准化组织关于环境体系认证标准，现已成为商品进入国际市场的一个重要标准。目前世界上已有不少国家或区域性组织相继实施环境标志（见图 4-3）。

我国环境标志（见图 4-4）于 1993 年 8 月发布开始实施。1994 年 5 月，中国环境产品认证委员会（CCEL）正式成立，是我国商品环境标志的唯一第三方认证机构。

图 4-3　某些国家或地区的环境标志

德国蓝色天使标志　　欧洲联盟环境标志　　新加坡绿色标志

加拿大环境标志　　日本生态标志　　北欧环境标志

图 4-4　中国环境标志

（三）商品质量评价的内容

商品质量的本质是商品满足消费者需要的程度，购买者往往追求对商品物美价廉的需要。由于现代社会消费者的需求是多样化的，那么在日常的商品评价中，我们不仅要关注消费者的基本要求，也要充分考虑到消费者对商品质量的特殊要求。因此，对商品质量的评价既要注重商品质量是否符合规定标准，也要保证商品质量满足人和社会需求的程度；既要用常规方法来评价商品质量，又要将其放在社会大系统中来评价和研究。

1. 商品质量评价的一般内容

（1）检验商品质量是否符合标准，用以评价商品质量技术指标的高低；

（2）考察商品的造型、款式、花色、包装等是否具有观赏性，用以评价商品满足消费者审美需要的质量；

（3）考察商品说明书是否清晰易懂、使用操作是否简便易行，用以评价商品使用便捷性的质量；

（4）检察商品标识及证件的齐全性，用以评价商品质量的真实可靠程度；

（5）考察商品的售后服务完善程度，用以评价商品的附加质量；

（6）考察商品品牌的知名度和美誉度，用以评价商品被消费者认可度的质量；

（7）考察商品满足不同消费群体的特殊要求程度，用以评价商品满足具体消费对象需要的质量；

（8）考察商品与人、社会、环境的关系，用以评价商品质量在社会大系统中的全面性。

2. 顾客满意度

顾客满意度是反映商品质量满足消费者需要的评价指标。它往往指顾客对商品的感知质量满足顾客预期质量的程度。从本质上讲，顾客满意度反映的是顾客的一种心理状态，它来源于顾客对商品产生的感受与自己的期望所进行的对比。当顾客对商品的感知质量超过预期质量时，顾客就会具有较高的感知价值，从而对商品质量产生较高的评价；当顾客对商品的感知质量低于预期质量时，顾客就会具有较低的感知价值，从而产生商品质量的较低评价。

在对商品进行顾客满意度评价时，我们会发现，使一个顾客满意的商品未必会使另一个顾客也满意，或者即使是同一个顾客，在不同时期对同一商品的满意度也不尽相同。也就是说"顾客满意度"是一个变动指标，它并不是一个绝对概念，而是一个相对概念。因此，作为生产企业，绝不能凭自己的主观想象来轻易地评价商品质量，而应充分考察所提供的商品及服务与顾客期望、要求等方面的吻合程度。只有充分掌握了不同顾客群体对商品的满意度因素，才有可能实现顾客完全满意。

3. 假冒伪劣商品的识别

所谓假冒伪劣商品是指假冒他人注册商标、产品、包装及其装潢、产地、厂址，假冒认证和生产许可证等质量标志，掺杂使假以及根本不能满足质量标准要求的不合格商品。假冒伪劣商品的特征很多，也非常复杂，然而只要掌握一定的规律，认准商品的商标标志，认真查看、仔细观察商品质量和包装，假冒伪劣商品一定能被识别出来。我们一般可以通过以下方法进行识别。

（1）识别注册商标标识。假冒伪劣商品一般都是假冒名优商品。我国名优商品都使用经国家工商行政管理局登记注册的商标。已注册的商标应由公安部门所属特种行业管理的正规印刷厂印制，而假冒商标一般出自不正当渠道，这些渠道不正规的印刷技术会使所印商标上出现许多疵点特征。如制作粗糙、颜色不正、比例不符、容易脱落、无凸凹感等，我们可以通过检验商标上是否有这些疵点特征来确定其真伪。

（2）查看商品标识。根据《产品质量法》第十五条规定，产品或其包装上应印有商品名称、厂名厂址、生产批号、产品合格证、优质产品标志、认证标志、警示标志或说明等，限期使用的产品，还要标明生产日期和安全使用期或者失效日期等。假冒伪劣商品的标识一般不是正规企业生产，外包装标识往往残缺不全，或乱用乱写，或假冒优质奖标记，欺骗消费者。

（3）仔细查看商品包装及装潢。多数名优商品均采用机器包装技术，装订线统一、封口处平整，而大多数伪劣商品则采用手工包装，装订线不一致，封口处褶皱明显。同时，名优商品的装潢讲究，色彩明亮，图案清晰，材质考究，做工精美。而假冒伪劣品的色彩暗淡，图案模糊，材质低劣，做工粗糙。

（4）注意生产厂家和售货单位。一些名优商品以地名命名商品名称，识别时必须认准厂家，以防假冒。有些高档名优商品主要在大型商场或专卖店销售，因此购买时要注意选择售货单位。

（5）检查防伪标记。近年来，许多名优商品厂家采用特殊材料与技术制成一种能证明产品真实身份、不易被假冒的防伪标记。其中，电码防伪是目前成本较低，且最为实用和有效的防伪技术。它可以在每件商品上设置一个不重复的21位码，消费者通过电话、网络等录入产品密码后就可以进行防伪核对，从而准确识别商品真伪。

（6）检验商品内在质量。假冒伪劣商品的内在质量低劣，使用后存在不同程度的问题。如假冒伪劣化妆品，使用后会出现皮肤红肿、瘙痒、发炎，甚至对人造成永久性伤害。

（四）商品质量管理

1. 商品质量管理发展阶段

质量管理是在质量检验基础上发展起来的。从工业发达国家解决商品质量问题涉及到的理论、所使用的技术与方法的发展变化来看，质量管理的发展大体经历了以下三个阶段。

（1）检验质量管理阶段。从20世纪初期到40年代，主要是按即定质量标准要求对产品进行检验，是质量管理发展的初级阶段。此阶段的质量管理对象仅限于商品本身的质量，管理领域局限于生产制造过程。表现为一种事后的管理，即不能在生产过程中事先进行预防性控制，以便及时防范次品及废品的产生。

（2）统计质量管理阶段。从20世纪40年代到50年代末，主要是按照商品标准，运用数理统计方法，从产品设计到生产制造过程进行质量控制。统计质量管理显然是一种预防性管理，能够在设计和生产过程中及时发现并解决问题，预防次品和废品的产生，将质量管理向前推进了一大步。但是，由于该种手段过分强调了统计方法在质量管理中的运用，而忽略了整个组织管理和员工的能动性，因而在推广和普及上受到了一定的局限。

（3）全面质量管理阶段。从20世纪60年代一直延续至今，并在世界各国得到了积极的推广和应用。全面质量管理是质量管理科学发展的新阶段，是一种全方位、全过程、全员参与的质量管理活动。它将经营管理、技术管理、行政管理、人力资源管理、财务管理、企业文化管理等，通过数理统计方法，从产品设计、原料采购、生产加工，到商品包装、储运、销售、售后，直到商品的废弃处理，建立了一整套完整的质量管理工作体系。

2. 商品全面质量管理的特点及方法

（1）全面质量管理的定义。

全面质量管理（Total Quality Management，TQM）是指一个组织以质量为中心，以全员参与为基础，目的在于通过让顾客满意和本组织所有成员及社会受益而达到长期成功的管理途径。具体地说，全面质量管理就是以质量为中心，全体职员和有关部门积极参与，把专业技术、经济管理、数理统计和思想教育结合起来，建立起产品的研究、设计、生产、服务等全过程的质量体系，从而有效地利用人力、物力、财力和信息等资源，以最经济的手段生产出顾客满意、组织及其全体成员以及社会都得到益处的商品，从而使组织获得长期成功和发展。

（2）全面质量管理的特点。

①全方位质量管理。即产品质量、过程质量和工作质量的管理。其工作对象是全方位的质量控制，不仅包括产品质量，还要关注过程质量和工作质量；不仅要保证产品质量，还要达到成本低廉、供货及时、服务周到。全方位质量管理追求的是商品价值与使用价值的统一、质量和效益的统一。

②全过程质量管理。全过程质量管理就是将质量管理活动贯穿于产品质量的产生、形成和实现的全过程，要建立包括所有过程的质量管理保证体系，做到防控结合，以防为主，在质量形成过程中及时消灭不合格产品，防患于未然。

③全员质量管理。全员质量管理就是企业的全体人员都要参与到质量管理活动之中。发挥所有部门、所有员工的积极性和能动性，分工协作、各尽其责，确保商品的质量和效益。

（3）商品全面质量管理的基本方法。

商品全面质量管理的基本方法有以下几种：

①分类法，又称分层法，它是通过分类，把性质不同的数据及影响质量的因素与其责任划分清楚，找出规律，提出解决办法。

②排列图法，又称帕累托图法，是意大利经济学家维弗雷多·帕累托，分析社会财富得出"关键的少数和一般的多数"这一结论，将这一原理应用到商品全面质量管理，并把影响商品质量的因素分为 A、B、C 三大类，A 类是起决定作用的少数，B 类为一般的多数，C 类为影响作用很小。重点改进 A 类因素。

③因果分析图法，又称特性因素法，主要用于分析质量问题产生的原因。将员工、机器、原料、方法、环境等产生质量问题的原因绘成一张树枝（或称鱼刺）状的图形，从中找出主要原因，提出解决质量问题的方法和措施。

④直方图法，又称质量分布图法或频数分布图法。它是将收集到的商品质量数据整理后，根据分布情况分为若干组，以组距为底边，以频数为高度连接形成矩形图，借此分析商品质量现状及变化趋势，提出控制质量的方法。

⑤控制图法，又称管理图法。它是利用图表形式反映生产过程中的运动状况，并据此分析生产过程对产品质量的影响、监督和控制。

⑥散布图法，又称分散图法和相关图法。在对商品质量分析过程中，一些变量共处一个统一体中，相互联系，相互制约，在一定的条件下又相互转化。将两种相关数据列出，并用"点"填在坐标上，对它进行分析，从而改进质量。

⑦统计调查分析表法，它是一种最常用、最简单的方法。根据调查目的不同，设计出不同的表格。利用统计调查表进行数据整理和分析商品质量问题。

除上述七种全面质量管理的方法外，还有对策表法、系统图法、水平对比法、流程图法等。

3. 商品质量管理的 PDCA 循环

PDCA 循环是商品质量管理的主要方法之一。PDCA 循环又称戴明循环，是由美国质量管理专家威廉·爱德华兹·戴明博士提出的。其对商品实施全面质量管理的过程，就是要求各个环节、各项工作都按照 PDCA 循环，周而复始地运转。PDCA 循环是将商品质量管理分为计划（Plan）、执行（Do）、检查（Check）、处理（Action）四个阶段（如图 4-5 所示）。

图 4-5　PDCA 循环的四阶段示意

其中，计划阶段（P）的任务是制订计划；执行阶段（D）的任务是执行计划，即按照 P 阶段的计划和标准规定具体实施；检查阶段（C）的任务是检查计划的实现情况，调查执行计划的结果，将工作结果与计划对照，得出经验，找出问题；处理阶段（A）的任务是把执行的结果进行处理总结。

PDCA 循环具有以下特点：

（1）大环套小环，互相促进。PDCA 循环作为质量管理的一种科学方法，可以渗透至组织中的各个方面。首先把整个企业的质量改进看作一个大的 PDCA 循环，然后将目标分解到各个部门，又可形成各部门相对独立的 PDCA 循环，接着目标继续分解到班组及个人，又会依次形成更小的 PDCA 循环。在组织统一协调下，大环套小环，环环相扣，推动了整个企业 PDCA 循环的进程，以保证彼此协同，相互促进。

（2）阶梯式发展提高。PDCA 循环是周而复始进行的。每完成一次循环，就解决了一批质量问题，同时又会形成新的目标和内容，质量管理工作也就提升了一大步，如此循环往复，促进质量水平不断实现新的目标（见图 4-6）。

（3）"处理"阶段是关键。PDCA 循环的处理阶段在商品质量管理中具有承上启下的作用，通过认真细致地分析总结，推动质量工作的标准化发展，不断解决当次循环中存在的质量问题，同时又能有效防止类似问题在下一循环阶段发生。

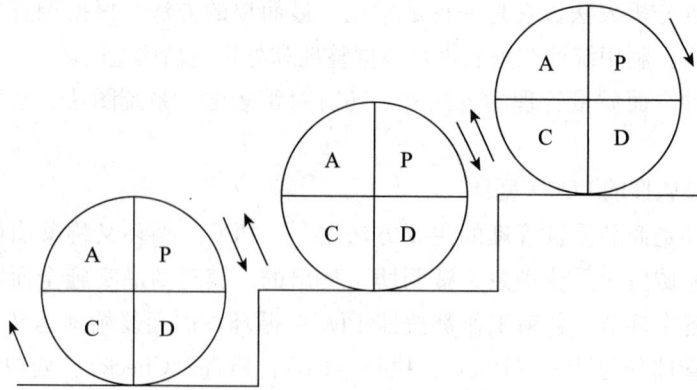

图 4-6　PDCA 循环阶梯式发展提高示意

四、商品质量监督

商品质量监督是由国家指定的质量监督机构，根据国家制定的商品质量法规和标准，对生产和流通领域的商品及其质量保证体系进行监督的活动。商品质量监督所要解决的问题是企业生产经营是否达到既定的法规和标准的要求，并在基础上对企业质量保证体系进行监督。商品质量监督的职能部门是由国家授权的法人机构，质量认证实际上是质量监督的一种形式。

（一）商品质量监督的要点及意义

1. 商品质量监督的主要要点

商品质量监督需要把握以下几个要点：

（1）商品质量监督活动是质量分析、评价的保证。

（2）商品质量监督的对象是商品、质量保证体系等实体。

（3）商品质量监督的范围是生产、流通及消费整个过程。

（4）商品质量监督的依据是国家质量法规和商品技术标准。

（5）商品质量监督的主体是用户或第三方。

2. 商品质量监督的意义

商品质量监督实质上是国家对商品质量进行宏观调控的一种手段，具有十分重要的意义。

（1）贯彻实施商品质量法规和商品质量标准不可缺少的重要手段。

（2）维护消费者利益，保障人们身体健康和生命安全必不可少的主要措施。

（3）强化企业管理，健全商品质量体系，促进商品全面质量管理，是国家调结构、稳增长、惠民生的经济发展需要。

（4）增强商品在国际市场上的核心竞争力，促进对外贸易，实施我国"一带一路"发展战略的需要。

（5）解决我国商品质量问题是维护市场经济正常秩序的需要。

（二）商品质量监督的类型和形式

1. 商品质量监督的类型

（1）国家质量监督，是指国家授权指定第三方专门机构以公正的立场对商品进行的质量监督检查。他是以政府的形式对涉及人身安全和健康的商品，以及关系到国家重大经济政策的商品实行强制性的监督检验，其目的是确保消费者合法权益不受侵害和国家经济建设顺利进行。对于符合有关商品质量法规、技术标准要求的商品，允许进入流通领域和销售，否则，不允许出厂和销售。

（2）社会质量监督，是指社会团体、组织和媒体机构根据消费者和用户的反映，对流通领域的商品质量进行监督检查。一般是从市场抽样，委托第三方商品检验机构进行质量检验和评价，将不合格商品和生产企业予以公布，以造成社会舆论压力，迫使企业改进商品质量并对消费者或用户承担质量责任。

（3）用户质量监督，主要指内外贸部门及使用单位所进行的质量监督和检查。采购大型成套设备和装置以及大批量、长期性采购生产企业生产的产品时，派人进驻承制单位或生产企业进行质量监督，发现质量问题时，立即通知制造商进行改进或停止生产，严把质量关。这样的质量监督，在进货时进行严格的质量检验及验收。

2. 商品质量监督的形式

（1）抽查型质量监督，是指国家质量监督机构对从市场、生产企业、仓库及运输车（船）随机抽取样品，进行监督检验，对于不合格商品采取强制性措施责成企业改进质量。只抽查商品实物样品，不检查企业的质量保障体系，抽查对象为涉及人体健康和人身、财产安全的商品、影响国计民生的重要商品和消费者反映存在质量问题的商品。

（2）评价型质量监督，是指国家质量监督机构通过对企业的产品质量和质量保证体系进行检验和检查，确认并证明产品质量已经达到某一水平，颁发产品质量证书、标志等，并向社会提供产品质量评价信息，实行必要的事后监督，使产品质量保持稳定和不断提高。这是国家干预产品质量，进行宏观管理的一种形式。

（3）仲裁型质量监督，是指国家质量监督机构对质量有争议的商品进行检验和质量调查，分清责任，公正处理。这种质量监督具有较强的法制性。根据质量检验数据和全面调查情况，由受理仲裁的质量监督部门进行调解和裁决。

3. 商品质量监督管理体制

（1）技术监督系统，是指由国务院授权统一管理和组织协调全国技术监督工作的国家质量监督检验检疫总局系统，县以上地方技术监督部门负责行政区域内的商品质量和管理工作。商品质量监督检验机构主要有四种形式：国家级商品监督检验测试中心主要承担国家指定的商品质量监督抽查检验；各部级行业商品质量监督检验测试中心，负责本行业内部的商品质量监督检验；各地方商品质量监督检验站（所）可代表国家行使商品质量监督检验权，承担各地方商品监督检验；各省、市综合检验所负责各专业检验机构末包括的商品质量监督检验工作。

（2）专业监督系统。根据国家颁布的有关法规，由各行业、各部门相应的质量监督机构行使职能。

①外贸子系统。国家进出口检验检疫局是我国主管进出口商品检验的行政执法机构，设在各地的进出口商品检验机构监督管理所辖地区的进出口商品检验。

②卫生子系统。国家卫生行政部门主管的药品监督所负责药品的质量监督检验工作。各级地方卫生行政部门负责所管辖区食品卫生监督工作，卫生防疫站负责食品卫生监督检验工作。

③兽药监察子系统。各级农牧行政管理机关主管兽药监督管理工作。各级兽药监察机构协助农牧行政管理机关负责本辖区的兽药质量监督检验工作。

④船舶子系统。由国家船舶检验局及其各地区船舶检验机构负责船舶的质量监督和检验工作。

⑤锅炉子系统。由劳动人事部门负责锅炉压力容器的安全监督检验工作。

除此之外，还有中国消费者协会，中国质量管理协会等社会团体，也在各地设有商品质量监督机构。

五、建立可追溯系统确保商品质量安全

基于物联网的供应链管理能够实现商品（产品）的质量实时监控、预警和追溯，供应链上下游相关节点企业和政府的商品质量监督检验检疫部门能够通过物联网信息链和信息平台得以实现。供应链相关节点企业的数据信息都存放在统一的数据中心，企业和政府商品监督检验检疫部门可以通过检查信息中心的数据达到对商品（产品）的质量监控。

商品质量可追溯系统的追溯功能主要用来追查问题商品（产品）的源头，通过商品（产品）生产过程中唯一的射频识别（REID）标识号和数据中心的全程记录，从最终商品包装上的标签追溯到销售的超市等零售商，然后追溯到加工制造商和生产商。基于物联网的商品供应链管理体系当中通过 REID 技术构建商品供应链质量可追溯系统，将整个商品供应链上的各个环节贯穿起来，汇集产品（商品）生产环节和流通环节各企业的各项生产任务与产品（商品）质量安全信息。实现对商品（产品）的全程追溯。具体表现在：通过不同节点相关信息的有效录入和读取，有利于节点企业提高管理水平和商品（产品）质量，降低物流与交易成本；通过对整个商品供应链上信息的有效集成，政府相关职能部门能够及时了解商品供应链上各节点企业的经营状况和商品流通状况，有利于政府部门制定科学合理的政策和进行质量监控，消费者也可以方便地了解到购买的商品质量安全状况；商品质量安全可追溯系统能够当商品发生安全事故时及时召回问题商品，通过对商品供应链管理的全程追溯，发现问题商品及产生原因，降低商品质量安全事故造成的危害和损失。

第四节　案例分析

案例一：

商品质量有无问题

我国某省进出品公司曾与澳大利亚某公司签订一份由我方公司出口化工产品的合同，合同规定了 T_iO_2 含量最低为 98％ 等质量要求，同时有关检验条款规定："商品的品质、数量、重量以中国进出口商品检验证书为最后依据。"我方收到信用证后，按要求出运货物并提交单据，其中商检证由我国某省进出口商品检验局出具，其中 T_iO_2 含量为 98.35％，其他各项也符合要求。

澳方收货后来电，反映我方所交货物质量有问题，并将澳大利商检部门 SGS 出具的抽样与化验报告副本传真给我方。SGS 检验报告称 T_iO_2 的含量为 92.95％，并提出索赔，其理由是：①经用户和 SGS 的检验证明货物与合同规定"完全不符"；②出口商出具的检验证书不是合同规定的商检机构出具的，检验结果与实物不符。

本案经我国驻悉尼领事馆商务室及贸易促进会驻澳代表处从中协调，由我方公司向澳方公司赔偿相当一部分损失后结案。

（资料来源：http：//wenku.baidu.com/link？url＝zr5dBYrmCNUC7fznNoSAs9XsO8O2rW8017cBsAkFDN5DAɪE2l_V1cl6UAKCTn1C8Fbd9-sWg2VUFF-Mp_LcWVCMThghGTfB8SByLa6D6qDW)

分析：

1. 我方出具的检验证书是否是合同规定的商检机构出具的？为什么？
2. 该批货物质量问题出在哪个企业或环节，可以追溯吗？为什么？

案例二：

食品质量安全的污染及防范

近年来，有关食品安全的事故在我们身边时有发生，食品卫生、食品安全，一次次犹如"9·11"事件一样冲击着我们紧绷的神经。食品流通中降低成本、拓宽市场、增加效益过程的薄弱环节产生的重大漏洞，往往会带来严重的危机。

据有关调查资料显示：有 74％ 的居民认为影响购买蔬菜的主要因素是"新鲜程度"，85％ 的消费者选择"卫生程度"，98％ 的消费者非常需要"安全的食品"。看来食品问题同我们每个人都息息相关，面对食品安全、食品卫生、食品疾病谁也难以平静，因此，准确把握影响食品安全的诸多因素，净化食品安全环境就显得尤为重要。

一、食品质量安全的五大污染

在食品从原料到餐桌的整个供应链中，存在最主要的五大污染。

（一）源头污染

应用现代科技培育优良的农作物和畜禽品种等对经济的持续繁荣起到重要作用，然而，过度使用化肥、农药等农用化学物质，造成有害物质的残留；大量使用饮料添加剂，对肉、蛋、奶及水产品的食用安全带来严重影响。

（二）加工污染

在食品加工方面，有的个体户由于利益驱动，无视国家法规和政策，在设施简陋、卫生条件差、没有质量检验设备的环境下加工食品，造成严重污染。有的食品加工企业管理松懈，在生产加工过程中发生微生物腐败从而对人体产生危害，最终出现食品安全问题。还有的食品加工企业不科学的超量使用食品添加剂，滥用非食用化学添加剂，使用伪劣原料加工食品等。

（三）物流污染

在食品储存和运输过程中添加适量的保鲜剂，可以保证其质量，如果添加数量超标则带来食用安全和隐患。除此，食品在储存过程中如果技术条件不当，易造成微生物污染，引起质量安全问题的发生，严重威胁人体健康。

现代社会中食品储运、包装、流通加工等物流活动尽管取得了巨大进步，但是每年还会有 7600 万美国人感染食源性病毒。在中国，特别是生鲜食品在物流过程中由于监督、检测体系不完善，食源性病毒、化学发色剂、激素等有害物质的残留，工具容器消毒等问题而带来的污染。

（四）消费污染

消费环节出现的食品第四次污染，最终结果会发生食品中毒，引发各种疾病。

目前的问题首先是消费者对食品的认知程度、鉴别水平等信息量不足。其次是消费者在家庭中对食品保鲜加工知识没有全面掌握而导致不安全食品进入人体的又一原因。另外，农村及城市低收入的弱势群体为了满足温饱基本需要而忽视了食品卫生安全，实际这一消费群体也给食品卫生条件无保障的摊贩地下窝点带来一定的市场空间，也是假冒伪劣食品屡禁不止的重要原因之一。

（五）环境污染

随着经济的快速发展，人类不合理的经济活动给世界资源和环境带来了臭氧层破坏、温室效应、酸雨危害、海洋污染、毒物及有害废弃物的扩散等问题。这些污染造成的环境恶化对农产品质量安全构成严重威胁，例如，水源污染造成食源性疾病的发生，海洋污染直接影响海产品的卫生质量，土壤污染造成农作物有害物质的富集体等。其中土壤中的重金属元素含量是造成果蔬中重金属元素残留的物质基础。

二、食品流通安全风险对策

现代食品供应链的各环节已经变得相当复杂，对于食品流通中安全问题的监管都已超过许多国家政府目前的管理能力，因而问题不再是食品安全风险是否会发生，而是何时、以何种方式、多大范围内发生，怎样将损失控制在最小范围内，这是一个极其复杂而长期的系统工程，必须采用多方面、多层次、多角度相互配套而协调的对策。

（一）提高全社会对食品流通中安全问题的认识

通过多种媒体加强对公众的食品安全教育和引导，提高全社会对食品安全问题给人们造成严重危害的认识，引导消费者自觉选择安全的防范和自我保护意识。通过公众舆论打击食品不安全的恶性事件，新闻媒体为模范遵守食品安全法的企业树立其良好形象。曝光经营不安全食品的人和事，引导消费者选择购买标准、规范的安全食品。规范食品经营行为。在流通领域，经营食品不要只追求利益最大化，还应具有社会公德，以诚信为本，严格遵守国家有关标准，提高员工职业素质和道德准则，实施各个环节责任跟踪和监测。采取"综合杠杆控制法"规范食品经营行为，即市场经济杠杆、行政管理杠杆、法律法规杠杆及公众道德杠杆，加强食品生产、物流、消费过程中安全控制，实现从农田到餐桌的全过程安全控制。大力发展无公害食品、绿色食品及有机食品，适应不同消费层次的需求。

（二）强化食品安全法律法规及标准体系的建设

《中华人民共和国食品安全法》已于 2009 年 2 月 28 日经第十届全国人大常委会第七次会议通过。除了这个法律保障外，我们还要认真研究、修订、完善与食品安全相关的法律法规及标准体系，加快与国际接轨的步伐，全面提升我国食品安全的标准化水平，增强国际竞争力。加大涉及食品安全事件责任企业和责任人的处罚和打击力度，杜绝重大违法者再次从事食品生产、加工及流通的经营。加强食品追踪监测和对食源性疾患的控制，逐步实行"从农田到餐桌"的全过程综合管理。

（三）建立和完善食品安全信息网络体系、质量监测体系和安全预警系统

通过建立健全信息网络系统，改善食品流通中安全问题信息不对称，使消费者及客户能够辨别食品质量。建立国家食品监测体系和预警系统。

（四）提高食品安全的科技水平

针对我国食品安全中存在的科技"瓶颈"问题，重点从关键技术、危险性评估技术、关键控制技术和食品安全标准化等方面进行攻关研究。当前迫切需要的是控制食源性危害的控制技术，此项技术需达到国际水平。另外，加强与国际双边、多边食品安全合作，借鉴吸纳国际先进技术，尽快缩短与经济发达国家的差距。

中国的真正危险不是缺少医学或科技领域资源，而是食品经济的强劲发展势头。随着人口的增加和人均肉、蛋、奶及水产品消费量的激增，未来几十年，对廉价蛋白质的需求将大幅度增加，这会陷入食品流通安全的潜伏危险之中，如果没有对食品流通的严格规范和全过程的监控机制，食品安全的恐慌就会像"9·11"事件一样莫名其妙地向我们袭来。

（资料来源：刘丽琴. 防范食品流通的 9·11 事件［J］. 中国市场，2009（4））

分析：

（1）结合此案例，请思考商品质量管理及商品质量标准的重要性。

（2）食品流通环节的安全隐患如此之多，不禁让人后怕。请结合此案例，思考在物流过程中应该如何防范商品污染。

第五节　实习实训指导

一、实训目的

1. 学生能够通过感官正确比较并辨别两种商品的质量优劣。

2. 学生能够掌握识别伪劣商品的方法，具备判断某种具体商品真伪的能力。

3. 学生通过市场调查，在常见商品中总结识别伪劣商品的方法，从而掌握商品质量的基本要求，影响商品质量的因素，把握伪劣商品及其常见特征的规律性。

4. 学生自选考察对象，根据某具体商贸企业商品质量管理的实际情况，能够分析其特点，并提出改善建议。

5. 通过市场调研，使学生熟悉商品质量追溯与全程监督体系。

二、实训项目内容

正确评判商品质量，评述某商贸企业的质量管理。

三、实训任务

1. 以某一商品实例说明我国标准是如何分级的？相应的代号与编号是什么？

2. 通过感官比较检查两种茶叶的色、香、味、形。

3. 根据识别伪劣商品的方法，判断你将要购买商品的真伪，并说明原因。

4. 考察某商贸企业商品质量管理的实际情况，分析其特点，并提出改善建议。

3. 学生认真总结，按要求完成实训作业。

四、实训操作要点

1. 工具准备及要求。实训前学生应带好笔、记录本、通信工具、摄影器材等实训所需的相关材料，并自选若干商贸企业完成实训任务。要求积极参与，不得无故旷训。

2. 知识准备。要求学生提前回顾本章所学内容，掌握相关知识点。

3. 实训开展。进入自选商贸企业，随机（或按特定要求）抽取商品，结合实训任务，通过感官对相应商品的质量进行比较和鉴别，判断其真伪，并进行认真观察和记录，总结伪劣商品的识别方法；在此基础上对该商贸企业的商品质量管理提出合理化的改进建议。

4. 课后作业。实训结束后，学生应按指导教师的要求全面总结，并以本次实训活动为依据，认真分析、总结、提炼，以形成相应文字材料作为调研报告。

五、考核评定

指导教师应结合学生的课堂表现、实训态度、实训表现，根据学生实训报告的撰写质量，公平公正地对学生本次的实训成绩给予评定。实训成绩满分 100 分，其中课堂表现占 20%，实训态度及表现（可根据学生遵纪守法、学习态度等）占 40%，实训报告质量占 40%。以上三项累加后，按优秀（90～100 分）；良好（80～89 分）；中等（70～79 分）；及格（60～69 分）和不及格（59 分以下），分五个等级评定。

复习思考题

一、概念题

1. 商品质量

2. 全数检验

3. 商品质量标志

4. 假冒伪劣商品

5. 全面质量管理

6. 商品质量监督

二、选择题

1. 对已有产品国家标准的企业，鼓励制定（　　）国家标准的企业标准。

A. 参照 　　　　B. 等同 　　　　C. 低于 　　　　D. 高于

2. 按照标准的约束性，国际标准一般是（　　）。

A. 管理标准 　　B. 推荐性标准 　　C. 文件标准 　　D. 强制性标准

3. 在国际贸易中，一些难以用文字表达商品质量的产品，如土特产、某些艺术品，常常使用（　　）作为交货和验收的依据。

A. 技术标准 　　　　　　　　　　B. 文件标准

C. 实物标准 　　　　　　　　　　D. 强制性标准

4. 在商品标准化的形式中，简化是指在一定范围内缩减商品的（　　）。

A. 数量 　　　　B. 比例 　　　　C. 类型数目 　　　D. 层次

5. 商品质量认证的认证机构是可以充分信任的（　　）。

A. 第一方 　　　B. 第二方 　　　C. 第三方 　　　D. 第四方

6. 鉴别粮食质量最直观的是（　　）。

A. 色泽 　　　　B. 新鲜度 　　　C. 品种 　　　　D. 保存期

7. 电子电器商品最重要的共同质量要求是（　　）。

A. 适用性 　　　B. 安全性 　　　C. 经济性 　　　D. 信息性

8. 不属于理化检验的是（　　）检验。

A. 力学 　　　　B. 嗅觉 　　　　C. 光学 　　　　D. 电学

9. 不属于力学检验的是（　　）检验。

A. 耐热性 　　　B. 抗压强度 　　　C. 抗冲击强度 　　　D. 抗拉强度

10. PDCA 循环的基本特点是（　　）。

A. 大环套小环，相互促进

B. 小环套大环，相互促进

C. PDCA 循环每循环一次，产品质量就提高一步。

D. PDCA 循环每循环一次，产品质量就降低一步。

11. 质量管理中常用的统计方法有（　　　）。

A. 分类法　　　　　B. 直方图法　　　　　C. 控制图法

D. 因果分析图法　　E. 散布图法

三、填空题

1. 常见的国际标准有_____标准、_____标准和_____标准。

2. 强制性国家标准的代号是_____，推荐性国家标准的代号是_____。

3. 根据《中华人民共和国标准化法》规定，我国标准分为_____、_____、_____和_____四级。

4. 全数检验：又称全额检验、_____检验，是对整批商品逐个（件）进行的检验。

5. 对于昂贵、精密度高、涉及安全性等的商品，应进行_____检验，对于一般件、一般特性，可进行_____检验。

6. 质量管理是在_____基础上发展起来的，大致经历了_____、_____、_____三个发展阶段。

7. 全面质量管理的工作方法是 PDCA 循环法。其循环包括_____、_____、_____和_____四个阶段。

四、简答题

1. 简述现代商品的质量观。

2. 分析影响有形商品质量的主要因素。

3. 什么是商品标准？什么是标准化？

4. 我国商品标准如何分级？它们之间有何关系？

5. 简述标准化的简化、系列化、通用化和模数化形式的主要内容。

6. 试述商品质量检验的方法。

7. 什么是商品质量分级？应如何对商品质量进行分级？

8. 简述商品质量标志的种类。

9. 简述全面质量管理的特点。

10. 简述商品质量管理的基本方法。

第二篇

商品养护技术

第五章　商品储存环境及控制

知识目标

1. 了解仓库温、湿度的相关概念。
2. 掌握仓库温、湿度的表示及测量方法。
3. 了解仓库温、湿度的变化规律。
4. 了解仓库温、湿度的变化对商品质量的影响。
5. 掌握仓库温、湿度的控制和调节方法。
6. 掌握通风的原理。
7. 掌握各种吸湿方法的原理。

技能目标

1. 能够掌握仓库温、湿度的表示及测量方法并会使用温、湿度计。
2. 能够分析商品在储存环境中温、湿度变化对商品质量的影响。
3. 能够对不同的储藏条件选择恰当的通风方法。
4. 能根据实际情况，选用合适的除湿方法。

引导案例

20 世纪 90 年代某公司有一幢地下仓库，地面上有一进出门和通风口，进货后，门和通风口密封不开，而且密闭性能良好。仓库容积约为 750 立方米，储存大约 5 吨大枣及少量棒棒糖，4 个月无人进出仓库存取货物。某日，3 名员工进入仓库准备取货，当打开库房进入后感觉到气味异常，转身回走，其中 2 人逃离稍迟，便昏倒在地。另 2 名员工进仓抢救，结果 4 人全部中毒死亡。

现场调查发现，室内气温 30℃左右，仓库散发着刺鼻的霉变腐烂气味，库内储存的大枣已经腐烂变质。在打开大门和通风口充分通风后，经测定仓库内仍有硫化氢气体存在，大枣霉变产生硫化氢、二氧化碳等气体，而且库内氧气越来越少。

思考：

1. 该公司 4 名员工中毒死亡的原因和教训是什么？

2. 大枣如何储存才不至于霉变？

3. 在利用地下仓库进行储存商品时，应该注意哪些事项？

第一节　空气温、湿度的基本知识

影响储存中商品质量发生变化的环境因素很多，其中最主要的是空气的温度和湿度。可以说，商品储存中几乎所有的质量变化都与温、湿度有关。因此，必须加强库内的温、湿度管理，采取各种措施，创造适宜的温、湿度条件，从而确保储存商品的安全。

一、空气温度

空气温度简称气温，是指大气的冷热程度。气温是指近地面层大气的温度。一般而言，距地面越近气温越高，距地面越远气温越低。

衡量气温高低的尺度称为温标，常用的温标有摄氏和华氏两种。在仓库温度管理中，一般使用摄氏温标。

摄氏温标是以纯水在标准大气压下的冰点为 0℃，沸点为 100℃，中间分为 100 等份，每等份代表一度，用"℃"表示。华氏温标是以纯水在标准大气压下的冰点为 32℉，沸点为 212℉，中间分为 180 等份，每等份代表一度，用"℉"表元。摄氏温度和华氏温度之间换算公式为：

$$℉=32+（5/9）×℃$$
$$℃=（℉-32）×（9/5）$$

绝对温标又称开氏温标，温度符号是 T，单位是开尔文（用符号 K 表示）。这种温标选择自然界最低极限温度为绝对零度，水的三相点（气、液、固态共存时的温度）为 273.16K，绝对温度的一度就是水在三相点的绝对温度的 1/273.16。绝对温度和摄氏温度的换算公式为 $T（K）=t℃+273.15$，取近似值：$T（K）=t℃+273$。

温度和湿度是影响物品质量变化的重要因素，物品在储存保管期间需要有一个适宜的温、湿度。仓库管理中平常指的温度有以下几种：库房外的温度叫气温，库房内的温度叫体温，储存物品的温度叫垛温。

二、空气湿度

空气湿度是指空气中水汽含量的多少或空气干湿的程度。空气中经常含有一定量的水汽，空气中水汽含量越多，空气就越潮湿，所含水汽越少，空气就越干燥。主要用以下几种方法表示空气湿度：绝对湿度、饱和湿度、相对湿度和露点。

（一）绝对湿度

绝对湿度是指单位体积的空气里实际所含的水汽量的多少，用克/立方米（g/m³）

表示。例如，每立方米空气中含有 13.50 克的水汽时，绝对湿度就是 13.50 克/立方米。因为水汽的压强是随水汽密度的增减而增减的，所以通常用空气里的水汽的压力来表示空气的绝对湿度，单位是毫米汞柱（mmHg）。在气象中使用"毫巴（mbar）"作为压力单位，1mbar＝3/4mmHg。

温度对绝对湿度有着直接影响。一般情况下，温度越高，水汽蒸发得越多，绝对湿度就越大；相反，绝对湿度就越小。

（二）饱和湿度

饱和湿度是指在一定温度下，每立方米空气中所能容纳的水汽量的最大限度，用克/立方米（g/m³）表示。如果越过这个限度，多余的水蒸气就会凝结，变成水滴。此时的空气湿度便称为饱和湿度。

空气的饱和湿度不是固定不变的，它随着空气温度的升高而增大。这是因为气温越高，水汽分子的动能越大，不易凝结，空气中所能容纳的最大水汽量也越多，因此，饱和湿度也就越大；反之，气温越低饱和湿度就越小。

（三）相对湿度

相对湿度是指空气中实际含有的水蒸气量（绝对湿度）距离饱和状态（饱和湿度）程度的百分比。其公式为：

$$相对湿度＝\frac{绝对湿度}{饱和湿度}×100\%$$

相对湿度越大，表示空气越潮湿；相对湿度越小，表示空气越干燥。空气的绝对湿度、饱和湿度、相对湿度与温度之间有着相应的关系。温度若发生了变化，则各种湿度也随之发生变化。

在温度不变的情况下，即饱和湿度不变时，空气的绝对湿度越大，相对湿度也就越大；绝对湿度越小，相对湿度也就越小。在绝对湿度不变的情况下，即空气中水蒸气含量不变时，温度越高，相对湿度就越小；温度越低，相对湿度也就越大。在相对湿度不变的情况下，温度越高即饱和湿度越大，绝对湿度也越大；温度越低，即饱和湿度越小，绝对湿度也就越小。

由此可知，气温的变化对空气的潮湿状况有着重大的影响。如果湿度不断升高原来湿度较大的空气就会变得越来越干燥。也就是说，接近饱和状态的空气（即相对湿度较大的空气），随着温度的升高，距离饱和也越来越远，空气相对湿度就逐渐降低。

因此，在仓库温、湿度管理中，对于判断库内温、湿度是否适合于商品性能的要求，主要是以相对湿度作为控制和调节仓库温、湿度的依据。为了保证商品质量的安全，仓库就需要保持适宜的相对湿度。

（四）露点

露点是露点温度的简称，是指含有一定量水蒸气（绝对湿度）的空气，当温度下降到一定程度时，所含的水蒸气就会达到饱和状态（饱和湿度），并开始液化成水，这种现象叫作结露。水蒸气开始液化成水时的温度叫作"露点温度"，简称"露点"。如果温度继续下降到露点以下，空气中超饱和的水蒸气，就会在物品的表面上凝结成水滴，也叫水淞，俗称"出汗"。对于怕潮商品具有较大的危害性。

露点原本是个温度值，为什么用它来表示湿度呢？这是因为，当空气中水汽已达到饱和时，气温与露点相同；当水汽未达到饱和时，气温一定高于露点温度。因此露点与气温的差值可以表示空气中的水汽距离饱和的程度。在达到100％的相对湿度时，周围环境的温度就是露点。露点越低于周围环境的温度，结露的可能性就越小，也就意味着空气越干燥。露点不受温度影响，但受压力影响。

表 5-1　　　　　　　　　　露点与相对湿度对照

露点温度 （Dew-point）（℃）	相对湿度 （Relative humidity）（％）	含水率 （Moisture Content）	
		PPM	％
−50	0.169	38.96	0.0038
−40	0.533	127.5	0.0127
−30	1.64	377.76	0.0377
−20	4.44	1025	0.1025
−10	11.15	2573.68	0.2573
0	26.12	6027.63	0.6027
10	52.52	12117.1	1.2117
20	100	23072.37	2.3072

此外，风与空气温、湿度也有密切关系，它是影响空气温、湿度变化的重要因素之一。因此，要搞好仓库温、湿度管理的同时还必须了解和掌握通风的有关知识。这对于调节库内温、湿度，正确选择通风时机及通风方法，保证商品的安全储存有着重要意义。

三、空气温、湿度的测定

由于自然气候的变化对商品质量有着重大的影响。因此，在商品养护工作中，为了科学地控制和调节库内温、湿度的变化应根据本身的需要，设置一些必要的测定仪器，观测与商品养护密切相关的气象因素，以达到加强仓库温、湿度管理的目的。

（一）空气温度的测定

气温可以用温度计来测定，适合于仓库使用，常见的有普通温度计、最高温度计、最低温度计、自记温度计等。

1. 普通温度计

普通温度计（见图5-1）是最常见的。这种温度计是根据水银（或酒精）热胀冷缩的原理制成的，构造比较简单，都是在一根密闭的细长玻璃管内装上水银（或酒精），当温度升高时水银（或酒精）膨胀，水银柱（或酒精）上升；反之，则下降。我们从水银（或酒精）柱所达到的刻度，就可以知道当时空气的温度是多少。通常使用的温度表是摄氏温度表。

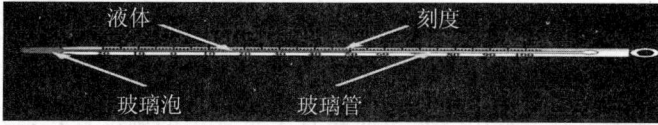

图 5-1　普通温度计

2. 最高温度计

最高温度计（见图 5-2）的构造与普通温度计基本相同，但在水银球颈部插入一小玻璃管，或将管口紧缩，当温度升高时，水银膨胀，越过狭小之颈部而上升，当温度下降时，球部水银收缩，因颈部狭小，管内之水银不能随之降入球部，水银柱遂在颈部处中断而留于管内，故水银柱顶端所示之温度即为此一时段间隔内出现的最高温度。

3. 最低温度计

最低温度计（见图 5-2）为酒精温度计，在最低温度计酒精柱内，置一黑色指标，为一长约 2 厘米的两端呈球状之玻璃棒，当温度下降时，酒精收缩，因酒精柱顶的表面张力作用，指标随之移动，即向酒精球部后退，当温度上升时，酒精柱上升，而指标因无外力推动仍留原处，故指标离酒精球较远之一端为在某一时段间隔内的最低温度。

图 5-2　最高、最低温度计

4. 自记温度计

自记温度计是连续测量并自动记录气温变化的仪器，它主要由感应部分和自动记录部分组成。感应部分是利用双金属片膨胀系数不同来测定的，当温度发生变化时，双金属片产生膨胀和弯曲作用，通过连杆传递至自记笔上，进行自动记录。自动记录部分是由筒形的自动记录钟组成的。由于钟的不停而均匀地旋转，圆筒随之转动，自记笔也随着双金属片的伸缩作用，将空气温度变化情况，记录在圆筒自记钟表面的自记纸上，以连续曲线形式记录下温度。

（二）空气湿度的测定

空气的相对湿度可以用湿度计测量。常用的湿度计有干湿球温度计、自记湿度计和遥测通风干湿计。这里主要介绍干湿球温度计的使用方法。

干湿球湿度计（见图5-3）又叫干湿计。利用水蒸发要吸热降温，而蒸发的快慢（即降温的多少）是和当时空气的相对湿度有关这一原理制成的。其构造是用两支温度计，其一在球部用白纱布包好，将纱布另一端浸在水槽里，即由毛细作用使纱布经常保持潮湿，此即湿球。另一未用纱布包而露置于空气中的温度计，谓之干球（干球即表示气温的温度）。

如果空气中水蒸汽含量没饱和，湿球的表面便不断地蒸发水汽，并吸取汽化热，因此湿球所表示的温度都比干球所示要低。空气越干燥（即湿度越低），蒸发越快，不断地吸取汽化热，使湿球所示的温度降低，而与干球间的差增大。相反，当空气中的水蒸汽量呈饱和状态时，水便不再蒸发，也不吸取汽化热，湿球和干球所示的温度，即会相等。使用时，应将干湿计放置距地面1.2～1.5米的高处。读出干、湿两球所指示的温度差，由该湿度计所附的对照表就可查出当时空气的相对湿度。

因为湿球所包之纱布水分蒸发的快慢，不仅和当时空气的相对湿度有关，还和空气的流通速度有关。所以干湿球温度计所附的对照表只适用于指定的风速，不能任意应用。

图5-3　干湿球温度计

例：干球温度是29℃，湿球温度是23℃，求相对湿度是多少？

先在如图5-3所示干球温度一列找到29℃，再在该行的湿度温度表中找到23℃的近似值，该近似值竖列对应的表头数值为55，即相对湿度是：55%。

第二节　空气温、湿度的变化规律

大气的温度和湿度都处于不断的变化中，总体而言，变化是有一定规律的。

一、空气温度变化规律的主要表现

气温的变化分为周期性变化和非周期性变化：周期性变化又分为日变化和年变化。

（一）气温的日变化

气温的日变化是指一昼夜24小时内温度的变化。夜间地面得不到太阳的照射，不断散热，因而温度下降。一昼夜中最低气温出现在接近日出的时候。日出以后气温逐渐升高通常在午后2—3时温度达到最高值，以后气温又逐渐下降，直到次日日出前，温度又达到最低值。从日出到午后 2—3 时，温度上升较快；午后到黄昏，温度下降较慢；从夜间到次日日出，温度下降较快。

气温日变化的原因，主要是由于太阳光的周期性照射以及照射的角度（直射或斜射）的不同造成的。当太阳光直射时，单位地面吸收的热量多，气温就高；当阳光斜射时，单位地面吸收的热量少，气温就低。一昼夜中，最高气温与最低气温的差值，称为气温日变幅或气温日较差。气温日变幅的大小，受纬度、季节、地形等因素的影响。

（二）气温的年变化

气温的年变化是指气温在一年之中有规律的变化。一年之中，气温最高的月份，在内陆一般出现在七月，沿海则在八月；气温最低的月份，在内陆一般出现在一月，沿海则在二月。每年的平均温度大约出现在四月底和十月底。

气温除上述周期性变化外，还有非周期性变化。气温的非周期性变化是不正常的、偶然性的变化，如寒流、暖流、霜冻、风、雪、雾、雨等都会造成气温的突然变化。这些变化，没有固定的时间和周期规律，所以称为非周期性变化。气温非周期性变化，常给商品养护工作带来困难，甚至使商品遭受损失。

二、空气湿度变化规律的主要表现

大气的绝对湿度和相对湿度也是经常处于规律性的变化之中。但绝对湿度和相对湿度的变化规律不同。

（一）绝对湿度的变化

绝对湿度的变化分为日变化和年变化两种情况。

1. 绝对湿度的日变化

绝对湿度的日变化有两种类型，即单峰型和双峰型。

单峰型日变化是指绝对湿度在每日之中，出现一次最高值和一次最低值。通常是日出前气温最低时，绝对湿度也最低，日出后随着气温的逐渐升高而增大，到午后 2—3 时，绝对湿度达到最高值。在沿海地区以及在大陆上的秋冬季节多是这种类型。

双峰型的日变化指在一日之中，绝对湿度出现两次最高值和两次最低值。一般是接近日出前，出现第一次最低值，这是由于日出前气温最低，空气中蒸发的水汽量少，所以绝对湿度也低。日出后，气温逐渐升高，空气中蒸发的水汽量也逐渐增多，到上午 8—9 时，绝对温度出现第一次最高值。随后空气对流作用逐渐增强，近地面的水蒸气受热上升，高处干燥的冷空气下沉到地面，形成空气正直对流，因此，到午后 2—3 时，气温最高，对流作用也最强，绝对湿度出现第二次最低值。此时之后，气温渐低，空气对流作用减弱，热空气停止上升，水汽聚集在地面，到晚上 8—9 时绝对湿度出现第二次最高值。在大陆上的夏季多是这种类型。

2. 绝对湿度的年变化

绝对湿度的年变化与气温的年变化，基本上是一致的。即在一年之中，绝对湿度的最高值出现在 7—8 月，最低值出现在 1—3 月。

（二）相对湿度的变化

在一般情况下，相对湿度的变化与气温的变化成反比。它随着气温的升高而减小，随着气温的降低而增大。相对湿度的变化，也有日变化和年变化两种类型。

1. 相对湿度的日变化

一日内早晨日出前温度最低，饱和湿度最小，在绝对湿度不变的情况下，这时相对湿度最大。日出后，温度逐渐升高，饱和湿度随之增加，如果绝对湿度不变，到午后 2—3 时，相对湿度达到最低。但由于温度升高，水汽蒸发加快，绝对湿度也增加，抑制了相对湿度的变化。

2. 相对湿度的年变化

相对湿度的年变化，一般最高值出现在冬季，最低值出现在夏季。但是，我国各地的情况不尽相同。例如，我国东南沿海和大部地区受季风的影响较大，在夏季，季风从海洋上带来大量水汽，因而相对湿度就高；在冬季，季风从内陆带来干寒空气，所以相对湿度下降。

三、库房内温度变化的规律性

库房内温、湿度的变化基本与库外温度变化相似，但仍受不同具体环境的影响。

库内温度的变化与库外气温的变化大致相同，但由于仓库建筑物的防护作用，库外温度对库内的影响，在时间上需要一个过程，所以库温变化的时间，总是落在气温变化 1～2 小时之后。库温与气温相比，夜间库温高于库外，而白天温度却比库外低。库温变化的幅度比气温变化的幅度小。库房内的最高温度低于库外的最高温度、库内的最低温度高于库外的最低温度。

从季节看，一般 1—4 月和 10—12 月气温低于库温。6—8 月气温则高于库温。4—5 月和 9—10 月气温和库温大致相当。但是，库内气温变化受多种因素的影响，如库房坐落方向、建筑条件、库房部位以及储存商品等，都对库内温度有一定影响。

四、库房内湿度变化的规律性

库内的空气湿度，主要受库外空气湿度的影响。但库房建筑结构和储存商品的状况等对库内湿度也有一定的影响。

相对湿度的年、日变化是随着气温的升高而减小，随气温的降低而增大。所以相对湿度的年变化趋势与气温年变化趋势相反。一般最高值出现在冬季，最低值出现在夏季，但是，各地相对湿度的年变化也不完全一样。

库内的湿度在各个部位也不一样。库内四角，空气不流通，湿度通常偏高。库内向阳一面，因气温高，相对湿度较低；背阴一面则相反。库内上、下部位的湿度也有明显的差别，尤其在夏季气温较高的时候最为明显。上部因空气的温度较高，相对湿度较小；下部因靠近地面气温较低，相对湿度则较高。试验表明，库内上部相对湿度平均为 65%～80%，接近地面和垛底的相对湿度平均为 85%～100%。而且，靠近门窗的物资容易受潮。此外，库房坐落方向、建筑结构、建筑材料、库房部位以及储存商品等对库房的湿度变化均有一定的影响。

第三节　空气温、湿度的变化对库存商品质量的影响

大多数商品都含有水分，水分在商品组成中占有重要地位。各种商品对温、湿度的适应性是有一定限度的，如果长期超过或低于这个限度，商品质量就会发生变化，而这种变化，对大多数商品来说，又是因为商品中水分含量的变化所引起的。由此可见，商品的水分与环境温、湿度大小密切相关。因此，我们必须了解商品中的水分与空气温、湿度的相互关系，做好商品养护工作，维护商品质量的安全。

一、商品的吸湿性

商品的吸湿性是指商品吸着和放出水分的性质。它与商品养护有着密切的关系。具有吸湿性的商品在潮湿环境中能吸收水分，这种现象称为"吸湿"；在干燥环境中从商品体向空间放出水分，这种现象称为"散湿"。

商品吸湿性的大小以及吸湿速度的快慢，都直接影响商品含水量的增减，对商品质量的影响极大。

商品的吸湿性指标可用吸湿率（回潮率）来表示。吸湿率是指在一定温、湿度条件下，商品所含水分的重量占商品干重的百分比。即：

$$商品的吸湿率（回潮率）＝商品含水量/商品干重×100\%$$

商品吸湿性的大小，集中体现在吸湿点的高低。当空气相对湿度高于商品的吸湿点时，商品开始吸湿；反之，低于吸湿点时，商品便开始散湿。不同商品，在同一温度下，吸湿点也不一样。吸湿点越低的商品，吸湿性越强；同一商品，在不同温度下，吸湿点也不相同。一般地说，温度越高，吸湿点越低；反之，吸湿点越高。商品的吸湿点是安全保管易吸湿而引起质量变化的商品的重要依据。只要储存环境的温、湿度条件不超过商品的吸湿点，商品就不会吸湿而起变化，这对防止商品变质损失，具有重要的意义。

二、商品的平衡水分与安全水分

（一）商品的平衡水分

具有吸湿性能的商品，在储存中随着空气温、湿度的变化，相应地发生吸收或散失水分的作用，但这种作用总是向着吸收或散失水分相等的趋势发展。在单位时间内，商品从空气中吸收水分与散失水分的数量相等时，商品中的水分含量呈平衡状态。此时商品中水分的含量叫作商品的平衡水分。

吸湿性商品在储存中，会随着空气温、湿度的变化相应地发生吸湿和散湿的现象，这是因为吸湿性商品本身所含的水分在商品表面形成具有一定密度和压力的水汽，如果商品的含水量越大，温度越高。商品表面水分子运动就越活跃，其水汽密度和压力也就越大；反之，就越小。空气中水汽压和商品表面的水汽压经常处于相持状态。当空气水汽压大于商品表面的水汽压时，商品就会发生吸湿现象，含水量增大；反之，商品呈散湿现象，含水量减小。若空气中的水汽压与商品表面的水汽压相等时，则商品就处于吸湿和散湿的平衡状态，这时商品的含水量就是平衡水分。

这种平衡状态是一种动态平衡，是相对的、暂时的。如果气温或相对湿度发生改变，则原来的平衡会被破坏，要在新的条件下，建立新的平衡。

不同商品在不同的温、湿度条件下，所含平衡水分各不相同。在一定温度下。相对湿度越大，则商品的平衡水分也越大；反之，平衡水分就越小。但在相对湿度为定值的情况下，温度升高，商品的平衡水分则变小；反之，平衡水分则变大。

（二）商品的安全水分

商品的安全水分，是指吸湿性商品可以安全储存的最高含水量（或临界含水量）。商品中的水分含量是用商品含水率来表示的，其公式为：

$$商品的含水率＝商品的含水量/商品湿重×100\%$$

商品在储存保管期间的含水量，是有一定幅度要求的，如果超过了安全水分，就会引起商品质量的变化。因此，在商品养护工作中，应该掌握各种商品的安全水分，并要经常注意商品本身的实际含水量是否超过了这个安全界限。

商品的安全水分通常是指商品含水量的最高界限。如果超过这个界限商品就不能保证安全。但是，在实际工作中有些商品由于含水量过低，也会引起质量变化，如干缩、脆裂、风化、变形等。因此商品的安全水分，还应该有一个最低临界限，当商品中的水分降低到最低临界限以下时，也不能保证商品的安全。

不同商品的安全水分，在不同温度下也不一样，它随着气温的变化而变化。这是由商品的不同性质所决定的。气温高，安全水分就低；气温低，安全水分就高。

三、商品的安全相对湿度与安全温度

（一）商品的安全相对湿度

为了保持商品含水量在安全临界之内，就要将储存环境的空气相对湿度控制在一定范围内，这个范围就是商品的安全相对湿度。各种商品的安全相对湿度，是随着温度的变化而变化。当气温高时，商品的安全相对湿度就低，反之，气温低时，则安全相对湿度就高。在空气相对湿度高于商品安全相对湿度时，商品并不会立即变质，但可以说已经超过了安全储存界线。如果超过商品安全相对温度的时间长、幅度大，则商品的吸温就多，容易引起商品质量的变化。因此，应控制相对湿度在安全界限以内，以保持商品安全的含水量，进而保证商品质量的安全。

（二）商品的安全温度

空气温度的变化，跟空气相对湿度的变化一样，与商品中的含水量有着密切的关系，而且对商品质量也有直接的影响。在绝对湿度不变的情况下，温度的变化，可以提高或降低商品中的含水量；同时，温度的变化会引起某些易溶、易熔、液体、挥发性以及动植物性等商品的物理、化学及生物化学性能的变化，使商品在质量上和数量上受到损失。如甲醛在温度低于15℃时，就会发生聚合反应。商品在保管中，为了保证其质量的安全，对储存环境所要求的温度界限，就是商品的安全温度。对一般商品来说，只要求最高温度界限，对一些怕冻商品才会要求最低温度限。

商品的安全温度和安全相对湿度是商品养护人员在长期的储存实践中逐渐摸索总结出来的一个温度范围的数据。我们在实际工作中，还要根据环境适度、大气成分、仓储条件等综合情况来加以确定。部分常规商品存储温度和相对湿度如表5-2所示。

表5-2　　　　　　　　　　常规商品存储温度和相对湿度对照

商品	温度（℃）	相对湿度（%）	商品	温度（℃）	相对湿度（%）	商品	温度（℃）	相对湿度（%）
搪瓷制品	≤35	≤80	卷烟	≤25	55～70	粉笔	≤35	≤75
竹木制品	≤30	60-75	食糖	≤30	≤70	干电池	−10～25	≤75
纸制品	≤35	≤75	棉织品	≤35	≤75	打火石	≤35	≤75
糨糊	0～25	65～80	毛织品	≤30	≤75	火柴	≤25	≤75
墨汁	0～25	65～80	丝织品	≤35	≤75	鞋油	−5～30	70～85
墨水	0～25	65～80	麻织品	≤35	≤75	肥皂	≤25	60～80
修正液	≤20	70～80	涤纶织品	≤35	≤80	洗衣粉	≤25	≤75
广告色	0～25	65～80	锦纶织品	≤35	≤80	牙粉	−5～30	≤75
广告粉	≤30	≤75	腈纶织品	≤35	≤80	牙膏	−5～25	≤80
打字蜡纸	5～25	≤75	氯纶织品	≤35	≤80	雪花膏	≤30	60-80
鱼肉罐头	−5～25	≤75	毛皮	≤30	≤75	香脂	≤30	≤80
青菜罐头	0～25	≤75	毛皮制品	≤30	≤75	蛤蜊油	≤25	≤80
糖浆罐头	−10～25	≤75	皮革制品	≤30	≤75	发蜡	≤25	≤80
糖水罐头	−5～15	≤75	乳胶制品	−10～25	≤80	香水	≤20	70-85
炼乳罐头	−5～15	≤75	橡胶制品	≤25	≤80	花露水	≤20	70-80
白酒	≤30	≤75	人造革制品	−10～25	≤75	香粉	≤25	≤75
果酒	−5～20	≤75	玻璃制品	≤35	≤80			
黄酒	−5～20	≤75	金属制品	≤35	≤75			

第四节　仓库温、湿度的控制和调节

仓库里温、温度的变化，对储存商品的安全有着密切的关系。储存中的商品，要保持质量稳定，都需要有一个较适宜的温、湿度范围。因此，为了维护仓储商品的质量完好，创造适宜于商品的储存环境，当仓库内温、湿度适宜商品储存时，要设法防止库外气候对库内的影响；当库内温、湿度不适宜商品储存时，要及时地采取措施调节库内的温、湿度。调节库内温、湿度的方法较多，但主要是密封、通风和吸湿。

一、仓库的密封

密封，就是利用一些导热性差、隔热性较好或不透性的材料，把商品尽可能地严密封闭起来，防止储存环境的温、湿度发生急剧的变化，减弱外界不良条件的影响，以达到安全储存的目的。密封措施是仓库温、湿度管理的基础。密封的目的通常是为了防潮，但同时也起到防锈、防霉、防虫、放热、防冻、防老化等综合效果。

（一）密封的材料

密封的材料多种多样，目前常用的有以下几种：防潮纸、油毡纸、塑料薄膜、稻谷壳，还有纤维板、芦席、锯末、干草、河沙等。

1. 防潮纸

防潮纸是指具有防潮能力的包装纸。常见的有柏油纸、蜡纸、铝箔纸、油纸以及用防水剂进行表面处理的纸等。防潮纸主要用于包装密封。柏油纸是在两层原纸间涂布沥青黏合而成的加工纸，主要供成件商品衬垫包装。

小知识

包装纸

包装纸是用于包装目的的一类纸的统称，可分为普通包装纸、专用包装纸、商标纸、防油包装纸和防潮包装纸等。通常具有高的强度和韧性。各类包装纸具有不同的性质和用途。普通包装纸纸质强韧，作一般包装用，如牛皮纸、鸡皮纸等。专用包装纸根据用途而命名，其性质也各不相同，如水果包装纸薄而柔软，感光防护纸色黑而不透光，水泥袋纸坚韧而不易破裂等。商标包装纸是经印刷后作包装用，如糖果包装纸。防油纸具有防止油脂渗透的性能，如植物羊皮纸、牛油纸等。防潮纸则有防潮性，如柏油纸、油纸、铝箔纸等。

2. 油毡纸

油毡纸俗称油毛毡。原纸质地粗松，吸油性好，且具一定的抗张强度。一般用破布、废纸等为原料，高级的可掺用部分动物毛和矿渣棉等，将原纸通过熔融沥青，经热辊挤压，使沥青将纸层浸透，并挤出多余的沥青，表面撒布滑石粉或碎片云母等，冷却而成。油毡纸隔潮防水性能强，主要用于地坪和垛底等防潮和隔热。

3. 塑料薄膜

塑料薄膜防潮防水性能较强，透气率也很小，常用的塑料薄膜有聚乙烯和聚氯乙烯薄膜。塑料薄膜使用方便，效果好，使用范围越来越广泛。随着塑料工业的发展，大量采用塑料薄膜作为密封材料是比较经济有效的。塑料薄膜使用方便、效果好、范围广。

4. 稻谷壳

由于稻谷壳的成分主要是木质素和粗纤维素，壳表面有一层蜡质，且密布茸毛，壳内有大空隙，因此，使用一定厚度的谷壳能起隔热防潮作用。使用时应在地坪、垫板等上面先铺上一层塑料薄膜或油毡纸，然后将干稻壳铺在上面，厚度为 15～20 厘米。

5. 血料和泡花碱

血料和泡花碱（硅酸钠，又叫水玻璃）是用作裱糊密封的粘贴。血料是由猪油（约占 59%）、石灰（约占 18%）、松香（约占 12%）和桐油（约占 12%）加入适量清水混合后加热搅拌均匀，当稠度相当于普通糨糊时，即可使用。血料要随拌随用，凝结血料可加少量清水，搅拌后再用。泡花碱做裱糊的黏料黏度大，防霉能力较好。但是，具有一定的吸湿性。

除了上述的密封材料外，还有纤维板、芦席、河沙等。这些密封材料必须干燥、清洁、无异味。

（二）密封的分类

1. 不同介质的密封

根据密封介质的不同，密封可以分为大气密封、干燥空气密封、充氮密封和去氧密封等。

（1）大气密封。大气密封就是将封存的物品，直接在大气中密封，其间隙中充满大气，密封后基本保持密封时的大气湿度。

（2）干燥空气密封。干燥空气密封是在密封空间内充入干燥空气或放置吸湿剂，使空气干燥，防止物品受潮，干燥空气的相对湿度应在 40%～50%。

（3）充氮密封。充氮密封是在密封空间内充入干燥的氮气，造成缺氧的环境，减少氧气的危害。

（4）去氧密封。去氧密封是在密封空间内，放入还原剂，如亚硝酸钠，吸收空气中的氧气，造成缺氧的气氛，为封存物品提供更有利的储存条件。

2. 不同范围的密封

按照密封的范围不同，可分为整库密封、单间密封、货垛密封、货架（柜）密封、包装箱及容器密封、单件密封等。

（1）整库密封。对储存批量大、保管用期长的仓库，可采用整库密封。整库密封主要是用密封材料密封仓库门窗和其他通风孔道，只留出检查出入的库门，并且采取地面防潮措施，地面可采用水泥沥青、油毛毡等制成防潮层隔潮。

（2）单间密封。对于储存数量不大、出入库频率低或整库进整库出的商品，可采用单间密封。即在面积较大的库房内单独隔离出一个单间，将需要封存的物品存入单间内，再将其密封起来。

（3）货垛密封。对于数量较少、品种单一且长期储存的商品，可按货垛进行密封。货垛密封所用的密封材料，除应具有良好的防潮、保温性能外，还应有足够的韧性和强度。

（4）货架（柜）密封。对于数量少、品种多、不经常收发、要求保管条件高的小件商品，可存入货架或货柜，然后将整个货架或货柜用牛皮纸、防潮纸等密封起来。如果环境湿度大，可在货架内放置吸湿剂。

（5）包装箱及容器密封。对于出入动态不大、体积小且具有外包装或容器的商品（如精密仪器仪表、化工原料等），可按原包装或容器进行密封。可封严包装箱或容器的缝隙，也可以将物品放入塑料袋内，然后用热合或黏合的方法将塑料袋封口，放入包装箱内。

（6）单件密封：对于数量少，无包装或包装损坏、形状复杂、要求严格的精加工制品，可按单件密封。最简便且经济的方法是用塑料袋套封，也可用蜡纸、防潮纸或硬纸盒封装。

（三）密封储存应注意的问题

为了使商品在密封保管期间的质量安全还必须注意下列几个问题。

1. 密封商品的质量要求

对准备密封商品的质量情况，必须进行认真检查。如果发现商品的含水量过高、生霉、生锈、虫蛀或其他变质现象，要经过散潮和除霉、灭虫、除锈等处理，使商品质量恢复正常后才能进行密封。

2. 合理选用密封材料

由于密封方式不同，所需要的密封材料也不同。按其作用可将密封材料分为两大类：一是主体材料，包括油毛毡、防潮纸、牛皮纸、塑料薄膜等；二是涂敷黏结材料，如沥青、血料和泡花碱等。在选用上述材料时应注意其密封性能和方便程度。

3. 密封时间的选择

选择什么时间对商品进行密封，必须按商品性质和当地气候变化情况来确定。在一日之内，应选择绝对湿度最低的时刻进行密封。一般选择在库外绝对湿度大于库内绝对湿度，而库内相对湿度较低的情况下进行密封。受潮易溶和受潮易霉的商品，宜在雨季到来之前密封；怕热易熔的商品，应在较阴凉的季节进行密封；怕冻商品，应在气温较高时进行密封。

4. 密封与通风和吸湿相结合

为了达到防潮的目的，密封最好与通风和吸湿结合运用。一般情况下是利用通风防潮，当不适合通风时才进行密封，利用吸湿剂吸湿。密封能保持通风和吸湿的效果，吸湿为密封创造适宜的环境。

5. 密封后的商品检查

商品密封后，仍须加强管理和检查。仓库密封，只是相对而言它经常随着密封的质量、密封工艺的严密程度以及外界气候变化的特点而转移。所以，密封并不能绝对隔绝库外气候条件对库内的影响，还必须经常检查，如果发现温、湿度的变化不正常、储存条件不适宜或商品质量有异常状况等，应及时采取措施，加以调节和处理。

二、仓库通风

通风是根据大气自然流动的规律，有计划、有目的地使仓库内外空气交换以达到调节库内空气温、湿度的目的。利用通风调节库内温、湿度是简单易行的有效方法。

（一）通风原理

通风的基本原理是利用库内外空气温、湿度的不同构成气压差，使库内外空气自然流动，从而达到调节库内温、湿度的目的。

当库内外温度不同时，如果库内温度高，空气密度小，其气压也小；库外温度低，空气密度大，其气压就大。只要库内外的温度不同，就会产生气压差。如果此时开启库房的通风口，便会引起库内外不同气压差的空气的自然对流，库外空气就会自然流入库内。库内外温差越大，气压差也越大，空气流动速度也就越快。

但是，由于库内部位的不同，其通风情况也不尽相同。如果库内温度高于库外时，库房下部的通风口或门口处，由于库外空气压力大于库内，库外空气就会从这些通风口流入库内。而在库内顶部的情况却与此相反，由于库内的热空气密度小，膨胀上升聚集在顶部，这时顶部的窗门口或通风口处的空气，其气压大于库外，因此，库内热空气从上面流出库外，这样形成了库外空气由库房下部进风口流入，库内的热空气由上部的排气口流出的循环过程，从而使库内空气得到交换。库内外温接越大，库内外空气自然交换的速度也越快。库房进风口和排气口距离越远，空气流动速度也越大，交换就越快。

若库外有风，可借风的自然压力加速库内外空气的对流，库外空气从迎风面的门窗、通风口流入库房，而从背风面的门窗、通风口流出库外。但风力过大时不宜采用，风力过大会引起仓库和商品的污染，一般风力在五级以下为宜。

（二）通风方式

仓库通风依据通风动力的不同，可分为自然通风和强迫通风两种方式。

1. 自然通风

自然通风就是利用库房内外的温差和气压差，开启库房的门、窗、通风口等，使库房内外的空气进行自然交换。这种通风方式不需要任何通风设备，不消耗任何能源，而且通风换气量比较大，是一种最简便、最经济的通风方式。根据风的成因，自然通风可分为风压通风和温压通风。

（1）温压通风。又称热压通风（如图 5-4 所示）它是利用库内外空气的温度差所形成的压力差所实现的。因为空气的密度与空气的温度呈反比关系，温度越高空气的密度越小，温度越低空气的密度越大。当库内外温度不同时，库内外空气的密度也不一样。当库内外存在温度差时，就会形成空气环流。当库内空气温度高于库外时，库内空气的密度小于库外。此时，库内的热空气便会从库房上部流出，并在库外降温下沉，而库外冷空气从库房下部流入库房，并在库内升温上浮，从而使库内外空气发生自然交换如图所示。反之，当库内温度低于库外时，库外空气从库房上部流入库房，而库内空气从库房下部流出。

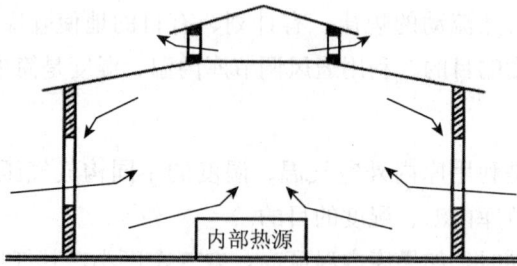

图 5-4　温压通风原理

（2）风压通风。是利用风的作用来实现库内外空气的交换（如图 5-5 所示）。当库房的一侧受到风的作用时，气流首先冲击库房的迎风面，使靠近库房迎风面处的气压增大，形成正压。这时打开库房迎风面的门窗、通风口，因进风口内气压小于外面的气压，从而产生从进风口外指向内的气压差，使库外空气流入库房。另外，由于库房迎风面的进风口面积有限，风便会折弯绕过库房，且使绕过库房的空气流速增大，在库房背风面形成负压。这时打开库房背风面的门窗、通风口，便在出风口内外产生从库内指向库外的气压差，使库内空气向外流动。

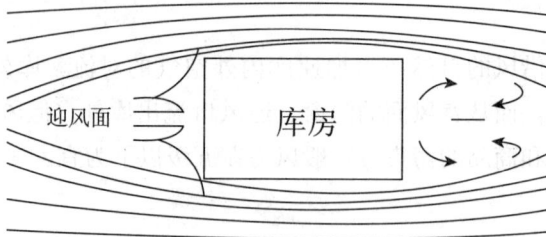

图 5-5　风压通风原理

上面分别介绍了热压、风压单独作用下的通风，但在实际情况中，仓库通风通常是在风压和热压同时作用下进行的，有时是以风压通风为主，有时则以热压通风为主，为了更有效地利用自然通风，库房建筑本身应为自然通风提供良好的条件。

2. 强迫通风

强迫通风又称机械通风或人工通风。它是利用通风机械所产生的压力或吸引力，即正压或负压，使库内外空气形成压力差。从而强迫库内空气发生循环、交换和排除，达到通风的目的。机械通风的通常做法是：在库房的上部装设排风扇、库房下部装置送风扇，利用机械设备来加强库内、外空气的交换而通风。机械通风可分为三种方式，即排出式、吸入式和混合式。

（1）排出式通风。它是在库墙的上部或库顶安装排风机械，利用机械产生的推压力，将库内的空气经库房上部的通风孔道压迫到库外。从而使库内气压降低，库外空气便从库房下部流入，形成库内外空气的对流与循环。

（2）吸入式通风。它是在库墙的下部安装抽风机械，利用其产生的负压区，将库外空气吸入库内，充塞仓库的下部空间，压迫库内空气上升，经库房上部的排气口排出。

（3）混合式通风。它是将上边提到的两种方式结合起来运用，并安装抽风和排风机械，同时吸入库外空气并排出库内空气，对库内空气起到一拉一推的作用，使通风的速度更快，效果更好。

（三）通风时机的选择

仓库通风必须选择适宜的时机，才能收到预期的效果，如果通风时机不当，不但不能达到通风的预期目的，反而可能适得其反。仓库通风必须根据库存商品的性质，以及它们对空气温度、湿度的不同要求，选择适宜的时机进行通风。常见的通风时机有以下几种情况。

1. 通风降温或升温

通风降温主要是指对空气湿度要求不严，而对温度要求比较严格的一些怕热商品。可以利用库内外的温差，选择适宜的时机进行通风。如玻璃瓶或铁桶装的易挥发的化工原料、化学试剂和医药等的液体商品。这类商品在气温高的季节，只要库外温度低于库内时，就可以通风。同时，对于一些怕冻商品，在冬季可选择库外温度最高的时间进行通风，只要库外温度高于库内就可以进行通风，以提高库内温度。

2. 通风降湿

仓库通风的目的，多数情况下是为了降低库内湿度。降湿的通风时机必须根据库内外的绝对湿度、相对湿度和温度等进行综合分析，最后通风的结果应使库内的相对湿度降低。相对湿度是绝对湿度和温度的函数，只要绝对湿度和温度有一个因素发生变化，相对湿度就随之发生变化。一般只有当库外的绝对湿度低于库内时，才能通风降湿，但是库内外温、湿度变化情况比较复杂。通风前，必须认真分析研究，才能进行。通风降湿的时机，一般有下面几种情况：

（1）当库外空气的相对湿度和绝对湿度都低于库内时，可以通风。因为在这种情况下，不管库外温度低于或稍高于库内，而库外空气都比库内干燥。

（2）库外温度和绝对湿度都低于库内，而相对湿度稍高时，也可以通风。这是因为在库外绝对湿度低的情况下，相对湿度高是由于库外温度低的缘故。

（3）库内外温度接近，库外相对湿度比库内低，或库内外的相对湿度接近，而库外温度较库内低时，都可以通风。因为在这两种情况下，库外的绝对湿度都比库内低。

（4）库内外绝对湿度接近，而库外温度稍高，但相对湿度低。在这种情况下，如果库内相对温度很高，急需降低时，也可以考虑通风。但通风后还要选择适当的时机，及时进行降温降潮通风。

（四）仓库通风注意事项

在一般情况下，应尽量利用自然通风，只有当自然通风不能满足要求时，才考虑机械通风。一般仓库不需要机械通风，但有些仓库，如化工危险品仓库，必须考虑机械通风。库内的有害气体，如不及时排除，就有发生燃烧或者爆炸的危险，有时还会引起人身中毒，造成重大事故。

在利用自然通风降湿的过程中，应注意避免因通风产生的副作用。比如依靠风压通风时，一些灰尘、杂物容易随着气流进入库内，对库存物资造成不良影响。所以，当风力超过五级时不宜进行通风处理。

机械通风多采用排出式，即在排气口安装排风扇。但对于产生易燃、易爆气体的仓库和产生腐蚀性气体的仓库，则应采用吸入式通风方式。因为易燃、易爆气体经排放口向外排放时，如果排风扇电机产生火花，就有引起燃烧爆炸的危险；而腐蚀性气体经排风扇向外排放时，易腐蚀排风机械，降低机械寿命。若采用吸入式通风方式，可使上述问题得到解决。

通风机械的选择，应根据实际需要与可能，并要考虑经济实用。通风机械分为轴流式和离心式两种。一般仓库可采用轴流式通风机，因为它通风量比较大，动力能源消耗比较少。但其缺点是产生的空气压力差小，适合在阻力较小的情况下进行通风，离心式通风机产生的空气压力差大，但消耗能量多，适合在阻力大的情况下进行通风。

通风必须与仓库密封相结合。当通风进行到一定时间，达到通风目的时，应及时关闭门窗和通风口，使仓库处于相对的密封状态，以保持通风的效果。所以，不但开始通风时应掌握好时机，而且停止通风时也要掌握好时机。另外，当库外由于天气的骤然变化，温度、湿度大幅度变化时，也应立即中断通风，将仓库门窗紧闭。

仓库通风方式的选择和应用，必须根据不同地区、不同季节和不同库房条件等，从物品安全角度出发，选择通风方式。同时，通风还必须与吸潮或其他方法结合起来，以达到确保库存物品质量的完好。

三、吸湿

吸湿是利用物理或者化学的办法，将空气中的水分除去，以降低空气湿度的一种有效方法。主要包括通风除湿、冷却除湿、液体吸湿剂除湿和固体吸附剂除湿。在商品仓库中主要采取的吸湿方法主要有：冷却除湿和使用固体吸附剂除湿的方法。

（一）利用冷却方法除湿

这种方法是利用制冷的原理，将潮湿空气冷却到露点温度以下，使水汽凝结成水滴分离排出，从而使空气干燥的一种方法，也称露点法。大型仓库可以采用专门的冷却除湿设备——冷冻除湿机降低室内湿度。其原理如图 5‑6 所示，空气由状态点 1 进入，经蒸发器冷却降温至露点并析出水分除湿到状态点 2（相对湿度 80％RH～100％RH），再通过冷凝器升温至状态点 3，送出干空气。根据技术需要及设备的性能，单级制冷除湿设备干空气可以达到相对湿度至 40％RH～50％RH。这种除湿方法性能稳定，工作可靠，能连续工作，操作简单，方便，且利用冷凝器的放热来升温空气，利用了系统内部能量，所以相对较为节能。

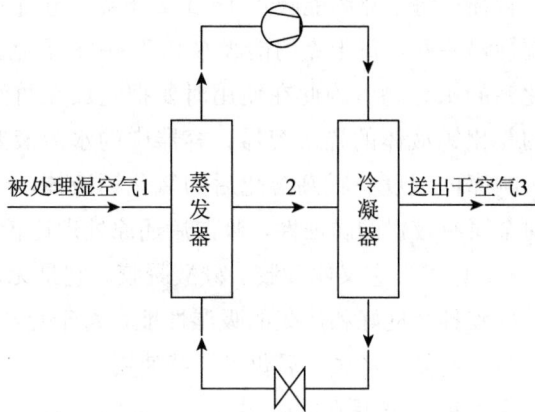

图 5‑6　冷冻除湿机原理

但冷却除湿机取决于空气露点温度，不可能达到过低的含湿量，且设备费和运行费用较高，有噪声，因此主要适用于空气的露点温度高于 4℃的场合。

（二）使用固体吸附剂除湿

固体吸湿剂除湿是最常用的方法。可分为静态吸湿和动态吸湿。

1. 静态吸湿

静态吸湿方法是将固体吸湿剂静止放置在被吸湿的空间内，使其自然与空气接触吸收空气中的水分，达到降低空气湿度的目的。常用的吸湿剂有以下几种：

（1）氧化钙（CaO）。氧化钙即生石灰，它的吸湿性比较强，容易吸收空气中的水蒸气，生成氢氧化钙，并放出一定的热量。其化学反应方程式为：

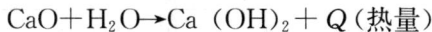

$$CaO + H_2O \rightarrow Ca(OH)_2 + Q（热量）$$

生石灰吸潮速度较快，一般每千克能吸收水分 0.25 千克左右。使用生石灰时，应先捣成小块，用木箱、篓筐或铁制容器盛装，放在库内垛底、垛边、沿墙四周以及出入门附近。生石灰在吸潮过程中，能放出一定热量，但作用缓慢。对库温并无明显影响。生石灰吸潮后，生成的氢氧化钙，具有较强的腐蚀性，并能与空气中的二氧化碳反应，放出水分。所以，在使用时，要勤检查，发现潮湿松散现象应及时更换，并注意做好库房防漏和安全防火工作。

为了合理使用吸潮剂，便于对库内湿度的控制，最好在使用前先进行计算。下列计算公式，可作为参考（可以不考虑商品等占去的体积）。

$$吸潮剂用量 = \frac{仓库容积 \times （当时库内绝对湿度 - 库内要求绝对湿度）}{每千克吸潮剂的吸水量}$$

应当指出，根据计算出来的吸潮剂用量，只是理论上的推算。由于生石灰的纯度、有效成分以及库外湿度与商品散湿等的影响，而使理论上推算的用量与实际吸潮的需要量有一定的差距。因此，在使用吸潮剂时，应按计算用量作为参考，适当增加，灵活掌握，才能达到吸潮的目的。

（2）氯化钙（$CaCl_2$）。氯化钙是一种白色固体，有无水氯化钙和工业用氯化钙两种。无水氯化钙吸湿性较强、每千克约能吸水 $1 \sim 1.2$ 千克。仓库里通常用作吸潮剂的多是工业氯化钙，吸湿性略差些，每千克约能吸水 $0.7 \sim 0.8$ 千克。氯化钙吸潮后，就会溶化成液体变成氯化钙的水合物。因此在使用时要把它放在竹筛或麻袋里，并在其下面放置盛装吸潮后的氯化钙液体的瓷质容器，容器中的水溶液要及时倒于库外，以免溶液中的水分蒸发影响库内湿度。吸潮溶化后的氯化钙液体，经加热熬煮后还可以继续使用。其缺点是对金属有较强的腐蚀性，吸湿后还原处理比较困难，价格较高。

（3）硅胶（$mSiO_2 \cdot nH_2O$）。它又叫矽胶、硅酸凝胶。它是无色透明或乳白色的颗粒状或不规则的固体。硅胶具有良好和持久的吸湿性能，每千克约能吸水 $0.4 \sim 0.5$ 千克。吸水后不溶化，不沾污商品，经烘干后仍可继续使用。

硅胶本身无色，但为了便于掌握它的吸湿程度，通常加入氯化钴、氯化铁和溴化铜等物质、使其带用有颜色。带色的硅胶，随着吸潮的程度的不同，其颜色变化也不一样。例如，蓝绿色的硅胶，吸潮后逐渐变为浅绿色、黄绿色，最后变为深黄色；深蓝色的硅胶，吸潮后逐渐变为浅蓝色，最后变成粉红色或无色，黑褐色或赭黄色的硅胶，吸潮后变为浅咖啡色，最后变成浅绿色或无色等。从这些颜色的变化，可以指示出吸潮的程度，判断是否达到饱和程度。但是，硅胶的价格高，不宜在大的空间内使用。因此在保管较为贵重而怕潮的商品时常使用。各种吸湿剂的吸湿能力如表 5-3 所示。

表 5-3　　　　　　　　　　　　　各种吸湿剂的吸湿能力

吸湿剂	吸湿能力（kg）	吸湿率（%）	
		47 小时后	70 小时后
生石灰	$0.2 \sim 0.25$	13	25
无水氯化钙	$1.0 \sim 1.2$	49	54
含水氯化钙	$0.7 \sim 0.8$	14	40
硅胶	$0.4 \sim 0.7$		

除了以上几种吸潮剂外，还可以因地制宜就地取材，如使用木炭、炉灰和干谷壳等进行吸潮。静态吸湿是目前应用最广泛的除湿方法，但是吸湿比较缓慢，吸湿效果

不够明显。

2. 动态吸湿

动态吸湿方法，又称固体吸附除湿法，是利用吸湿机械强迫空气通过吸湿剂进行吸湿。就是通常将吸湿剂装入特制的箱体内，在排风机械的作用下，将空气吸入箱体内，通过吸湿剂吸附或吸收空气中的水分。当吸湿剂表面的含水量达到一定程度而失去吸湿能力时，需要进行加热再生。固体吸湿设备有固定式和转动式两种，固定式结构简单，但再生麻烦，在没有两套设备交替使用的情况下，再生时还需要停止吸湿。为了使吸湿和再生能连续进行，常采用转轮除湿机如图 5-7 所示。

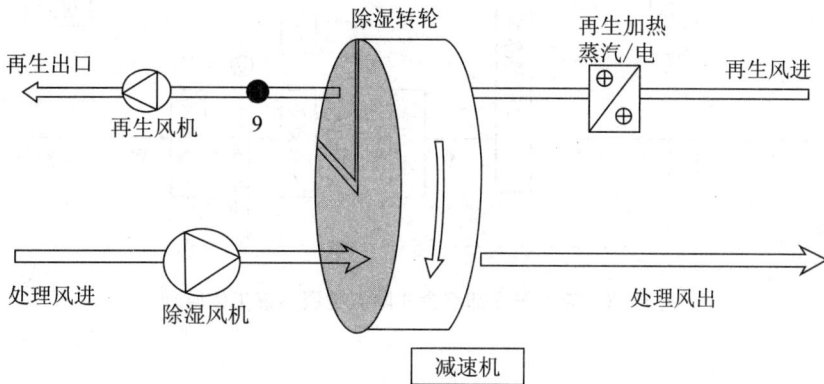

图 5-7　转轮除湿机原理

其工作原理是转轮由电动机驱动，通过减速传动，以每小时 8～9 转的低速稳定而缓慢的旋转。待处理的湿空气进入 3/4 转轮区内的蜂窝状通道，空气中水分被吸附剂吸收，出来的干燥空气，由通风机送入室内；吸收了水分的转轮进入 1/4 再生区，与再生空气相遇，再生空气是经过再生加热器加热到再生温度后进入转轮的，此时由于吸湿剂表面的水蒸气分压力高于空气中的水蒸气分压力，于是脱附放出水分，通过再生风机把含有大量水分的湿空气排出转轮。这两个过程在不同的区间内同时进行，以获得所需的干燥空气状态。

（三）转轮与冷却组合式除湿

由于转轮除湿与冷却除湿各有所长，假如能优化组合，互补所短，将会更好地发挥其效能。目前已经出现了这种转轮除湿与冷却除湿相结合的组合式除湿机。如 DST 公司的 DE 型转轮除湿机，就是将具有冷热交换的冷却除湿循环系统，与转轮除湿相结合，利用制冷系统的吸热除湿进行前期除湿，而利用转轮除湿机进行深度除湿，同时利用冷凝器的放热来加热再生空气。

如图 5-8 所示为一个转轮与冷却组合式除湿空调系统简图。在处理空气侧，状态 1 的混合空气进入冷却除湿机，经蒸发器降温减湿至状态点 2，然后进入转轮除湿机被干燥剂绝热去湿，此时状态点 3 是温度高于除湿机入口的干燥热空气，再进入等湿冷却制冷机，由蒸发器等湿冷却至送风状态4，然后送入空调房间，达到室内要求的状态。在再生空气侧，一定数量的状态 W 的室外空气，首先经冷却除湿机的冷凝器预热至状态点5，再流经等湿冷却制冷机的冷凝器预热至状态5，然后进入再生加热器加热至所需的再生温度，状态6的空气进入转轮除湿机再生干燥后，将热湿空气排放到大气中。

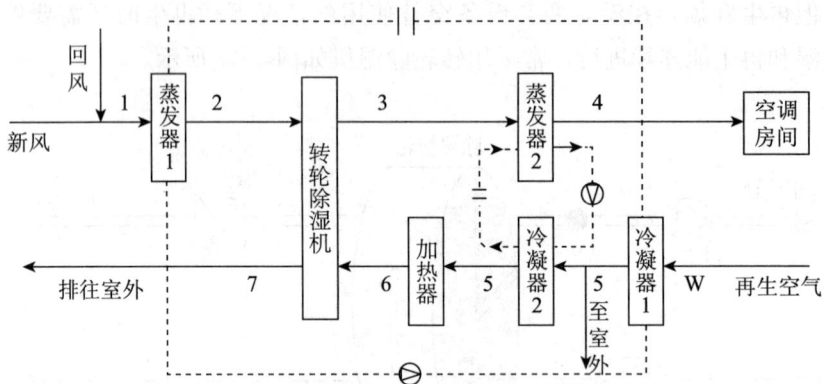

图5‑8　转轮与冷却组合式除湿空调系统工作原理

四、气幕

气幕俗称"风帘"，是利用机械鼓风产生强气流。在库门口形成一道气流帘，其风速大于库内、外空气的流速，可以阻止库内、外空气的自然交换，从而防止库外热潮空气进入库内。气幕是由气幕筒与自动门两部分联装而成。当自动门的电动机启动时，通过拉链牵引库门开启。同时也带动气幕筒的鼓风电动机；当自动门关闭时，气幕筒的电源切断，从而停止鼓风。

五、自动控制调节温、湿度

利用光电自动控制设备，可以自动控制与调节库房的温、湿度，并自动做好记录。当库内温、湿度超过库存商品规定范围时，能自动报警、自动开启仓窗、自动开动去湿机、自动进行记录、自动调节库内的温、湿度。当库房温、湿度降到适宜条件时，又能自动停止去湿机工作，自动关闭通风窗。

光电控制设备，是由自动记录、光电控制和开关箱三部分组成的。通过它带动空气去湿机、排风扇、开关窗等机械装置，达到全面控制和调节库内温、湿度的目的。自记部分，主要是利用自记温、湿度计的作用，把它连接在排风系统上；光电控制部分，是根据电子计算机的基本原理，采用一套乘除路、晶体管和控制开关等部件组成。这种光电控制设备，占地面积小，仅一平方米左右，使用时灵敏、准确。

第五节 案例分析

烟草库房仓储养护设备是指除湿机、抽风机、空调器、风幕机和排气扇等，主要是保养库存烟叶和库房通风、去湿、降温。利用仓储养护设备进行库内温、湿度调节控制，是能够有效创造适宜于烟叶安全储存的环境。随着结构坚实、库房高大宽敞、适应机械化搬运的永久性仓库大规模建造，各类养护设备配置使用，使烟叶库房既能密封降温、又能通风排湿，对库内温、湿度进行科学调控，已成为烟叶仓储养护行之有效、广泛应用的手段。

（1）温、湿度调控对烟叶养护质量的影响。

在烟叶养护实践中，有不少的人片面考虑烟叶库房内部的温度与相对湿度，以为只要配置养护设备，就能有效控制小环境的温、湿度，确保烟叶养护质量。这是对温度与相对湿度两者之间内在的有机联系把握不够，库内温、湿度并不是孤立地出现，而是在大气温、湿度的影响下发生有规律性的变化。养护设备的调控只是一个烟叶养护补救性的措施，不能视作为经常性措施。环境温、湿度与烟叶水分的关系，是一个必须在实践中认真把握的问题。

由于烟叶是一种具有吸湿性的物质，无论原烟还是复烤烟叶，其内部都含有一定数量的水分。烟叶吸收水分或保持水分的情况，是随仓间空气中的温度、湿度变化而变化，这个变化对烟叶来说，就产生吸湿或放湿现象。这就表明烟叶在储存期间要取得较好的醇化质量，取决于烟叶本身的水分和储存环境的温、湿度。

由此可知，烟叶水分和库内温、湿度与霉菌之间的关系密切，湿度是导致烟叶霉变的重要因素，温度则是烟叶霉变的前提条件。因此，对仓储部门来讲，控制库内温、湿度是保护烟叶醇化质量的重要措施，无论是降温降湿，还是升温降湿（以提高温度来抵消库内水汽量的增大），都能抑制霉菌的繁殖生长。但要注意，降温降湿或升温降湿只是温、湿度调控的一般性概念，对烟叶来说，在实施中还必须掌握它的特殊性。根据生物学理论，温度或湿度降低到一定程度，酶的活性就会受到破坏，这样在抑制霉菌的同时也就降低烟叶在醇化过程中的的应有质量。

所以，库内温、湿度是不能任意升高或降低的，不能超过烟叶醇化所需要的适宜温度15℃～30℃，相对湿度55％～65％。可以通过温、湿度变送器的温、湿度测量信号，控制温、湿度。我们把这适宜养护温、湿度称之为"合理养护值"。在不超过温、湿度"合理养护值"的情况下，要达到霉菌不繁殖的目的，只能采取临界控制法，以使霉菌生长无适宜的温度或湿度。在以人工通风降湿、密封隔温条件下，辅以养护设备调控，保持库内一定温、湿度，显然是能否达到防治霉菌目的的关键。

综上所述，为了提高库内温、湿度调节控制效果，一是尽量在温、湿度管理过程中，保持较低相对湿度的恒定温度；二是在需要提高防霉时，宁可降湿而不任意降低温度，这既经济又科学合理，符合烟叶养护要求。通过温、湿度变送器及相应设备可以有效监控、控制温、湿度。

（2）养护设备使用的合理选择。

养护设备的使用是仓储现代化的重要进程，但如何合理使用是烟叶科学养护的前提，也是我们仓储亟待研究的重要课题。通过各种不同设备的功效了解，有针对性的选择使用来进行库内温、湿度调节，满足烟叶自然醇化所需要的安全环境。

①抽风机。

目前，对于新建库房建筑屋顶上安装了强力抽风机，使用后加快库内空气流通速度，而且流通量大，通风散潮效果明显。但是风是空气平面位移，由于库内抽风口位置相对偏高，在空仓抽风后易形成空气涡流，相对湿度下降快，而满仓空气对流只影响到烟垛顶层的空间和对流径路烟垛的通道，通风降湿效果比空仓小些。

抽风机来强制通风降湿，必须充分依据库外空气的温、湿度条件进行操作，当库外绝对湿度小于库内时，差距越大，抽风的效果就越好；差距小则效果不显著。但是，抽风机最好不要在梅雨季节使用，即使需要使用也应该谨慎对待。

②除湿机。

工业除湿机在仓储行业中已广泛使用，它是利用制冷剂液体蒸发的吸热作用，通过蒸发器的湿空气温度迅速降到露点温度以下，使空气所含部分水蒸气冷凝析出，降低空气中的含水量。使用去湿机对仓库的密封要求比较高，但不论用什么方式密封，只能是相对密封，不可能绝对密封，这是因为库内温、湿度变化经常受库外气温变化的制约；烟叶和包装物散发水分，会使库内相对湿度增升；库房每天要进出烟叶，因此，使用去湿机只能是烟叶养护性降湿，在特殊情况下，采取急救性降湿，能使烟叶的含水量下降。

使用除湿机最佳时期为 5～6 月，即梅雨季节，而且库内温度在 15℃～30℃，这时库内降湿效果明显。如低于 15℃状态下使用，烟垛容易产生结露；高于 30℃则使库温增加，烟叶产生发热现象。

③空调机。

库内使用空调能降低一定的库温，但对烟叶的表面水分影响不大，只能在烟叶发热或库内高温实施急救性养护，效果较为理想。如对发热的烟包，利用其自身的水分，温度偏高来调节降低温度，抑制霉变的发生或发展。但高温期间烟叶从空调库房出仓，会出现烟叶露点问题。因此，库内温度宜调节控制在 25℃～30℃，或者低于库外气温 5℃左右，绝不是库温越低越好。

④温、湿度变送器及温、湿度控制器。

使用空调机对库内烟叶养护，应明确对发热烟包和高温季节实施降温的思想。高温期间使用空调后，会引起空调机周围的相对湿度偏高。实地测试，空调机的出风口相对湿度接近 76% 左右，在库内绝对湿度不变的情况下，温度高，相对湿度低，烟叶的表面水分低；温度低，相对湿度高，烟叶水分略有增升。

（资料来源：http：//www.18show.cn/share_tech/598250.html）

分析：降温降湿与升温升湿对库存烟叶的质量有何影响？上述四种温、湿度调节设备，各在什么样情况下使用效果最好？

第六节　实习实训指导

1. 某仓库温、湿度检测记录如表 5-4 所示。

温、湿度检测记录

| 日期 | 上午 | | | 采取措施后 | | 下午 | | | 采取措施后 | |
	温度（℃）	相对湿度（％）	出现异常采取何种措施	温度（℃）	相对湿度（％）	温度（℃）	相对湿度（％）	出现异常采取何种措施	温度（℃）	相对湿度（％）
1										
2										
3										
4										
5										
6										
7										

年　　月　　　　　　　　　　　　　　　　　　记录人：

注：每日 9：00—10：00 与 15：00—16：00 时各观测一次，并将观测数据记录在表中。该表妥善保管，定期分析。

请问：构成记录表的主要项目的主要用途是什么？

2. 某物流中心有不同类别的仓库，各种仓库温、湿度要求如下：

① 常温库：温度设定 5℃～40℃，相对湿度设定 60％～95％。

② 恒温库：温度设定 5℃～15℃，相对湿度设定 80％～90％。

③ 低温库：温度设定 0℃～5℃，相对湿度设定 50％以下。

④ 冷藏库：温度设定 -18℃～0℃，相对湿度设定 30％以下。

⑤ 冷冻库：温度设定 -32℃～-18℃，相对湿度设定 30％以下。

试问：根据你经常消费的食品和日用品举例说明储存 3 天，各应放在哪种仓库中？

复习思考题

一、概念题

1. 绝对湿度

2. 饱和湿度

3. 吸湿性

4. 安全水分

5. 平衡水分

6. 相对湿度

7. 露点

8. 密封

9. 通风

二、不定项选择题

1. 常用来表示空气潮湿程度的是（　　）。

A. 绝对湿度　　　　B. 相对湿度　　　　C. 蒸汽压　　　　D. 饱和湿度

2. 吸潮剂常见的有（　　）。

A. 石灰石　　　　　B. 氯化钙　　　　　C. 硅胶　　　　　D. 木炭

3. 密封保管应注意的事项（　　）。

A. 密封商品质量　　　　　　　　B. 密封时间的选择

C. 密封后的商品检查　　　　　　D. 密封后的温度控制

三、单项选择题

1. 防止商品挥发的主要措施有（　　）。

A. 加强包装的透气性　　　　　　B. 加强包装的密封性

C. 加强仓库通风　　　　　　　　D. 加强包装的透水性

2. 易发生沉淀的商品有（　　）。

A. 墨水　　　　　　B. 糖水　　　　　　C. 泉水　　　　　D. 酒水

3. 易发生串味的商品种类有（　　）。

A. 泡沫　　　　　　B. 香烟　　　　　　C. 白纸　　　　　D. 玻璃

4. 易溶商品必须具有（　　）性能。

A. 耐热和耐低温性　　　　　　　B. 吸水和吸气性

C. 储存与保管　　　　　　　　　D. 吸湿与水溶性

5. 减少有害气体对商品质量的影响途径有（　　）。

A. 把商品密封　　　　　　　　　B. 改善空气的成分

C. 改进商品的包装　　　　　　　D. 搞好环境卫生

四、填空题

1. 空气湿度的表示方法有：＿＿＿＿＿、＿＿＿＿＿、＿＿＿＿＿。

2. 要了解空气的干湿程度，主要看空气＿＿＿＿的高低。当绝对湿度不变时，温度越高，相对湿度＿＿＿＿。库房内相对湿度越接近露点，表示相对湿度＿＿＿＿。

3. ＿＿＿＿指单位体积空气中，实际所含水蒸气的重量；＿＿＿＿是指在一定的气压、气温的条件下，单位体积空气中所能含有的最大水蒸气重量；＿＿＿＿是指空气中实际含有水蒸气量（绝对湿度）与同温条件下饱和蒸气量（饱和湿度）的百分比。

4. 仓库温、湿度的控制与调节方法有：＿＿＿＿＿、＿＿＿＿＿、＿＿＿＿＿。

5. 商品仓库中主要采取的吸湿方法主要有：_____、_____。

五、简答题

1. 简述相对湿度与绝对湿度的概念及其联系。

2. 简述仓库温、湿度的变化怎么影响库存商品的质量。

3. 简述仓库温、湿度控制的方法及其调节。

4. 简述仓库通风的方法及原理。

5. 简述仓库除湿的方法及原理。

6. 通风的依据是什么？在实际作业中要达到预期通风目的应注意哪些要点？

第六章　防锈技术

知识目标

1. 掌握按不同标准的金属锈蚀的类别。
2. 熟练掌握金属锈蚀的原理。
3. 理解大气锈蚀及其分类。
4. 掌握影响金属锈蚀的因素。
5. 重点掌握金属防锈和除锈的方法。

技能目标

1. 能分析商品在储运过程中可能出现锈蚀现象的原因。
2. 能对仓库中存储的不同金属制品选择恰当的防锈方法。

引导案例

金属的使用

金属在我们生活中的应用非常广泛，像剪刀、菜刀、自行车、电视、铁塔、铁轨、轮船、桥梁等都离不开铁、铜、铝、镁等金属，可以说金属为人类社会的发展立下了"汗马功劳"。如果对金属制品养护措施不当，会发现其表面锈迹斑斑，甚至全部锈蚀，对我们的生产生活带来极大的不便。在金属材料、金属制品、机车车辆配件和机械设备等仓库，金属锈蚀的现象普遍存在，由锈蚀所造成的损失是惊人的。据统计，每年因锈蚀而损耗的金属占全年金属总产量的 1/10，而每年由于锈蚀所报废的金属材料和设备，相当于金属年产量的 1/3。这是对国家资源的巨大浪费，是一个非常棘手的问题。因此，防锈是金属制品养护工作的主要内容。

思考：

1. 试举一例你在生活中遇到的铁制品生锈的实例。
2. 铁和铜锈蚀的原理一样吗？
3. 对于一个库管员而言，你认为如何做才能防止金属制品生锈？对于已经生锈的金属制品如何采用科学的除锈方法除掉其身上的锈迹？

（资料来源：《商品养护》重庆大学出版社）

金属制品在环境的影响下引起的破坏或变质叫作金属的锈蚀。金属制品发生锈蚀不仅影响外观质量，造成商品陈旧，同时还会使其机械程度下降，降低其使用价值，严重的甚至报废，还会影响到尖端科学技术和工业的发展。仓储工作人员要了解金属及金属锈蚀的特性，采用科学的防锈养护技术，保证金属制品在储存期间的安全。

第一节　金属的基础知识

一、金属的概念

《辞海》中对"金属"的定义是："具有光泽而不透明（对可见光强烈反射的结果）、富有展性、延性及导热性、导电性的这一类物质。"在常温下，除了汞（即水银）是液体外，其他金属都是固体，如铁、镍、铝、锌、钠、钛、铜、银、锡、金等。

由两种或者两种以上的金属元素，或者金属元素同非金属元素组成的具有金属性能的物质称为合金，如钢是铁和碳的合金；黄铜是铜和锌的合金；不锈钢是铁、铬、镍、碳合金等。

二、金属的分类

（一）按化学组成分类

按化学组成分类，金属一般分为黑色金属和有色金属两大类。

1. 黑色金属

黑色金属是指铁和以铁为主要成分的合金，如生铁、铸钢等，还有铬、锰及它们的合金。由于它们及其合金的表面常有黑色的氧化物，故得名。

小知识

钢铁的分类

钢和生铁都是铁与碳的合金，含碳量在 2.11% 以下的叫钢，含碳量超过 2.11% 的叫生铁。

（1）按成分分类。

钢铁按成分分为碳素钢和合金钢。碳素钢按含碳量的大小可分为低碳钢、中碳钢、高碳钢三类，如下表所示。合金钢是在碳钢中加入铬（Cr）、镍（Ni）、锰（Mn）、钨（W）、钼（Mo）、钛（Ti）、钒（V）等合金元素，使其具有所要求的特殊性能的钢。

合金钢不仅具有较高的硬度、强度、和优良的塑性和韧性，还具耐热性、耐磨性、不锈、耐酸等特殊性能。

碳素钢的分类

类别	含碳量	特点
低碳钢	0.25％以下	强度、硬度较低，塑性、韧性较好
中碳钢	0.25％～0.6％	强度、硬度、塑性、韧性都比较好
高碳钢	0.6％以上	强度、硬度最好，塑性、韧性较差

（2）按用途分类。

钢铁按用途分为结构钢、工具钢和特殊用途钢三类。结构钢主要用于制造武器、机器零件等，有比较好的强度、硬度、塑性和韧性。碳素钢（含碳量一般在 0.85％以下）、合金钢都可以作为结构钢。工具钢主要用来制造各种道具、量具、模具，有较高的硬度、耐磨型、良好的强度和韧性。优质和高级优质的碳素钢、合金钢都可以作为工具钢。特殊用途钢是用于制造各种要求性能的工具或结构的钢材，如不锈钢、耐热钢、耐酸钢。

（3）按质量分类。

钢铁按质量分为普通钢、优质钢和高级优质钢。普通钢在冶炼时，对它的性能、成分只作一般要求，杂质含量较多，生产成本低，适用于大量生产，主要用于建筑和农机上。优质钢在成分和机械性能方面有较严格的要求，允许的杂质含量较少，主要用于机械、武器、车辆的制造与修理材料。高级优质钢在炼制时技术要求很严格，杂质含量很小，性能好，主要用于制作重要机器、武器零件和精密工具等。

（资料来源：《商品养护技术》中国石化出版社）

2. 有色金属

有色金属是指除钢、铁等黑色金属以外的金属，如铜、铝、锡等及其合金。有色金属大多数为银白色，具有导电性、导热性、耐腐蚀、密度小、耐磨性好的特点。

（1）铜及铜合金。

纯铜是紫红色，又称紫铜。具有面心立方晶格，无同素异构转变，无磁性；具有较高的导电、导热性，在大气、淡水和冷凝水中有良好的耐腐蚀性、塑性好。铜合金常加元素为锌（Zn）、锡（Sn）、铝（Al）、锰（Mn）、镍（Ni）、铁（Fe）、钛（Ti）、锆（Zr）、铬（Cr）等，既提高了强度，又保持了纯铜特性。铜合金分为黄铜、青铜、白铜三大类。

①黄铜。黄铜分普通黄铜和特殊黄铜。普通黄铜是铜与锌的合金，颜色随含锌量的增多而由紫红色变为淡黄色，强度、塑性随含锌量增多而提高，耐腐性较好，广泛用于制作各种结构零件。在普通黄铜的基础上加入 Al、Fe、Si、Mn、Pb、Sn、Ni 等元

素就形成了特殊黄铜，其强度、耐蚀性比普通黄铜好，铸造性能改善。

②青铜。除铜锌合金（黄铜）和铜镍合金（白铜）外，铜与其他元素组成的合金叫青铜。按化学成分可分为普通青铜和特殊青铜两类。普通青铜（锡青铜）是铜与锡的合金，具有较高的耐磨性、耐蚀性、良好的铸造性和机械性能，常用作轴瓦、轴套、弹簧等。特殊青铜（又叫无锡青铜），除有较高的强度、耐蚀性和耐磨性外，还具有较高的导电性和导热性。特殊青铜有铝青铜、硅青铜、锰青铜等。常用于制作齿轮、涡轮、轴套等，火炮上用作摇架定向板、活塞套筒等。

③白铜。铜与镍的合金叫白铜，分为普通白铜和特殊白铜。普通白铜是 Cu－Ni 二元合金，具有较高的耐蚀性和抗腐蚀疲劳性能及优良的冷热加工性能，用于在蒸汽和海水环境下工作的精密机械，仪表零件及冷凝器，蒸馏器，热交换器等。特殊白铜是在普通白铜基础上添加锌（Zn）、锰（Mn）、铝（Al）等元素形成的，分别称锌白铜、锰白铜、铝白铜等，其耐蚀性、强度和塑性高，成本低，用于制造精密机械、仪表零件及医疗器械等。

（2）铝及铝合金。

纯铝是银白色的轻金属，相对密度小（2.72）、溶点低（660.4℃）、导电、导热及耐腐蚀性好，并有良好的塑性，易于加工成形。但强度较低，燃烧时有高的发热发光性能。铝合金既具有高强度又保持纯铝的优良特性，常加入的元素主要有铜（Cu）、锰（Mn）、硅（Si）、镁（Mg）、锌（Zn）等，此外还有铬（Cr）、镍（Ni）、钛（Ti）、锆（Zr）等辅加元素。

铝合金分为变形铝合金和铸造铝合金两大类。变形铝合金是铝和锰、锌、铜等元素组成的合金，有良好的腐蚀性和塑性，能进行压力加工，变形铝合金有防锈铝、硬铝、超硬铝、锻铝等，如表 6-1 所示。铸造铝合金是由铝与硅、铜、镁、锰的合金。主要用于制造形状复杂、中等符合的机件，如表 6-2 所示。

表 6-1　　　　　　　　　　变形铝合金

合金类别	代号	主要化学成分（％）				热处理	机械性能		
		Cu	Mg	Mn	其他		σ_b (MPa)	δ（％）	HB
防锈铝	LF5		4.5～5.5	0.3～0.6		退火	270	23	70
	LF11		4.8～5.5	0.3～0.6	V0.02～0.2		270	23	70
	LF21			1.0～1.6			130	23	30
硬铝	LY1	2.2～3.0	0.2～0.5			固溶处理 ＋ 自然时效	300	24	70
	LY11	3.8～4.8	0.4～0.8	0.4～0.8			420	18	100
	LY12	3.8～4.9	1.2～1.8	0.3～0.9			480	11	131

合金类别	代号	主要化学成分（％）				热处理	机械性能		
		Cu	Mg	Mn	其他		σ_b（MPa）	δ（％）	HB
超硬铝	LC4	1.4～2.0	1.8～2.8	0.2～0.6	Zn 5.0～7.0	固溶处理＋人工时效	600	12	150
	LC6	2.2～2.8	2.5～3.2	0.2～0.5	Zn 7.6～8.6		680	7	190
锻铝	LD5	1.8～2.6	0.4～0.8	0.4～0.8	Si 0.7～1.2		420	13	105
	LD7	1.9～2.5	1.4～1.8	Ni1.0～1.5	Fe1.0～1.5		440	13	120
	LD10	3.9～4.8	0.4～0.8	0.4～1.0	Si 0.5～1.2		480	10	135

注：σ_b——抗拉强度极限；MPa——抗拉强度极限单位；δ——延伸率或称伸长率；HB——布氏硬度。

表 6-2　　　　　　　　　　　　铸造铝合金

合金	代号	主要化学成分（％）			机械性能				
		Si	Cu	Mg	铸造方法	热处理	σ_b（MPa）	δ（％）	HB
铝硅	ZL101	6.0～8.0		0.2～0.4	SB	T6	230	1	70
	ZL102	10～13			SBJ	T2	143	4	50
						T2	153	2	50
	ZL110	4.0～6.0	5.0～8.0	0.2～0.5	J	T1	170	—	90
铝铜	ZL203		4.0～5.0		J	T4	210	6	60
铝镁	ZL301			9.5～11.5	S	T4	280	9	20
铝锌	ZL402	6.0～8.0	Zn5～7	0.4～0.7	J	T1	240	4	70

注：铸造方法：SB——砂型变质；J——金属砂；S——砂型。

热处理：T1——不淬火，人工时效；T2——退火；T4——淬火＋自然时效；T6——淬火＋人工时效。

（二）按贸易经营习惯分类

1. 金属材料（大五金）

金属材料即大型钢材及金属制品的原材料，如钢板、钢筋、扁铁、万能角铁、槽铁、工字铁及各类型的钢铁材料。

2. 金属制品（小五金）

金属制品如工具、机器配件、建筑五金、日用五金、电信器材、管道、白铁皮、锁类铁钉、铁丝、钢铁丝网、钢丝剪等。

小知识

准金属

准金属（metalloid），又称为半金属（semimetal），介于金属和非金属之间的物质。半金属元素在元素周期表中处于金属向非金属过渡位置（见非铁金属）。如果沿元素周期表的ⅢA族的硼和铝之间到ⅥA族的碲和钋之间画一个锯齿形斜线，可以看出：贴近这条斜线的元素除铝外，都是半金属元素。处于半金属元素带右侧的元素为非金属，处于左侧的为金属。从能带结构来看，金属中被电子填充的最高能带是半满的或部分填充的，电子能自由运动，有较高的电导率。绝缘体中被电子填充的最高能带是满带（又称价带），价带与导带之间的禁带宽度较大。室温下的电子不能由价带激发到导带而产生自由运动的电子，因此电导率很低。半导体中电子填充能带的情况与绝缘体相似，但禁带宽度较小。在一定的掺杂浓度下，能产生导电的自由电子或自由空穴。半导体的电导率介于金属和绝缘体之间。另外，金属和半导体之间还有一种中间情况，禁带宽度为零或很小，此时在很低温度下的电子就能从价带激发到导带，在导带和价带中同时存在能自由运动的电子和空穴。如碲化汞（HgTe），这种材料称为半金属。这类元素的导电性能随温度的变化关系大都与金属相反，即其电导率随温度上升而增加。准金属用途广泛，在电气、冶金等方面有广泛的应用，尤其在半导体材料中有着举足轻重的作用。

（资料来源：陈熙谋.《中国大百科全书》74卷（第二版）物理学.词条：半金属：中国大百科全书出版社，2009-07：15页）

第二节　金属的锈蚀

一、金属锈蚀原理

金属的锈蚀是指金属与其所接触的物质（气体或液体）发生化学或电化学作用所引起的破坏现象。大多数金属在大气条件下容易发生锈蚀，只有少数金属如金、铂在大气中比较稳定，不易锈蚀。按金属锈蚀的原理，锈蚀可分为化学锈蚀和电化学锈蚀两种类型，其中，电化学占到80%～90%，因此，金属锈蚀主要是电化学锈蚀。

（一）化学锈蚀的原理

化学锈蚀是指金属在完全干燥或无电解质存在的条件下，受氧化物的直接作用而引发的破坏。在锈蚀过程中没有电流产生，锈蚀产物直接在金属表面形成，金属在高温氧化或在常温干燥环境中受气体，如氧、二氧化硫、硫化氢、二氧化碳、氢等的作用，都属于化学锈蚀。温度越高，化学作用越加剧。

如果锈蚀产物是挥发性的，则在金属表面形成不了保护性膜，锈蚀反应将继续作用下去。如果锈蚀的产物可以附着在金属表面上，形成完整的保护膜时，则锈蚀反应被阻止。某些活泼的金属（如铝、铬等）氧化后，在其表面形成致密的氧化膜，它能把金属与外界介质隔离开，从而阻隔它们相互接触，使其化学反应速度大大降低，甚至停止反应。这一层由腐蚀产物所组成的，能把金属表面和锈蚀环境隔离开，降低金属的锈蚀速度的薄膜，称为金属表面保护膜。

（二）电化学锈蚀的原理

电化学锈蚀是指金属在电解液中或液膜下发生的锈蚀，并在锈蚀过程中有电流产生。电化学锈蚀要比化学锈蚀更普通，危害性也更大。金属在潮湿空气中的大气锈蚀（见图6-1），在酸、碱、盐溶液和海水中发生的锈蚀，在地下土壤中的锈蚀，以及在不同金属的接触处的锈蚀等，均属于电化学锈蚀。

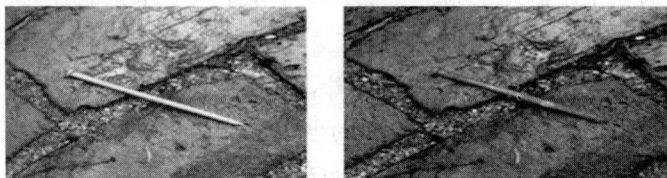

图6-1 铁钉在潮湿的空气中的锈蚀

金属电化学锈蚀的原理和金属原电池的原理是相同的。把两种电位不同的金属放入同一电解液（如稀酸）中，并用导线连接起来，导线中便会有电流通过，同时电位较低的金属受到腐蚀，不断以正离子状态进入溶液，这叫阳极过程。上述作用叫电池作用，这种电池也叫腐蚀电池。只要形成腐蚀电池，阳极金属就会发生养护反应而遭到电化学锈蚀。即当两种金属材料在电解质溶液中构成原电池时，作为原电池负极的金属就会锈蚀。

金属物品在储存中的电化学锈蚀，除不同金属部件组成的结构件外，主要是由金属表面的电化学不均一性（即金属组成与结构上的不均一性），所形成的局部电位差，并在潮湿大气中发生电池作用，使金属物品受到破坏。

凡是金属表面具有电化学的不均一性，就可能形成腐蚀微电池。

金属表面电化学的不均一性是形成微电池的主要原因；即使在电化学性质均一的金属表面上，如果有水滴存在，也会形成腐蚀微电池。大气中的氧，溶入水滴中的情况和溶入水膜是不同的。氧从水滴周围进入，在水滴边缘上的水层较中心薄，这就是说氧溶进边缘快，所以水滴边缘的钢铁比中心接触的氧多。氧多的地方电位较高，氧少的地方电位较低，这样就产生电位差，于是形成了腐蚀微电池，这种腐蚀微电池叫浓差电池或充气电池。水滴边缘电位较高，成为阴极；中心处电位较低，成为阳极而被腐蚀，形成斑点状锈痕或凹坑。凹坑处缺氧，成为阳极而被腐蚀，并且越腐蚀越深，越深就越缺氧，使反应加速。

凡是能导致氧在水膜中浓度不均的因素，都能形成氧的浓差电池腐蚀。

根据原电池理论，形成腐蚀电池必须具备三个基本条件：①有电位差存在。即不同金属或同种金属的不同区域之间存在着电位差。电位差越大，腐蚀越烈。②有电解质溶液。即两极材料共处于相连通的电解质溶液中。③导线连接或直接接触。即具有不同电位的两部分金属之间必须有导线连接或直接接触。

腐蚀电池工作的结果是阳极金属发生锈蚀。若能避免、破坏或抑制上述三种条件中的任何一个条件，就可以抑制腐蚀电池的工作，从而起到防止金属发生电化学锈蚀。许多防腐蚀措施就是基于这一基本原理。

二、金属的锈蚀特征

（一）钢和铸铁的锈蚀特征

钢和铸铁锈蚀开始时，表面发暗，轻锈呈暗灰色；中度锈蚀时，表面会变成褐色或棕黄色；严重锈蚀时，表面呈棕色或褐色疤痕，甚至产生锈坑。

钢铁的氧化皮为其氧化物的多层组成，最内层为 FeO，其中间层主要为 Fe_3O_4，最外层为 Fe_2O_3。经过氧化和磷化的钢铁零件表面上，锈蚀呈棕黄色或呈点状、斑状锈。

（二）铜和铜合金的锈蚀特征

铜的锈蚀产物呈绿色，也有的呈红棕色或黑色。铝青铜表面的锈蚀产物呈白色、暗绿色及黑色。铅青铜的锈蚀产物有时呈白色。一般允许铜及其合金有轻微且均匀的变色。

（三）铝合金和镁合金的锈蚀特征

铝合金和镁合金初期锈蚀表面呈白色或暗灰色的斑点，后期锈蚀则有白色或灰白色粉末状的锈蚀产物充满锈坑。特别是镁合金的锈蚀，其锈坑深度可达几毫米，呈深孔交错状。

（四）锌、镉、锡及其镀层的锈蚀特征

这些金属的氧化物、氢氧化物和碳酸盐均呈白色。腐蚀初期表面呈灰白色斑点，后期锈蚀后变成黑色、灰白色点蚀和白色粉末。

（五）喷涂油漆制件的锈蚀特征

喷、涂油漆制件的锈蚀通常是由于腐蚀介质通过漆膜气孔进入内部面造成的。一开始锈蚀时，会引起漆层膨胀鼓泡，然后剥落。

三、金属的锈蚀形式

金属与周围介质发生破坏作用的时候，有多种破坏形式。根据金属构件的腐蚀破坏特性，金属腐蚀可分为全面腐蚀和局部腐蚀两大类。全面腐蚀（General Corrosion）又叫均匀腐蚀，是腐蚀介质直接与金属表面所起的一种化学反应形式。其结果是整个金属变薄、尺寸变小和表面颜色改变。局部腐蚀（Localized Corrosion）又叫不均匀腐

蚀，是腐蚀介质直接与金属表面发生电化学反应的一种形式。是在金属表面某一处或几处进行的，其结果是金属的局部地方遭受破坏。全面腐蚀和局部腐蚀具有不同的特征，如表 6-3 所示。

表 6-3　全面腐蚀与局部腐蚀的比较

比较项目	全面腐蚀	局部腐蚀
腐蚀形貌	腐蚀分布在整个金属表面	腐蚀破坏主要集中在一定区域
腐蚀电池	阴阳极在表面上随机变化，且无法辨别	阴阳极在微观上可以分析
电极面积	阴极＝阳极	阳极＜＜阴极
电　　位	阴极＝阳极＝腐蚀（混合）	阴极＜阳极
腐蚀产物	可能对金属具有保护作用	无法保护作用

从工程技术方面考虑，局部腐蚀危险性大。局部腐蚀按其破坏形式又可分为下面几种类型：

（1）晶间腐蚀。晶间腐蚀是指沿着金属晶粒边界或晶界附近发生腐蚀的现象，主要是金属晶粒的边缘遭受腐蚀介质作用。这是一种危害性很大的局部腐蚀，它会大大地降低金属晶粒间的连接和金属的机械性能。

（2）皮下腐蚀。先在金属表面的某一小处地方进行，然后进入皮下层，再向两边扩张，这种腐蚀当它未造成严重破坏时，往往不易被人们发现，它多出现在镀层金属物件上。

（3）小孔腐蚀。从表面某一小处地方开始，直向金属内部直线进展，有可能贯穿整块金属，这种腐蚀也是极危险的，它会导致金属再也无法加工使用。

（4）斑腐蚀。在金属表面的某一块或几块地方进行腐蚀。

（5）点腐蚀。在金属表面形成麻点状的腐蚀，点与点之间是不相连接的。

四、影响金属制品锈蚀的主要因素

（一）影响金属制品锈蚀的内因

1. 金属的性质

一般来说，电极电位越低的金属在大气中越容易锈蚀。例如铁与铜的标准电极电位分别 -0.44 和 +0.33，显然铁的电位比铜低，因此在大气中铁比铜更容易锈蚀。不同金属制品在大气中有不同的锈蚀临界湿度，即锈蚀速度明显加快的相对湿度值，如图 6-2 所示。临界湿度是金属从化学锈蚀向电化学锈蚀过渡的转折点。在临界湿度以下的大气中，金属锈蚀实际上主要是化学锈蚀，锈蚀速度极慢，不足以破坏金属的表面。

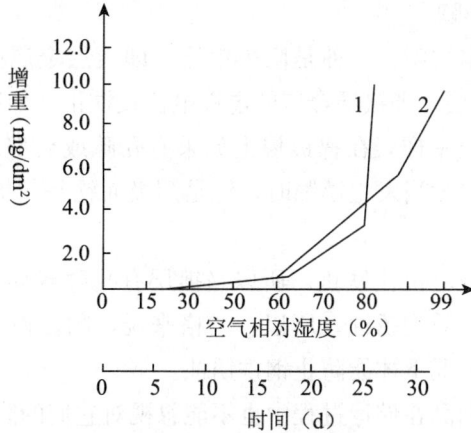

图 6 - 2　铁和锌的临界湿度（1—铁；2—锌）

2. 合金组分与杂质

仓储中的金属材料与制品，绝大多数都不是纯金属，而是多组分的合金。如碳钢和铸铁是铁—碳合金；黄铜是铜—锌合金。同时工业用金属材料中都含有一定量的杂质。由于金属中的合金组分或杂质分布的不均一性以及存在形式的不同，就构成了形成腐蚀电池的电极条件。例如碳在碳钢中的存在形式有铁素体和渗碳体（碳化铁 Fe_3C）。渗碳体的电极电位远较铁素体高。因此，当上述金属表面有水膜形成时，便会发生电化学锈蚀。

金属中杂质对锈蚀的影响情况也不完全相同。纯金属在大气中或电解液中都是比较稳定的，有时即使有少量杂质存在，也可使锈蚀速度增加几百倍甚至几千倍。不同杂质对同一种金属制品影响情况也不同。

总之，金属制品中有电位高于金属本身的组分或杂质，就容易加速制品的锈蚀，金属中如果加入容易钝化的合金元素（如钢中加入铬、铝、硅等）合金化，则可提高金属的耐腐蚀性。

3. 金属表面加工方法与表面状态

金属表面的加工方法是商品表面状态的决定因素，一般表面光洁度好的制品耐蚀性较表面粗糙的高，粗车或喷砂的粗糙表面锈蚀速度较快。表面光洁度对锈蚀的影响在大气中比在电解液中明显得多，这主要是由于粗糙的表面有较大吸附能力，容易吸附水分与灰尘，并且容易形成氧的浓差电池。经过钝化处理的表面（如铝制品的阳极氧化和钢铁制品的磷化发蓝等）可大大提高商品的耐锈蚀性。

4. 锈蚀产物的性质与制品的结构

有些金属如铝、铅、铜、锡等在大气中能在表面上生成一层组织致密性能稳定的保护膜，而使金属不继续锈蚀。不过钢铁在大气中表面上生成的锈蚀产物，组织结构比较疏松，不具有保护作用，并且还具有毛细管吸附作用，所以，钢铁在大气中很容易发生锈蚀现象。还有多种材料的组合件以及形状复杂的金属制品容易发生接触锈蚀和浓差电池锈蚀等。

5. 金属表面镀层的影响

金属镀层有两种基本类型：一种是阳极镀层，即镀层金属的电极电位较铁负（如镀锌）；另一种是阴极镀层，即镀层金属的电极电位较铁正（如镀 Ni、Cu 等）。这两种镀层的保护作用也不完全一样，在锌镀层上如果有孔隙或局部破坏现象，则在大气中对钢铁仍有保护作用。因为当发生锈蚀时，锌是阳极而铁是阴极，结果被锈蚀的是锌，而铁受到保护。

阴极镀层金属的电极电位比铁正，所以当镀层有孔隙或局部破坏时发生大气锈蚀的结果是基体金属钢铁，受到锈蚀。所以，严格来说，阴极镀层只有在没有孔隙和镀层不受破坏保持完整的情况下才能防止钢铁锈蚀。

因而有镀层的金属制品在储运过程中也不能忽视对它们的防锈蚀工作。

（二）影响金属制品锈蚀的外因

储存环境是金属制品在储存中能否发生锈蚀的决定因素，因而也是防止金属制品锈蚀的主要控制因素。储存环境因素主要是指储存环境空气湿度、气温及空气中有害物质（如 SO_2、Cl_2 等）。

1. 空气湿度对金属制品锈蚀的影响

金属制品在储存中的锈蚀主要是潮湿大气锈蚀，如在潮湿霉雨季节，特别是炎热多雨或多雾的地带或季节相对湿度很大，金属锈蚀最易发生。潮湿大气锈蚀是在金属制品表面形成的水膜下发生的电化学过程。这种过程的速度与水膜厚度有一定关系，如图 6-3 所示。

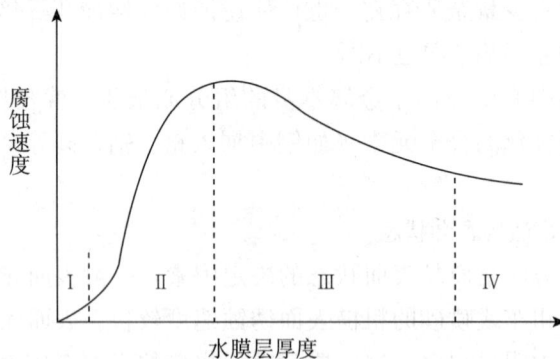

图 6-3　金属在大气中锈蚀与其表面水膜厚度的关系

图 6-3 中区域Ⅰ相当于吸附水分的起始阶段，金属表面仅有极薄的吸附膜（仅几个到几十个分子层），这时属于干燥的大气锈蚀，锈蚀速度最小。图中区域Ⅱ相当于金属表面存在不可见的水膜的锈蚀（十到一百个分子层），从化学历程过渡到电化历程，锈蚀速度迅速增大。在区域Ⅲ，金属表面有明显可见的水膜，但随水膜厚度的不断增加，氧穿过水膜向金属表面扩散逐渐困难（阴极控制成了主要因素），因而锈蚀速度开始下降。当水膜厚度增至区域Ⅳ时，便相当于金属全浸在水中的锈蚀情况。

金属制品在大气中，表面水膜的厚度与空气相对湿度有直接关系。只有空气相对湿度超过临界湿度时，在金属表面所形成的水膜才能满足锈蚀电化学过程的需要，从而使锈蚀速度明显加快，并且湿度越高锈蚀速度越快。

一般金属锈蚀的临界湿度在 70％ 左右，金属制品表面粗糙，结构复杂，表面吸附有盐类、尘埃及有害气体等，能降低锈蚀的临界湿度。金属的锈蚀的临界湿度越低，金属越容易锈蚀。在相对湿度较低时，随着相对湿度的增加，锈蚀速度增加并不快，然而在接近饱和湿度时，即使相对湿度增加得不多，锈蚀速度也增加得相当快。可见相对湿度是影响仓储金属制品锈蚀的重要因素，只要将储存环境的相对湿度控制在金属制品锈蚀的临界湿度以下，即可有效地防止锈蚀的发生。

2. 空气温度对金属制品锈蚀的影响

温度对大气锈蚀有很大的影响。储存环境气温的升高会加速金属制品的锈蚀速度，因为热能加速化学反应的进行，同时，温度升高能减轻阴极的作用，但是这种作用只有在温度很高时，且温度升高不至于使金属制品表面水膜干涸的情况下才能表现出来。在大气锈蚀中气温的作用可从大气锈蚀的速度公式看出：

$$V = \frac{H-65}{10} \times 1.054t$$

式中：V ——大气锈蚀速度；

　　　　H ——空气相对温度（％）；

　　　　t ——空气温度（℃）。

当相对湿度超过 65％ 时，空气温度升高对锈蚀速度才表现出促进作用；但当气温升至 80℃ 时，由于氧在水膜中溶解度的明显下降，锈蚀反而受到抑制。当气温骤然降低时，在绝对湿度较大的情况下就可能在金属制品的表面发生结露现象。将温度较低的金属制品移入气温较高的环境中时，如冬季运输的金属制品，其本身的温度常与库内的温差较大，入库后就很容易出现结露现象。结露会严重加速金属制品的锈蚀，因此必须引起注意。

我国各地区的昼夜温差经常超过 6℃，有的地区昼夜温差可达 15℃ 以上。在这种情况下，即使空气相对湿度较低，也可能出现结露现象。因此，使储存金属制品的库内温度保持相对稳定，避免金属制品出现结露现象对防锈工作具有实操性。

3. 空气中有害气体与杂质对金属制品锈蚀的影响

在空气中，除了正常的空气组分外，还存在有害气体及腐蚀性杂质尘埃等，组分不同的大气其锈蚀程度不一样，受强烈污染的工业大气的腐蚀性最强。工业大气中常含有二氧化硫，二氧化硫对金属锈蚀的影响作用主要是二氧化硫在金属表面的催化作用下生成三氧化硫溶解在金属表面水膜中生成硫酸，加强了锈蚀的电化学作用。工业大气中的 H_2S 和 NH_3 也很有害。

海洋大气中常含一定量的食盐微粒，能促进钢铁以及铜、铝等的锈蚀；食盐的作用主要是氯离子的作用，由于氯离子的体积很小，能穿透金属表面的保护膜，加速金属制品的锈蚀。

大气中悬浮的灰尘微粒落在金属表面上，增加金属表面的吸湿能力，对金属锈蚀起显著地加速作用。因此防尘也是防止金属制品锈蚀的措施之一。

第三节　金属制品的防锈技术

在库房管理中，针对金属锈蚀的原因采取必要的防锈蚀措施，可以确保金属制品的安全。

一、覆盖层防锈

覆盖层也称保护层，用耐蚀性强的金属或非金属覆盖层把基体金属与可能引起或促进腐蚀的各种外界条件隔离，如尽可能隔离水分、氧气、二氧化硫等，以控制锈蚀。

按覆盖层的性质，通常分为永久性覆盖层和暂时性覆盖层两类。永久性覆盖层有金属喷镀、珐琅涂层（如陶瓷、搪瓷等）、电镀、涂漆、塑料涂层等。暂时性覆盖层有可剥夺性塑料薄膜、防锈油（脂）等。

（一）金属覆盖层防锈

按覆盖层金属与基体金属之间的电位关系，金属覆盖层防锈可分为阳极性覆盖层与阴极性覆盖层。电位比基体金属低者为阳极性覆盖层。在腐蚀介质中，这种覆盖层不但起隔离层的作用，而且起牺牲阳极的阴极保护作用。电位比基体金属高者为阴极性覆盖层。当阴极性覆盖层有缺陷时，则构成大阴极小阳极的腐蚀电池，基体金属会遭到严重的局部锈蚀。这种覆盖层要完整，才能起保护层的作用。镀锡铁和镀镍、铜、银和金的铁都属于这一类。

按金属覆盖层的施工方法可分为电镀、喷镀、化学镀、热浸镀（热敷）、渗镀（扩散渗透）、辗压（机械镀）及衬里等。

1. 电镀

用直流电从电解液中析出金属，并在物件的表面沉积而获得金属覆盖层的方法称为电镀。电镀层的结晶要细致，排列要紧密，厚薄要均匀，与基体金属的结合要牢固。为了使镀层均匀，要改善镀层的分散能力。工业上已经用电镀法得到镀铝、镍、锌、铜、锡、金、银等的覆盖层。电镀层有一定的孔隙率，成本较高，一般只适于较小型的金属制品上，对于精密仪器的细小零部件的保护与修复，电镀比较适用。

2. 化学镀

把工件放入含有镀层金属的盐溶液中，通过化学反应，在工件表面析出一层金属覆盖层。化学镀的优点是不消耗电能；镀层可以无气孔；工件的形状不影响镀层的均匀分布，只要镀液能到达的表面即可得到光亮、平整、均匀的镀层；镀层较硬；与基体金属的结合尚牢固，但不如电镀。它的缺点是镀层的质量不容易保证，原料较贵，对表面处理要求较高，限制了它的应用。在某些大型和复杂的设备中，如烧碱、医药和其他有机化学产品的生产设备中，化学镀已得到应用。

3. 喷镀

用压缩空气把熔化状态的金属雾化为微粒，喷射到工件表面上以形成覆盖层的工艺叫喷镀。这种工艺要求工件表面无锈且粗糙、喷镀的工艺比较简单，主要设备是喷枪，不受工件、设备的形状及大小的限制，可根据需要选择镀层材料。镀层的硬度大，耐磨。

喷镀层与基体金属之间不形成合金，也未"焊住"只是小微粒揳入工件表面不平处与孔隙中，形成鳞片结构，孔隙率较大，要设法封闭这些孔隙。

金属喷镀按能源性质可分为气喷镀和电喷镀。气喷镀是以可燃性气体（乙炔、丙烷、丁烷和天然气等）为热源熔化金属丝，用喷枪喷镀。此法操作简便、成本低、宜用于熔点低的金属，如铝、铅、锡、锌等。用在喷镀高熔点的不锈钢和高碳钢等时，速度较慢。电喷镀是利用直流电源在两根金属丝之间产生电弧，不断地使金属丝熔化，同时用高速压缩空气使之雾花。电喷镀的温度高，可喷镀高熔点金属（如钢铁、不锈钢、钨、钼、铁等），其工作效率高、成本低。但由于电弧不易稳定，故温度较难控制，冷却用的空气量较大，有紫外线与电弧光，会伤害人体。

4. 热浸镀

把工件浸入比本身熔点更低的熔融金属中，或以一定的速度通过熔融金属槽，使工件涂敷上低熔点金属覆盖层，这种工艺叫热浸镀、热镀或热敷。只有当工件的金属与镀层金属可以形成化合物或固溶体时才可用热镀法。热镀的厚度可由浸入时间来调节。为了防止镀层金属在熔化时被氧化，可加入一定的助熔剂。热浸镀时金属消耗量大，镀层厚度不均匀，不容易得到薄的镀层。

5. 渗镀

把工件放在镀层金属或合金的粉末中进行长时间加热，使镀层金属渗入（扩散）到工件金属表面上，进而形成合金覆盖层。这是一种通过扩散渗透的办法，使金属表面合金化的工艺。工业上已用来渗锌、铝、铬、硅、硼和氮。

6. 离子注入

离子注入是把选定的元素电离为离子，利用加速器把离子加速到几十至几百千电子伏特或更高能量，并打入材料的表面层，深度达几百埃到几微米，使材料表面的微观组织与宏观性能发生变化，达到改善材料的耐蚀性、耐磨性及其他性能的目的。

7. 包镀（辗压成双金属）

把两种金属一起进行热压或辗压，使一种金属覆盖在另一种金属上的工艺叫包镀或辗压。这样所形成的双金属材料之间的结合是由于在温度与压力同时作用下发生扩散的结果。包镀层的厚度常常是基体金属厚度的 $10\%\sim20\%$。在采用贵金属作为包镀层时则较薄，但若小于 $0.1\sim0.05$ 毫米就不适用了。用于保护碳钢的包镀层，常用的有铜、铝、镍和不锈钢等。

（二）非金属覆盖层

采用各种有机高分子材料塑料、玻璃钢（增强塑料）、橡胶、涂料以及无机材料玻璃、陶瓷、铸石、石墨、搪瓷等，采用涂、衬、搪、砌等方法，在金属设备或零件表面土上，建立一层耐腐蚀的非金属覆盖层的技术，是腐蚀控制技术的重要组成部分。

1. 涂层

各种有机涂料广泛地用于各种金属构件的保护上，采用涂层保护的金属构件比用其他保护方法多。涂料可以在液体与气体介质条件下使用，它的品种多，适应性强，不受被保护设备的大小与形状的限制，使用方便，比较经济。但是，涂层薄，有孔隙，在运送安装与使用中难免碰伤，不能在强腐蚀性及高温、受冲击与摩擦的环境中使用。

2. 搪瓷

把瓷釉搪在金属底材上，经过高温烧制而成金属与瓷釉的复合物即为搪瓷，工业上的搪瓷设备兼有瓷釉的耐腐蚀性与金属设备的力学性能，除带氟离子的介质、强碱及高温磷酸以外，搪瓷设备可用在各种酸、盐、有机溶剂以及弱碱中，具有表面光滑易洗、不污染产品的优点。

3. 联合覆盖层

有机覆盖层与无机覆盖层各有自己的优缺点。为了取长补短，有时把两者联合使用，制成联合覆盖层。联合覆盖层可由两种或两种以上的材料组成，可以把有机材料的高抗渗透性和塑性与硅酸盐材料的高机械强度、耐腐蚀性能结合起来。

（三）涂油防锈

涂油防锈是在金属表面喷涂一层具有缓蚀作用的防锈油脂，形成牢固的吸附膜，以抑制氧及水特别是水与金属表面的接触，使金属不致锈蚀，从而对金属起到保护作用。

防锈油脂是以油脂或树脂类物质为主体，加入缓蚀剂和其他添加剂成分所组成的防锈涂料。

1. 防锈油的作用原理

（1）在金属表面上的吸附作用。作为添加剂的防锈剂，必须有对金属充分的吸附性和对油的溶解性，因此防锈剂均由很强的极性基和适当的亲油的非极性基组成。当防锈油涂覆于金属表面时，油中分散的缓蚀剂分子就会在金属与油的界面上定向吸附（极性基与金属吸附，非极性基与油吸附），并且能够形成多分子层的界面膜。

（2）能降低落在油膜上的水滴与油层的界面张力。缓蚀剂可使水的表面张力降低，使水滴不能呈球形状态存在于油膜上，而趋向于平摊开来。这样就降低了水滴对油膜的压强，使其不易穿透油膜到达金属的表面。水滴在油膜表面摊得越平，油膜的防锈效果一般也越好。

（3）对水的置换作用。由于缓蚀剂具有表面活性，因而可以借助其界面吸附作用将金属表面上吸附的水置换出来。此外，油中所含的水分，可被缓蚀剂的胶粒或界面膜稳定在油中，使其不能与金属直接接触。

2. 防锈油的种类

防锈油的种类很多，适用于包装金属制品的防锈油主要有防锈脂、溶剂稀释型防锈油以及薄层油、仪表防锈油等。

（1）防锈脂。防锈脂是以凡士林为基础的在常温下为脂状的一类防锈油，它是由成膜物质（或基础油）和缓蚀剂组成。防锈脂在常温下为软膏状，所以膜层一般较厚（可达 0.5 毫米），不易流失，不易挥发，进行密封包装后，一般防锈期较长，可达两年以上。防锈脂的涂覆方法主要是热浸法，即在涂覆前将防锈脂加热熔化至流动状态，将经清洗、除锈、干燥后的金属制品浸入片刻，取出后冷却使油膜凝固。同种油类因浸涂温度不同，金属表面所形成的油膜厚度也会不同。温度越低，油膜厚度越大，其防护能力也越强。大型制件可采用热刷涂法，即将加热熔化的防锈脂用软毛刷刷涂在金属制品的表面。金属制品涂油后，要及时用石蜡纸或塑料袋封套，以防油层干涸失效和污染包装。

（2）溶剂稀释型防锈油。溶剂稀释型防锈油是在以矿物油脂或树脂为成膜剂的防锈油中加入溶剂所组成，此外也还加其他添加剂，如防氧剂、稳定剂等。这类防锈油，按油膜的性质可分为硬膜油、软膜油、薄膜油及超薄膜油等。硬膜防锈油成膜保护性好，膜表面光滑不黏，夏季不流冬季不裂，而且施工方便，价格便宜，但其硬膜不易除掉。软膜油的主要特点是金属表面能成膜，防锈期较短。软膜油主要适用于金属制品的封存，可采用喷涂法或浸涂法。薄膜防锈涂层厚度在 1～2 微米，薄膜与金属表面具有较强的附着力，薄膜具有很好的防锈性，不影响润滑剂的性能，在装配和使用时不用除锈。

（3）薄层油。这是以树脂等为成膜材料的防锈油，其特点是防锈期长、油膜薄而透明、用量省、外观好。薄层油分溶剂型和无溶剂型两种。薄层油通常采用浸涂或喷涂法。

（4）仪表防锈油。这是一种低黏度防锈油，主要是以润滑油筹为基础加入缓蚀剂等配合而成，常用于仪表及其零件的全浸式封存包装。

3. 防锈油脂的使用

（1）外观检查。注意工件表面是否已做工序间防锈处理。如已做工序间防锈，且工件表面确实洁净无锈，则可免除前处理中的清洗工序，而直接进入涂油工序；如发现工件表面有锈迹，无论是否做过防锈，均必须先进行除锈。未做过工序间防锈处理的工件，或虽做过防锈处理，但工件表面有水分、污物或其他机械杂质时，必须进行前期处理，以确保涂油后达到良好的防锈效果。

（2）前期处理。前期处理作业主要是清洗，一般使用专用清洗剂（如干粉清洗剂）或代用清洗剂。专用清洗剂去污力强、成本低、不易燃，且本身具有一定的防锈性能。清洗时，将经过检查的无锈工件投入清洗液中，根据工件受污情况分别采取浸泡、摆动、搅动或手刷等措施，使其与清洗液充分接触，其时间长度以污物的清除为标准来确定。

（3）涂油。防锈涂油要求在洁净的室内进行，涂油完毕，油槽应加以盖封。一般冷涂型防锈油脂的涂油温度以 20℃～30℃为宜，热涂型防锈油脂按产品说明书使用。涂油的方式有浸涂、刷涂、喷涂三种，后者仅适用于薄层、超薄层防锈油的涂覆。

（4）封存包装。将已进行防锈涂油的工件在洁净干燥的环境中滴净晾干。选用聚乙烯薄膜、蜡纸等作为内包装材料，将涂油处理完毕的工件进行分存包装，内包装材料不得含氯离子和硫酸根离子。应避免多工件同一包装，谨防工件间的相互碰撞，以免破坏涂层，影响防锈效果。

（四）可剥性塑料

可剥性塑料是一类以塑料为主体成膜物质，以隔绝侵蚀介质为防锈机理的防锈材料。它可阻隔腐蚀介质对金属物品的作用，从而达到防锈的目的。可剥性塑料一般以树脂为基础原料，配合矿物油、增塑剂、缓蚀剂、稳定剂以及防霉剂加热溶解后制成。可用浸、刷、涂、喷等方法将其涂在被保护材料或产品上，待冷却或溶剂挥发后，即形成一层塑料薄膜，从而防止金属腐蚀。其特点是所形成的塑料膜并不与金属制品结合在一起，而是被一层析出的油膜隔开，处于互不黏连的状态，剥除时不必借助于溶剂，轻易就能剥掉，故称可剥性塑料。

1. 可剥性塑料的类别

可剥性塑料可分为热熔型和溶剂型两大类。热熔型可剥性塑料在室温下为坚韧的块状，施用时切碎投入热熔槽中进行熔融。相比较而言，溶剂型可剥性塑料具有使用方便、成本低廉、材料表面无特殊要求、应用范围更广的特点。

2. 可剥性塑料的特点

（1）对被保护物特别是对小孔、沟槽、缝隙等有可靠的防腐蚀作用。

（2）密封性好，防潮、防水、防霉、防尘。

（3）电绝缘性能优良。

（4）可广泛应用于高温、高湿、高盐雾气候中的设备的无油封存、整体封存、野外封存、库洞封存。

（5）使用简便，可采用喷涂、刷涂、浸涂或灌注等多种方式。

3. 可剥性塑料的选择要求

（1）膜层应具有良好的弹性，对机械碰撞有一定的缓冲作用。

（2）膜层应具有良好的柔韧性，在复杂形状表面上不会产生龟裂，并具有一定的抗划伤能力。

（3）膜层应呈透明状，被保护物和其表面上的各种标记尽可能清晰可见。

（4）膜层应具有良好的密封和屏蔽作用，能有效地防止空气中的氧和水分与金属表层接触。

（5）工作温度范围要宽，在$-40℃\sim60℃$的范围内可长期使用。

4. 可剥性塑料的使用方法

（1）被浸涂件在加工过程中的各种残留物、于触摸后的汗渍等都可能导致其表面腐蚀，必须清除干净。如必要，应进行干燥处理，排除金属表面的挥发性溶剂和水分。

（2）将已清洗干燥后的金属器具或零部件浸入可剥性塑料溶液中涂覆，拿出后冷却，即在表面形成一层保护膜。为防止污染包装箱，建议外部再用其他塑料膜包装。

5. 可剥性塑料的适用范围

使用可剥性塑料封存方法对各种金属制品都有良好的防锈效果，而且防锈期长，不仅适用于小件金属制品的封存，而且更适用于大型设备的保护。在防锈蚀的同时，兼有密封、防划伤、防水等功能，并对机械碰撞有一定的缓冲作用。其适用范围非常广泛。

（1）可对武器装备、仪表器械等进行全封闭包装、防潮、防湿、防锈。

（2）可对黑色金属及有色金属部件、装置、零件进行包装、封闭，并可随时剥离。

（3）可对生产工序间需采取防腐蚀措施的原料、部件、加工品进行工序间防护，待后续加工时即可剥离，方便后序加工。

二、金属表面的化学处理防锈

对金属表面进行适当的化学或电化学处理，它是完整的，与基体金属有良好的附着能力。主要用以防止大气锈蚀和弱腐蚀性质介质的锈蚀。最常见的有氧化膜和磷化膜两种。

（一）氧化处理

用氧化剂氧化钢铁表面，可以生成黑色或深蓝色的氧化铁的薄膜，俗称"发蓝""烧蓝"或者"煮黑"。在干燥大气与较弱的腐蚀性介质中，它对钢铁有一定的保护作用。钢铁的氧化处理方法主要有以下三种。

1. 碱性氧化法

把钢铁零件放入很浓的碱（$NaOH$）和氧化剂（$NaNO_2$、$NaNO_3$）溶液中，在140℃～150℃下进行处理。处理后，能在金属表面生成一层蓝黑色的致密的四氧化三铁（Fe_3O_4）薄膜，并牢固地与金属表面结合。它对干燥的气体抵抗力强，但在水中或湿气中抵抗力较差。这种氧化膜还有一定的弹性和润滑性。同时在发蓝过程中还能消除材料应力，所以广泛地用于机器零件、精密仪器、光学仪器、钟表零件和军械制造中。

碳钢中含碳量越高，氧化处理的时间越短，处理结果得到黑色无光泽的薄膜。

2. 酸性氧化法

酸性氧化法处理金属表面所得薄膜的耐蚀性与附着力都比碱性法好，省时间，温度低，成本低。表面氧化处理法简易，经济，膜层薄，只有几微米，不改变零件原尺寸。但是这种氧化膜不耐强腐蚀介质的腐蚀。

3. 热法氧化

把工件放在600℃～650℃的炉内加热后，浸入300℃的熔融碱金属盐中，所生成的氧化膜可提高钢铁抗大气腐蚀的能力。

（二）磷化处理

采用含磷酸盐的酸性溶液处理金属，使金属表面获得一层基本上是由磷酸盐构成的磷化膜。致密的磷化膜在大气中具有较好的耐蚀性，即使与酸、碱等强腐蚀介质接触，也有一定的抗蚀性。而且操作简便、成本低，广泛地用于保护黑色金属及锌、铝、镉等合金制品上，或作为涂漆前表面预处理工序，以改善漆层的结合力和防腐性能。

除钢铁以外，镁、锌等及其合金也可以进行磷化处理。磷化以后可以用肉眼检查磷化膜的质量，整个被磷化的表面都应覆盖有磷化膜，膜的结晶要均匀而细密，呈钢灰或浅灰色，不应有未磷化上的斑点、锈痕或带有疏松的沉淀物等。经磷化后的工件不应在空气中久置，应在 1～2 天内迅速进行其他防护处理。

三、环境封存防锈

环境中的湿气是不可避免的，环境封存主要是指在被封存产品的周围，创造一个低湿度或无氧的防锈环境条件，使金属制品不致引起锈蚀和非金属产品可以减缓老化变质而采取的一类防锈方法。通过专门的技术手段可以有效防止或减少环境潮湿对产品的危害（如密封包装、真空与充气封存包装及除氧封存等）。

密封包装是一种传统的包装方法，是指采用不透气的钢性材料（金属、玻璃、硬塑料）制成容器，将新产品置放其中，再将容器口部焊封或加旋盖、塞盖闭合，有效防止环境中的湿气进入包装内。

真空包装是将容器中的空气全部抽去，有效避免原有残留湿气对新产品的影响。充气封存包装是将包装的空气连同湿气一起抽出，再适量充入其中干燥气体或惰性气体（如氮气、二氧化碳）等来减少湿气对新产品的影响。除氧封存主要是在包装容器中采用除氧的办法，使氧气浓度降低而达到产品防锈封存的目的。

此外，空气中的盐分、尘埃及金属表面存在的孔隙都会使材料的临界湿度值降低，更易于诱发锈蚀。适宜的温度和湿度还会引发霉菌在金属及各种有机材料中繁衍生长。如当温度在 25℃～30℃，相对湿度大于 80％时，霉菌即会迅速生长，最终破坏产品的外观及表面层。

总之，环境防锈封存的基本原理就是金属制品在没有氧和水分（干燥），惰性气体条件下不易发生锈蚀。非金属材料在这种条件下，因氧化而引起的老化变质过程也大大减慢。其具体方法就是从包装环境中抽去全部空气或某些气体成分，或者用所需的气体成分来置换出包装中的某些气体成分，使新产品包装环境的湿度下降或使包装内的微生物和霉菌的生长得到抑制，从而有效防止、减缓新产品的锈蚀，延长保质期。

小知识

给航天器和太空人穿上 "保护衣"
—— 无机非金属涂层在现代生活中的巨大作用

人类探索宇宙，面临的最大问题有两个：一是大气层外的太空中充满了多种高能粒子流，他们可以直接穿过人体而不被肉眼所见；二是航天器在往返地球大气层时，与空气摩擦产生的高温。

人类解决这两个问题的方法就是给宇航员和航天飞机穿上一件特殊的"保护衣"。说它特殊主要是指这件衣服虽然很薄，但是却具有很强的耐高温、抗辐射的能力，能够最大限度降低高温或辐射对航天器或人的伤害。这种"保护衣"实际上就是我们所说的特殊无机涂层。

无机涂层按照用途的不同，可以分为很多类。在航天领域，主要有两类：一是耐高温无机涂层，主要应用于运载航天飞机的火箭喷嘴、航空发动机的叶片、发动机的缸体、活塞等处，目的是减少瞬间的高温对金属基体材料的冲击。经过喷涂的发动机内部的叶片等能够在 1000℃ 以上的温度下稳定地工作，原理也是这样的。二是抗辐射涂层。当航空器或宇航员在太空时，这层涂层主要用来吸收或阻挡各种有害的高能射线的侵害。有了这些保护措施，人类探索宇宙的安全性、可行性才得以实现。

（资料来源：梁波，中国科学院科学讲座"化学与新材料"）

四、缓蚀剂方法防锈

缓蚀剂是一种在低浓度下能阻止或减缓金属在环境介质中锈蚀的物质。缓蚀剂保护是在腐蚀环境中用缓蚀剂保护金属材料的方法。它也是一种改变腐蚀环境的保护方法，其保护效果好，使用方便，投资少，用途广。

常用的仓储金属制品防锈的缓蚀剂主要有油溶性缓蚀剂与气相缓蚀剂。油溶性缓蚀剂都是极性有机化合物，是能溶于油脂的表面活性剂。油中加入油溶性缓蚀剂后，由于油溶性缓蚀剂是极性分子，分子的一端为亲金属的极性基团，另一端是亲油憎水的非极性基团，而金属是极性的，基础油是非极性的。因此，油溶性缓蚀剂在油-金属界面是有序的定向吸附，得到严密的排列结构，能有效地阻挡水分和氧气及其他腐蚀介质的浸入。由于吸附的结果，缓蚀剂在油-水界面上集中，其浓度远大于油中的浓度。所以，防锈油中加入少量的缓蚀剂，就可以实现防锈。常用的油溶性缓蚀剂如表 6-4 所示。

表 6-4　　　　　　　　　　常用的油溶性缓蚀剂

名称	主要用途
石油磺酸钡	对黑色和有色金属均有良好的防锈效果，配各种防锈油
石油磺酸钠	对黑色和有色金属均有良好的防锈效果，配各种防锈油
十二烯基丁二酸咪唑啉	对黑色和有色金属均有良好的防锈效果，配各种防锈油
环烷酸锌	对钢、铜、铝均有效，常与磺酸盐联用
环壬基奈磺酸钡	适用于钢铁防锈
苯丙三氮唑	用于铜及其合金防锈
烷基磷酸咪唑啉	对钢、铜等防锈
氧化石油油脂钡皂	对钢、铜、铝有良好的防锈效果
十二烯基丁二酸	用于汽轮机油

五、气相防锈

气相防锈是用气相缓蚀剂（又称气相防锈剂）在密封的包装或容器中对金属物品进行防锈的方法，是仓储金属物品适用的防锈方法之一。气相缓蚀剂在常温下具有一定的挥发性，在很短时间内它的气体就能充满包装或容器内的每个角落和缝隙，吸附在金属表面上，能起到阻滞大气腐蚀的作用。对形状和结构复杂或带有孔缝的物品以及仪器仪表等具有良好的防锈作用。

（一）气相防锈纸防锈

将气相防锈剂溶解于蒸馏水中或有机溶液中成为溶液，然后然后浸涂或刷涂在防锈纸或布上，干燥后即成为气相防锈纸或布，一般含量为 $5\sim30g/m^2$。气相防锈纸用作金属的内包装，外层再用塑料袋或蜡纸密封。小五金工具类产品、大量的军械武器存放在仓库内都需要使用到气相防锈纸包装。

（二）粉末法气相防锈

粉末法气相防锈是用气相缓蚀剂粉末，均匀喷撒在金属制品表面或撒装入金属商品的包装中，也可以制成片剂、丸剂放入包装然后封存。气相防锈粉末可采用气体喷砂枪喷撒、人工撒粉等方法，每 10 克粉末可防护 28 升密封空间，或用器皿盛装气相缓蚀剂置于包装物内，或用纱布包好悬挂于产品四周。对于片剂、丸剂等放在适当的部位，即可起到防锈作用。

（三）溶液法气相防锈

溶液法气相防锈是用有机溶剂或水溶解气相缓蚀剂而制成的溶液。将溶液浸涂或喷涂在金属制品的表面形成一层缓蚀剂薄膜，然后用蜡纸或塑料袋进行包装。如果在水中加入 0.25%（重量）的缓蚀剂粉末，采用浸泡、喷涂、冲洗、刷涂等方法施工，包括孔洞、缝隙等所有金属表面，都能够形成保护层，而且没有诱导期，即有效防止金属表面的锈蚀。溶液法气相防锈适用于运输和储存中的金属零部件及设备的防锈。

气相防锈剂多属于有机化合物和无机化合物。例如对钢有防锈效果的无机化合物有氨水、碳酸铵、磷酸氢二胺等。对铸铁有防锈效果的有邻硝基酚二环己胺、邻硝基酸四乙烯五胺等。气相防锈剂根据被包装物体积和空间的大小；包装封存时间；包装材料的阻隔性等因素来决定。

由于气相防锈法不需在物品表面涂层，所以采用此法既不影响物品的外观也不影响使用，同时不污染包装；使用方便，不需特殊设备；防锈期长，一般库房有效防锈期可达 3～5 年，最长有的可达 12～20 年。

六、电化学保护

根据金属锈蚀的电化学理论，如果把处于电解质溶液中的某些金属的电位提高，使金属钝化，人为地使金属表面生成难溶而致密的氧化膜，就可以使金属的锈蚀速度降低。如果把某些金属的电位降低，也可以使金属难于失去电子，从而大大降低金属的锈蚀速度，甚至可以使金属的锈蚀完全停止。这种通过改变金属—电解质溶液的电极电位从而控制金属锈蚀的方法称为电化学保护。电化学保护法包括阴极保护与阳极保护。

（一）阴极保护

阴极保护法是通过外加电压使被保护的金属阴极极化以控制金属锈蚀的方法。阴极保护按其阴极电流的来源、可分为两种：

（1）外加电流法。把被保护的金属与直流电源的负极相连接，通过外加阴极电流使金属阴极极化。

（2）牺牲阳极法。在被保护的金属上连接上一块电位更负的金属作为牺牲阳极，两者在电解质溶液中构成大腐蚀电池。

外加电流的阴极保护可以调节保护电压和电流，可用于要求电流量大的情况，适用范围广。不足之处是要有日常操作、维护与检修，要有直流电源设备。牺牲阳极保护的优点是不用外加电流，在电源不便的场合比较适用，易于施工与安装，对附近的设备无干扰，适用于作局部保护。缺点是它所能产生的两极有效电位差有限，输出的电流量也很有限，电流的可调性小，阳极的消耗量大，要定期更换，只适用于需要小电流进行保护的场合。阴极保护可以和涂料及缓蚀剂联合使用。

对金属结构或设备进行阴极保护时是有一定的条件与范围的。

（1）被保护的金属要处于电解质中。只有处在电解质溶液中的金属才能受到阴极保护，而且电解质溶液的量要足以建立起连续的电路。在土壤、中性盐溶液、河水、海水、碱、弱酸溶液中可以进行阴极保护。在大气、气体介质、不导电的溶液中不能应用阴极保护。

（2）被保护的设备结构和形状应简单。被保护设备的结构和形状不能太复杂，否则远离阳极的金属表面的电流密度不足，近处又太大，即产生所谓"遮蔽效应"，结果有的表面受不到充分保护，有的表面发生"过保护"现象。

（3）被保护的金属易极化。被保护的金属材料在所处的介质中要容易发生阴极极化，即只要通以较小的阴极电流，就可以使其电位大幅度负移，否则实施阴极保护时耗电量太大。

常用的金属材料——碳钢、不锈钢、铝、铅、铜及其合金都可采用阴极保护。由于在阴极保护时，阴极附近的溶液的碱性会增加，因此，在对两性金属——铝、铅进行保护时，电流密度不宜过大，否则由于碱的作用，反而会加速腐蚀。此外，原处于钝态的金属，如果外加阴极极化可能使其活化而加速腐蚀，则不宜用阴极保护。

（二）阳极保护

阳极保护法是把被保护的金属构件与外加直流电源的正极相连，在一定的电解质溶液中，把金属构件阳极极化到一定的电位，使其建立并维持稳定的钝态，从而降低金属的锈蚀速度，使设备受到保护的方法。

1. 阳极保护的基本原理

阳极保护的基本原理是把金属进行阳极极化，使其进入钝化区而得到保护。当然只有在某电解质液体中能建立和维持钝态的金属才可以用阳极保护。否则，阳极极化会加速金属的阳极溶解。

2. 阳极保护的应用条件

阳极保护只要使用得当，不仅可以控制金属的全面锈蚀，而且能有效地防止孔蚀、应力锈蚀、晶间锈蚀等局部锈蚀。阳极保护的应用受到下述条件的限制：只保护液相中的金属设备；当溶液中的卤素离子浓度超过某一临界值时不能使用；如果钝化电位范围小于50毫伏，使钝化电流密度太大，应用阳极保护就不容易实现。

（三）阴极保护和阳极保护的比较

1. 阴极保护与阳极保护的共同点

两者都属于电化学保护；均适用于电解质溶液中金属的保护，都要求液相部分连续，它对于气相部分无效；都可以考虑和涂料、缓蚀剂进行联合保护。

2. 阴极保护和阳极保护的不同点

（1）保护范围不同。从理论上说，阴极保护可以保护几乎所有的金属；而阳极保护只能保护在锈蚀介质中能钝化的金属，否则反而会加快金属的阳极溶解。

（2）介质的腐蚀性不同。阴极保护只能用以保护腐蚀性不太强的介质中的金属，阳极保护既可以用在很弱的腐蚀介质中，也能用在极强的腐蚀介质中。在强腐蚀性介质中，采用阴极保护所消耗的电流太大，不经济。

（3）保护电位偏离的后果不同。阴极保护时如果电位偏离保护电位，只是降低保护效率，不会产生电解腐蚀的危险；进行阳极保护时如果偏离钝化电位范围，则马上由于钝化金属的活化或过钝化而引起金属的电解锈蚀，有加大锈蚀的危险。

（4）外加电流值意义不同。阴极保护的外加电流值不代表金属的锈蚀速度；阳极保护的外加电流值通常是被保护设备的锈蚀速度的直接量度。

（5）辅助电极不同。阴极保护的辅助电极——阳极，在电解质溶液中会受到阳极电流的电解破坏，要找到耐蚀的阳极材料不太容易，限制了阴极保护在某些锈蚀环境中的应用；阳极保护的辅助电极——阴极，本身受到阴极电流的保护。

（6）氢脆的危险性不同。在阴极保护时，如果施加给被保护的设备的电位太负，会引起氢脆。这对于加压的设备是危险的。阳极保护时，只可能使辅助电极产生氢脆，不会构成破坏设备的危险。

（7）安装费用不同。阴极保护体系比较简单，安装比较容易，安装费较低；阳极保护体系比较复杂，安装费用较高。

（8）电流分散能力不同。阴极保护的电流分散能力较差，因为被保护金属的表面没有钝化膜；阳极保护的电流分散能力较好。因此，阴极保护所需要的辅助电极的数量比阳极保护大。

（9）耗电能不同。阴极保护中消耗的电能较大，尤其在强腐蚀性介质中是这样；阳极保护只在致钝时需要大电流，在维钝时所需的电流很少。因此，阴极保护的正常操作费高于阳极保护。

（四）阴极保护和阳极保护的选用原则

1. 从介质和被保护的材料性能考虑

当介质有强氧化性质时，金属可以钝化，则优先考虑用阳极保护。

2. 从被保护的设备服役条件考虑

对于加压设备，为了避免产生氢脆的危险，要采用阳极保护。

3. 优先采用阴极保护

在两种保护技术均可用，保护效果相近的情况下，优先选用阴极保护。

4. 两种阴极保护法的选择

在确定选用哪一种阴极保护时，凡是在电阻率高的环境中的大型金属结构体系，宜采用外加电流法；凡是在电阻率低的环境中的小型金属结构体系，则采用牺牲阳极法。

第四节　金属制品的除锈技术

金属制品的养护，应贯彻以防为主的方针，尽量避免商品生锈后再去进行除锈处理。对于入库验收和保管过程中发现锈蚀的金属商品，必须先将锈迹、锈斑清除干净，然后再进行涂油或其他防锈措施。应根据商品的价值、精密度、锈蚀程度分别采用不同的除锈方法。

金属除锈按作用原理，可分为物理除锈、化学除锈和电化学除锈。物理除锈主要是通过机械外力作用于金属表面的锈蚀部位去除锈蚀的方法，又分为人工除锈与机械除锈。

一、物理除锈

（一）人工除锈

人工除锈主要是用钢刷、铁锤、铲（刮刀）、砂布、砂纸等除去铁锈的方法。此法简便，但不适于小型及大量商品除锈。

1. 钢刷

钢刷是用直径为 0.3 毫米钢丝制作，刷除金属制品表面的黑皮与红锈。比较费力，但方法简便，适用于结构简单、个体较大、数量不多的钢铁物品。

2. 铁锤刮刀并用法

铁锤刮刀并用方法适用于结构致密较厚的黑皮与赤锈，或表面附着非锈异物的钢铁制品。刮除后再用钢刷刷锈效果相对较好。

3. 砂纸或砂布打磨除锈法

对于表面精度要求不高或非加工面可用砂纸、砂布打磨。使用砂纸或砂布的标号可根据要求选择。

4. 煤油洗擦法

该法适用于一般精密仪器和零部件。先用砂布或刷子蘸煤油洗刷锈斑，再用干砂布擦净油渍及锈，最后涂油密封。

(二) 机械除锈

机械除锈主要是利用机械力去冲击、摩擦、敲打金属以除去表面的锈层。常用的机械除锈层的方法有以下几种。

1. 喷射法

喷射法是将砂粒等强力喷射在金属表面，借其冲击与摩擦的作用将锈除掉的方法。按喷射材料，可分为喷砂法（用海砂、河砂、石粒为喷射材料）、钢粒喷射法（用小钢弹或碎钢粒为喷射材料）、软粒子喷射法（以植物种子或塑料颗粒为喷射材料）。

按喷射方式，可分为动力喷射法（将干燥的喷射材料用高压空气喷射的方法）、湿式喷射法（将细砂粒与水混成泥浆状用高压空气喷射的方法）以及真空喷射法等。

喷射法适用于大型制品或金属材料的除锈，需要喷射机械，用湿法时还需在水中加入水溶性缓蚀剂。其优点是除锈效率高、成本低。

2. 砂轮与布轮除锈法

砂轮只能对非加工面使用；对于表面镀层或表面光洁度要求较高的钢铁或有色金属制品都可采用布轮除锈法。采用布轮或毡轮涂上各种抛光磨料，对已磨光的金属表面进行再加工，以除去金属表面的磨痕。

二、化学除锈

机械法是应用最广泛的金属表面清理技术，此外还要辅以化学法或电化学法，特别在有油脂污染的表面，采用化学法更必要。

化学除锈法，包括酸洗、碱除锈（碱液电解、碱还原、碱液煮沸等法）以及电解酸洗等。应用最为广泛的化学除锈法是酸洗法。酸洗法是将金属制品浸渍在各种酸的溶液中，把金属锈蚀产物化学溶去的方法。酸洗法与物理机械法比较，主要优点是不引起金属材料变形，处理的表面不粗糙，操作简便，效率高，金属物品各个角落的锈都可以除去，适用于大量小型物品的除锈，而且不需专用设备，成本较低。

(一) 金属物品的清洗

金属物品在加工过程中，常使表面沾染各种油污（如润滑油、切削油、淬火油等矿物油与植物油类）；也有经涂油防锈处理的物品，在油膜干涸失效后附在物品表面。因此，在对金属物品进行防锈处理前必须清洗干净。仓储商品常用的清洗方法有以下几种。

1. 碱液法

碱的水溶液可以洗去金属表面上的油污。因此，碱洗也是常用的清洗方法之一。可以用于金属洗油的碱类有氢氧化钠（$NaOH$）、碳酸钠（Na_2CO_3）、磷酸三钠（Na_3PO_4），焦磷酸钠（$Na_4P_2O_7 \cdot IOH_2O$）以及水玻璃（Na_2SiO_3）等。

金属表面附着的油有植物油和矿物油，前者的主要成分为脂肪酸甘油酯，在加热的条件下与碱作用，发生皂化反应，生成肥皂与甘油。其反应如下式：

$$C_3H_5(RCOO)_3 + NaOH = RCOONa + C_3H_3(OH)_3$$

反应生成物能溶解于水，经水冲洗大部油脂可以除去。生成的肥皂是极性分子，极性部分对水有较强的吸引作用，非极性部分则对油有吸引力，于是使液体的表面张力下降，油、水便可充分接触。

生成有肥皂的液体向油的内部渗透使油膨胀，削弱其对金属的附着力，并使之以微滴状分散在水中形成乳状液。其作用为润湿、浸透和乳化作用。如另加入表面活性剂配合使用，效果将更为显著。

2. 溶剂法

采用有机溶剂可以除去皂化油与非皂化油。皂化油指能与碱起化学作用生成肥皂的动、植物油；非皂化油指不能与碱反应生成肥皂的矿物油，例如凡士林、润滑油、石蜡等。

对溶剂的基本要求是：溶解油脂的能力强、毒性小、不易着火、挥发性小、便于操作、价格低廉等。通常采用甲苯、汽油、松节油、石油溶剂、二甲苯、二氯乙烷、三氯乙烯、四氯乙烯、四氯化碳等。应用较多的是氯代烷。

除油的方法可以擦洗、浸洗和在脱脂机中浸洗。

3. 表面活性剂法

所谓表面活性剂是指在分子结构上具有亲水基与憎水基两个部分的一类有机物质，这种特殊结构，就使它们在水溶液中具有特殊的分散性——较集中定向地吸附在溶液的表面或界面（如油与水的界面）上，并能降低表面张力与界面张力。因此，它们具有润湿、渗透与乳化、洗净等作用。

表面活性剂法是金属制品在非离子型表面活性剂的水溶液中靠表面活性剂的润湿、渗透、乳化等作用完成洗油过程的。其特点是操作安全，洗油效果好，同时也能洗净非油脂性污物，并且对金属无明显腐蚀作用，因而更适用于精密制件。

（二）酸洗除锈法

酸洗除锈法主要是酸与金属锈蚀产物发生化学作用，使不溶性锈蚀产物变为可溶性物质，脱离金属表面溶入水溶液中。如钢铁酸洗除锈时，其反应式如下：

$$Fe(OH)_3 + 3HCl = FeCl_3 + 3H_2O$$

酸洗除去钢铁表面上的厚氧化皮时，还有电化学作用及氢气的物理剥离作用。

金属表面的酸洗可以采用浸泡法、淋洗法以及循环清洗法等。常用的浸泡式酸洗工艺过程为：酸洗除锈—冷水冲洗—热水冲洗—中和处理—冷水冲洗—钝化等处理。

1. 酸洗所用的酸类

酸洗所用的酸类主要有硫酸、盐酸、硝酸、磷酸、氢氟酸等。其中盐酸溶解锈蚀产物的能力最强；硫酸生成氢气的机械作用大，价格便宜，广泛用于钢铁的除锈。硝酸和氢氟酸可用于铝制品等有色金属的除锈。

磷酸与盐酸、硫酸比，除锈能力较差，但腐蚀性弱，能与钢铁表面反应生成磷酸铁盐的不溶性薄膜，洗后在空气中有暂时性防锈作用。

2. 钢铁制品的酸洗

（1）硫酸酸洗。硫酸的价格比较便宜，是钢铁除锈常用的酸，使用浓度一般为5％～11％。在一定浓度范围内随酸浓度的升高，酸洗时间可以缩短，但浓度升高对钢铁的腐蚀作用会加剧，并且当超过一定浓度后，酸洗时间还会延长。

硫酸的酸洗温度一般控制在 30℃～40℃，如果是除氧化皮或重锈，温度可适当升高，因为升高温度可以提高除锈速度，但对金属的腐蚀也随之增强，同时更易发生"氢脆"。

酸洗一般是在酸洗槽中进行，当酸液中硫酸铁盐达到一定量时（在 10％硫酸浴中铁盐量达 80～120 克/升），就可能在浸于酸液中的钢铁制品表面上析出，因此，必须及时清除，更换酸液。另外，随酸洗的进行，酸液浓度会逐渐降低，应随时测定，及时补充。

硫酸酸洗对钢铁表面具有较强的腐蚀作用，因此必须在酸液中加入酸洗缓蚀剂。缓蚀剂常用的有自来水、乌洛托品（即六次甲基四胺）、若丁、食盐等。

（2）盐酸酸洗。盐酸也是酸洗除锈的常用酸。盐酸溶解金属氧化物的能力强，10％的盐酸溶解铁的氧化物的速度相当于同浓度硫酸的 10 倍；15％时则为 27 倍。所以用盐酸除锈可以缩短时间。盐酸酸洗的浓度一般为5％～15％，酸液温度应不超过40℃。温度超过 40℃，会有 HCl 挥发出来，不仅消耗了酸，同时 HCl 气体对人体有害，造成操作上的困难。盐酸对钢铁也有强腐蚀性，同时也能引起氢脆，虽然这种作用比硫酸弱，然而在实践中仍然必须注意避免这种作用的发生，特别是对精度要求较高的物品，必须使用缓蚀剂。

酸洗中的钢铁腐蚀率除与酸浓度及温度有关外，还与其中含碳虽有一定的关系。钢中含碳量越高，越易腐蚀。

（3）磷酸酸洗。磷酸是作用比较缓和的酸洗剂，它对钢铁的腐蚀性很弱，而且酸洗后在钢铁制品表面能形成具有防锈作用的钝化薄膜。磷酸酸洗液的浓度一般为15％～25％，使用温度为 40℃～80℃；但因其价格远高于硫酸和盐酸，因而使用较少，只有酸洗精度要求较高的钢铁制品时才被采用。此外，还有硝酸、草酸等酸洗剂，主要用于有色金属。

3. 有色金属制品的酸洗

（1）铜及其合金制品。铜及其合金制品可用 10％～40％的硫酸水溶液在常温至80℃的条件下酸洗，1升酸液中加入 20 克铬酸钠。

（2）铝及其合金。用 10％的硫酸水溶液在 50℃的温度下浸几分钟，再经水洗后用5％浓度的氢氧化钠溶液在常温下处理几分钟，再次水洗后在大体 5％的草酸液中，于90℃下浸 30 秒～5 分钟，取出后再用下列溶液浸渍：35％～50％硝酸溶液，常温浸 2～5 秒；10％的磷酸 0.5％过氧化氢水溶液，50℃～60℃浸 2～5 秒，也可用磷酸或加氧化剂的硫酸液酸洗。

（3）锌及其合金。用2％～3％的盐酸或氢氟酸敏捷地处理，镀锌制品也可在铬酸中酸洗。

（三）酸洗后处理

1. 清洗中和

经酸洗的金属制品离开酸浴后，必须彻底除去其表面上的残酸，否则会很快引起锈蚀。方法是制品离开酸洗浴应用清水冲洗，再用3％～5％碳酸钠溶液进行中和，最后用水洗至中性。

2. 干燥

清洗后的金属表面残留有水，必须迅速干燥，以防生锈。有效的干燥方法如下。

（1）加热法：有条件的可在鼓风干燥箱或烘房内进行；最简便又不要专门设备的方法是将制品浸于沸水中加热一定时间，制品与水的温度达到平衡后取出，利用温度较高的金属制品本身的热作用使表面水分迅速蒸发。

（2）压缩空气干燥法：用干燥清洁的压缩空气吹干金属表面的方法。

（3）红外干燥法：靠红外灯泡发射的红外线进行干燥的方法。

此外还有微波法、油浴法、表面活性剂排水干燥法等。

酸洗除锈效率高、操作简便、成本低，因而是常用的化学除锈法；但是对金属有腐蚀作用，容易发生"氢脆"并且影响制品表面光洁度。碱洗除锈弥补了其缺陷。碱洗除锈是在含有苛性碱，羟基乙酸，络合剂及起泡剂等溶液中进行的。碱洗法不腐蚀基体金属，不发生"氢脆"，金属表面光洁，适用于钢铁及铜、镁等有色金属。

近年来还发展了一种气相除锈的新技术，即用盐酸气体在较高的温度下与铁锈接触，使之变成可溶性氯化铁；经水洗除去，此法可避免酸洗对金属腐蚀或发生"氢脆"，同时可得到光洁度较高的金属表面。

三、电化学除锈

所谓电化学除锈是指被除锈的金属制品在电解液中接在外接电源上，通过电化学作用除去锈蚀产轫的方法。电化学除锈主要用于较大的钢铁制品。电化学除锈法的优点是，可使金属在除锈过程中不被腐蚀，除锈后能得到光洁的金属表面。

电化学除锈法有阳极法和阴极法。阳极法是以金属制品为阳极，通电后借金属溶解及在阳极上产生的氧气的机械力分离锈层。此法在除锈过程中金属被腐蚀很难避免，所以一般不用，主要应用于金属制品的电抛光。阴极法是以金属制品为阴极，通电后在阴极上产生氢气还原氧化铁中，并以氢气的机械作用，剥离锈层。此法对金属制品具有保护作用，所以是常用的电化学除锈法。

阴极除锈可以用酸性或碱性溶液作电解液，用酸性溶液时，在不通电的情况下，金属要受到腐蚀，而在通电时，阴极上产生氧气，也可能引起氢脆。所以电解液中最好加入适量的酸洗缓蚀剂，如在电解液中加入铅与锡离子。对于大型不能放入电解槽中的制品，可采用除锈电极法进行电化学除锈。

第五节　案例分析

工程机械产品的防锈

一、背景介绍

作为一家专注于制造业研究，以发现产业价值，促进企业发展唯一综合的机构，中工联创国际装备制造研究中心有责任、有义务、有能力在研究锈蚀危害、发现防锈价值、推广防锈经验方面做一些事情。于是，一只由四名研究员和一名专家组成的装备制造业锈蚀与防锈问题研究小组迅速成立。小组首先调查了当前中国的锈蚀损失情况以及防锈意识，发现锈蚀损失触目惊心。然后，选取了一家国内典型防锈企业尽兴案例研究，深入了解了当前防锈技术发展水平，防锈产业状况以及未来发展趋势；进而，调研了防锈在冶金、机床、汽车、工程机械、造船、电子元器件领域的应用发展情况。

工程机械是指用于土石方施工工程、路面建设与养护、流动式起重装卸作业和各种建筑工程所需的综合性机械化施工工程所必需的机械装备的统称，是中国装备制造业的重要组成部分。随着井喷式粗放增长结束，工程机械行业进入了更加注重技术和品质的精细增长。要给客户提供更满意的产品，企业必须给予产品更多呵护。防锈就是要引起重视的问题。

在卖方市场，客户要求的是快速供货，能够尽快投入项目中。能够尽早拿到产品是他们看中的，车身或者其他部位的锈蚀，虽然不美观，但不会立刻影响产品的使用。在买方市场，客户就会对产品品质要求更高。企业为了能够在众多竞争者中脱颖而出，会更加注重产品整体品质的提升，更加注重细节的提升。产品的锈蚀会影响机器的性能，也会减少产品的使用寿命。

中工联创国际装备制造研究中心对工程机械行业的防锈情况调查显示，工程机械行业已经有很多人意识到了锈蚀的危害，但专业的防锈还处于萌芽阶段。大部分企业还没有专门的防锈团队，行业龙头企业已经开始尝试产品的防锈防护包装工作，并取得了很好的效果，示范效应很大。下面，我们结合案例介绍工程机械整机防锈和零部件防锈情况。

工程机械是大型设备，整机生产完成后的储存、运输以及使用后的防锈保护，对机器的性能和使用设备有很大的影响。如果不能很好地养护设备，机器刚刚出厂不久，甚至是没有出厂就出现了锈蚀。工程机械的防锈工作是一个非常复杂的系统工程，不同的过程对不同的部位都有不同的防锈措施，有些还需要采取综合防锈措施。在这里，根据沈阳防锈包装材料有限责任公司（以下简称沈阳防锈）的一些实践案例介绍其中最重要的储存防锈和运输防锈。

二、储存防锈

机器一般摆放在厂房空地上或者工地上，直接暴露在恶劣环境中，风吹日晒，雨露侵蚀，机器内外部很快就会出现各种锈蚀。

国内某工程机械企业，经常接到客户的反馈，机器刚到手就发现很多地方锈迹斑斑，怀疑是二手机器。其实，这都是刚刚下线不久的新产品，为什么还没使用就变成"旧机器"了呢？经过专家的全面检测，发现该企业生产的产品大部分存放在露天厂房或者是普通仓库里，没有采取任何防护措施，不但有外观出现锈蚀，内部零部件也受到锈蚀侵蚀。特别是机器的臂架和连接处也出现锈蚀，这些地方是机器的承力点，锈蚀会减少使用寿命。找到了问题的原因，专家给企业开出了"药方"，将机器易锈蚀部分采取与空气隔离措施。首先对其进行杂质清除，涂抹防锈油之后，利用防锈包装纸或包装膜进行缠绕包装。结果证明，防锈效果非常好。对于长期存放的整机，采取用防锈膜进行整体包装，并且放入气相缓蚀剂，可以保证机器一两年之内保持原状。不但成本低廉，相比机器整体价值可忽略不计，而且操作简单，普通机器操作手经过简单培训即可操作。

三、运输防锈

工程机械出厂后需要运到全国各地销售，而这个运输过程却是容易锈蚀的环节。出发时崭新的机器，到达目的地之后浑身污渍、锈迹斑斑。所以在运输过程中要采取适合的防锈包装措施，就显得尤为重要。

某工程机械龙头企业，出口一批机器到东南亚某国，要求整车直接开到目的地。因为路途遥远，交通复杂，沿途下雨天气较多，曾出现机器到达目的地后变成"二手"产品情况，使企业遭受损失。为了保证机器到达之后光亮如新，该企业找到国内防锈装包最先进的沈阳防锈帮助设计。沈阳防锈派出专家团队，经过实地调研和深度研究，最终设计了一套热收缩膜包装的气相防锈方案。经过多次严格实验，防锈和防护效果非常好，完全满足客户的需求。针对大型工程机械的包装膜，柔韧性和密闭性好，遇热以后会发生收缩，使包装更加紧密，具有防水、防尘、防锈、防碰等功能，更重要的是成本较低，非常适合大型工程机械的包装。

一批泵车经过长途跋涉运到东南亚某国，一路跋山涉水，遇到很多恶劣天气，到达目的地后，打开包装后，里面的部件跟出厂时候完全一样。没有任何的锈蚀或磕碰。

四、零部件的防锈

虽然工程机械的零部件防锈经验较少，但可借鉴汽车零部件防锈的经验。汽车工业发展时间长，市场需求大，进入了精细化、规范化成熟阶段。汽车行业将防锈放在非常重要位置，并且积累了丰富的防锈经验。工程机械在我国发展时间短，规模小，还处于粗放型发展阶段，未来将逐步开始重视防锈工作。

工程机械零部件防锈主要是发动机系统整机防锈和部件防锈（缸体、缸套、缸盖等）、各种冲压件防锈和关键部件防锈（齿轮、万向节、传动轴、液压件）等，这些都可以借鉴汽车零部件防锈。沈阳防锈的"全流程防锈"理念，采取从生产线到储存包装的系统解决方案，锈蚀问题得到很好的解决。

　　根据中工联创国际装备制造研究中心调查，虽然国内的工程机械的防锈防护包装处于起步阶段，但是我国工程机械的防锈和包装技术已经趋向成熟。随着工程机械企业转型升级和降本增效措施的开展，防锈意识的逐渐增强，我国的工程机械产品将得到更多防锈呵护，产品的品质也会迈上一个新台阶。

　　（资料来源：http：//www.cm.hc360.com 2013.11.25 09：38 慧聪工程机械网）

　　分析：

　　1. 工程机械产品应如何采取防锈措施？

　　2. 分析该企业防锈的"全流程防锈"理念，用于工程机械零部件防锈其程序、方法和技术。

第六节　实习实训指导

一、实训目标

　　通过实训能够将理论与实践相结合，在现实环境中能够解释金属制品锈蚀的原因，描述金属制品出现锈蚀的危害性，同时能根据实际需求对相应的设备进行防锈及除锈工作，培养学生利用所学知识分析和解决问题的能力。

二、实训内容及要求

（一）实训内容

　　组织班级同学对学校教材仓、后勤仓、物流实训中心等相关设备进行调查和分析，了解其锈蚀的情况，并提出有效的解决措施和对策，完成不同内容的保养任务，活动记录表格见附录。

（二）实训要求

　　1. 将班内同学按6～8人进行分组；选出组长，负责组织本小组成员参与活动。

　　2. 以抽签的方式安排各小组完成不同内容的保养任务，如生锈的货架、生锈的托盘等。

　　3. 利用课余时间，由小组长组织本成员对相关内容进行去锈翻新工作，书写养护总结报告。

　　4. 各小组委派代表上台讲解展示本小组在养护活动中的工作成果，相互交流养护过程中的新的体会。

　　5. 上交小组资料。

三、成果检验

（一）教师评分

　　1. 教师根据各小组的表现针对讲解内容的精彩性、正确性、完整性等进行评分与点评，评分比例占总成绩的 25％。

2. 教师在点评内容的同时，对各个小组之间的团队合作、演讲组织能力等内容进行评分与指导。评分比例占总成绩的 25％。

3. 教师根据各小组选用方法的可行性和实用性进行点评与评分，评分比例占总成绩的 30％。

（二）学生自评

开展学生自评项目，评分比例占总成绩的 20％。

附录：

养护进度表

养护对象：＿＿＿＿＿＿＿＿＿＿＿＿＿＿＿＿＿＿＿＿＿＿＿＿

养护对象现状：＿＿＿＿＿＿＿＿＿＿＿＿＿＿＿＿＿＿＿＿＿

检查日期：＿＿年＿＿月＿＿日

检查损坏部分：＿＿＿＿＿＿＿＿＿＿＿＿＿＿＿＿＿＿＿＿＿

设备情况：＿＿＿＿＿＿＿＿＿＿＿＿＿＿＿＿＿＿＿＿＿＿＿

是否紧急：＿＿＿＿＿＿＿＿＿＿＿＿＿＿＿＿＿＿＿＿＿＿＿

是否除锈：＿＿＿＿＿＿＿＿＿＿＿＿＿＿＿＿＿＿＿＿＿＿＿

如何养护：＿＿＿＿＿＿＿＿＿＿＿＿＿＿＿＿＿＿＿＿＿＿＿

检查组人员（签章）：

复习思考题

一、概念题

1. 合金
2. 黑色金属
3. 化学腐蚀
4. 电化学腐蚀
5. 涂油防锈
6. 气相防锈
7. 手工除锈
8. 机械除锈
9. 化学除锈

二、填空题

1. 金属的锈蚀是指金属与其所接触的物质（气体或液体）发生＿＿＿＿作用所引起的破坏现象。

2. 电化学腐蚀与化学腐蚀的根本区别在于前者是产生＿＿＿＿的过程，而后者是

_____的过程。

3. 防锈油的种类很多，适用于包装金属制品的防锈油主要有_____、_____以及_____、_____等。

4. 可剥性塑料一般以_____为基础原料，配合_____、_____、缓蚀剂、稳定剂以及防霉剂加热溶解后制成。

5. 人工除锈的工具主要有_____、_____、_____、_____、_____等。此法简便，但不适于商品除锈。

三、选择题

1. 金属按化学成分分类，一般分为黑色金属和（　　）两大类。

A. 合金　　　　　　B. 有色金属　　　　C. 钢铁　　　　　　D. 五金

2. 按照金属锈蚀原理，锈蚀分为两大类，其中主要的是（　　）锈蚀。

A. 物理　　　　　　B. 化学　　　　　　C. 电化学　　　　　D. 机械

3. 一般金属锈蚀的临界湿度为（　　）。

A. 50%　　　　　　B. 70%　　　　　　C. 30%　　　　　　D. 95%

4. 气相防锈剂制品种类很多，最常见的有气相防锈纸除锈、溶液法气相防锈法和（　　）三种。

A. 粉末法气相防锈　　　　　　　B. 缓蚀剂法气相防锈

C. 环境封存法气相防锈　　　　　D. 碱性氧化法防锈

5. 金属制品除锈技术按作用原理可分为物理除锈法、化学除锈法和（　　）三种。

A. 人工除锈法　　　　　　　　　B. 机械除锈法

C. 电化学除锈法　　　　　　　　D. 酸洗除锈法

四、简答题

1. 金属锈蚀的类型及机理是什么？哪种锈蚀对金属制品的危害更大？

2. 简述引起金属锈蚀的原因。

3. 金属锈蚀后的共同特征是什么？

4. 简述金属除锈的方法。

5. 气相缓蚀剂应具备的条件及作用机理是什么？

6. 气相缓蚀剂的使用方法有哪些？

7. 可剥性塑料的特点及涂覆方法是什么？

第七章 防霉腐技术

知识目标

1. 了解霉腐微生物的特点及生长规律。
2. 掌握霉腐微生物生长的环境条件。
3. 熟悉商品霉腐的机理，常见的易霉腐商品。
4. 掌握商品霉腐的防治方法。

技能目标

1. 能分析商品在物流过程中可能出现霉腐现象的原因及应该采取的防治措施。
2. 能够进行基本的防霉腐工作。
3. 重点掌握仓储商品防霉腐技术。

引导案例

如何进行食物防霉

南方春季多雨潮湿，尤其是梅雨季节，空气湿度大，食物极易受到霉菌的污染。受霉菌污染的食品，不仅变色、变味，脂肪含量减少，蛋白质也受到一定程度的破坏，尤其是赖氨酸和精氨酸含量显著下降，更为严重的是，霉菌在食品上的繁殖会产生霉菌毒素，通过食物影响人体健康甚至危及生命。

为了防止霉菌毒素对人体造成伤害，首先要防止食物发霉。常见的食品防霉变方法有以下五种。

一、加热杀菌法

对于大多数霉菌，加热至80℃，持续20分钟即可杀灭；但黄曲霉毒素耐高温，巴氏消毒（80℃）不能破坏其毒性。

二、射线杀菌法

霉菌抗射线能力较弱，可用放射性同位素放出的射线杀灭霉菌。

三、密封保藏防霉

霉菌多属于需氧微生物，生长繁殖需要氧气，所以瓶（罐）装食品在灭菌后，充以氮气或二氧化碳，加入脱氧剂、将食物夯实，进行脱气处理或加入油封等，都可以造成缺氧环境，防止大多数霉菌繁殖。

四、防霉剂防霉

市场上的高效防霉剂对霉菌有较强的抑制作用，并可抑制霉菌形成霉菌毒素，减少食品中毒、致病致癌的可能，用于瓶、罐装食品及霉菌容易增殖的、暴露于空气中的食品表面，抗霉效果十分显著。可广泛用于月饼、馅料、剁辣椒、肉制品、豆制品、糕点、面包、罐头、蜜饯、酱菜、酱油、食醋、米酒、果酒、水果、蔬菜、粮食、烟草、饲料的防霉抗腐。

五、土法防霉

土法是人们常用来防霉的习惯用法。当然也离不开物理和化学的原理，只是人们的从日常生活中总结出来的有效方式而已。下面是几种食物防止霉变的方法。

（1）香肠、香肚：只要用棉签蘸上少许菜油，均匀地涂抹在香肠、香肚的表面，然后将其挂在通风较好的地方晾着，就可以防霉变。此方法也适用于肉类腌制食物。

（2）干货：香菇、木耳、笋干、虾米等干货最好放在密封的容器内保存，但不要让太阳直接曝晒。如香菇等干货上已经有一些霉花，可用刷子刷去霉花，再用小火将香菇烘烤干，待冷却后密封存放。切记，不能用水冲洗。

（3）醋：醋瓶内加入少许芝麻油或熟花生油，使醋与空气隔绝，杜绝产膜酵菌的污染，防止长白膜，此方法同样适用于酱油。

（4）酱油：酱油受潮后会在表面漂上一层白膜。如果在酱油里加 15％ 黄酒（少许白酒也行），既可增加酱油的香味，又可以防霉。或切几片大蒜放在酱油瓶里，也同样可防止长白膜。

（5）黄酒：黄酒变质后表面会漂一种膜状物质，味道发酸。可在黄酒内放几颗红枣或黑枣，使黄酒既不变质，又可使味更香醇。

（6）花生油：取生盐少许炒热，待冷却后放入花生油内，每千克油约放 30 克盐，然后封盖置于阴凉通风处。

（7）大米：在 100 千克大米中放 1 千克海带，可杀死害虫、抑制霉菌，使大米不会发生霉变。但海带每隔 10 天左右要取出 10 分钟后再放入大米中。一份海带可反复使用 20 余次。不但可以抑制霉菌还可避免大米生虫。

（8）年糕：将年糕完全浸泡在装有水的瓷缸内，水温保持在 10℃ 以下，即可防霉变。

（9）花生米：将花生拣去霉烂及损坏粒，用清水淘净。用开水浸泡 20 分钟后捞出沥干，趁热撒上适量的精盐和五香粉，搅拌均匀后摊晾干。最好收藏在陶瓷坛或密封罐中，放在干燥通风处，随吃随取，保持 1～2 年味道如初。

（10）零食：开包以后，及时吃完。如一下子吃不完，需及时将口袋扎紧，放在密封的盒子内，或放进冰箱保存。在购买零食之前，要注意是否有干燥剂，是否过了保质期。

虽然防霉变的方法很多，但要消除霉菌毒素的危害是有限的，因此对一些已霉变的食品，不要吝惜，一定要及时丢掉，千万不要持侥幸心理食用，否则会引起食物中毒。

（资料来源：99健康网2012.06.08）

思考：

1. 食品防霉主要是通过控制什么因素实现的？

2. 日常生活中的食物该如何保管？

霉腐是商品在微生物的作用下引起的生霉、腐烂和腐败、发臭等质量变化的现象。许多库存商品，如纤维制品、竹木制品、橡胶塑料制品等，由于微生物的作用，使商品发生霉变。霉腐是商品在储存过程中的一种常见的质量变化，为了防止商品发霉，必须了解霉菌生长繁殖的条件及规律，以便采取相应的措施，有效地抑制霉菌的生长和繁殖，从而达到商品防霉变的目的。

第一节 微生物基础知识

商品霉腐是由于微生物的作用所引起的商品质量变化，微生物（microorganism，microbe）是指必须借助于显微镜或电子显微镜才能看到的那些个体微小（直径小于0.1毫米）、结构简单、进化低级的一类生物。广义上讲，微生物包括病毒、立克次氏体、细菌、放线菌、酵母菌、霉菌、单细胞藻类和原生动物。一般地说，微生物主要是指细菌、放线菌、酵母菌、霉菌和病毒五大类。

一、微生物的特点

（一）体积小面积大

一个体积恒定的物体，被切割的越小，其相对表面积越大。微生物体积很小，如一个典型的球菌，其体积约1立方微米，可是其表面积却很大。极大的表面积使之能够在有机体与外界环境之间迅速吸收营养物质，同时排出废物。这个特征也是赋予微生物比人和动物代谢速度大几百倍至几十万倍的旺盛。

（二）吸收多转化快

微生物通常具有极其高效的生物化学转化能力。据研究，乳糖菌在1个小时之内能够分解其自身重量1000～10000倍的乳糖，产朊假丝酵母菌的蛋白合成能力是大豆蛋白合成能力的100倍。

（三）生长繁殖速度快

相比于大型动物，微生物具有极高的生长繁殖速度。大肠杆菌能够在12.5～20分钟内繁殖1次。24小时分裂24×3＝72次，大概可产生4722366500万亿个（2的72次方），这是非常巨大的数字。但事实上，由于各种条件的限制，如营养缺失、竞争加剧、生存环境恶化等原因，微生物无法完全达到这种指数级增长。微生物的这一特性使其在工业上有广泛的应用，如发酵、单细胞蛋白等。微生物是人类不可或缺的好朋友。然而正是其繁殖速度快，能在短时间内产生很多后代，使储存商品遭到严重破坏。

（四）变异快，适应强

微生物结构简单，一般是单倍体，加上繁殖快、与环境直接接触等原因，即使突变概率很低，也能在短时间内产生大量变异的后代，涉及代谢途径、形态特征等各种变异。微生物由于其独特的生理特性——灵活的调控机制，赋予其极强的适应能力。从高温100℃以上的沸水甚至火山口，到干燥的沙漠，到寒冷的极地，都可以见到微生物的身影。细菌的耐高温、高盐、高度、干旱等能力是生物之最。

二、微生物细胞的化学组成

微生物细胞由碳、氮、氢、氧和各种矿物质元素组成细胞中的各种有机物质和无机成分。

水是微生物细胞的主要组成成分，含量最大，细菌细胞平均含水量为鲜重的$75\%\sim85\%$，霉菌约为$85\%\sim90\%$，酵母菌约为$70\%\sim80\%$，细菌的芽孢和霉菌的孢子含水量较少，芽孢含水约40%，霉菌孢子含水约38%。微生物所含水的状态，一种以游离状态存在，另一种以结合状态存在。两者的生理作用不同，结合水不易挥发，不冻结，不能渗透，不能作为溶剂。结合水和游离水的平均比为$1:4$。微生物细胞内还含有20%左右的干物质，其中90%左右是蛋白质、核酸、碳水化合物、脂等有机物，10%是无机物。

三、微生物的营养

微生物同其他生物一样，为了生存，必须从其环境中获取各种物质，以合成细胞物质和提供能量以及在新陈代谢中起调节作用。各类微生物所需的营养物质有差异，但对营养物质的吸收、利用及组成细胞内的有机质等有共同规律。在生长和繁殖过程中微生物所必需的营养物质包括水、碳源、氮源、矿物质元素、生长因素等。

（一）水

微生物所需的营养物质必须先溶解于水，才能被微生物吸收和利用。细胞内各种生物化学反应也都要在水溶液中进行。由于水比热容高，能有效地吸收代谢过程中所放出的热，使微生物细胞内温度不致骤然上升，同时，水又是热的良好导体，有利于散热，可调节细胞的温度。因此，水是微生物生命活动不可缺少的物质。

（二）碳源

凡可构成微生物细胞和代谢产物中碳来源的营养物质称为碳源。其主要作用是构成细胞物质和供给微生物生长发育所需要的能量。微生物细胞中的碳素含量相当高，占干物质的50%左右。微生物对于碳素化合物的需要是极其广泛的，从简单的无机碳化物（如 CO_2）到复杂的天然有机含碳化合物（如单糖、双糖、有机酸、醇、纤维素等），都可以被不同的微生物所利用。此外，石油酵母及部分霉菌和细菌可利用碳氢化合物作为碳源。

（三）氮源

凡是构成微生物细胞物质或代谢产物中氮素来源的营养物质称为氮源。微生物的氮源也是极其广泛，从分子态氮、无机含氮化合物到复杂的有机含氮化合物都能为不同的微生物所利用。氮源是微生物另一个重要的营养成分，它对微生物的生长发育有重要的作用，它主要是提供合成原生质和细胞其他结构的原料。它一般不提供能量。

（四）无机盐类

无机盐类是微生物生长所不可缺少的营养物质。它的主要功能是构成细胞的组成成分，作为酶的组成部分，维持酶的作用，调节细胞渗透压、氢离子浓度、氧化还原电位等。某些自氧型微生物可以利用无机盐作为能源。一般微生物需要的无机盐类，包括硫酸盐、磷酸盐、氯化物和含钠、钾、镁、铁等的化合物。

（五）生长因素

生长因素是指微生物生长所必需的微量的有机物质。有些微生物在具有合适的水分、碳源、氮源和无机盐等条件下，仍不能生长或生长不好，必须有微量的其他有机物存在才能很好生长。微生物的生长因素主要是 B 族水溶性维生素，如硫胺素（维生素 B_1）、核黄素（维生素 B_2）、泛酸（维生素 B_3）、烟酸（维生素 B_5）、吡哆酸（维生素 B_6）和生物素（一种含硫的维生素）等。

四、微生物的呼吸

微生物在进行生命活动过程中，营养物质进入细胞后，在酶的作用下，物质进行分解或合成，同时进行能量的释放和吸取。在分解代谢过程中，微生物细胞一切产生能量的氧化还原过程就是呼吸。微生物在呼吸过程中，能够利用分子状态的氧，称为需氧呼吸。这种微生物就称为需氧微生物。很多霉菌属于这种类型，微生物只能在无分子状态氧的环境中进行呼吸，称为厌氧呼吸。这种微生物称为厌氧微生物，某些细菌如乳酸菌属此类。有些微生物既能在有氧的情况下进行呼吸，又能在无氧的情况下进行呼吸。这种微生物称为兼性厌氧微生物，如酵母菌。

五、霉腐微生物

凡能引起商品霉腐变质的微生物称为霉腐微生物。霉腐微生物主要是细菌、酵母菌、霉菌和部分放线菌。其中，霉菌对一些复杂的有机物有较强的分解能力，对商品的危害最多最严重，细菌次之。

（一）细菌

细菌是自然界分布最广、数量最多，与人类关系极为密切，也是引起某些商品腐败变质最为主要的一类微生物。细菌的形态是多种多样的，尤其当生活环境条件改变时，常引起细菌形态的改变，但是对细菌的种来说，在一定的环境条件下，各种细菌都保持一定的形态。细菌的基本形态有球状、杆状和螺旋状三种，分别称为球菌、杆菌和螺旋菌。

细菌的体形很小，其大小通常以微米计算。细菌的大小差别虽然很大，但一般都不超过几个微米，大多数球菌的直径为 0.5～2 微米。杆菌一般长为 1～5 微米，宽 0.5～1 微米；螺旋菌一般长为 1～10 微米，宽 0.5～1 微米，细菌的大小因环境条件的影响而有不同。

细菌是以分裂方式进行繁殖的，繁殖速度很快，在条件适宜的情况下每 20～30 分钟可分裂一次。细菌主要危害含水量较大的动植物性食品，如肉类、鱼类、蛋类、乳类、水果、蔬菜、糕点、酒类等。在相对湿度较高的条件下，有些天然纤维纺织品和皮革、皮毛制品也会遭到细菌的侵蚀。

（二）酵母菌

酵母菌是一群单细胞微生物，属真菌类。如用于酿酒、制馒头，又可用于发酵饲料、菌体蛋白质、维生素、有机酸、酶制剂以及石油发酵脱蜡等方面。由于酵母菌细胞含有丰富的蛋白质和维生素，而且其蛋白质中含必需氨基酸指数都很高，所以具有很高的食用价值和饲用价值；也有些酵母菌能造成食品的败坏，少数种是威胁人畜生命的病源菌。

现知酵母菌分为 39 个属，有 370 多种。酵母菌的形态多样，依种类不同而差异，一般多为球形、卵形、椭圆形、柠檬形和不正的圆筒形等。细胞长 5～30 微米，宽 1～5 微米。有些酵母菌细胞与其子代细胞连在一起形成链状，称为假菌丝。在自然界中，酵母菌主要分布在含糖质较高的环境中，如水果、蔬菜、花蜜和五谷上，特别是果园、葡萄园的土壤中较多，在空气及一般土壤中的数量较少。

（三）霉菌

霉菌在各类微生物中数量繁多，在自然界中的分布也极为广泛，与人们生活的关系更为密切。由于霉菌分解一些复杂的有机物（如纤维素、淀粉、蛋白质等）的能力比较强，在自然界物质循环中起了很大作用，同时霉菌也是生产酶制剂、有机酸、抗菌素及发酵饲料的主要微生物。然而，霉菌也是造成农副产品、衣物、食品、原料、器材、工具等霉腐的主要微生物，有的还能引起人和动植物的病害。霉菌是一种能在空气中大量存在的微生物，对营养条件的要求比较低，能在各种物品上生长繁殖，分布比较广，与物品有关的霉菌主要有毛霉、根霉、曲霉、青霉、木霉等。

（四）放线菌

放线菌因其丝呈放射状而得名，在自然界广泛分布，主要存在于土壤中，空气、淡水、海水也有存在，绝大多数为腐生，少数为寄生。有些放线菌能引起食品变质，但不在工业品仓库中为害。为害食品的放线菌主要是嗜热放线菌等。

第二节　温、湿度对商品霉腐微生物的影响

微生物侵入商品并能在商品上生长繁殖，除商品本身具有它们所需的营养外，还与外界条件有着密切的联系，两者缺一不可。即微生物只有在适宜的条件下，才能迅速生长繁殖。当外界环境条件不适宜时，霉腐微生物的生命活动就受到一定的影响，可发生抑制、变异、甚至死亡。通过环境对霉腐微生物生命活动影响的分析和研究，在物流管理过程中，对霉腐微生物的利用、抑制、杀灭和防治等方面均有重要的指导意义。

一、温度对霉腐微生物的影响

（一）微生物生长的适应温度

温度是影响微生物机体生长的最重要的因素之一。它对生物机体的影响表现在两方面：一方面，随着温度的上升，细胞中的生物化学反应速率加快，生长速度加快；另一方面，机体的重要组成如蛋白质、核酸等都对温度较敏感，随着温度的增高而可能遭受不可逆的破坏。因此，只是在一定范围内，机体的代谢活动与生长繁殖才随温度的上升而增加，温度上升到一定程度，开始对机体产生木利的影响，若温度继续提高，细胞功能急剧下降以致死亡。

从微生物的总体来看，生长温度范围很广，在$-10℃\sim80℃$均可生长。自然界中各种微生物都有一定的适应生长温度。根据微生物适应生长的温度范围，可将微生物分为低温微生物（嗜冷微生物）、中温微生物（嗜温微生物）和高温微生物（嗜热微生物）三个生理类群。在每一类群的适应生长的温度范围内，可包括最低生长温度、最适生长温度和最高生长温度。如表7-1所示。

最低生长温度就是微生物生长繁殖最低温度。在此温度微生物生长最慢，低于这个温度，微生物就不能生长。最适生长温度是指微生物生长繁殖的最适宜的温度。在这个温度，如果其他条件适当则微生物生长最快。最高生长温度，指微在物生长繁殖的最高温度。超过这个温度，微生物的生命活性就受到抑制，甚至死亡。

总之，超出最低和最高生长温度范围，微生物的生命活动均会中断。因此，在实际工作中，可以通过对温度的控制来促进有益微生物的生长，抑制或消灭有害微生物危害。

表7-1　　　　　　　　　　各类型微生物的适应温度范围

类型	最低温度（℃）	最适温度（℃）	最高温度（℃）	举例
低温微生物	$-10\sim5$	$10\sim20$	$25\sim30$	两极、深海、冷泉、冷藏中的微生物

类型	最低温度（℃）	最适温度（℃）	最高温度（℃）	举例
中温微生物	10～20	18～28	40～45	土壤、空气中大多数微生物
	10～20	37～40	40～45	寄生人体及动物的微生物
高温微生物	25～45	50～60	70～85	温泉、堆肥中的微生物

（二）低温对微生物的影响

大多数微生物，在低温条件下，代谢活动降低，生长繁殖停滞，处于休眠状态，但其生命活力依然保存，一旦遇到合适的生活条件就可生长繁殖。如实验室普遍采用低温保存菌种就是根据这个原理。

也有少数微生物在低温下死亡。低于冰点的温度致死微生物，主要是由于细胞内水分转变成冰的结晶，引起细胞明显脱水，很多细胞对脱水十分敏感，故不能存活。另外，细胞内形成的冰晶体对细胞结构，特别是对细胞膜产生机械性损伤作用。再加上微生物所处的基质也因冰冻而产生一系列复杂的变化。这些微生物细胞内外性状的改变仍然是冰冻促使微生物致死的原因。

影响低温对微生物作用的因素很多。降温的速度对微生物的死亡率有明显的影响，例如，处于45℃中生长的大肠杆菌，使其所处的温度迅速下降至10℃，结果造成幼龄菌大半死亡，若逐渐降温死亡较少。

有人认为，冰冻的速度快慢对微生物死亡率也有一定的影响。缓冻比速冻可促使更多的微生物死亡。其原因主要是快速冷冻时，细胞内形成的冰晶体积小，对细胞的损害也小，反之，水晶体积大，对细胞机械地压伤或刺伤也就大。

菌龄的大小对低温的反应也不同。幼龄菌对降温很敏感，而老龄菌对降温不敏感。冰冻和解冻的反复交替比一直保持在冰冻状态对微生物的影响较大。冰冻和解冻的反复交替更容易引起微生物死亡。

微生物在冰冻时所处基质的成分、浓度、pH值等均有一定的影响。微生物所处基质的酸度高、水分多，微生物在冰冻过程中会加速死亡，如果基质中糖、盐、蛋白质、胶状物和脂肪等物质存在时，对微生物都有一定的保护作用。

另外，微生物所存活的数目，还随着冰冻状态的延长而逐渐死亡。低温可以抑制甚至致死微生物，而商品的霉烂变质都是由于微生物生命活动所引起的，因此，利用低温影响微生物生命活动的原理来保存商品是一项有效的措施。

（三）高温对微生物的影响

微生物对高温比较敏感，如果环境温度超过了微生物所适应的最高生长温度，就会引起死亡，温度越高死亡越快。

高温致死微生物的原因，主要是由于高温对菌体蛋白质、核酸、酶系统等有直接破坏作用，如蛋白质中较弱的氢键受热后易被破坏，使蛋白质变性或凝固，导致菌体死亡。影响高温对微生物作用的因素多种多样。

（1）菌种的不同。对热的抵抗力也不同，这与它们的细胞结构和细胞组成有关。从不同特性的细菌之间来比较，嗜热菌的抗热力要大于嗜温和嗜冷菌，芽孢菌大于非芽孢菌，球菌大于无芽孢杆菌。霉菌与酵母菌相比，则霉菌的抗热力一般大于酵母菌。霉菌和酵母菌的孢子对热的抵抗力稍大于它们的菌丝体或营养细胞。霉菌的菌核抗热力特别大。

（2）不同菌龄对热的抵抗力也不一样。在同一温度下，对数生长期的幼龄菌抗热力小，稳定期的老龄菌抗热力较大；老龄菌的芽孢比幼龄菌的芽孢抗热力大。

（3）微生物数量的多少与抗热力有明显的关系。菌量越多，抗热力越高，即含有微生物的数量越高，加热杀死最后一个微生物所需的时间也越长。因为微生物群集在一起时，受热而致死，并不是在同一时间内全部死亡，而是有先有后的。菌体细胞因能分泌出对菌体有保护作用的蛋白性质的物质，有减低热力的作用。菌体细胞越多，这种保护性物质的量也就越多，抗热力也就越强。

（4）基质的状况也是影响微生物抗热力的重要因素。微生物的抗热力随着基质水分的减少而增大，即使是同一种微生物，它们在于热环境中的抗热力要比在湿热环境中的抗热力要大得多。基质中有脂肪、糖、蛋白质等物质存在，对微生物有保护作用，随着这些物质的增加，微生物的抗热力也就加大。基质的 pH 值对微生物抗热力也有影响。微生物一般生长适宜的 pH 值在 7 左右，这个 pH 值范围，也是微生物抗热力最强的范围。pH 值上升或下降，都可以减弱微生物的抗热力。特别在偏酸性时，促使微生物抗热力的减弱更为明显。

微生物对高温比对低温反应敏感，所以应用高温进行灭菌是最常见的物理方法。高温致死微生物主要是引起细胞蛋白质凝固。

二、湿度对微生物的影响

水和空气中的湿度是微生物生存的必要条件，需要大量的水分才能维持微生物一系列正常代谢的进行，微生物细胞含水量较多，一般在 70%～90%，环境过于干燥的时候，微生物就不能生长。就仓库防霉的需要而言，水分和湿度越低越好，在干燥的环境中微生物就要休眠或死亡。但水分和湿度对具体物品而言也是不可少的。水分太低，空气过于干燥，虽然可以防霉，却可以危害物品，如皮革制品会干裂，致使物品的使用价值严重变坏，同样达不到养护商品的目的。

空气湿度对微生物生命活动的作用与水分同样重要。微生物要求空气湿度适合自身的水分条件，若湿度与自身要求相当，则繁殖生长旺盛，与自身要求不相当，则必然受到影响，甚至休眠或死亡。

根据微生物对空气相对湿度的不同要求，又可以把微生物分为三种类型，如表 7-2 所示。

表7-2 各类型微生物对空气相对湿度的要求

微生物类型	最低相对湿度（％）	霉腐微生物种类
湿生型（高湿性）	＞90	细菌、酵母菌、少数霉菌
中生型（中湿性）	80～90	多数霉菌、个别酵母菌
干生型（低湿性）	＜80	部分霉菌

大多数的细菌和酵母菌属于湿生型。一般认为食品的含水量需要在50％以上时细菌和酵母菌才能生长繁殖。研究结果表明，肉中的水分在40％以下时，几乎不发生细菌性腐败。而霉菌中的大部分种类属于中生型。例如，毛霉、根霉、青霉和大部分的曲霉，只要商品含水量达到14％～18％，空气相对湿度在80％～90％时，就能很好地生长和繁殖。

微生物在干燥的环境中会失去大量的水分，新陈代谢就会发生障碍，甚至引起菌体蛋白质变性和由于盐类浓度的增高而逐渐导致死亡微生物对于干燥坏境的抵抗力，也随着种类和生理状态的不同而有所差别。干燥对微生物影响表现在以下几方面。

（一）微生物种类

干燥对微生物的作用是因种类而异的，不同种类的微生物对干燥的抵抗力是不一样的。从微生物的营养细胞来说，霉菌中菌丝抗干燥力最弱；细菌以螺旋菌的抵抗力最弱，革兰氏阳性球菌最强，有荚膜的细菌比没有荚膜的细菌对干燥的抵抗力要强；酵母菌的营养细胞也有相当的抗干燥力，在一般干燥环境中，可生存较长的时间。

从微生物的繁殖细胞来说，霉菌和酵母菌的孢子具有很强的抗干燥能力，尤以细菌的芽孢对干燥的抵抗力特别大，可保存生命数年至数十年。当遇到适宜的水分和营养仍可发芽繁殖。

（二）温度

在低温下干燥，则微生物抗干燥能力弱，在干燥环境中温度越高，微生物越易死亡。干燥后存活的微生物，若处于低温下，能长久地保存其生命力；若处于室温下，则容易引起死亡。

（三）干燥的速度

高速干燥，微生物不容易死亡；缓慢干燥，则微生物死亡最多。另外，在干燥过程中，微生物死亡最多的是在干燥的早期。

（四）菌龄和菌数

幼龄的微生物比老龄微生物对干燥敏感，容易死亡。菌数越多，越密集，对干燥的抵抗力越强；反之，越弱。

（五）周围环境的性质

同样的微生物处于不同的干燥环境，其抗干燥力不同。例如，细菌在玻璃上干燥很快就死亡；在牛奶、肉汤和其他含蛋白质的培养基中，且完全干燥后，存活率仍较高；在干燥的土壤中可长期生活。这是因为营养物质或土壤起着保护剂的作用。

（六）与氧的关系

实验证明，细菌在真空或惰性气体中比在有氧的条件下对干燥的抵抗力大，经真空干燥后并在真空环境中储存的微生物可长期保持生命力。死亡也是很缓慢的。

由于干燥可以使微生物细胞失去水分而减低其生活为或阻止其生命活动，因此干燥也是保存商品的好方法。例如，谷类、肉鱼、蔬菜与牛奶等都可采用干燥的方法保存。

三、商品的霉腐

（一）易霉腐的商品

易霉腐商品种类繁多，化学成分各异，但许多商品都含有（或表面覆盖有）可被微生物利用的化学成分，如棉、麻、纸张类商品中的纤维素；丝、毛、皮革类物品中的蛋白质；果品、蔬菜物品中的糖；鱼、肉、蛋、乳类物品中的蛋白质和脂肪；粮食类物品中的淀粉和糖等。这类商品的营养成分虽然复杂，但主要都是由糖类、蛋白质、脂肪、有机酸、维生素以及矿物质、水分、色素等组成的。这些成分恰恰是微生物生长繁殖所必需的营养物质。微生物在一定的外界环境中，在酶的作用下，对这些有机物进行分解。因此，用有机物或其加工品制成的商品，时间稍长，即可使商品原有结构破坏，轻则影响商品的外观色泽，重则可使商品部分或全部霉烂变质，最终成为废品。

（二）商品霉腐的过程

商品霉腐主要经过以下四个过程。

1. 受潮

商品受潮是霉菌生长繁殖的关键因素。当商品吸收了外界水分受潮后，含水量超过了该商品安全水分的限度，则为商品提供了霉腐的条件，如棉布含水量超过 10％，相对湿度超过 75％时，棉布就很容易发霉。

2. 发热

商品受潮后霉腐微生物开始生长繁殖，就要产生热量。其产生的热量一部分供其本身利用，剩余部分就在商品中散发。商品的外部比内部易散热，所以内部的温度比外部的温度高。

3. 霉变

由于霉菌在商品上生长繁殖，开始有菌丝生长，能看到白色毛状物，称为菌毛。霉菌继续生长繁殖形成小菌落，称为霉点。菌落增大或菌落融合形成菌苔，称为霉斑。霉菌代谢产物中的色素使菌苔变成黄、红、紫、绿、褐、黑等色。

4. 腐烂

商品霉变后，由于霉菌摄取商品中的营养物质，通过霉菌分泌酶的作用，破坏了商品的内部结构，发生霉烂变质。发霉后的商品发生霉味，外观上污点或染上各种颜色，内部结构被彻底破坏，弹力消失而失去了使用价值产生。

微生物分解商品的一般过程是：首先将商品所含的复杂物质分解为简单的物质，然后分解成为无机物如二氧化碳、氨气、氢气等。在完全适宜的条件下，微生物生长繁殖很快。如酵母菌经过 12～24 小时，菌数可达原来的 5～6 倍，使商品很快就遭到破坏。

第三节　商品霉腐的防治

微生物的生长繁殖与其环境密切相关。环境条件的改变，可对微生物的形态、生理、生长、繁殖引起改变，同时，微生物也能抵抗、适应环境的某些改变。研究环境因素与微生物间的相互影响，有助于了解微生物在自然界中的分布及作用，制定增进或降低甚至完全破坏微生物的生命活动的有效措施。

一、加强库存商品的管理

消除适应霉菌滋长发育的条件，使库内温、湿度控制在一定标准以下，以达到防霉腐的目的，通常采用的措施主要有以下两种。

（一）加强入库验收

易霉商品入库，首先应检验其包装是否潮湿，商品的含水量是否超过安全水分。易霉商品在保管期间应特别注意检查，加强保护。

（二）加强仓库温、湿度管理

在低温干燥条件下，微生物的生命活动（包括有生活功能的商品）受到抑制，处于"休眠"状态，于是商品的储存就比较稳定。当某些不利于安全保管因素，诸如温度、湿度和氧气等，作用于商品本身及微生物时，有生活功能的商品及微生物，则打破了"休眠"状态，生命活动旺盛起来，于是引起商品发热霉变。由于这些商品的导热能力差，因而湿热在商品内积聚，促使商品的温度和含水量增加，这又反过来促使微生物呼吸作用更加旺盛，于是又产生更多的热量与水汽，如此循环下去，商品垛内以及商品本身的温、湿度超出库外，所影响的范围而不正常的上升。最后导致商品的霉腐。可见，仓库温、湿度管理，是对商品霉变的外因进行限制的重要手段。

要根据商品的不同性能，正确地运用密封、吸潮及通风相结合的方法，管好库内温、湿度。特别是在梅雨季节，要将相对湿度控制在不适宜于霉菌生长的范围内。

二、化学药剂防霉

化学药剂防霉腐最主要的方法是使用防霉腐剂，防霉腐剂的基本原理是使微生物菌体蛋白凝固、沉淀、变性；或破坏酶系统使酶失活，影响细胞呼吸和代谢；或改变细胞膜的通透性，使细胞破裂、解体。防霉腐剂低浓度能抑制霉腐微生物，高浓度就会使其死亡。其基本原理如下。

（1）对抗代谢物。化合物在结构上与生物体所必需的代谢物很相似，因而可以和特定的酶结合，阻止酶的功能，干扰代谢的正常进行，称为对抗代谢物。

（2）抑制微生物细胞壁的合成。某些微生物如细菌细胞壁中的重要组成肽聚糖的合成受到阻碍，对细胞壁中含几丁质的真菌，具有较强的抑制能力，可阻碍细胞壁中几丁质的合成。

（3）影响微生物细胞质膜的完整。一些多肽类化合物和酚类化合物能损坏细胞质膜，使细胞内物质漏出，有的能使真菌细胞质膜中的麦角固醇结合，引起细胞膜透性的破坏。

（4）抑制蛋白质的合成。有的药物能引起霉菌、细菌蛋白质变性沉淀，使这些菌类死亡。

（5）改变细菌、霉菌细胞的表面张力，妨碍膜的正常渗透屏障功能，使细菌、霉菌致死。

常用防霉腐化学药剂有：苯骈咪唑氨基甲酯、水杨酰苯胺、五氯酚钠、氟化钠等。防霉腐剂的使用方法主要有：

加法：将一定比例的药剂直接加入到材料或制品中去，如食品、化妆品等；

渍法：将制品在一定温度和一定浓度的防霉剂溶液中浸渍一定时间后晾干；

涂布法：将一定浓度的防霉剂溶液用刷子等工具涂布在制品表面；

喷雾法：将一定浓度的防霉剂溶液用喷雾器均匀地质洒在材料或制品表面；

熏蒸法：将挥发性防霉剂，如对硝基苯甲醛、环氧乙烷的粉末或片剂置于密封包装内，通过防腐剂的挥发成分防止商品的霉腐。

三、气相防霉腐

气相防霉腐也是化学药剂防霉腐方法之一。就是使用具有挥发性的防霉防腐剂，利用其挥发性的气体，直接与霉腐微生物接触，杀死或抑制霉腐微生物的生长，以达到防霉腐的目的。有的在生产中将防霉腐剂直接加到商品中，有的是将其喷洒或涂抹在商品表面，有的需经浸泡。气相防霉腐是气相分子直接渗透于商品上，对其外观与质量不会有什么不良影响。为了提高防霉腐的效果，一般是在密封条件下进行。常用的气相防霉腐剂有多聚甲醛防霉腐剂和环氧乙烷防霉腐剂。

四、气调防霉腐

气调防霉是生态防霉腐的形式之一。霉腐微生物与生物性商品的呼吸代谢离不开空气、水分、温度这三个因素。只要有效控制其中一个因素，就能达到防止商品发生霉腐的目的，如只要控制和调解空气中氧的浓度，人为地造成一个低氧环境，使霉腐微生物生长繁殖受到抑制。气调防霉腐要在密封条件下，通过改变空气组成成分，以降低氧的浓度，造成低氧环境，来抑制霉腐微生物的生命活动与生物性商品的呼吸强度，从而达到防霉腐的效果。

（一）气调防霉腐应注意的问题

1. 必须在密封条件下进行

根据条件，可按库、按垛、按箱密封，以不透气为原则。在选择密封材料时，必须要考虑：①对气体与水蒸气的阻透性；②抗压与抗拉力性能；③加工技术的可能性；④经济上的合理性。

2. 必须对人休无毒性

对霉腐微生物有拟制作用的气体，主要是二氧化碳或氮气。

3. 必须使商品含水量在安全水分以下

避免因水分高而结露，露水侵入商品，引起局部霉烂变质。必须做到：①商品含水要低于安全水分；②室外昼夜温差过大不宜进行气调养护；③充入气体应充分冷却，以尽量减少含水量；④如发现帐内气体含水量过高，相对湿度过大，帐外气温有接近露点可能时，应在一天中气温最高时，抽气并同时充入干燥氮气；⑤以养护为主的商品，应选择在低温季节扣帐。

（二）气调防霉腐的方法

1. 密封

密封是保证气调防霉腐的关键，以不透气为宜。并应安装测气、测温、充气、抽气口、取样口等装置，然后扣帐。以垛密封简便易行，效果好，成本低。

2. 降氧

降氧是气调防霉腐的重要环节。在气调中控制空气中氧的浓度较控制其他因素简便易行。通过调整空气中氧的浓度，人为地造成一个低氧环境，霉腐微生物的生长繁殖及生物性商品的呼吸都会受到抑制。目前采用的方法主要有人工降氧与自然降氧两种。

人工降氧又分为机械降氧和化学降氧。其中，机械降氧，又可分为真空充氮法、充二氧化碳法和分子筛降氧法；而化学降氧主要是除氧剂封存法。

自然降氧是利用生物性商品的自身呼吸作用，或商品上霉腐微生物的呼吸作用，逐渐消耗密封垛内氧气，使垛内自行逐步降低氧的浓度，增加二氧化碳的浓度，从而达到自然降氧的目的。自然降氧，方法简便，只需密封塑料帐罩不需其他降氧设备。主要用于水果、蔬菜防霉腐保鲜方面。

商品在低氧储存中要加强管理、定时测密封垛中的气体成分，测温、测湿、测水分。同时还要观察商品有无发霉可能、有无结露现象，如果发现异常现象，必须相应及时采取措施。

五、低温冷藏防霉腐

低温冷藏是通过控制和调节仓库内及商品本身的温度，使其低于霉腐微生物生长繁殖的最低界限，抑制酶的活性。一方面抑制生物性商品的呼吸、氧化过程，使其自身分解受阻；另一方面抑制霉腐微生物的代谢与生长繁殖，来达到防霉腐的目的。低温冷藏防霉腐所需的温度与时间，应根据具体商品而定。一般温度越低，持续时间越长，霉腐微生物的死亡率越高。

低温冷藏按储藏温度不同，分为冷藏和冻藏。冷藏是适于含水量大不耐冰冻的易腐商品，短时间在0℃左右的冷却储藏。如蔬菜、水果、鲜蛋、乳品、鲜肉的冷却防腐保鲜。在冷藏期间，霉腐微生物的酶几乎失去了活性，新陈代谢的各种生理生化反应缓慢，甚至停止，生长繁殖受到抑制，但并未死亡。冻藏是适于耐冰冻含水量大的易腐商品，较长时间在－18℃左右的冻结储藏。如肉类、鱼类的迅速冻结储藏。在冻藏期间，商品的品质基本上不受损害。商品上的霉腐微生物，因细胞内水变成冰晶、脱水以及冰晶损伤细胞质膜，而引起多数死亡。

六、干燥防霉腐

水分是组成微生物体的重要成分，而且需要大量的水分才能维持微生物一系列正常代谢的进行，微生物在干燥的环境中会失去大量的水分，新陈代谢就会发生障碍，甚至引起菌体蛋白质变性和由于盐类浓度的增高而逐渐导致死亡。由于干燥可以使微生物细胞失去水分而减低其生活力或阻止其生命活动，因此干燥也是保存商品的好方法。例如，谷类、肉鱼、蔬菜与牛奶等都可采用干燥的方法保存。

干燥防霉腐也是生态防霉腐方法之一。我国古代有许多干燥法储藏食品和物品的行之有效的方法，一直沿用至今。它是通过降低仓库环境中的水分和商品本身的水分，使霉腐微生物得不到生长繁殖所需水分，来达到防霉腐的。目前主要采用吸潮防潮和通风、晾晒降水等方法，条件允许的单位也可以采用烘干降水和其他物理方法的烘干，如远红外线、微波烘干等方式。

七、其他防霉腐的方法

（一）紫外线防霉腐

应用紫外线灯灭菌作用强而稳定，但紫外线穿透力弱，易被固形物吸收，使用范围受到限制，主要用于空气、表面和液状物品的灭菌。此外，空气在紫外灯照射下生成的臭氧，亦有灭菌作用。

（二）微波防霉腐

物质在微波作用下，分子摩擦作用使温度迅速上升，同时，微生物吸收微波后亦引起温度升高，使蛋白质凝固，菌体成分破坏，水分汽化排出，促使菌体迅速死亡。

（三）红外线防霉腐

由于空气几乎不吸收红外线，所以能直接到达加热物表面吸收后转为热能，同时微生物也吸收红外线，使细胞内温度迅速上升，造成蛋白质凝固、核酸被破坏，菌体内水分汽化脱水而死亡。

第四节　案例分析

啤酒酿造中采取何种杀菌方法

众所周知，啤酒酿造中采取何种杀菌方法，对啤酒发酵有重要影响。目前，常用的杀菌方法有以下几种。

一、热力杀菌

微生物都有其适宜的生长温度，超过了其最高生长温度范围时，就会引起死亡。因此，加热成为灭菌和消毒方法中应用最广泛且效果较好的方法之一。所有连接物料的胶管及固定管在使用前均需经过 30 分钟的蒸汽杀菌。

优点：蒸汽具有广谱性，获取方便，无毒、无腐蚀性，并有良好的渗透性。

缺点：蒸汽容易形成薄膜，升温慢，消耗能源。啤酒也可以通过巴氏杀菌法，在 60℃ 温度下持续 20 分钟。但是由于加热时间长，故对产品风味、营养成分以及胶体稳定性都有一定影响。

二、紫外线杀菌

紫外线对水的杀菌效果是非常有效的，其活性取决于 pH、温度，被广泛应用于无菌水的制备系统中。

优点：无残留味和气体，低毒性。

缺点：渗透性差，杀菌效果取决于水的混浊度，且无残余活性，易导致细菌再次生长。

三、高电压杀菌

日本麒麟啤酒公司开发了一种在啤酒中加上瞬间的高电压，只杀伤啤酒中污染菌的杀菌新方法。

优点：与热杀菌法相比，这种方法能耗少，啤酒的品质也不会受影响。

四、碱液杀菌

强碱［一般常用火碱（NaOH）］能水解蛋白质和核酸，使微生物的酶系统和细胞结构受到破坏，引起菌体死亡。生产过程中，薄板冷却器及麦汁管道每天都须用热碱水进行循环杀菌；同时，用过的繁殖罐、发酵罐须用温度 80℃～85℃、质量分数为 10% 左右的氢氧化钠（NaOH）溶液循环冲洗。

优点：碱类除有杀菌作用外，还可去油污。同时，碱性越强，其杀菌效果越好。

五、甲醛杀菌

甲醛的杀菌效果在于它具有还原作用，可以抑菌或杀菌，能与蛋白质的氨基结合而使蛋白质变性，这样就破坏了菌体的细胞质。经氢氧化钠溶液冲洗干净的繁殖罐和发酵罐，用清水冲净后，还应采用质量分数为 2% 的甲醛溶液密封 2 小时，再用清水冲净后备用。

六、氧化灭菌

氧化剂能放出游离氧或使其他化合物放出氧。氧化剂作用于微生物蛋白质结构中的氨基、羟基或其他化学基因，造成其代谢机能障碍而死亡。酵母添加器每次用完后，须经清水冲净并用双氧水（H_2O_2）或漂白粉溶液浸泡，下次使用前，还要再用清水冲净。

七、隧道式热水喷淋系统

目前，啤酒杀菌出现了隧道式热水喷淋系统。该系统主要由热水供应、喷淋装置及啤酒输送装置组成，一般沿隧道长度方向分为几个不同的温度段。生啤酒装瓶封口后，进入杀菌机预热段，随传送带逐次经杀菌段和冷却段，再由另一端离开杀菌机。

（资料来源：2011 - 7 - 18 08：43 名酒商学院，http：//www.zgm9.com/sxy/p/201107/18/00038511.html 华夏酒报·中国酒业新闻网）

分析：

1. 比较本案例中所采取的杀菌方法的利弊。

2. 根据微生物的特点及微生物细胞的化学组成等理论，分析 7 种杀菌方法的基本原理。

第五节　实习实训指导

一、实训目标

通过调研实习方式，直观地了解在库商品的霉变及养护情况，考查学生对所学知识的掌握和理解程度；加强学生对课堂知识的实践训练，激发学生学习的积极性；培养学生初步的商品养护能力；强化学生系统分析和解决问题的能力。

二、实训内容及要求

（一）实训内容

1. 班级分组，深入一个仓库调查在库商品的霉变或防霉变情况，分析其原因，提出具体的改进措施，并以小组为单位完成调查报告。

2. 利用暑假，组织两个社会实践小分队，分别赴东北地区和珠三角地区，各选一个储备粮仓库进行调研实习两周，比较两个储备库储藏同一种粮食，哪个库储粮成本高，哪个库综合物流成本高。利用所学物流理论，分析其主要原因，并撰写调查报告或论文。

（二）实训要求

1. 学生可自由结组，选取较熟悉的在库商品进行调查分析和研究，具有针对性地提出防霉腐的解决方案。

2. 针对某一商品可有多个防霉腐设计方案，不同小组可以选择同一研究对象。

3. 对于调查中的基础信息资源、分析过程、方案中的针对性结论，不能空泛虚无，要求切合实际，在实训中转化所学知识，深层次地理解相关理论。

4. 调查方案设计中，小组学生可以彼此交流讨论，不断完善基础资料，互为补充，集思广益，从而使对策方案更加正确和可行。

5. 实训的成果以调查报告或论文的形式呈现，其中必须包含基础资料、分析过程、研究对策三个部分。

三、成果检验

根据学生调查资料的详尽程度、实训期间的态度、调查结论及报告总体水平，综合评价学生实训表现和成绩，最终实训成绩的构成如下：数据收集（10%）、实训态度（10%）、设计方案（30%）、调查报告或论文（50%）。

复习思考题

一、概念题

1. 微生物

2. 霉腐微生物

3. 商品霉腐

4. 化学药剂防霉腐

5. 气调防霉腐

6. 干燥防霉腐

7. 低温冷藏防霉腐

二、填空题

1. 微生物细胞由_____、_____、_____、_____和各种矿物质元素组成细胞中的各种有机物质和无机成分。

2. 在生长和繁殖过程中微生物所必需的营养物质包括_____、_____、_____、_____、_____等。

3. 引起商品霉腐变质的微生物主要是_____、_____、_____和_____。

4. 商品的霉腐主要经过_____、_____、_____和_____四个过程。

5. 常用的气相防霉腐剂有_____和_____。

6. 低温冷藏防霉腐所需的温度与时间，应据具体商品而定。一般温度越低，持续时间越长，霉腐微生物的死亡率越_____。

7. 微生物具有的特点是_____、_____、_____和_____。

8. 根据微生物对空气相对湿度的不同要求，分为_____、_____和_____三种类型；它们的最低相对湿度分别是_____、_____和_____。

9. 干燥对微生物的影响表现在_____、_____、_____、_____、

_____、_____等几个方面。

10. 化学药剂防霉的基本原理主要有_____、_____、_____、_____。

11. 常用的化学防霉腐剂使用方法主要有_____、_____、_____、_____、_____。

三、选择题

1. 微生物细胞中的碳素含量占干物质的（　　）左右。

A. 50%　　　　　　B. 85%　　　　　　C. 40%　　　　　　D. 90%

2. 微生物生长温度在（　　）范围内均可生长。

A. 40%～45%　　B. 70%～85%　　C. −10℃～5℃　　D. −10%～80%

3. 湿生型（高湿型）微生物要求空气最低相对湿度为（　　）。

A. 高于 90%　　B. 80%～90%　　C. 低于 80%　　D. 高于 70%

4. 在（　　）条件下，微生物的生命活动受到抑制，处于"休眠"状态，商品储存比较稳定。

A. 低温干燥　　　B. 高温干燥　　　C. 高温高湿　　　D. 低温高湿

5. 气相防霉腐也是（　　）防霉腐的方法之一。

A. 气调　　　　　B. 化学药剂　　　C. 生态　　　　　D. 干燥

6. 气调防霉腐是在密封条件下，改变空气组成成分，降低（　　）的浓度。

A. 碳　　　　　　B. 氮　　　　　　C. 氧　　　　　　D. 氢

四、简答题

1. 常见的霉腐微生物有哪些？

2. 霉腐微生物的生长繁殖需要什么样的条件？哪些因素影响商品的霉腐？

3. 什么样的商品容易发生霉腐？常见的易霉腐商品有哪些？

4. 防止商品发生霉腐的方法主要有哪些？

5. 气调防霉与气相防霉有什么不同？

第八章　仓库害虫及其防治

知识目标

1. 了解仓库害虫、鼠、蚁种类和生活习性。
2. 理解仓库害虫、鼠害、蚁害对仓储商品质量的影响。
3. 掌握仓库害虫、鼠害、蚁害的防治技术。
4. 熟悉仓库内易虫蛀商品。

技能目标

1. 能分析商品在储运过程中可能出现的害虫。
2. 能对仓库中不同害虫选择恰当的防治方法。
3. 能辨认仓库常见害虫，能分析其传播途径。

引导案例

某物流企业仓库防虫处理规章制度

1. 仓库应保持清洁，必须采取合理的措施防虫、防鼠，仓库门口设防虫灯，物料和人员进出仓库后应立即关封库房大门。

2. 仓库窗户在关闭时应能密封。无特殊情况，门窗不允许打开；需要打开时应在使用后立即关闭。窗户、排风扇的排风口应装上铁砂网。

3. 仓库要安装适量的黏鼠板防鼠，捕获的老鼠及时杀死。

4. 仓库必须装有适量的电子灭虫灯诱杀蚊虫，并根据电子灭虫灯的使用寿命，在使用一定时间后及时更换。

5. 每周清洁两次电子灭虫灯，擦去灯上的灰尘及虫尸，保持灭虫灯的清洁卫生。

6. 仓库的排水道中漏要盖紧，排水道出口处加装铁栅，防止老鼠及其他动物爬入。

7. 每周由质量管理部有关人员对害虫防治工作进行一次检查，并填写检查记录，记录内容为：存在问题、所在部门与地点、整改计划及完成时间等。

思考：为什么要制订上述 7 条规章制度，随着本章内容的深入学习，请分析 7 条规章制度的理论依据，是否还需要完善充实。

第一节　仓库害虫的概述

一、仓库害虫的来源及种类

仓库害虫又叫储藏物害虫。从广义上讲，它应包括所有一切危害储藏商品的害虫。

仓库害虫不仅种类多，而且分布相当广泛，有许多主要的仓库害虫可以说是世界性种类。这也是仓库害虫不同于其他害虫的一个重要特点。形成这特点的主要原因是交通日趋发达，各国之间贸易往来频繁，加之旅游事业的兴起，使许多区域性仓库害虫，随着一些动物、植物及其商品的运输与携带，逐渐传播到世界各地。同时，仓库害虫本身抗饥及抗不良环境的能力很强，食性也较广，多数虫种传播到新的区域以后，能够很快适应环境条件而生存下来，进而大量繁殖。

当然，也有少数种类的仓库害虫，由于种种原因，其分布和危害仅局限于某一区域内。为了防止这些害虫的蔓延，目前，它们多数被列为检疫对象。

（一）仓库害虫的来源

仓库害虫主要来源有如下几种：

（1）从入库前已有害虫潜伏在商品之中，随商品一起进入仓库。

（2）商品包装物中有害虫隐藏。

（3）车船等运输工具如果装运过带有害虫的粮食、皮毛等，害虫就可能潜伏在运输工具之中，再浸染到商品上。

（4）仓库内本身隐藏有害虫。

（5）环境不清洁，有害虫的滋生。

（6）邻近仓间或邻近货垛储存的商品有害虫，从而感染到其他仓间或货垛。

（7）农业害虫的侵入。如果仓库地处郊外，常见老鼠、麻雀窜入飞入，它们身上常带有虫卵体，另外，树木上的害虫也会直接进入仓间，感染商品。

（二）仓库害虫的分类

仓库害虫的生活处所大致可分为以下九类。

第一类：仓库及其他储藏室。包括粮仓、货栈、干果储藏室、酒窖及地下室等。

第二类：室外场所。包括田间作物上、树皮下、老树脚下、树根、树洞、死树叶、朽树干内、花间及土壤中等。

第三类：加工厂。包括米厂、面粉厂、朱古力厂及面包房。

第四类：运输工具。包括火车、汽车、轮船等。

第五类：各种动物巢穴。包括胡蜂巢、熊蜂巢、木蜂巢、蛀木甲虫巢、蜗蝓巢、松鼠巢、鼠穴、鸟巢、家禽巢等。

第六类：厩房及稻草堆等。包括草堆、干草棚和家畜厩房。

第七类：特殊室内场所。包括图书馆、博物馆、洗衣房、温床、温室、药店、粮店、肉店、蚕室、厨房及旅社等。

第八类：动物体上。包括羚羊角内，禽、畜体上。

第九类：粪便垃圾废物及尸体上。包括各种动物的粪便、垃圾相、废植物、死动物、臭肉、堆肥等。

小知识

主要储粮害虫

主要储粮害虫是指分布广泛，对储粮安全危害极大的害虫，一共有 10 种，它们是玉米象、米象、谷蠹、大谷盗、绿豆象、豌豆象、蚕豆象、咖啡豆象、麦蛾和印度谷螟。除以上 10 种主要的储粮害虫外，还有数十种常见的储粮害虫及储粮螨类。

玉米象，俗称铁嘴牛、象鼻虫、米牛。成虫特征体长 3.0～4.0 毫米，圆筒形，赤褐色或黑色，无光泽。在鞘翅上有 4 个颜色较浅的黄色斑点。头部额区明显延长成喙，如象鼻状。前胸背板上的刻点圆形，很密集。

玉米象是重要的第一食性储粮害虫，可在稻谷、麦类、高粱、玉米以及油料、薯干、中药材、粮食制品等储藏物上发现，是我国的头号储粮害虫。玉米象在温度 25℃ 和相对湿度 75％ 的条件下，完成其生活周期约需 35 天。每一雌虫一生能产卵约 100 粒，多的可产卵约 300 粒。卵产在粮粒内部，产卵时，雌虫用其喙末端上的上颚钻一小孔，然后产一粒卵于小孔内，并用产卵管分泌物把小孔封闭。因此，我们在粮粒表面看不到玉米象所产的卵。经 3～4 天，卵就孵化为幼虫。幼虫在粮粒内部发育，这是对谷物危害最严重的一个发育阶段，幼虫体长约 2.5 毫米，肥胖而多褶皱，无足。在上述温、湿度下，幼虫期约为 20 天。快要化蛹的幼虫身体变长。蛹在粮粒内部发育，体长约 3.5 毫米，开始时为浅黄色，以后逐渐变为褐色。在上述温、湿度下，蛹期约为 12 天。成虫在谷粒外生活，以粮食为食。成虫能飞，爬得很快，有假死性。到了冬天，成虫爬到粮仓外面，在向阳处的石块、垃圾、树皮等底下越冬。来年春天，在仓外越冬的成虫爬回到仓库，继续危害储藏的粮食。成虫额区延长成喙，容易识别。

我国既有玉米象，也有米象。玉米象的分布广，全国各地均有发生；米象主要发生在我国南方各省（区），北方较少。

二、仓库害虫的主要习性

仓虫的习性是仓虫的生物学特性的重要组成部分，是某一类仓虫所共有的习性。了解仓虫的习性是制定控制害虫策略的重要依据。找到可以被人们利用来控制害虫的习性弱点。以下是仓虫的几种主要习性。

1. 假死性

假死性是某些仓虫受到突然震动或机械碰撞时，能使一切活动都被抑制，虫体呈现不动状态，或从停留的地方或飞行的空间跌落下来，这种现象称为假死性。

假死性是仓虫的无条件反射。假死性是仓虫的一种自卫适应性，对其逃避敌害是有利的，另外，人们也常利用仓虫的假死性来捕捉它们。具有假死性的仓虫有拟白腹皮蠹、白带园应露、黑菌虫以及钩纹皮蠹、红带皮蠹幼虫等。

2. 趋性

趋性是仓虫对某种外界刺激产生定向活动的一种反应。由于对外界刺激有趋向和背向两种反应，所以趋性也就有正趋性和负趋性之分。根据刺激来源的不同，趋性可以分为：趋光性、趋化性、趋温性等。

（1）趋光性。趋光性是指仓虫对光刺激产生定向活动的反应。凡是趋向光刺激活动的反应称为正趋光性；凡是背向光刺激活动的反应称为负趋光性。仓虫对光刺激的反应和光的强弱有关。蛾类对于日光来说是负趋光性，但对于灯光常表现为正趋光性。仓虫的趋光性随着仓虫的种类、性别，甚至同一性别的不同时期也有所变化。花背皮蠹的雌虫，在产卵前为正趋光性，产卵期开始后转为负趋光性。另外，环境因素中温度对仓虫的趋光性也产生一定的影响。当气温降低或超过某一限度时，趋光性常随之减低或消失。在一定气温范围内，一般当夜间气温高的时候，仓虫对光的趋光性增强。仓虫依赖趋光性寻找食物、产卵场所及化蛹地点等，而人们研究仓虫的趋光性，对预测虫的发生和调查仓虫区域等有很大应用价值，还可用以诱杀害虫。

（2）趋化性。趋化性是指仓虫对化学物质的刺激产生定向活动的反应。当某种化学物质的分子浓度达到一定程度时，就能引诱某种仓虫聚集到产生该种气体分子的地方来，仓虫的这种行为，则称正趋化性；相反，如果某种化学物质的气体分子使仓虫感到"不快"而产生躲避行为，则称为负趋化性。趋化性对仓虫的觅食、求偶、避敌以及寻找适当产卵场所等方面皆有重大的意义。趋化性在仓虫测报和防治上，也有广泛的应用价值。人们可以根据仓虫对于化学物质的正趋化性，利用诱杀剂杀灭害虫。例如，蛾类害虫等喜欢糖醋的发酵气味，其内加以少量杀虫剂进行诱杀。根据仓虫对化学物质的负趋化性，可以制成驱虫剂以防止仓虫的危害。例如，樟脑可以驱除衣蛾、衣鱼、蜚蠊，木榴油可以驱除白蚁等。

（3）趋温性。趋温性是指仓虫对温度的刺激产生定向活动的反应。由于仓虫是变温动物，因此温度的影响对仓虫的生命活动具有十分重要的意义。如果环境温度高于它们生活的最适温度，就趋适宜的较低温度，表现出负趋温性。如果环境温度低于它们生活的最适温度，就趋向适宜的较高温度，表现出正趋温性。

趋温性对于变温的仓虫来说，是保持其正常生命活动的重要生物学特性。在实践中，人们可以利用仓虫趋温性的特点，使用热源（如电灯）检查库内害虫和设计防治。

仓虫除上述三种主要趋性外，还有趋湿性、趋地性等。

3. 群集性

群集性是指同种仓虫的大量个体聚集在一起的习性。根据它们的性质，可分为暂时性群集和永久性群集两大类。

暂时性群集只是在某一虫态和一段时间内群集在一起，当遇到环境条件不适合，或在其生活的一定时期，就会散开，并且在群集期间，同种的个体，经常从群体中向外分散或加入新的个体。仓虫的集聚是由某种环境刺激导致虫体分泌某种"集结信息激素"造成的。另一种暂时性群集，常由于在良好环境条件下，个体大量繁殖的结果。

永久性群集是终生群集在一起。群集形成以后，往往不再分散，但个体之间或亲代与子代之间，并没有互相合作的社会行为。如黑菌虫在成虫期和幼虫期均有群集性。研究仓虫的群集性，掌握它们的群集规律，为集中消灭害虫提供了方便。

4. 周期性节律活动

仓虫对环境的变化有较大的适应性，它们对昼夜和季节的变化常显示有各类周期性节律活动，一般将此节律活动现象喻为"生物钟"或"昆虫钟"。如蜚蠊在白天和夜间大部分的时间是休息的或安静的，但在黄昏时间它们表现出高度活性。这种周期性节律活动，一方面是由环境因素通过感官所引起的，其中以光照最为主要；另一方面还由其内在的生理因素所控制，已知虫体内有一系列的神经体液调节机制。周期性节律活动，系由食道下神经节的分泌物进行调节的。如果将"昆虫钟"的知识用于对害虫的控制，可取得很好的杀虫效果。周期性节律活动，是对仓虫有利于生殖、繁育内生活习性。

三、仓库害虫的生活特征

仓库害虫由于长期生活在仓库中，因此，形成了能适应仓库环境的生活习性。当然，不同的仓库害虫具有不同的特征，但大多数仓库害虫都具如下的一些共同的特征：

（1）适应性强。仓库害虫一般都能耐热、耐寒、耐干、耐饥，并具有一定的抗药能力。如大多数仓库害虫生长繁殖的适宜温度范围较大，在高温（45℃）和低温（－10℃）仅处于停育或休眠状态，但仍不会死亡。除部分害虫喜欢潮湿外，大多数害虫都能耐干，能在含水量很低的商品中生长繁殖。仓库害虫在无食的情况下能活很长时间，例如，黑皮囊能耐饥5年，花斑皮囊的休眠幼虫能耐饥8年。

（2）食性广而杂。仓库害虫具有多食性或杂食性，它们兼食多种动物性和植物性食物。有的还吃食多种有机物质和无机物质，例如，黄蛛甲吃食镜子上的银膜，电缆蠹摄取电缆里的铝皮，花斑皮蠹危害塑料及尼龙等。

（3）活动隐蔽。大多数仓库害虫体小色深，隐藏在阴暗角落或在商品中蛀成隧道，冬季经常潜伏在板墙缝隙中。有些仓库害虫对机械刺激还有假死性。

（4）繁殖力强。仓库害虫在适宜的环境中，大多数一年之内能连续不断的繁殖，有的甚至能连续繁殖两三年之久。雌虫的产卵量较多，孵化率也比较高，而且幼虫在短时间内又能进行繁殖，一年内能繁殖几代，例如，米象通常一年能繁殖3～4代，如果环境条件好，一对米象一年内能繁殖80万个以上。如果不注意检查及防治，在很短的时间内，对商品能够造成严重破坏和损失。

四、仓库害虫对商品的影响

害虫在仓库里，不仅蛀食动植物性商品和包装，有些害虫还能危害塑料、化纤等化工合成商品。害虫在危害商品的过程中，不仅破坏商品的组织结构，使商品发生破碎和空洞，外观形态受损，而且在生活过程中，吐丝结茧，排泄各种代谢废物沾污商品，影响商品的质量和外观。

常见的容易被虫蛀的商品，主要是一些由营养成分含量较高的动植物加工而成的商品：主要有以下几类，如表 8-1 所示。

表 8-1　　　　　　　　　　常见被虫蛀商品分类及分析

类别	虫蛀分析
丝毛织品与皮、毛制品	这类商品含有多种蛋白质。危害这类商品的常见害虫，主要有各种皮囊、织网衣蛾、白斑蛛甲、毛衣鱼等。此类害虫生长繁殖期是 4~9 月。对温、湿度的要求是：温度在 25℃~30℃；相对湿度在 70%~90%
竹藤制品	这类商品含纤维素和糖分等营养成分。常见蛀虫有竹长囊、烟草甲等大部分喜温湿，怕光，一般在 4~5 个月发育成虫，适应的气温为 28℃~30℃相对湿度为 70%~80%
纸张及纸制品	这类商品含纤维素相各种胶质、淀粉糊。常见的蛀虫有衣鱼与白蚁等。衣鱼在 7~9 月危害严重，而白蚁一般在 4~9 月危害严重。此类蛀虫喜温湿、明暗环境、仓库如有新鲜松木或胶料香味，便容易诱集白蚁或衣鱼
烟丝、卷烟	这类商品含糖类、蛋白质和烟碱等物质，主要害虫有烟草甲和烟草粉螟等。此类害虫主要是食烟叶、烟丝、把卷烟蛀成小孔
干果	这类商品含有 50%~70% 的糖分或淀粉，在物流过程中，常见的寄生虫有锯谷盗、米象、咖啡豆象、谷蛾等。生长繁殖旺盛在 6~8 月，适宜温度为 28℃~30℃，相对湿度为 70%~80%，被蛀商品会布满虫卵

五、仓库害虫的危害类型

不同种类的仓库害虫危害方式不一样，因而被害物的状况和受害程度也不相同，大致可以分为四个类型。

（1）钻蛀式危害。以这种方式取食的都属于危险性害虫。如危害仓房建筑物的白蚁，危害禾谷类粮食的玉米象、米象、谷象、麦蛾，危害豆类的绿豆象、豌豆象、蚕豆象，危害甘薯的甘薯小象虫，危害竹、木制品的竹蠹，它们共同的特征是整个幼虫发育阶段都在粮粒内或其他植物器官组织中生活，羽化后成虫自羽化孔爬出来，使被害物呈现圆形孔洞。

（2）缀食式危害。以这种方式取食的是蛾类的幼虫，它们的共同特征是能吐丝把粮粒或其他被害物连缀起来，形成巢穴状或隧道状或在粮面上铺盖一薄层绸子似的天幕，幼虫就躲在其内进行取食。凡是被具有这一类危害方式的害虫危害过的粮食，其营养价值大为减低。

（3）侵食式危害。这类危害方式的害虫，能使粮粒或其他储藏物呈不规则状的缺刻，如大谷盗的危害状就是这样。

（4）粉食式危害。以粮食的碎屑粉末为食料，不能危害完整的粮粒的害虫。这类仓库害虫只有依靠玉米象等前期性害虫开辟道路以后才能危害，因此被称为后期性害虫。

第二节　仓库害虫的生存条件

仓库害虫与环境间的相互关系，实际上就是"生态学"的关系。确切地说，环境条件就是适应与死亡的关系。因为生物有机体的特征，使它的生活不能离开环境，否则就不能生存。

一个种群对于生存环境中某些生态条件具有一定的要求，这种要求是该种群在长期的历史演变过程中适应而形成的，也就是种群的生态标准。生物种，一方面具有保守性或遗传性；另一方面，它们又不是一成不变的。当生活条件（生态条件）改变时，往往它们的行为、发育和繁殖速度也会随着起变化，甚至在新的生活环境影响下，其自身内部也有可能要相应地产生新的性质，新性质积累到一定阶段时，可能演变成新的类型。放弃原来的生活习性上的要求，以适应新的生活环境。这种变异性，称为生态可塑性。

不同种群的生物，对于同一生态条件的反应各不相同。有的比较宽，有的很窄，生态可塑性大而遗传保守性小的种群，当生活环境发生变化时，能逐渐适应而生存下来；反之，生态可塑性小而遗传保守性大的种群，在生活环境发生变化时，不能适应而死亡，甚至出现明显的生物群落的演替。即原来占居主要地位种群被其他种群所取代。

一、仓储环境因素对害虫的影响

仓储环境中温度、湿度、光、风等因素都会对害虫的的生长繁殖造成影响。其中温度和湿度是最主要的影响因素。

（一）温度

仓库害虫是变温动物，其体温在很大程度上取决于周围环境的温度：因此，温度对害虫的个体发育速度、成虫的寿命和繁殖能力、迁移分布和死亡速度等都有直接的影响，当环境温度上升到一定高度时，仓库害虫才能开始生长发育和恢复活动，这个最低发育温度称为发育始点，各种害虫的发育始点各有不同。从发育始点上升到一定温度范围内，仓库害虫就能正常生长发育、活动和繁殖，这个温度范围称为有效温度。在有效温度内，仓库害虫常能完成其正常生长、发育和繁殖，仓库害虫的有效温度通常在18℃～32℃，低于15℃或高于35℃时，对仓库害虫的生长、发育和繁殖都会产生影响，若温度再高或再低就会发生死亡。但仓库害虫对温度也有一定的抵抗能力。表8-2就是杂拟谷盗害虫与温度的关系。

表8-2　　　　　　　　　　　　　杂拟谷盗害虫与温度的关系

温度		造成50%死亡所需时间			
℃	℉	卵	幼虫	蛹	成虫
44	111.2	1.4 小时	10 小时	20 小时	7 小时
46	114.2	1.2 小时	1 小时	1.5 小时	1.2 小时
48	118.2		8 分钟	12 分钟	26 分钟
50	122.0		4.7 分钟	4.5 分钟	4.9 分钟

1. 仓库害虫对温度反应的温区划分

由于仓库害虫的体温随着环境温度的变化而变化，只有当环境温度上升到一定高度的时候，仓库害虫才能开始生长发育和恢复活动。这个最低发育温度叫作发育始点，各种仓库害虫在各地的生活特点是不相同的，其发育始点温度也不相同。在有效温度范围内还有一个最适温区，在最适温区的生命现象，是仓库害虫的活动最旺盛、生长发育最好、繁殖功能最强，繁殖数量最多，自然死亡率最低。超过有效温度的上限或下限，仓库害虫就会因温度过高或过低，活动停止而产生蛰伏（冬眠或夏眠）或滞育。这个温度范围称为不活动温区。下限以下，仓库害虫因过分寒冷而被冻死，此温度范围称为低温致死区，上限以上，仓库害虫因过分高温而死亡，此温度称为高温致死区。如麦蛾的发育始点温度是12.3℃，最适温区为17.5℃～27.3℃，有效温度为12.3℃～35℃，发育始点温度以下到-17℃时，为低温不活动温区，35℃～50℃为高温致死区，-17℃以下为低温致死区。

2. 仓库害虫的耐热性与耐寒性

温度对仓库害虫的影响是非常明显的。然而，仓库害虫对温度又具有一定抵抗能力，不过不同种类的仓库害虫对高温和低温的抵抗能力是不同的。在55℃的高温下，米象成虫可忍受20分钟，谷象只忍受10分钟，而地中海螟的成虫和豆粒内的豌豆象的成虫等，在60℃的高温下，能忍受5分钟。这种忍受高温能力强的称为仓库害虫的耐热性。在5℃的低温条件下，米象只能忍受21昼夜就死亡，而玉米象和谷象分别能忍受100和152昼夜。这种忍受低温的能力称为害虫的耐寒性。

3. 温度影响仓库害虫行为及其形态构造

外界温度的变化也可影响到仓库害虫体躯外形，一般生长在温暖气候下的仓库害虫体形较寒冷地区为大。如云南省的景洪、西畴和海南岛等地区的玉米象体躯比北方各省玉米象体躯大得多，触角第三节显著较长，颜色也较深。在温带地区，由于季节温度的差异，也影响到仓库害虫的类型，如绿电象的隐型和显型，粉细螟的春型和夏型等。同时，外界温度的改变常引起昆虫在行为上的各种反应，在不适宜的低温下行动表现迟缓，甚至麻痹；在不适高温下行动常表现敏捷。

（二）湿度

和湿度直接发生关系的是水分。仓库害虫不断地由体壁蒸发水分，马氏管排泄水分，腺细胞的分泌也要排出水分，同时，仓库害虫体内的水分又必须从周围环境中获得。所以水分对仓库害虫生理活动的影响极为重要。

仓库害虫在其生活中对湿度的要求也像对温度的要求一样，有效湿度、最适湿度、不活动湿度和致死湿度。仓库害虫对外界湿度的选择和要求取决于虫体含水量的多少和外界温度的变化情况。当仓库害虫体内含水量高或失去水分能够及时补充时，在高温下虫体需要低湿，若含水量虽高，但失去的水分不能及时补充时，则即使在高温下仍需较高的湿度。在一般情况下，低温时通常都是高湿，此时害虫活动少，失水也少。试验和实践部证明，自然界大多数仓库害虫的最适湿度，接近高湿范围，即相对湿度在 70%～90%，适宜温度不但因种类不同而有差别，即使同种昆虫的各个虫态和龄期也常不一致，主要是因为各种仓库害虫体液的浓度与体壁骨化程度都不相同的缘故。

湿度的高低可以支配虫体内水分的蒸发，直接影响仓库害虫的生长、发育和繁殖。在有效湿度范围内，相对湿度低，虫体内的水分蒸发快，则加速仓库害虫发育。但是，相对湿度过低，反而会延续仓库害虫发育时间．甚至会使虫体内水分失去平衡，造成死亡率增加。若相对湿度增高，通常能延长仓库害虫发育天数，并容易发病而引起死亡。

在仓库害虫中，有些种群喜好生活在高湿环境，而另一些种群则在干燥环境下有利于生长发育和繁殖。例如，麦娥幼虫和蛹的新陈代谢，常因湿度（在适宜湿度以上）的增加而减退。若相对湿度达到 100% 时，不能发育，并在 17 天内死去。如果在最适湿度范围内，蛹期则随相对湿度的增高而延长、成虫寿命则随相对湿度的降低而缩短。或相对湿度在 26% 以下，均不能生存。

在仓内为害储藏物的害虫，其所取食的食料都是比较干燥的，但其身体内的水分并不特别低，大都在 60% 左右，如谷象体内总含水量为 48%，结合水占总含水量 35%。所以说，昆虫体内结合水与含水量成反比。这说明仓库害虫具有一种特殊获得和保持体内水分的能力。

不论是植食性或肉食性仓库害虫，都必须从环境中摄取一定量的水分，才能正常生活。但因种群不同，对水分的要求也不一致。例如，米象要求食物的含水量比较高，所取食料（粮食）的含水量至少在 10% 方能生存；若食料含水量低到 8.5%，生活 52 天即死亡。所以，在防治仓库害虫工作中，常要求把储存物干燥达到一定程度（10% 以下），可使大部分仓库害虫的繁殖力减低，从而保证储藏物免受虫害。

在仓库害虫中，也有少数种群专以其自身的新陈代谢水（由虫体内的酸类等分解而放出的水）以维持生命的。黄粉虫在遇着食物特别干燥时，食量大大增加，但在其粪便里可以检查出绝大部分营养物质未被吸收，而粪便中的水分仅存 0.5％，由此证明，黄粉虫取食过量的食物是要获得所必需的水分。此类仓库害虫体内的水分，大部分由食物的氧化的产生。另有若干种仓库害虫更能在缺乏水分环境内生活。

湿度对仓库害虫发育的影响，不仅各个虫期不同，而且在同一虫期的前后期也有差异。很多幼虫，在幼龄期含水量高达 82％，生长 10 天后减到 79％；蛹后期为 79％，成虫期仅 60％。如果寄主和天敌在生活过程中对湿度的要求不同，那么在外界湿度变动下，寄主和天敌的死亡率也不一致，了解这种生态关系，在进行害虫生物防治上颇为重要。

必须指出，温度与湿度因子，对仓库害虫的生长发育的影响是相互因果，相互联系的。如果环境温度适宜，而空气特别干燥，新陈代谢作用旺盛，虫体内储存的物资很快地被消耗掉。同时，虫体内的水分也容易被蒸发掉，造成体内水分失去平衡，结果很快趋于死亡。反之，空气湿度大，虽会降低其适宜温度范围，但其新陈代谢作用较缓慢；又能保持足够的水分。这样即使在缺乏食物的情况下，也能生活一个较长的时间。总之，只有在最适宜的温度范围内，湿度越大，仓库害虫的生长发育越快，繁殖越多，为害亦越烈，损失越严重。

二、仓库害虫的食物因素

仓库害虫的食物应该说是很丰富的，并且比较稳定的食物来源主要是粮食、油料和农副产品（小药材、土特产、皮毛等），部分轻工业产品（饼干、糕点、纸张、丝棉毛制品、文具等），还有竹、木制品及其原料等。由于仓库害虫的种类不同，在各自的演变过程中，逐渐形成各自的食性。大致可分为以下几种。

1. 植食性

以植物有机体为食料的害虫，为害根、茎、叶、花、果和种子及其加工成品等。这类害虫大约占整个仓库害虫的 93％以上。绝大多数为咀嚼式口器，少数为虹吸式口器，但其幼虫还是咀嚼式口器。

2. 肉食性

以其他动物的尸体为食料的害虫。如危害动物性中药材及其他动物性储藏物的赤颈郭公虫，捕食仓库害虫的幼虫、蛹或卵的窗虻，吸食仓库害虫血液的黄褐食虫特，寄生在仓库害虫体内吸取营养生活的米象小蜂等。

3. 杂食性

指兼食植物性和动物性食物的种类。有些杂食性种类，不但兼食植物性和动物性食物，而且还食无机物、有机化合物。如花斑皮蠹危害羽毛、皮革、毛织品、象牙、干肉等动物性物品，还危害各种粮食、干果等植物性物品。此外，塑料笔杆、铅皮包装尼龙、仪器、照相器材等也均计危害之列。

4. 腐食性

以陈腐的粮食或其他植物残余物为营养的害虫，如黑粉虫、黑菌虫等。

5. 菌食性

以其他仓库害虫的粪或已发霉的粮食和农副产品的菌类为食料的仓库害虫。

常见的仓库害虫中，有的对食性的要求范围窄，如豌豆象专门取食豌豆，这种仅能以一种植物的果实为食料的害虫，称为专食性害虫。如麦娥只能取食禾本科的稻谷、小麦、大麦、玉米等；酪跳虫只危害猪肉或生猪皮。有的对食性要求的范围很广，可以以多种不同科的植物或动物为食料，甚至既吃"荤"又吃"素"，这类害虫称为多食性或杂食性害虫。

食性是仓库害虫生态特性之一，但不是永远和最终不变的习性；当食物不充裕或完全缺乏时，那些生态可塑性大的种类，可能被迫取食它们通常不喜欢的食料，改变其遗传性，产生新的食性。不过，遗传保守性大，而可塑性小的村吠，在其他环境条件非常适宜唯独食物是其所拒绝者，则此种害虫必然迁徙或死亡。如绿豆象主要嗜好绿豆、赤豆，其次是蚕豆和豌豆，不危害玉米和麦类。因此，在绿豆内不仅发育快，且自然死亡率也很少。

第三节　仓库害虫的防治方法

一、机械防治

机械防治的主要方法有：筛理除虫；竹筒诱杀；离心撞击机杀虫及抗虫粮袋等。

竹筒诱杀：国内有些粮仓使用一种简易的诱虫竹筒诱杀害虫。用 0.5 米高的竹筒，下部留节，上部开口，自上口起到距下端约 3 厘米处刻制成害虫可以钻进的小缝 8～9 条。筒内放粘有马拉硫磷的棉花。把竹筒竖直插入粮堆，上端露出 10 厘米。然后扒动粮面，害虫即钻进筒内触药致死。

离心撞击机杀虫：一些面粉加工厂曾广泛地应用一种离心撞击机防治小麦和面粉中的害虫。利用高速的旋转装置，将喂进旋转器的被害小麦或面粉抛向运动中的间柱上及机器的内壁上，因旋转快和离心力大，害虫即被撞击致死。然后由筛理设备将死虫分离出去。离心撞击机的工作转速要适当，以免破坏粮粒。在处理被害的小麦或面粉时，可将离心撞击机转速调到 3500 转/分。此外，在用吸粮机输送粮食时，也可将粮中的害虫撞击致死。

抗虫粮袋：抗虫粮袋多以塑料薄膜为材料制成，将原粮装入袋内，密封，能够避免外部害虫的侵害。塑料薄膜的机械强度有限，因此，在制作抗虫粮袋时，其容量要适当：一般来说，塑料薄膜适于制成容量较小的粮袋，同时，为了保护抗虫粮袋，可在塑料外加一层编织袋。

二、物理防治

物理防治是利用光、热、射线等进行杀灭仓库害虫。物理防治的主要方法有以下几种。

(一) 高温杀虫

仓库害虫可以在一个适宜的温度范围内正常生长发育，生殖及生存。但是，如果超过这个温度范围，就会阻碍其生长，抑制产卵，延缓发育或导致生理变化甚至死亡。温度上升到40℃～45℃就到了仓库害虫活动仅能忍受的最大限度。温度升高到45℃～48℃，绝大多数仓库害虫即处于热昏迷状态，如果温度升到48℃～52℃，经过一定时间就会死亡。高温杀虫常用的方法有曝晒、烘干及蒸汽杀虫。

(二) 低温杀虫

低温杀虫是利用冬季的寒冷的空气或由人工产生的冷气来降低仓温，借以达到抑制害虫的发育、繁殖和为害，甚至把害虫冻死的目的。因为仓库害虫多半原产于亚热带及热带地区，它们的抗寒能力都很小。一般仓库害虫的发育适温为28℃～38℃，仓库害虫生命活动的最低温度界限约为8℃～15℃，如果低于此温度，仓库害虫的发育与繁殖就会停止。当温度为－4℃～8℃时，害虫即进入冷眠状态，这种温度若持续很久，也可致害虫于死命，但如果温度回升，害虫仍可恢复活动。如果温度降到－4℃或更低，害虫即归死亡。由此可见，仓库货物保存在较低温度之下，至少可以抑制害虫的生长发育与危害。低温杀虫的方法有：机械通风、机械制冷、地下仓库等。

(三) 控制相对湿度

控制仓库环境的相对湿度，毫无疑问也是防治仓库害虫的有效方法之一。许多仓库害虫在50%相对湿度的干燥环境中即不能生殖。应该指出，应用去湿剂及通风降低相对湿度，抑制害虫的发生与危害，也是一种有效的害虫防治方法。

(四) 电离辐射

电离辐射是使害虫处于足够高的频率强度和射频电场中，它们从电场中吸收能量，使体温迅速升高，最终导致死亡，这种处理的致死效应是由于电介质加热产生了致死温度的结果，或引起不育。正确使用一般对商品质量无影响，同时它不受包装条件限制。

(五) 低真空杀虫

仓库害虫在低真空（绝对压力小于100帕）下会很快致死。低真空治虫与其说是由于低压力的内在影响，无宁说是由于缺氧的影响。低真空可用于处理名贵的商品，少量的种子粮及包装的食品等。

(六) 臭氧杀虫

臭氧具有较强的氧化能力，不仅能杀死仓库害虫，还能杀死商品中的多种微生物。臭氧还有放射性作用，电离辐射一样，既可杀虫，又可引起害虫的不育。

三、密封防治

密封防治是把有虫害的商品密封储藏在仓库或容器中，利用自身的呼吸作用和害虫、微生物的生命活动消耗去仓内或容器中的氧气，产生一种缺氧大气，使昆虫窒息而死亡。据试验，当空气中的氧气下降到2％时，即可控制虫害。下降的速率主要视危害范围的大小而定。

地下密封储藏是一种保粮除虫的好方法。地下建筑储粮，并用聚乙烯做衬垫加以密封，虽有鼠害造成漏气问题，但粮食在储藏期间，仍能保持良好状态。

用聚乙烯塑料袋控制袋装商品中的害虫是行之有效的。装在聚乙烯塑料袋内加以密封，袋中氧气浓度很快降到1％，7天以后，害虫几乎全被抑制。

四、气调防治

气调防治害虫是使害虫危害的商品周围空气中的含氧量降低到可以保证害虫生命活动需要的标准以下，使害虫窒息而死。

气调防治害虫一般有两种方法，一种是在密封条件下，抽出含氧空气，储存商品长期处于缺氧或绝氧的环境中，使害虫因绝氧窒息而死；另一种是用氮或二氧化碳充入库房或密封的帐幕内，排出含氧空气，降低其空气含氧量。较为广泛应用的是充氮降氧。仓库内的害虫和绝大部分霉菌，必须在有氧的环境中生存和繁殖。气调防治法不仅达到杀死害虫的目的，同时霉菌也受到了抑制。

五、化学防治

化学防治，即利用化学杀虫药剂防治害虫，此法的最大优点是：杀虫力强，防治效果显著。其缺点是：对人畜有毒，会给商品带来不同程度的污染，以及引起害虫抗药性。

目前，用于防治仓库害虫的化学药剂主要有保护剂和熏蒸剂两大类。

（一）保护剂

保护剂是利用液体或固冰状态的药剂，通过胃毒或触杀致死害虫的。这种药剂具有毒性低，药效长，适应性强，使用范围广，对仓库和环境条件无特殊要求，施用安全等优点。常用的保护剂有三类：有机磷杀虫刑、拟除虫菊酯杀虫剂、氨基甲酸酯类杀虫剂。一般认为，有机磷杀虫剂的杀虫机制，主要是由于它抑制了昆虫体内的胆碱酯酶，使乙酰胆碱大量蓄积，导致神经处于过度兴奋状态．造成昆虫死亡。拟除虫菊酯的杀虫机制，主要是它对昆虫的中枢神经系统产生影响，不仅影响神经冲动的传导，而且破坏中枢神经系统的细胞，从而使昆虫死亡。

施用保护剂只能阻止害虫的危害，最好在商品尚未被害前进行。

（二）熏蒸剂

熏蒸剂是一种能够汽化的并通过挥发气体毒杀害虫的化学药剂。它主要作用于害虫的呼吸系统，降低其呼吸率，导致其死亡。

熏蒸剂具有渗透性强，杀虫效率高，易于通风散失等特点。当商品已发生虫害，或害虫潜藏在不易发现和不易接触的地方，用一般药剂防治不能立即收效时，便可使用熏蒸剂防治，也可用于加工厂、包装器材的消毒。它是目前防治仓库害虫的一种重要而有效的化学药剂。

利用液体和固体熏蒸剂挥发成剧毒气体用以杀死仓虫的防治方法叫作熏蒸法。常用的熏蒸剂有氯化苦、溴甲烷、磷化铝等。熏蒸方法可根据商品数量多少，结合仓库设施条件可采用整库密封熏蒸、帐幕密封熏蒸、小室密封熏蒸和密封箱、密封缸熏蒸等。

1. 氯化苦

氯化苦化学名称叫硝基三氯甲烷，无色或微黄色的液体，在空气中迅速挥发成气体，能刺激人的眼睛流泪，氯化苦蒸汽侵入害虫体内生成强酸性物质，使细胞肿胀、腐烂和裂开等，使其组织功能被破坏而死亡，但不能杀死虫卵。氯化苦水解后生成盐酸、亚硝酸等强酸物质对金属有腐蚀性，对动植物细胞有很大的破坏力，故不适于各种带有金属附件的商品、以动植物为原料的商品、贵重商品及含水量大的商品等，熏蒸时环境应保持干燥，气温宜在 20℃以上。一般每立方米商品用氯化苦 30～40 克，货垛以外空间每立方米 10～15 克，用药量计算公式如下：

熏蒸用药量＝30 克（氯化苦）×商品堆货体积的立方米数＋10 克（氯化苦）×
空间的立方米数

熏蒸后密封时间不少于 96 小时，排毒时间需 3～4 小时。如仍感到有刺激性气味，应继续通风排毒。

2. 溴甲烷

溴甲烷又称溴化甲烷或甲基溴，沸点仅为 4.6℃，常温下呈气体状态。通常压缩成为无色或微黄色的液体密闭在金属罐或钢瓶内。化学性质稳定，挥发快，渗透力强，在比较低的气温条件下也能适用。一般熏蒸浓度下不易燃烧和爆炸。它是一种没有警戒性的剧毒气体，所以适应范围广，例如竹木制品、棉丝麻制品、塑料制品、中药材及带有金属附件的商品等。

但是由于对油脂类物质起溶解作用，因此，含脂肪商品、橡胶油漆等不能使用。溴甲烷对多种害虫的各个虫期都具有毒杀作用。用药量及其计算公式同氯化苦。熏蒸密封时不少于 72 小时，排毒时间不少于 48 小时。使用测溴灯检查毒气是否排尽。

3. 磷化铝

熏蒸用的磷化铝法是由磷化铝与氨基甲酸铵以 1∶2 的比例混合、研细压制而成，一般直径为 20 毫米，厚度为 5 毫米，重约 3 克，能发生 1 克左右的磷化氢气体。磷化铝遇空气中水分发生水解，产生剧毒的磷化氢气体，通过害虫的体壁及呼吸器官进入体内，使其中毒死亡。该气体渗透力强，杀虫效率高，对各种害虫的各虫期都有较大的杀灭能力。但对铜有较强的腐蚀性，气体密度达到每立方米 26 克时，遇火星易燃烧或自燃，甚至有爆炸的可能性。使用时严格注意防火安全。用药量按商品体积计算每立方米 3～6 克，货垛外空间每立方米 1～3 克。熏蒸温度宜在 20℃以上。熏蒸密封时间不少于 96 小时，排毒时间一般为 3～5 小时。排毒后应使用硝酸银试纸检查周围有无磷化铝气味，如变色说明有毒气体存在。

第四节 案例分析

案例一：

农村储粮损失是我国粮食流通损失最多的一个环节，一般农家有晒粮习惯，在干燥晴朗天气，将家中储粮拿到太阳下暴晒后，进行密封保存。王先生家粮食晒后因农活太忙而忘记密封，结果到了夏天储粮全部生虫。

分析：

1. 为什么粮食采用曝晒高温杀虫防治后还会生虫？
2. 规划设计一套农村储粮方案。

案例二：

中药储藏

中药储藏是传统技术，与现代技术相结合的养护方法大致为以下几个方面。

（1）清洁养护法。重视仓库及其周围环境的清洁卫生和库房消毒工作，可以杜绝害虫感染途径，恶化害虫生存条件，这是最基本和有效的防止害虫浸入方法。

（2）干燥养护法。改变库房温、湿度、利用自然吸湿物（如生石灰等）进行吸湿养护，可抑制害虫和霉菌的发生，最常用的方法是通风和密封等。根据仓库环境分别采用这两种方法来控制和调节库内的温度和湿度。利用生石灰、木炭、草木灰传统常用吸湿物和氧化钙、硅胶等吸收潮湿空气，可以保持仓库凉爽而干燥的环境。在入库前或雨季前后可利用太阳热、烘干加热等方法散发水分使中药及其炮制品干燥。

（3）密封（含密闭）养护法。传统采用缸、坊、罐、瓶、箱、柜、铁通等容器进行密封或密闭，并添加木炭、生石灰等吸湿剂。现在多利用塑料薄膜帐、袋以及密封库、密封小室等，更能增加防虫防霉效果。根据库存规模和中药及其炮制品的品种、数量采取不同形式的密封式密闭。对于细料、贵重中药除用容器密封养护外，还可采用真空包装。密封（密闭）前必须认真检查中药及其炮制品是否干燥、有无虫蛀及霉变迹象，否则，先进行干燥、杀虫、除霉菌达到密封或密闭标准时再进行密封（密闭）养护。

（4）气调养护法。气调养护中药材，不仅能有效杀灭药材中的害虫和霉菌，还具有使药材色泽、皮色、品质不发生变化的作用，特别是在养护易遭虫害药材、贵重药材、稀有药材等方面更有实际应用价值和具有较大的经济意义。

除上述 4 种养护法，还可选择 60Co－γ 射线法和中药挥发油熏蒸防霉法。60Co－γ 射线法效果好，但费用高；熏蒸法起到抑菌灭菌效果，色泽、气味无明显改变，但起不到杀虫作用。

分析：

（1）害虫和霉菌生存繁殖的特性及养护方法有何异同？

（2）4种养护法的原理及各适应什么情况下采用。

（3）中药及其炮制品的养护中，如何将传统技术与现代技术相结合。

第五节　实习实训指导

一、实训目标

一方面可以开阔学生视野，加强学生对理论知识的理解和掌握，提升专业素养。另一方面能培养学生的逻辑思维能力和综合知识运用能力，更能加强学生实践动手能力。

二、实训内容及要求

（一）实训内容

组织班级同学对学校教材仓库、后勤仓库、物流实训中心等相关仓库进行调查和分析。

1. 了解其仓库的环境等情况。

2. 选取一定商品，观察其是否有虫害。

3. 观察商品被害特征。对这些虫害进行鉴定。

4. 对这些虫害制订相应的防治方案。

（二）实习的纪律要求

1. 各位学生必须严格遵守实习纪律，服从带队教师安排，服从组长领导，确保实习质量和人身财产安全。

2. 必须坚持集体活动原则。严禁单独外出或两人外出活动。以小组为单位完成实习任务。

3. 严格遵守仓库防火规定，不准在仓库生火、抽烟。

4. 实习操作要讲究科学。

5. 时刻注意维护学校荣誉和大学生形象。言谈举止文明礼貌，衣着得体，不随地乱丢废物，保护自然环境。节约用水，不浪费粮食。讲究个人卫生。同学之间要互相尊重、互相帮助。

6. 实习结束后按规定时间交出实习报告和日记，供指导教师确定实习成绩之用，不得拖延。

三、实习作业

1. 实习期间必须认真写好实习日志（详细记载实习过程中所遇见的各种问题或体会），把实习的内容、实习收获体会及时记录下来，为写好实习报告积累资料。实习结束后，每位学生必须写出实习报告。

实习报告主要内容包括以下几个方面：①实习时间及实习基地概况；②实习目的；③实习内容；④实习作业；⑤收获与体会及对实习的意见和建议。

2. 每组按要求进行虫害的调查，并进行整理、分析及制订防治方案。

四、实习成绩评定

1. 考核内容：由实习指导教师对学生在实习中的态度、纪律表现、对实习内容的掌握情况以及实习报告进行全面考核。

2. 成绩评定：实习成绩由以下几部分组成：预习课本实训指导内容及相关知识（10分）；遵守纪律（10分）；实习态度（10分）；实习操作是否规范及日志（30分）；实习报告（40分），共计100分。

3. 本次实习成绩记入相关课程平时成绩。在整个实习过程中，一旦发现某位学生有违纪现象，该生实习成绩为零分，实行重修。

复习思考题

一、概念题

1. 仓库害虫

2. 趋化性

3. 趋温性

4. 趋光性

5. 发育始点

6. 最适温度

7. 植食性

8. 肉食性

9. 杂食性

10. 气调防治

11. 熏蒸剂

12. 密封防治

二、填空题

1. 仓库害虫根据刺激来源不同趋性可分为_____、_____、_____等。

2. 仓库害虫在有效温度范围内分为_____、_____、_____温度。

3. 高温杀虫常用的方法_____、_____及_____等。

4. 常用的毒杀害虫熏蒸剂有_____、_____、_____等。

5. 用磷化铝法熏蒸密封时间应不少于_____小时，排毒时间一般为_____小时。

6. 利用氯化苦熏蒸杀虫时，一般施药量为每立方米商品_____克，货垛外空间每立方米_____克。

三、选择题（3～6题为多选题）

1. 下列哪些不是仓虫的主要习性（　　）。

A. 假死性 　　　　　　　　　　B. 趋性

C. 群集性 　　　　　　　　　　D. 非周期性节律活动

2. 下列哪个不属于仓库害虫的生活特征（　　）。

A. 适应性强 　　　　　　　　　B. 食性广而杂

C. 活动隐蔽 　　　　　　　　　D. 繁殖力较弱

3. 仓库害虫的危害类型有哪些（　　）。

A. 钻蛀式危害 　　　　　　　　B. 缀食式危害

C. 侵食性危害 　　　　　　　　D. 粉食式危害

4. 影响害虫的仓储环境因素包括（　　）。

A. 温度 　　　　B. 湿度 　　　　C. 光 　　　　D. 风

5. 仓库害虫按食性可以分为（　　）。

A. 植食性 　　　　　　　　　　B. 肉食性

C. 杂食性 　　　　　　　　　　D. 腐食性和菌食性

6. 仓库害虫的防治方法（　　）。

A. 机械防治 　　　　　　　　　B. 物理防治和化学防治

C. 密封防治 　　　　　　　　　D. 气调防治和生物防治

四、简答题

1. 试述仓库害虫的来源。

2. 虫害的防治方法有哪几大类？

3. 虫害的物理防治方法有哪些？

4. 虫害的化学防治方法有哪些？

5. 粮食害虫有哪些特点？

第九章　高分子商品的老化与防老化

知识目标

1. 了解影响高分子商品老化的因素。
2. 理解常见塑料、橡胶制品的老化原理。
3. 掌握常见的高分子商品的防老化养护工作。

技能目标

1. 能分析商品在储运过程中可能出现老化现象的原因。
2. 能对仓库中存储的不同高分子商品选择恰当的防老化养护方法。
3. 能够分析胶管裂纹和塑料制品变色等现象的原因。

引导案例

塑料制品的保管

塑料制品储存使用过程中，大多是由于老化而引起质量下降或变质损坏，终至完全丧失其使用价值。有的塑料制品表面容易划伤，有的容易燃烧，有的在溶剂作用下容易溶解，有的怕冻，有的不耐酸碱侵蚀。因此，塑料制品在保管过程中要进行合理养护。

（1）塑料制品应存入干燥、通风、阴凉、清洁的库房内，室温最好保持在15℃～20℃，最高不得高于40℃，最低不要低于0℃。空气的相对湿度应在80％以下。

（2）库房内应避免日光对制品的直接照射，制品的储存位置距离热源不得少于1米，以防其受热软化、老化、变硬脆、发生龟裂。

（3）不得与酸、碱、盐类、溶剂、油类及易燃物等混存，以防相互接触，引起化学变化而变质损坏，或发生火灾；并防止油类和尘土污染。

（4）塑料制品应存放在货架上，不得直接放在地面上，以防受潮而降低品质。

（5）对于塑料制品，要注意其保管期限，仓库管理时要坚持"先进先出"的原则，不能存放过久。

思考题：

1. 塑料制品老化是怎么回事？怎样预防？

2. 塑料制品是高分子商品吗？为什么高分子商品易老化？

3. 观察分析身边的塑料商品老化过程，能否延续它的使用寿命？

第一节　高分子商品的老化及其特征

一、高分子化合物

由一千个以上原子通过共价键结合形成，分子量可达几万至几百万，这类分子称为高分子，或称高分子化合物。高分子化合物主要包括纤维素、蛋白质、蚕丝、橡胶、淀粉等天然高分子化合物，以及以高聚物为基础的合成材料，如各种塑料，合成橡胶，合成纤维、涂料等。

高分子物质有个共同的结构特性，即都是由简单的结构单元以重复的方式连接而成的；这种结构单元被称为链节。链节间连接的方式不同，所形成的高分子物质也不同，其性质会有很大差别。

在第二次世界大战以前，由于天然高分子材料来源丰富，人工合成高分子工业发展缓慢。但随着战争的爆发，天然高分子材料开始紧缺，迫使人们去探索合成人造高分子的途径。从 1930 年到 1945 年，尼龙（Nylon）、氯丁橡胶、丁苯橡胶、聚乙烯等相继问世。由于高分子材料具有许多优良性能，适合现代化生产，经济效益显著，且不受地域、气候的限制，因而高分子材料工业取得了突飞猛进的发展，成为对人类最为重要的材料。

二、高分子商品老化的特征

高分子商品在储存和使用过程中，由于受内外等因素的影响，出现龟裂、变硬、失光、变色、变脆、变黏、强度下降等现象以及丧失其应有的物理和化学性能及使用价值的现象称为老化。导致高分子商品老化的外界环境主要是光（特别是紫外光）、氧气、热、水、溶剂、外力、生物等。

老化可分为化学老化和物理老化两种。化学老化是一种不可逆的化学反应，分降解和交联两种类型。降解对高分子的性能影响很大，分子量降低、材料变软、强度降低等。交联的结果使高分子材料变硬、变脆、伸长下降等；物理老化不涉及分子结构的变化，一般情况下条件改变后高分子性能还能恢复。商品老化时一般会产生如下变化。

（一）外观变化

商品表面出现失光、变色、粉化、起泡、剥落、银纹、拉丝、起毛以及材料发生发黏、变软、变硬、变脆、龟裂、变形等。例如，农用塑料薄膜经日晒雨淋，会失去透明性、变色、变硬、变脆等；油漆涂层时间长了，会产生气泡、粉化、剥落、光泽暗淡等；胶鞋穿的时间长了，会发硬、龟裂等。

（二）机械性能的变化

商品的拉伸强度、伸长率、抗冲击强度、抗弯曲强度度以及硬度、弹性、附着力、耐磨性能等都会发生变化。例如，橡胶制品使用久了强度下降，弹性消失；仪器及设备的塑料外壳时间久了，其抗拉、抗压、抗变、抗冲击强度下降；皮革制品，保管不善，强度下降，耐磨性变差；化纤制品储存不当或使用过久会出现变脆、断裂及强度下降等现象。

（三）物理性能的变化

主要是高分子材料的耐热、耐寒、透气、透水性等的改变。例如，赛璐珞制品，老化后而下凹性能降低；塑料薄膜老化后，透光性下降。

（四）分子结构的变化

构成商品材料的分子结构发生变化，如分子量、分子量分布的变化。在商品的老化过程中，由于其材料种类及环境条件的不同，所表现出的老化特征是不尽一致的。例如，有的高分子商品长期使用或储存不当，由于分子结构发生变化，会改变其熔点；聚苯乙烯塑料制品，在日光下长期照射，表面会泛黄，这是其分子结构生成含氧基因后所产生的现象。

（五）电能性

高分子商品老化后，绝缘性能、介电常数、介电损耗、击穿电压等电性能发生变化。例如，漆包线使用过久或储存不当，会使绝缘性能下降；采用填料型环导电胶胶合的各种电器仪表、无线电通信设备及电子计算机等零件，长期使用，电阻率逐渐增大。

第二节　高分子商品老化的内因

高分子商品老化的内因，视品种不同而异。本节以两种典型的高分子商品——塑料和橡胶为例进行探讨。

一、塑料商品老化的内因

塑料老化的内因来自以下几个方面：

第一，高分子化学结构上存在的一些弱点；第二，制造过程（包括聚合、成型加工）中，引进高聚物中的一些新弱点；第三，除树脂外，其他组分存在的一些弱点；第四，塑料中的微量杂质。

（一）高聚物分子结构上存在的弱点

1. 化学结构

高聚物的化学结构，通常是指高聚物的基本结构单元——链节的结构。高分子是由许许多多结构相同的链节，一个个地以化学键连接起来而组成的。高聚物的稳定性取决于其链节结构，即化学结构。这是有的塑料容易老化，有的塑料不容易老化的根本原因。化学结构类似而老化性能差别悬殊的聚四氟乙烯和聚乙烯，就是一个很好的例子。

素有"塑料王"之称的聚四氟乙烯，不仅耐化学腐蚀性首屈一指，而且耐老化性能也是卓越的。例如，未经稳定的聚四氟乙烯薄膜（厚度 0.1 毫米），在 180℃ 热空气中老化 4000 小时，或在广州户外曝露 6 年 3 个月，其外观和机械性能均无显著变化。但与它化学结构相似的聚乙烯，却比较容易老化。未经稳定、同样厚度的薄膜，户外曝露 2～3 个月就老化了。其主要原因就是它们的化学结构不同。

聚四氟乙烯的链节，只有碳原子和氟原子两种，它之所以有极好的耐老化性能，就是因为链节中有氟原子存在。在所有元素中，氟的电负性最大，即夺取其他元素的电子，并与之结合的能力最强。氟原子一旦与碳原子结合，其他原子要把氟原子挤走，取而代之是很困难的。氟原子不仅和碳原子结合特别牢固，而且在聚四氟乙烯分子中还起着保护碳链免受外因攻击的作用。这是因为氟原子的尺寸大小适中，一个紧挨一个，能把碳链紧紧包围住，好像形成了一道坚固的"围墙"似的，而聚乙烯的链节，也只有两种原子（碳原子和氢原子）。但碳—氢键不如碳—氟键结合牢固，此外，氢原子的尺寸很小，它在聚乙烯分子中不像氟原子那样能把碳链包围住。因此，聚乙烯的耐老化性能比聚四氟乙烯差。聚丙烯分子的每一个链节中都有一个甲基支链，或者说都含有一个叔碳原子。在外因作用下，聚丙烯只要脱掉一个和叔碳原子相连的氢原子（即叔氢原子）就会成为起始的活性中心，从而迅速老化。所以，聚丙烯的耐老化性能还不如聚乙烯。

尽管聚苯乙烯分子的每一个链节也都含有一个叔碳原子，但由于它与苯环共振，在脱去束碳原子上的氢原子之后所生成的游离基却比较稳定，故聚苯乙烯的耐老化性能胜过聚丙烯。

除此之外，其他高聚物也都有其化学结构上的弱点。例如，硼的不饱和双键、聚酰胺的酰胺键、聚碳酸酯的酯键、聚砜的碳硫键、聚苯醚的苯环上的甲基等，这些弱点也分别是导致它们发生老化的主要内因。

2. 链结构

高聚物链结构的内容包括不规则结构（常称为主接的弱点）、分子量、分子量分布、支化度、主体规整度、接枝效率等。其中，不规则结构如支链、双键、端基等，对塑料的老化影响较大。

聚乙烯的分子，并不像上述的化学结构那么简单。在聚乙烯分子主链上，常含有甲基支链、较长的烷基文链甚至还可能有"十"字链。此外，聚乙烯的链结构中至少还含有三类碳——碳双键：链端双键、链内双键、侧链双键。链和双键是聚乙烯链结构上的主要弱点，也是聚乙烯容易老化的主要原因。

聚氯乙烯的热稳定性差，很容易分解脱氯化氢。在聚氯乙烯主链上常含有链内双键链、端基双键、共轭双键等弱点。除此之外，当聚合温度较高时，生成的聚氯乙烯主链上还可能含有少量氯乙烯的头—头或尾—尾相连的不规则结构。由于聚氯乙烯的链结构存在着上述弱点，故它在受热80℃时便开始分解脱出氯化氢，发生支链消除反应，生成聚烯型结构，使制品产生色斑。

支化度是指分子链分支的程度。通常，高聚物分子链的支化度越大，链结构上的弱点就越多，其稳定性也越差。高压聚乙烯比低压聚乙烯的耐热氧老化性能差，其原因之一就是它们的支化度不同。

3. 物理结构

高聚物的物理结构主要是指高聚物的聚集态，包括结晶度、结晶构型、晶粒大小、取向度和超分子结构等。高聚物的物理结构与成型加工及其后处理工艺（冷却速度、退火、拉伸等）密切相关。

结晶性的高聚物，其结晶度不但会影响热稳定性，而且对氧化、水解以及其他化学试剂作用下的老化也有影响。如高压聚乙烯的耐光氧老化性能比低压聚乙烯好，其中一个原因就是高压聚乙烯的结晶度比较小。

（二）制造过程中引进的新弱点

在聚合、后处理和成型加工过程中，高聚物因受到热、空气氧和机械力的作用，分子结构中还会产生一些氧化结构（如碳基、过氧化物等）。它们是新的老化弱点，对高聚物的稳定性有严重影响。

（三）塑料中其他成分的弱点

在生产塑料制品时，根据不同的用途，常添加其他助剂，如增塑剂、着色剂、填充剂、抗静电剂、阻燃剂、润滑剂、固化剂等。若选用不当，有些也会促进塑料的老化。

（四）塑料中的微量杂质

这里所说的杂质是指影响塑料老化的某些有害杂质，在塑料中含有的主要杂质，视塑料的品种不同而异。例如，在低压聚乙烯、聚丙烯、聚对苯二甲酸乙二酯中含有催化型残渣；在乳液法聚氯乙烯中含有乳化剂；在聚苯乙烯中含有单体苯乙烯；在聚碳酸酯中含有未反应的双酚。

总而言之，塑料的耐老化性能，除了取决于高聚物的分子结构之外，还与成型加工工艺以及其内部所含的杂质等有关。

二、橡胶老化的内因

塑料老化的内因中，有关高聚物的化学结构和物理结构中存在着引起老化的弱点的论述，同样适合于橡胶类的高聚物。考虑到橡胶老化的某些特殊情况，这里加以补充。

（一）橡胶分子结构状态的影响

同塑料一样，橡胶分子结构存在的某些弱点是引起橡胶老化的内因。不同的分子结构状态决定着橡胶耐老化性能的好坏。就其老化过程的机理来说，主要是热氧老化、光氧老化以及臭氧老化。不同品种的橡胶耐老化性能不同，其基本原因在于橡胶本身的分子结构不同。例如，不饱和碳链的烯烃类橡胶（如异戊橡胶）比饱和碳链橡胶（如乙丙橡胶）较易于氧化老化，因为烯烃类橡胶的大分子链上存在着不饱和双键结构，因而极易于与氧发生反应，且一经引发生成老化"活性中心"，便迅速导致橡胶老化。饱和碳链橡胶则需要较高的能量（例如较高的温度）才能引起氧化反应的进行，同不饱和碳链橡胶相比较，它在氧化过程中没有明显的自动催化作用。这是因为，饱和碳链橡胶的氧化必须在较高的温度下进行，此时所生成的氢过氧化物被很快分解，不能充分发挥催化氧化的作用；此外，氧对饱和橡胶的引发能力低，使其引发形成游离基的速度不及不饱和橡胶的速度快。

烯烃类橡胶中，双键结构含量越多，则易于发生氧化；饱和碳链橡胶，它与氧发生氧化反应的能力也与其化学结构有关。例如，支化的大分子比线型的大分子更易于氧化老化，氧化速度更快，原因就是受到各种基团的影响，就氧化稳定性来说，各种取代基团较下列次序排列：$CH > CH_2 > CH_3$，所以氧化速度不同。

上述情况表明，由于分子结构状态的原因，饱和碳链橡胶的耐老化性能比不饱和碳链的烯烃类橡胶要好。

杂链橡胶如硅橡胶、氟橡胶、聚胺酯橡胶等都具有较好的耐热氧老化性能，也是由于它们的结构所决定的。这些结构具有很高的抗氧化能力，要使它们发生氧化断链，都需要较高的能量。因此，这类橡胶的耐热氧老化的性能都比烯烃类橡胶好得多。

（二）橡胶配合组分的影响

在由生胶制成橡胶制品的过程中，添加了各种配合组分，各种配合剂对橡胶制品的耐老化性能具有很大的影响。橡胶由于胶种不同使用或储存条件的不同，它使用的配合剂的种类、用量、比例都有很大差别。一般地说，它比塑料制品使用的配合剂更为复杂。例如，在橡胶的基本配方中，为了满足硫化、加工操作、产品性能等几方面的要求，添加的配合剂有硫化剂、硫化促进剂、增塑剂、补强剂、防老化剂、着色剂、填充剂等。

配合剂组分对橡胶耐老化性能的影响是比较复杂的。因此，在研究橡胶老化时，不但要对高聚物的结构状态进行分析研究，而且还必须根据配方、配合剂的性质；用量及其加工条件等因素的影响结合起来研究；才能弄清引起老化的原因。

第三节　高分子材料老化的外因

影响高分子材料老化的外因是指外界的环境因素主要是：太阳光、氧、臭氧、有害气体、微生物等，此外高能辐射的影响、昆虫的破坏等也属外因。

一、环境因素的影响

（一）太阳光

太阳光的波长范围，一般是在 150～1200 微米。根据波长的不同，一般分为三个光区，即紫外线波长为 150～400 微米；可见光波长为 400～760 微米；红外线波长为 760 微米以上。大气外界太阳光能谱分布中，紫外线占 5％，可见光占 43％，红外线占 52％。到达地面的太阳光紫外线的量很少，但它的光能量却很大。它对许多高分子材料的破坏性很大。

短波紫外线，如 300 微米的紫外线的光能量能够切断许多高聚物的分子链或者引发其发生光氧化反应。不同分子结构的高聚物，对于紫外线的吸收是有选择性的，并非任何波长的紫外线都能吸收，这称为材料的"光敏性"。试验证明：材料品种不同，其最敏感的波长是有差异的。

综上所述，太阳光的紫外线是引起高分子材料老化最主要的因素。而太阳光的红外线对高分子材料老化亦起重要影响，因为材料吸收红外线后转变为热能，热能够加速材料的老化。可见光对材料的老化也有影响，因为，在一定条件下，可见光同样能够引发某些高聚物的降解以及对含有颜料的高分子材料起破坏作用。

高分子材料被太阳光照射后，引发光化学反应的发生，其反应按光氧化机理进行。实验表明：光化学反应一般是在材料的表面（或称表层）进行，首先引起表层高聚物的老化，并随着老化时间的推移而逐步向内层发展。因此，在大气环境中，材料受光面积的大小和单位面积上所接受的光强度，对材料老化的速度有很大的影响。这是光老化现象的特点之一。

（二）氧和臭氧

氧是一种活泼的气体，在接近地面的大气层中氧占空气容积的 21％，能对许多物质发生氧化反应，高分子材料的老化，实际上也是在热的参与下或者在光的引发下进行的氧化反应；或是两者兼有之的氧化反应的过程。在高分子材料的加工、储存与使用过程中，不可避免地要与氧接触，要做到绝对地与氧隔绝是很困难的，所以，氧就成为引起高分子材料老化的又一重要外因。

臭氧对高聚物的作用同氧一样，主要是起氧化反应。如对不饱和橡胶，大多数臭氧均与双键结合，生成臭氧化物，这种臭氧化物很不稳定，可转化为异臭氧化物，在转化为异臭氧化物阶段，使分子链断裂。试验表明：臭氧作用于受应力变形的橡胶，使分子链断裂，出现与应力作用方向垂直的裂纹，称为"臭氧龟裂"；作用于不变形的橡胶，则仅表面生成氧化膜而不龟裂。臭氧的化学活性比氧高得多，这是因为臭氧的稳定性比氧分子小得多，臭氧分解生成的原子态氧的活性比氧要高得多，因而破坏性比氧更大。在光的参与下高分子材料发生光—臭氧老化，在这程中光主要是起活化作用，加速臭氧老化的进行，光臭氧老化比纯臭氧老化更为强烈。

（三）热和气温变化

热是促进高分子材料老化的又一重要因素。许多高分子材料的老化是热氧老化，热促进了氧化反应的进行。

热具有很高的活性，随着温度的升高会使分子的热运动加速，从而引起某些高聚物发生降解与交联。降解的结果，表现为材料的分子量降低以及强度、伸长率等下降；而交联的结果，则表现为材料分子量增大以及材料的刚性提高等。有些高分子材料的热氧老化过程，往往是降解与交联相互竞争的过程，只是最后以其中一种反应占优势而告终。此外，热的作用还会引起和促进某些聚合物的热分解。

大气环境中的气温并不高，在夏天我国许多地区的最高温度是在 $37℃\sim44℃$，而地面极端最高温度为 $65℃\sim75℃$。在大气老化试验中，许多高分子材料试样的表面温度，接近于地面的温度（但附着于金属表面的油漆涂层的表面温度则要高些）。因此，仅大气气温单一因素来说，它对高分子材料的老化影响是不大的。但是，在大气环境中由于同时有光、氧等因素的参与和配合，这时热的因素对高分子材料的老化就起加速作用，气温越高，加速作用越大。

例如，用 0.3 毫米厚的聚丙烯薄片固定在木框上进行大气老化试验，结果发现：木条处的部分老化速度较快。这是因为试样在木条处的部分所接受的太阳光虽然同其他部分相同，但其所受的热的作用却不同，木条能起强化热效应的作用，从而加速了木条处部分的老化速度。可见，尽管大气气温不高，热仍然起到加速材料老化的作用。此外，大气气温会随地区和季节而变化，日夜之间也有温差。这种冷热交替的作用对某些高分子材料的老化产生一定的影响。例如，涂料的漆膜在大气老化过程中，该膜因温度的交替变化，热胀冷缩往复不断地进行，引起该膜内应力的变化，导致漆膜变形，破坏了它与底材的附着力，从而使该膜脱落。所以，气温的变化也是影响高分子材料老化的因素之一。当然，这种影响视材料品种不同而异。

（四）水和相对湿度

在大气环境中，水对于高分子材料的作用表现为降水、潮湿（水汽的侵袭）、凝露等多种形式的作用。

降水能将材料（或试样）表面的灰尘冲洗掉，使其受太阳光的照射更为充分，从而有利于光老化的进行，雨水，特别是凝霓形成的水膜，能够渗入材料的内部，使高分子材料体系内的某些水溶性物质、增塑剂和含亲水性基团的物质被水所溶解，从而逐步改变材料的物料组成和比例，加速材料的老化。水是引起油漆涂层起泡的根本原因。

这几种情况都表明：水对高分子材料的老化起着加速作用。加速作用的程度，因材料品种不同而异。在分子结构中含有可水解基团（如酰胺基、酯基、缩醛基等）的聚合物，在雨水或潮湿的长期作用下，往往会发生水解反应。若这类基团在大分子的主链上的话，水解反应的结果，将导致断链，分子量迅速下降。那些含有亲水性基团（如羟基、羧基等）的聚合物，容易吸水受潮并引起某些物理机械性能的下降。出现这种材料吸水受潮的情况时，有两种可能性：一种是当环境干燥后（或经干燥处理），能将侵入材料内部的水分加以排除，其物理机械性能可以恢复；另一种情况是侵入的水分无法再被排除出去，物理机械性能不能再恢复。前者不是老化，后者则属于老化。总之，含可水解基团或亲水性基团的聚合物，它们对水比较敏感，水对它们一般表现为起加速老化的作用。

（五）微生物、昆虫、海生物

高分子材料老化的外因，除了物理和化学因素外，还包括生物因素。生物的因素主要是：微生物、昆虫和海生物的影响和破坏。微生物（霉菌和细菌）在适宜的温度、湿度条件下能在某些高分子材料表面上长霉。高分子材料长霉后，影响外观，并由于霉菌分泌物能引起高聚物的生物降解，从而使某些材料性能下降。昆虫类如白蚁、蟑螂会蛀食高分子材料。海生物如牡蛎、苔藓虫、石灰虫、海藻、海草等会大量地在高分子材料上附殖，直接影响材料的正常使用，这些都属于高分子材料生物老化的范畴。在热带和亚热带地区使用的某些高分子材料，发生长霉的现象比较多。试验表明：许多树脂如聚乙烯、聚苯乙烯等，对于霉菌的感染性是很小的；聚氯乙烯、三聚氰胺酯、聚胺酪、环氧树脂等，即使会长霉也很轻微。导致霉菌生长的主要因素，主要是高分子材料体系内的一些增塑剂及油脂类化合物等，特别是含脂肪酸结构的化合物感染性大，它们为霉菌的分泌物引起分解而转化为醇类有机酸等物质，给霉菌提供了养料，从而使霉菌得以寄生和繁殖。热带、亚热带的温、湿度，为霉菌的生长和繁殖创造了外部条件。

海生物对高分子材料及其他物体的附殖是一种常见的现象，在热带气候区的海域里这种附着繁衍的速度尤为迅速，对材料性能的破坏极为严重。例如，船底防污涂料的科学研究任务就是为了解决海生物对舰船船底的大量附殖而进行的。

二、成型加工条件因素的影响

高聚物进行成型加工时，受到外界不同热及压力的作用，使其内部发生了不同程度的变化。因而不同的成型加工条件所得制品具有不同的耐老化性能，有的甚至差别很大。如用挤压法生产的塑料制品，在加工过程中由于受到比较强的热应力的作用，使高分子发生降解或消耗一部分稳定剂，导致制品的耐老化性能降低。而用模压法等进行加工时，对制品的耐老化性能影响就小。用粉料或粒料进行抽丝加工制取纤维时，由于不同的抽丝温度所制得的纤维制品耐老化性能会有所差别。一般地说，抽丝温度越高耐老化性能越差。

无论塑料、橡胶或纤维，加工过程都是在热、机械力、氧等多种因素作用下进行的，这些因素对构成高分子材料体系的基本成分——树脂（或胶料）、助剂、颜料等来说，无疑是一种外因。外因通过内因而引起高分子的分子链或分子结构发生变化，从而影响到它的耐老化性能。

三、机械应力对橡胶老化的影响

因为一般橡胶制品是在应力状态下使用的，所以在机械应力作用下的老化称为"疲劳老化"。由于在生胶或硫化胶结构上应力分布极不均匀，在多次变形疲劳过程中，机械应力的作用会破坏橡胶的分子结构，引起大分子链的断裂，产生游离基。这种游离基称为应力活化游离基，它与空气中的氧发生反应，形成了与热氧老化机理相同的自动催化氧化过程，也就是在机械应力作用引发下的氧化老化。机械应力作用强度的大小，影响生成游离基的浓度，直接影响到氧化反应的速度。变形疲劳条件（如温度、振幅、频率等）的不同，也会影响氧化的速度。如在高温条件下，氧化反应加剧。此外，橡胶在机械应力作用下的变形疲劳过程中，也伴随发生臭氧化反应。所以，橡胶的疲劳老化也与臭氧有关，特别是在高温条件下接触大气，这种现象尤为明显。例如，高速行驶汽车的轮胎，胎侧发生的龟裂，首先是橡胶受机械应力的作用产生疲劳老化，橡胶表面的大分子链发生断裂，表面层出现裂口，臭氧进一步与橡胶发生作用，从面加速橡胶龟裂的形成与发展。这是在机械应力、热、氧与臭氧参与作用下，橡胶在使用过程中发生的疲劳老化的过程和结果。

由此看来，橡胶的疲劳老化，实质上是机械应力作用引发下的自动催化氧化反应的过程。因此，橡胶抗疲劳老化的性能与橡胶的种类、填充剂品种及用量、硫化条件有关，在体系中含防老化剂时，氧化反应的速度又取决于防老化剂的品种和用量，即防老化体系的效能。

第四节 高分子材料的防老化方法

高分子材料的老化有内外两种因素，它的防老化也就可以从这两方面着手。一方面，可用添加防老化剂的方法来抑制光、热、氧等外因对高分子材料的作用；也可用物理防护方法使高分子材料避免受到外因的作用。另一方面，可用改进聚合和成型加工工艺或改性的方法，提高高分子材料本身对外因作用的稳定性。

一、改进聚合和后处理工艺

（一）减少不稳定结构

1. 聚合方法

以聚氯乙烯为例，聚氯乙烯的热稳定性和热氧化稳定性，在很大程度上取决于其内部的不稳定结构，这是因为它们会加剧聚氯乙烯的降解过程。属于不稳定结构的有双键、含氧基（如碳基、氢过氧基）和支链等。它们在聚氯乙烯中的含量，首先与氯乙烯的聚合方法有关。

悬浮聚合工艺与乳液聚合比较，后处理简单，成本低，特别是所得树脂质量好，含有较少的不稳定结构和杂质，适于多种用途。在选择适当的工艺条件下（如分散剂、搅拌形式等），可以得到粒度均匀、质地疏松、表面粗糙、棉花状的树脂。这种树脂塑化均匀，加工性好，是提高聚氯乙烯塑料制品质量的重要关键之一。因此，目前国内外都广泛采用悬浮聚合法。

2. 引发剂用量

提高引发剂的用量，可缩短氯乙烯的聚合时间，而且还能使聚氯乙烯中的双键含量降低。但当引发剂浓度超过 3×10^{-3} 克分子/升（单体）时，即使双键含量还会再减少，聚氯乙烯的热稳定性却反而变差。

3. 聚合温度

聚氯乙烯分子结构中的支链多少，与聚合温度的关系非常密切。降低聚合温度，聚氯乙烯的支化度会减少，其耐老化性能得到提高。

4. 干燥条件

聚合后树脂干燥的条件，也会影响其不稳定结构的含量。用凝结方法析出聚氯乙烯粉木，可在较低温度下进行干燥，而且由于除去了乳化剂残留物，所以它的双键含量比经喷雾干燥得到的聚氯乙烯少。

5. 聚合工艺条件对合成橡胶的影响

聚合工艺条件对合成橡胶的质量和耐老化性能亦有很大影响。聚合工艺条件直接影响到高聚物的分子结构、分子量、分子量分布以及催化剂残留物、聚合副产物、其他杂质和不稳定基团的引入等。

例如，丁苯橡胶是丁二烯和苯乙烯的共聚物。根据聚合温度不同，在50℃聚合的，称为高温丁苯橡胶；在5℃聚合的，称为低温丁苯橡胶。由于聚合温度的影响，两者的性能有所差别。聚合温度为50℃时，耐老化性能较差。而采用较低的温度（5℃）共聚时，减少了歧化反应和交联程度，能获得分子量较大，分子量分布较窄，从而大大提高其耐老化性能，且加工性能、耐磨性等均比前者要好，因此，低温聚合已成为主要的生产工艺。

（二）封闭端基

许多高聚物如聚甲醛、聚砜、聚碳酸蘸和聚苯醚等分子链的末端基团，是不稳定的。封闭这些不稳定端基，可以改善高聚物的稳定性。

（三）减少或除去催化剂残留物

聚合后残留在高聚物中的某些催化剂，会因催化氢过氧化物的分解而加速其老化过程，所以应尽可能地减少它们的残留量。采用后处理方法，虽可达到达个目的，但绝不是轻而易举的。近年来，国内外在聚烯烃生产工艺方而进行了一个大改革，即采用高效催化剂。例如，按钛含量计算，原来每含1克钛的催化剂只能得到几百克高密度聚乙烯，而现在采用高效含放催化剂之后，却可得到几十万克，所以聚合产物中含有的催化剂残留物大大减少。这样不仅在聚合之后可以免去一系列烦琐的后处理工艺，而且还能提高聚合产物的质量（色白，分子量分布较窄，机械性能好）和耐老化性能。

（四）除去其他杂质

除催化剂残留物之外，聚合产物还常含有其他会影响老化过程的有害杂质，如聚合副产物、未反应物，以及溶剂、引发剂和乳化剂等残留物。这些杂质使高分子材料的老化过程大大加剧，尤以高温情况下（如成型加工过程）为甚。所以在聚合后必须进行净化处理。

二、改进成型加工和后处理工艺

（一）原料预处理——干燥

有些塑料如聚碳酸配、聚酰胺、线型聚配等对水分十分敏感。尽管常温下它们的吸水率不大，但只要含有微量水分，在成型加工的高温情况下就会导致它们水解，分子量迅速降低，同时机械性能严重变坏。其他塑料如 ABS、聚苯醚、聚砜等，虽然对水分有相当好的稳定性，但如含有较多水分、熔剂及其他易挥发物质时，将会给加工带来困难，并且也影响到制品的外观和机械性能。因此，这些塑料在成型加工之前，都需要进行干燥处理。

（二）成型加工工艺

1. 加工工艺

对塑料在成型加工过程中的老化，加工温度和时间是最重要的影响因素。它们不仅直接影响到制品的质量，而且还会因引进氧化结构而严重影响其耐老化性能。成型加工的温度越高和时间越长，所得制品的脆性出现时间越早，这是因为制品中被引进的氧化结构多的缘故。因此，加工温度不能过高，加工时间不宜过长，而且在制品加工过程中最好尽可能减少与空气接触时机会。

橡胶的加工工艺，包括塑炼、混炼、成型、硫化等一系列工序，对橡胶制品的老化性能也有一定影响。

2. 成型机械

高分子材料在不同的成型机械中加工，遭受到的外因作用是不同。塑料在柱塞式注射机中的受热仅仅来自料筒壁和分流梳的传热作用；而在螺杆式注射机中，除了料筒壁和螺杆的传热作用之外，还有螺杆、料筒与塑料的典切摩擦热。因此在后一种情况下加工温度一般不用很高，只需比塑料的熔点略高一些即可。此外，由于塑料在柱塞式注射机中成型加工温度较高，而且还会因受热不均匀，容易局部过热而导致制品老化变质，所以这种注射机不宜用来加工较大型的制品，在加工大型制品时，应采用螺杆式注射机。

3. 冷却速度

聚乙烯、聚丙烯、尼龙类等结晶性高聚物的结晶度，与其老化关系极大，而结晶度却受成型的冷却速度的影响。一般来说，冷却速度越慢，高聚物的结晶度越高，晶粒也越粗大；反之冷却速度越快，高聚物的结晶度越低，晶粒也越细小。高聚物的结晶度和结晶形态，对老化的影响是比较复杂的，并非高聚物的结晶度越高，塑料就越耐老化。

4. 热处理

在成型加工后得到的塑料制品中，或多或少都会有残余的内应力。如果成型加工工艺的选择或控制不当，那么这种内应力将会达到相当大的程度，以致会使塑料制品在应用过程中发生翘曲、龟裂和性能的严重变坏。为了克服这种现象，除改进成型加工工艺之外，还有必要对制品进行一些后处理，热处理就是最常用的一种后处理方法。

经过热处理之后，塑料制品可以消除残余内应力，预防过早产生开裂（特别是有金属嵌件的制品），而且还能使尺寸稳定，降低摩擦系数，提高耐磨性、机械强度和表面硬度等，结果大大延长它的使用寿命。因此，热处理是提高塑料制品质量和使用寿命的方法之一。

热处理的方法很多，与金属的热处理类似，有正火、退火、回火、淬火、混合热处理、循环热处理等，其中以退火方法应用得最广。

5. 定向

这里所讲的定向是指高分子材料在高于玻璃化温度时，通过拉伸或压缩，使大分子沿着拉伸方向或压缩力垂直方向形成规整有序的排列。高分子材料经过定向处理后，由于大分子的排列规整有序，促进了结晶化，结果其性能可以得到较全面的提高。

三、改性

所谓改性就是用各种方法改进高分子材料的性能，以适应不同的需要。可以说，没有一种高分子材料是十全十美的，多多少少总有一些缺点。例如聚四氟乙烯，它虽然号称"塑料王"，但也存在成型加工性差等缺点。通过改性，可以克服高分子材料的某些缺点，更重要的是，在许多情况下可以使其性能得到较大幅度的提高，甚至有可能获得另一种新颖的高分子材料。因此，改性是高分子材料发展的重要方向之一。

高分子材料的改性方法很多，而且每一种材料的改性往往能采用好几种方法，主要有共聚、共混（橡胶中称并用）和增强等方法。

四、物理养护

外因对高分子材料的作用，首先是从它的表面开始而逐渐往内部深入的属性。防老化剂溶液的涂覆和涂漆等物理养护方法，可使高分子材料表面附上一层甚至隔绝外因的作用，从而防护了高分子材料的老化（主要是大气老化）。

五、添加防老化剂

防老化剂是一类能够防护、抑制光、热、氧、臭氧、重金属离子等外因对于高分子材料产生破坏作用的物质。在高分子材料中添加防老化剂，可以改善材料的加工性能、延长材料的储存和使用寿命，方法简便而效果又显著，是当前高分子材料防老化的主要途径。

添加防老化剂的方法，塑料方面通常是在树脂捏合、造粒时加入；也可以在聚合或聚合反应的后处理时加入。橡胶方面，防老化剂可以在合成橡胶的聚合反应的后处理过程加入；也可以在生胶加工成半成品或制品的混炼过程中加入，此外，将防老化剂配成溶液然后浸涂或涂漆在制品的表面上。添加的方式需根据树脂、防老化剂、制品及其成型加工和使用等具体情况而定。

依据防老化剂的作用机理和功能，可分为抗氧剂、光稳定剂、热稳定剂等类别。防老化剂的选择和使用应当根据高聚物的性质及其老化机理、材料或制品的使用条件、加工条件等加以综合考虑确定。因此，防老化剂除应具有良好的防护效果外，还要求具备以下一些性能：与树脂有良好的相容性（或相混性）、热稳定性好；不污染制品（尽可能不带色）；对人体无毒或低毒；具有化学稳定性。此外要价格低廉。

六、橡胶制品的防老化

（1）轮胎、胶带、胶管等应储存在阴凉干燥的仓库内。温度控制在0℃～25℃，相对湿度控制在50％～80％，仓库不宜经常通风。避免日光直晒，窗户玻璃可涂蓝色油漆，以阻紫外线的照射；远离热源，距离取暖设备不少于1米。禁止同有机溶剂、油类、酸碱、变价金属盐类、氧化剂等混存。

（2）外胎应立放于木质货架上，高3～4层。不要堆码平放或穿心悬挂；储存过程中应经常变换支点，每两个月转动一次（转动90度）。盒装内胎每三个月要重新再折一次（错过原来的折位）装入包装盒内，以免折叠老化。外胎及内胎如发现有黏连现象，可在表面撒一层滑石粉。

平带（传送带）成卷平放，不得折叠堆放，每季度翻动一次；地面堆放需垫15～30厘米的木板，堆垛高度不得超过1米；规格小的平带及三角带应存放在货架上，在储存中定期翻动。储存期一般为一年为宜。

短胶管平放在货架上，长胶管盘卷好也可堆放在地面上，必须垫15～30厘米的木板。储存时应定期翻动，储存期一般不超过1年。

（3）装卸搬运不得从高处抛掷，不得在潮湿、粗糙、脏污的地面堆积，不得在雨天室外作业，不得在作业时遭雨淋和水湿。

（4）生橡胶堆码垛时注意安全，严格控制仓库内的温、湿度，严防因温度过低而结露，严防生橡胶表面生霉。

七、合成纤维制品的防老化

（1）合成纤维制品不宜露天储存。

（2）仓库温度控制在30℃以下，相对湿度控制在60％～80％。

（3）必须严格按照"先进先出"的进发货原则，避免储存时间过长。

八、塑料制品的防老化

（1）塑料制品应储存在干燥、通风、阴凉、清洁的仓库内。库存温度控制在0℃～25℃，相对湿度控制在80％以下。避免太阳光直接晒射，距离热源不少于1米。不能同酸、碱、盐、有机溶剂和易燃物混存。一般货位应选在货架上，如果必须地面堆放，下方须垫20～30厘米的木板，堆垛高度不得超过1.5米。

（2）赛璐珞制品属易燃品，应储存在危险品物流园区或危险品专业仓库，禁止同其他易燃品、氧化剂、有机溶剂和酸碱性商品同库储存。仓库温度控制在0℃～25℃，以免上色变色、变形、发脆和自燃。相对湿度控制在80％以下。操作人员不得穿带钉子的鞋进入仓库和使用金属工具操作，以免产生火花。对仓库要定期检查，特别是对靠近门窗货场，货垛中间及受潮包装作为重点进行检查，雨天和空气潮湿天气，要突出检查。对于受潮和发热货箱，立即倒垛晾干散热，但不能曝晒。发现已开始老化和被酸碱腐蚀的商品，应立即处理，以防自燃。

九、高分子商品在物流过程中控制引起老化的因素

（1）商品包装应保持清洁完整。

（2）加强商品入库验收，做到有的放矢地养护。

（3）仓库保持清洁，阴凉，门窗玻璃刷漆（一般为白色），避免光照，同库不能同油类及腐蚀性、水分高的商品混存。

（4）对于地下仓和楼房仓的底层做好防潮透水处理，露天储存做好密封及隔热，做好防雨、防晒、防风工作。

（5）按照商品要求严格控制温、湿度。

（6）做好库存商品的定期检查。一般每月或每季度检查一次，炎热天重点检查垛上方，梅雨季节重点检查垛下方，如发现有老化现象，尽量提早出库，不可继续储存。

（7）严格执行"先进先出"的仓库管理原则。

第五节　案例分析

橡胶或塑料软管常用语输送油、水等液体及天燃气等气体，由于具有柔软性，便于弯曲，所以布置方便，不受条件限制，但是，它也有一个明显的缺点就是易于老化，胶管一旦老化，会出现各种各样的故障，然而这一点往往容易被操作人员及维护人员忽视。因此在仓储及使用过程中，必须加强维护保养及检修，如发现橡胶或塑料软管出现老化现象必须及时更换。

一、胶管裂纹

随着日晒、高温、油污等外界环境因素对胶管的长期侵蚀，胶管就会出现老化，机械强度逐渐降低，在液体或气体的作用下常会出现裂纹，随着裂纹的加深就会出现漏油、漏气等故障。例如，用作柴油发动机低压油路的输油胶管出现裂纹，就会导致柴油发动机停机状态向外渗油以及低压油路进空气，而且用排气阀又无法将油路中的空气排尽；另外，如果空气滤清器与进气支管连接的胶管出现裂纹，就会导致空气不准滤芯过滤直接进入气缸，加剧缸套、活塞、活塞环的磨损。

二、胶管内层脱胶

胶管内层脱胶很难发现，这一现象具有隐蔽性，不少人在查找这一故障部位时走了不少弯路。因为从外表看，胶管完好无损，但是胶管内层出现脱胶，主要原因是胶管长期使用而老化所造成。在看不见的内层脱胶而且开始又不可能完全脱下来，只有当管内的流体向某一方向流动时才会造成堵塞，因此，难判断故障原因及故障位置。例如，发动机的空气滤清器与空气进气支管连接的胶管内层脱胶时，会导致气缸进气不足，发动机功率下降，并伴随有冒黑烟现象。若加大油门，黑烟更为严重，更换空气滤清器滤芯也无济于事。又如，农用发动机水泵进水口与散热器之间的连接胶管内层脱胶，会导致水泵进水不足，散热效果变差，发动机易过热，水箱易"开锅"，如果突然加大油门时，会出现水箱口向外涌水现象。再如，农用水泵的进水胶管内层脱胶时，会导致水泵进水不足，出水量变小，扬程降低，严重时伴有噪声。

三、天燃气塑料管道的裂缝及气孔

天燃气输气管道一般采用塑料管道或金属管道。在长期使用过程中会老化，使管道产生裂缝或气孔，出现漏气现象，如果未能及时发现及更换，就会出现天燃气中毒、火灾等严重危害。这类事故在我国时有发生，而因此造成人体伤亡和财产损失。因此，必须按照操作规程经常检查和巡视，按时维护和养护，及时更换老化管道。

分析：

1. 如何延长橡胶及塑料管道的使用寿命？
2. 怎样才能及时发现橡胶与塑料管道因老化而带来的裂纹、裂缝、脱胶及气孔？
3. 举例说明我们生活中所遇到管道老化现象。

第六节　实习实训指导

一、实训目标

通过实训能够将理论与实践相结合，在现实环境中能够解释商品老化的原因，分析商品老化的危害性，同时能根据实际需求对相应的商品进行防老化养护工作，培养学生利用所学知识分析和解决问题的能力。

二、实训内容及要求

（一）实训内容

实训内容一

（1）观察生活中所接触的塑料商品和橡胶商品的老化情况，试分析老化原因，采取什么措施延长商品的使用寿命？

（2）利用实习机会抽出一天时间，调查实习单位储存的橡胶商品或塑料商品，养护方法是否科学合理，利用所学知识制订一套养护方案，作为实习报告的一部分内容。

实训内容二

塑料窗的老化

调查发现小区临街的塑料窗表面污染严重，变色较深，表面吸附物也较多，尤其是距小饭店附近的塑料窗更为严重。一般吸附尘埃具有以下规律：①一层、二层楼较严重，四层楼以上较轻；②距交通干道近的楼吸附较多；③烧煤的小区塑料窗使用1年就变得灰暗（煤烟中含有二氧化硫）。同时还发现另外的规律：①朝南方向的塑料窗变色最重，朝北方向的塑料窗变色较浅；②夏天变色快（夏天最高温度可达44℃）；③保护膜已揭去的老化变色快而深。

请分析：（1）窗户老化变色的主要原因是什么？

（2）吸附尘埃与塑料窗老化有何关系？

（3）如何在使用中养护塑料窗？

请仔细观察本人所住小区、学校宿舍及相邻小区是否存在类似问题。周围环境对塑料窗的老化有何影响？怎样延长塑料窗的寿命？

（二）实训要求

1. 将班级同学按3～4人进行分组；选出组长，负责组织本小组成员参与活动。

2. 以抽签的方式安排各小组完成不同商品的防老化养护实习。

3. 利用课余时间，由小组长组织本组成员对相关商品进行防老化调研工作，撰写调研报告。

4. 各小组委派代表上台讲解展示本小组在实训活动中的工作成果，相互交流实习过程中的体会。

5. 提交实训报告。

三、成果检验

（一）教师评分

1. 教师根据各小组的表现针对讲解内容的精彩性、正确性、完整性等内容进行评分与点评，评分比例占总成绩的25％。

2. 教师在点评内容的同时，对各个小组之间的团队合作、演讲组织能力等内容进行评分与指导。评分比例占总成绩的25％。

3. 教师根据各小组选用方法的可行性和实用性进行点评与评分，评分比例占总成绩的30％。

（二）学生自评

开展学生自评项目，评分比例占总成绩的20％。

```
防老化进度表

    负责商品对象：_____

    负责商品现状：_____

    检查日期：____年____月____日

    检查是否老化：_____

    如何防老化：_____

                              检查组人员（签章）：
```

复习思考题

一、概念题

1. 高分子化合物

2. 商品老化

3. 防老化剂

4. 改性

5. 定向

6. 疲劳老化

二、填空题

1. 高聚物分子结构上存在的弱点有_____、_____、_____。

2. 高分子商品老化的环境因素有 _____、_____、_____、_____、_____。

3. 太阳光的_____对高分子材料老化起重要作用，它的波长为_____微米以上。

4. 影响橡胶老化的主要结构状态因素是_____、_____、_____。

5. 橡胶制品储存温度控制在_____，相对温度控制在_____。

6. 合成纤维制品仓库温度控制在_____，相对湿度控制在_____。

三、选择题

1. 高分子商品老化时一般会产生哪些变化（　　）。

A. 外观变化　　　　　　　　　B. 机械性能变化

C. 物理性能变化　　　　　　　D. 分子结构变化

2. 橡胶老化的内因有哪些（　　）。

A. 橡胶分子结构状态的影响　　　B. 橡胶配合组分的影响

C. 太阳光　　　　　　　　　　　D. 氯和臭氧

3. 橡胶老化的外因有哪些（　　）。

A. 大气环境因素的影响　　　　　B. 成型加工条件的影响

C. 机械应力对橡胶老化的影响 D. 橡胶配合组分的影响

4. 高分子材料防老化的方法（ ）。

A. 改进聚合和后处理工艺 B. 改进成型加工和后处理工艺

C. 改性和物理防护 D. 添加防老化剂

四、简答题

1. 高分子老化的内因有哪些？

2. 高分子老化的外因有哪些？

3. 高分子防老化的方法有哪些？

4. 聚氯乙烯薄膜怎样防老化？

5. 橡胶老化的原因及防治？

6. 如何储存赛璐珞制品？

第三篇

商品养护实务

第十章 食品的储存与养护

知识目标

1. 了解食品的分类方法及其内容。
2. 了解食品在流通过程中的质量变化及其影响因素。
3. 了解食品在储存中的质量变化。
4. 熟悉粮食、果蔬、肉类、水产品、面包和熟食等常见食品的储存与养护。

技能目标

1. 能分析食品运输和储存过程的质量变化。
2. 能运用粮食、果蔬、肉类、水产品、面包和熟食等常见食品的养护技术。
3. 能够运用所学知识对日常经营的食品进行质量评价，储存管理和业务咨询服务。

引导案例

在德国，食品、农产品的保鲜非常讲究科学性和合理性。无论是肉类、鱼类，还是蔬菜、水果，从产地或加工厂到销售点，只要进入流通领域，这些食品就始终在一个符合产品保质要求的冷藏链的通道中运行。而且这些保鲜通道都是由电脑控制的全自动设备，如冷藏保鲜库全部采用风冷式，风机在电脑的控制下调节库温，使叶菜类在这种冷藏环境中能存放 2～5 天。对香蕉产品，则有一整套完全自动化的后熟系统，香蕉从非洲通过船舶和铁路运到批发市场时是半熟的，批发市场则要根据客户、零售商的定货需要进行后熟处理。在这套温控后熟设备中，除了温度控制外，还可使用气体催熟剂，使后熟控制在 3～7 天，具体时间完全掌握在批发商的手中。

在瓜果蔬菜方面，只要是块类不易压坏的均用小网袋包装，对易损坏产品则用透气性良好的硬纸箱包装。叶菜类一般平行堆放在箱内，少量的产品则采用盒装，且包装盒都具有良好的透气性。对肉类则通过冷冻、真空和充气等包装形式保鲜。在肉类制品加工上，原料肉每 500 千克装一个大冷藏真空包装袋后再装入塑料周转箱内，到了超市或零售店后则改用切片真空包装或充气包装。

（资料来源：http://wenku.baidu.com/view/bb985ce0524de518964b7d41.html）

思考：食品的种类有哪些？不同的食品在储存和运输过程中会发生哪些不同的质量变化？在日常的食品储存和运输过程中针对不同的食品采取哪些养护技术？

第一节 食品的分类及营养卫生

食品是保证人体发育和健康不可缺少的生活资料。关于食品的定义，国家标准GB/T 15901—1994《食品工业基本术语》则将一般食品定义为可供人类食用或饮用的物质，包括加工食品、半成品和未加工食品，不包括烟草或只作药品用的物质。

一、食品的分类

在食品经营活动中，有各种食品的分类方法，常见的分类方法有以下几种。

（一）根据食品加工与否，将食品分为原料食品和加工食品两大类

（1）原料食品它是由各生产部门（如农业、林业、牧业、渔业等）所提供的各种未经再加工的产品，主要分为以下3类。

植物性食品。陆生植物性食品的主要种类有谷类、杂粮、薯类、豆类、糖类、植物油料类、蔬菜、果品、茶叶、咖啡、可可等；水生植物性食品的主要种类是海产藻类和淡水藻类，如海带、鹿角菜、裙带菜、紫菜、石花菜和螺旋藻等。

动物性食品。陆生动物性食品的主要种类有畜类、禽类、蛋类、奶类等；水生动物性食品的主要种类有鱼类、虾类、贝类、蟹类、鳖类等。

矿物性食品。来源于非生物界的食品，如各种矿泉水、食盐等。

除此之外，又可根据原料食品生理生化特点和品质特征的不同，分为生鲜食品和谷物及豆类食品两类。

生鲜食品。生鲜食品一般是指含有多种酶类，但不具有呼吸作用的新鲜食品，如鲜畜肉、鲜禽肉、鲜奶和水产鲜品等。生鲜食品的各种生化作用仍在不断进行，外界环境条件对它们的质量变化有很大的影响。

谷物及豆类食品。主要包括稻谷、小麦、玉米、高粱、小米、大豆、绿豆、小豆等，它们收割后经晾晒或烘干，其水分含量很低，呼吸作用十分微弱，可耐较长时间的贮藏。

（2）加工食品它是原料食品经过加工后所得到的各种加工层次的产品，其种类和品种多种多样，其中包括以下几种。

根据加工技术和方法的不同，可分为冷冻食品、干燥食品、发酵食品、膨化食品、烘烤食品、浓缩食品、结晶食品、蒸煮食品、罐头食品、消毒食品、腌制食品、熏制食品、辐照食品等。

根据加工食品原料的不同，可分为谷物及豆类制品、淀粉制品、蔬菜制品、水果制品、肉制品、禽制品、蛋制品、乳制品、糖果、茶叶、饮料及酒类等。

根据加工食品形态的不同，可分为固态食品、液态食品、凝胶食品、流体食品、悬浮食品等。

（二）根据食品营养成分的特点分类，不同食品具有不同的营养价值，从这点出发可把食品分为下列 6 类

谷物食品主要提供碳水化合物、植物性蛋白质、维生素 B 和尼克酸。在以植物性食品为主的食物结构中，谷物食品是热能的主要来源。

动物性食品主要提供动物性蛋白质、脂肪、无机盐和维生素 A、维生素 B_2、维生素 B_{12} 等。

大豆及其制品主要提供植物性优质蛋白质、脂肪、无机盐、B 族维生素和植物纤维。

蔬菜、水果及其加工品主要提供膳食纤维、无机盐、维生素 C 和胡萝卜素。

食用油脂主要提供脂肪、必需脂肪酸、脂溶性维生素和热能。

糖和酒类主要提供热能。

（三）根据食品在膳食中的比重不同分类，在膳食中所占比重大的食品通常称为主食，比重小的为副食

主食。在当前，我国大多数居民的主食是各类粮食及其加工品。

副食。主食以外的食品通称为副食，主要包括菜、果、肉、禽、鱼、蛋、奶、糖、酒、茶及其加工品和各种调味品。

随着我国人民生活水平的提高，主食在膳食中所占的比例逐渐减少，而副食所占的比例逐渐增大，主食和副食的界限正逐渐模糊和消失。

（四）根据食品的食用对象不同分类，根据食品的食用对象不同分为普通食品和专用食品两类

普通食品。适合于大多数人食用的食品。

专用食品。适合于特殊人群食用的食品，如婴幼儿食品、孕妇食品、产妇食品、老年人食品、运动员食品和宇航员食品等。

（五）各种新型食品随着食品科学技术的发展而不断问世

其他食品随着科学技术的进步、人民生活水平的提高，人们环保意识和营养保健意识的不断增强，各种新型食品随着食品科学技术的日新月异而不断问世，近年来出现了以下一些新型食品。方便食品、保健食品、绿色食品、有机食品、转基因食品。

小知识

绿色食品、 有机食品与转基因食品的概念

绿色食品（green food）这是指遵循可持续发展，按照特定生产方式生产，经专门机构认证，许可使用绿色食品标志的无污染的安全、优质、营养类食品。绿色是对突

出这类食品出于良好的生态环境，能给人们带来旺盛的生命力，其标志图有太阳、叶片、蓓蕾，向人们展示绿色食品生态安全和无污染的特征，并提醒人们通过改善人与环境的关系，创造自然界新的和谐。绿色食品分为 A 级和 AA 级两种，A 级和 AA 级绿色食品的根本区别是，A 级绿色食品准许使用化学合成食品添加剂，最大允许使用量一般为普通食品中最大使用量 60%；而 AA 级绿色食品不允许使用化学合成食品添加剂，只允许使用天然无毒的食品添加剂。

有机食品（organic food）。这是指一类真正无污染、纯天然、高品质、高质量的健康食品。有机食品和绿色食品是有区别的，不能混为一谈。有机食品生产过程中，必须完全不使用任何人工合成的化肥、农药和添加剂，并经有关颁证组织检测，确认为纯天然、无污染、安全营养的食品。而绿色食品在生产过程中，仍可容许使用化肥、低毒农药和添加剂等。有机食品的生产加工标准非常严格，比如只能使用有机肥、生物源农药和物理方法防治病虫害等。

转基因食品。这又称基因修饰食品（Genetically Modified Food，GMF），是利用基因工程技术改变基因组构成，将某些生物的基因转移到其他物种中去，改造其生物的遗传物性，并使其性状、市场价值、物种品质向人们所需要的目标转变。主要分为 3 类：转基因植物食品，如转基因的大豆、玉米、番茄、水稻等；转基因动物食品，如转基因鱼、肉类等；转基因微生物食品，如转基因微生物发酵而制得的葡萄酒、啤酒、酱油等。

二、食品的主要成分及营养

人体为了维持正常的生命活力，必须从食物中摄取很多营养成分。这些营养成分对维持人体健康和延长人体寿命是非常重要的，食品中主要有糖类、蛋白质、脂肪、维生素、矿物质五大营养成分和水。

（一）糖类

糖类是人体取得热量的主要来源，人体摄入的各种成分，除水以外，以糖类的数量最多。糖类也是构成食品甜味的主要成分。糖类的分子是由碳、氢、氧三种元素构成，而且 $H : O = 2 : 1$，与水的构成相同故又称碳水化合物。糖类中的纤维素虽不能被人体所吸收，但它能促进人体肠胃蠕动和消化腺的分泌，有助于正常消化和排泄功能。糖类一般存在于谷类、薯类等植物食品中，而动物食品中含量较少。

（二）蛋白质

蛋白质是构成生命的基础物质，它是一种高分子的化合物，组成蛋白质的主要元素是碳、氢、氧、氮、硫等。蛋白质含氮一般为 16%，故被称为含氮物。蛋白质分子结构复杂，其水解后的最终产物为氨基酸，它是由许多氨基酸分子缩合而成。食品中的天然蛋白质有 20 多种氨基酸，其中 8 种（婴儿 9 种）在人体内无法合成或转化，必须从食物中获取。

（三）脂肪

脂肪是一种高能量的营养成分，也是人体重要的主城部分，它是由碳、氢、氧三种元素化合而成的高分子物，但是养的含量少。脂肪不溶于水，在酸、碱的作用下，可分解为一个甘油分子和三个脂肪酸分子。脂肪提供热能，储存能量，调节生理机能，促进脂溶性维生素的吸收。脂肪吸湿后或在日光和氧作用下，会发生酸败，使脂肪失去食用价值。

（四）维生素

维生素是人和动物维持生命和生长发育所必需的一种营养物质，是活细胞维持正常生理功能所必需而需要又极微的天然低分子有机物。它们对人体内营养成分的消化和吸收，对体内能量的转化和正常生理活动都具有十分重要影响。缺少哪一种维生素都会给人体健康带来危害。而且绝大多数维生素均存在于天然食物中，必须从饮食中摄取。但是对食品养护不当会使食品的维生素损失或丧失。

（五）矿物质

矿物质是无机成分，也是人体所需营养素之一。矿物质是调节人体生理功能和维持体内酸碱平衡的成分之一，在人体内含量并不多，占人体重量的 $4\%\sim5\%$，但对人体有重要作用。

（六）水

水对人体无直接营养，但人的一切生理活动均离不开水。普通成人中水分占体重的 $55\%\sim65\%$，分布在人体的各组织器官中。人体如果损失 20% 的水，便无法维持生命。水对视频的新鲜度、硬度、流动性、美味性、保藏性及加工性能等都有重要影响。食品中存在结合水（束缚水）和自由水（游离水）两种形态。结合水与食品中的胶体物质（蛋白质、脂肪等）以氢键相结合。一般不发生变化，当结合水与食物分离，食物的风味、质量就会改变。自由水在食品中不与胶体物质结合，容易从食物中分离出来，能被微生物所利用，给食物中的微生物繁殖提供合适的环境，因而为了防止食物的腐败，延长保存期，就要设法减少食品中的自由水的含量，以获得良好的养护效果。

三、食品卫生

导致食品的卫生质量降低，对人体造成极大危害的物质一般有两大类：一类是有毒物质；另一类是病原微生物。食品中有毒有害物质有的来源于食品本身，有的来源于各种污染。

（一）食品自身产生的毒素

有的天然食品本身就会有毒素，例如，河豚鱼的肝、血、卵等部位及苦麦仁、木薯块根、发芽土豆和死亡后的鳝鱼、鳖、河蟹等，故食用时一定要加以注意。

（二）食品的各种污染

食品的污染分为生物性污染、化学性污染及放射性污染三种。

1. 生物性污染

食品在生产和流通环节受到致病微生物和寄生虫、卵等的污染。微生物主要指细菌及其毒素、霉菌及其毒素。微生物污染食品后，在适宜条件下大量繁殖，使食品降低或失去食用价值。有的微生物能产生各种危害人体健康的代谢产物，导致人体患各种疾病，严重时导致人体死亡。寄生虫及虫卵使动物及果蔬受到污染或感染导致人体患上寄生虫病。另外，粮食中的害虫以及动物性食品和某些发酵食品中的蝇、蛆等污染食品，滋生出各种有害物质，使食品降低或丧失营养价值。

2. 化学性污染

化学性污染主要指在食品生产、加工及流通环节被农药、重金属及添加剂等化学有害物质污染。

（1）农药污染。为了消灭农作物的病虫害及杂草，保证农作物增产丰收，过量使用化肥、农药、杀虫剂、除草剂、动植物生长剂等致使有害物质污染食品。

（2）重金属污染。食品中的重金属来源于工业"三废"的污染。在工业生产中产生的废气、废水和废渣不当排放，渗透到土壤中，进而污染农产品，使以农产品为原料的食品重金属含量超标。汞、镉、砷、铅等重金属对人体危害较大，使人体出现各种中毒症状。

（3）添加剂污染。食品添加剂是为改善食品品质和色、香、味以及防腐和加工工艺的需要而加入食品中的化学或天然物质。化学添加剂，一般不具有营养价值（营养强化剂除外），有的还具有一定的毒性，如果使用不当或不符合卫生要求，长期大量摄入，会产生毒害作用，有损于人体健康。

3. 放射性污染

放射性污染源有两种：一是天然的放射性污染；二是认为的放射性污染。食品中反社会性污染物质对人体有严重危害。

第二节　食品在流通过程中的质量变化

一、流通过程中食品的质量变化

食品质量主要包括营养质量、卫生质量和感官质量（即食品的色、香、味、形、质）。食品在流通过程中其质量会发生一系列变化。下面介绍质量的变化趋势和各种影响因素。

不同食品有不同的质量变化形式。食品的原料主要来源于生物界，当这些生物体被采收或屠宰之后，它们就不能再从外界获得物质来合成自身的成分。虽然同化作用已告结束，但是异化作用并没有停止。例如，蔬菜、水果和鲜蛋等鲜活食品的呼吸作用和其他生理活动仍在进行，体内的营养成分不断地被消耗；畜、禽、鱼肉等生鲜食品虽然不像蔬菜、水果那样进行呼吸，但体内的酶仍然在活动，一系列生化反应在悄悄地进行，较为稳定的大分子有机物逐渐降解为稳定性较差的小分子物质。食品内部各种各样的化学变化和物理变化都以不同的速度在进行着，引起蛋白质变性、淀粉老化、脂肪酸败、维生素氧化、色素分解，有的变化还有产生有毒物质等不良现象。新鲜食品的水分散失或干燥食品吸附水分也会导致食员质量的下降；含有丰富水分和营养物质的食品是微生物生长活动良好的培养基，当其环境条件适宜时，微生物就会迅速生长繁殖，把食品中的大分子物质降解为小分子物质，引起食品腐败、霉变和"发酵"等各种劣变现象，从而使食品的质量急速下降。

上述所有的变化都具有一个共同的特点，即食品中稳定性较高的大分子物质分解为稳定性较低的小分子物质，使食品的结构发生变化，原来的有序结构不断演变为无序结构，也就是朝着无序化的方向发展，导致食品的稳定性不断减弱，在质量方面表现为营养价值和感官品质逐渐下降。

食品质量的变化趋势是自身的无序化，这种变化又是不可逆的、积累的，因此食品质量变化的趋势与其在流通中所经历的时间有密切的关系。这种趋势与时间的关系可分为下述三种类型。

第一种类型——食品的质量逐渐下降。

在一定环境条件下，食品的质量随着时间的延长而逐渐下降，但质量下降的速度是不均匀的，一般是随着时间的延长而加速，特别是到达某一阶段，食品的质量就会急剧下降。例如，蔬菜、水果在储藏中一经呼吸高峰就会迅速衰老，脆硬度下降，风味变差；许多生鲜食品和加工食品由于微生物的繁殖和水分含量变化等原因，经过一段时间，质量就会发生明显的劣变，如出现异味，甚至发霉、腐败。当然，不同的食品及所处的环境条件不同，它们质量下降的速度是大不一样的，有的几天、几周就会发生质变，如鱼、虾、菜、果；有的几个月、几年，甚至更长时间，其质量都没有明显的变化，如某些干燥食品和罐头。

第二种类型——食品的质量先上升后下降。

肉食品在屠宰之后的一段时间内，为其成熟过程，体内酶的活动使肌肉变很多汁芳香，并有利于人体的消化，因此在这段时间里，食品质量是逐渐提高的。但随着时间的延长，肉品就进入自溶软化阶段，品质逐渐下降。一些低度酒和某些具有后熟性能的果品，在生产或采摘之后的一段时间里，质量也是逐渐上升的，但经过这段时间后，质量就随时间的延长逐渐下降。这一类型的食品，无论是在质量提高阶段，还是在质量下降阶段，其质量变化速度也都与食品种类和所处环境条件具有密切的关系。

上述两种变化类型的食品，在质量发生剧变之前或开始进入下降阶段的时候，就必须进行适当的处理或改变储存的环境条件，如肉食品必须变常温为低温，进行冷藏或冻藏，以防品质急剧下降。而低度酒和某些属于第一类型的食品就应该消费掉。

第三种类型——食品的质量逐渐上升。

许多高度酒在生产之后，酒的质量随着储存时间的延长而提高。其主要原因是酒中所发生的酯化反应是一种缓慢的可逆反应，因此酒中酯的含量随着时间的延长而增多，酒的品质也随之提高。但质量的提高也并非与储存时间呈正比例关系，在储存初期，酯化反应速度较快，质量上升的速度也较快，如白酒在储存的前 3 年内。后来酯化反应的速度减慢，质量的增加也就十分缓慢。因此这类食品也应该确定适宜的储存期，既保证达到必需的质量标准，又有利于促进商品流通。

二、食品质量变化速度的影响因素

食品在流通中质量逐渐下降是一个总的趋势，但是质量下降的速度要受到多种因素的影响。这些因素可归纳为内因和外因。

(一) 内因

在内因方面主要包括食品的抗病能力、食品的加工与处理以及食品的包装等。

1. 食品的抗病能力

食品的抗病能力既与食品的种类、品种有密切的关系，又与它们在生长期间的发育、管理等因素有关。不同种类的食品，因组织结构、化学成分和生物学特性不同，对外界微生物的抵抗能力不同，内部所发生的化学变化和物理变化的速度也不同，因此不同种类的食品在流通中质量下降速度不一样。许多食品来源于植物界和动物界，如果它们在生长期间发育良好，除食用品质较佳外，还具有较强的抗病能力，采收或屠宰后，质量下降速度也较慢。

2. 食品的加工与处理

食品加工通过改变食品的组成、结构、状态或环境条件，使食品中的微生物和酶受到抑制，各种化学反应和物理变化的速度减慢，从而减少食品质量下降的速度。通常采用的方法有：冷加工、干制、浓缩、脱水、盐渍、糖渍、酸渍、烟熏、气调、涂膜、辐照、杀菌密封、防腐剂处理等。

3. 食品的包装

食品包装在食品流通中起着重要作用，其中最重要的作用是维护食品的质量。例如，防潮包装可防止食品含水量的变化；脱氧、充氮或真空包装可防止食品发生氧化酸败；气调包装可减弱包装袋内果品、蔬菜的呼吸强度；加热密封包装可杀死微生物，破坏酶的活性，而且还可防止微生物的再次污染等。因此食品有一个良好的包装，就可以大大地减慢食品质量的下降速度。

(二) 外因

在外因方面主要是环境对食品质量变化速度的影响，主要包括环境温度、相对湿度和气体成分等因素的影响。

1. 环境温度

温度是影响食品在流通中稳定性最重要的因素，它不仅影响食品中发生的化学变化和酶促反应，以及由此引起的鲜活食品的呼吸作用和后熟、生长过程，生鲜食品的僵直和软化过程，它还影响着与食品质量关系密切的微生物的生长繁殖过程，影响着食品中水分的变化及其他物理变化过程。简而言之，温度影响着食品在流通中所有的质量变化速度。一般地说，温度升高，微生物的繁殖速度加快，一切变化速度也都加快，导致食品质量下降速度加快。温度每升高 10℃，食品质量的下降速度大约增快 1 倍，或者说，环境温度每降低 1℃，食品质量下降速度大约减慢 10%。因此，食品在流通中保持低温状态是食品保鲜最普遍采用的方法。

2. 相对湿度

环境相对湿度对食品质量变化速度的影响，是因为它直接影响食品的水分含量和水分活度。当环境相对湿度小于食品的水分活度时，食品的水分就逐渐逸出，水分活度下降直至与相对温度相等为止；当相对湿度大于食品的水分活度时，环境的水蒸气就转入食品，使食品的水分活度增大，最后也是两者达到相等为止。各种食品都有一定合理的含水量，过高或过低对食品的质量及其稳定性都是不利的，它不仅会影响食品营养成分、风味物质和外观形态的变化，而且还会影响微生物的生长发育和繁殖，因此食品的含水量，特别是食品的水分活度与食品的质量变化具有十分密切的关系。所以，含水量充足、水分活度高的新鲜食品应在相对湿度较大的环境中储存，以防止水分散失；含水量少、水分活度低的干燥食品则应在相对湿度低的环境中储存，以防止吸附水分。

3. 气体成分

在气体成分中，氧气对食品质量变化具有重要的影响。正常空气中含有 21% 的氧气，它具有很强的反应能力，会使食品的许多成分发生氧化反应，导致食品的质量发生劣变。例如，食品中脂肪的氧化酸败、水果和蔬菜中酚类物质的酶促褐变、蛋白质还原性基因和某些维生素（如维生素 C、维生素 A 和维生素 E 等）的氧化都是由于氧气作用的结果。氧气的浓度越低，上述氧化反应的速度就越慢，对食品质量的影响也就越轻。

第三节　储存食品的质量变化

食品在储存过程中往往由于本身的特性和外界环境的影响，会发生各种变化，其中有属于酶引起的生理生化和生物学变化，有属于微生物污染造成的变化，还有属于外界环境温、湿度影响而出现的化学和物理变化等。所有这些变化都会使食品质量和数量方面受到损失。弄清楚食品在储存中的各种变化，就能确定适宜的储存方法和条件。

一、食品储存中的生理变化和生物学变化

（一）呼吸作用

呼吸作用是鲜活食品（菜、果）储存中最基本的生理变化，它是鲜活食品中有机成分（主要是糖类）在氧化还原酶作用下逐步降解为二氧化碳和水的过程，此过程中同时还产生热量，实际上是有机物进行的生物氧化过程。

果蔬的呼吸作用分有氧呼吸和缺氧呼吸两种类型。有氧呼吸是在供氧条件下进行的，以糖作为呼吸的基质，其化学反应式如下：

$$C_6H_{12}O_6 + 6O_2 \longrightarrow 6CO_2 + 6H_2O + 2820 \text{千焦}$$

缺氧呼吸是在无氧条件下进行的，其化学反应式如下：

$$C_6H_{12}O_6 \longrightarrow 2C_2H_5OH + 2CO_2 + 117 \text{千焦}$$

从果蔬的储存来讲，不论哪种类型的呼吸作用都要消耗养分，呼吸热的产生和积累往往加速食品腐坏变质，尤其是缺氧呼吸产生的酒精还会引起活细胞中毒，造成生理病害，缩短储存期限，故应尽量防止缺氧呼吸。但是，应该看到正常的呼吸作用是鲜活食品最基本生理活动，它是一种自卫反应，有利于抵抗微生物的侵害，所以在食品储存中应做到保持较弱的有氧呼吸，防止缺氧呼吸，这是鲜活食品进行储存需要掌握的基本原理。

影响鲜活食品呼吸强度的外界条件主要是温度和空气成分。一般外温升高时，呼吸强度也随之加强，但外温低于0℃时，因酶的活性受阻碍而呼吸强度急速下降。鲜活食品进行呼吸最适宜温度为25℃～35℃。所以降低环境温度是储存菜、果的重要措施。空气中二氧化碳的比例大小对于呼吸强度有显著的影响。空气中含氧量增加则呼吸强度加强，相反适当增加二氧化碳（或氮气）的比例，则可减弱呼吸强度。目前采用的气调储存法，就是改变空气成分而达到抑制鲜活食品呼吸强度的一种较适宜的储存方法。

（二）后熟作用

后熟是果实、瓜类和以果实供食用的蔬菜类的一种生物学性质，它是果实、瓜类等鲜活食品脱离母株后成熟过程的继续。

后熟中酶会引起一系列生理生化变化，如淀粉水解为单糖而产生甜味；叶绿素分解消失，类胡萝卜素和花青素显露而呈现红、黄、紫等颜色；鞣质聚合而涩味降低；有机酸的数量相对减少，同时产生挥发油和芳香油而增加它们的芳香；原果胶质水解，降低它们的硬脆度等。总之，果实、瓜类的后熟能改进色、香、味及适口的硬脆度等方面的食用品质，达到食用成熟度。但是，果实、瓜类后熟是生理衰老的变化，当它完成后熟后，则很难继续储存，容易腐坏变质，因此作为储存的果实和瓜类应该在它成熟前采收，采取控制储存的条件来延长后熟过程，以达到延长储存期的要求。

影响果实后熟作用的主要因素是高温、氧气和某些有刺激性的气体（如乙烯、酒精）等。因此，在储存中要采用适宜的低温和掌握适量通风，以延缓后熟过程和延长储存期。

（三）萌发与抽薹

萌发与抽薹是两年生或多年生蔬菜打破休眠状态由营养生长期向生殖生长期过渡时发生的一种变化。主要发生在那些变态的根、茎、叶等作为食用的蔬菜，如马铃薯、洋葱、大蒜、萝卜、大白菜等。萌发与抽薹的蔬菜，其养分大量消耗，组织变得粗老，食用品质大为降低。在储存中采取延长蔬菜的休眠状态，是防止萌发与抽薹的有效措施，低温可以延长蔬菜的休眠状态。此外还可以用植物生长素，如抑芽丹以及利用 γ 射线辐照等也能延缓休眠期和抑制蔬菜萌发与抽薹。

（四）蒸腾与发汗

蒸腾是指由于鲜活商品含水量大。造成储存期间水分蒸发而发生萎蔫（细胞膨压降低）的现象。蒸腾过高，会使商品重量减轻，自然损耗大，降低鲜嫩品质。发汗是由于空气湿度超过饱和点时在商品表面出现的"结露"现象。发汗对商品储存极为不利，会给微生物的侵蚀提供机会，特别是在商品的伤口部分很容易引起腐烂。

（五）僵直

僵直是动物在屠宰或捕捞致死以后一段时间里发生的生化变化，其特点是肌肉失去原有的柔软性和弹性，变得僵硬。如手握鱼头其尾部挺直而不下弯就是僵直的表现。

动物的僵直与肌肉中的肌糖元酵解产生乳酸和三磷酸腺苷、磷酸肌酸的分解等有密切关系。这些成分的分解都会增加肌肉中酸性成分的积累，降低肌肉的 pH 值。使原来呈松弛状态的肌肉因肌纤蛋白质和肌球蛋白质结合形成无伸展性的肌凝蛋白质，丧失肌肉的弹性变为僵直状态。

动物死后僵直，因动物种类、致死原因和温度等不同而异。一般鱼类的僵直先于畜、禽类，带血致死的先于放血致死的，温度高的又先于温度低的。处于僵直期的鱼仍是新鲜度高的鲜鱼，食用价值大；而僵直期的畜、禽肉因弹性差、难煮烂，缺乏香味，消化率低，不适于食用。但是就从储存而论，僵直期的肌肉 pH 值低，腐败微生物难于发展；肌肉组织致密，主要成分尚未分解变化，基本上保持了肉类和鱼类的原有营养价值，所以适合于冷冻储存。

（六）软化

软化是动物僵直后进一步的变化，其特点是肌肉由硬变软，恢复弹性；由于蛋白质和三磷酸腺苷分解使肌肉多汁，产生芳香的气味和滋味。软化是畜肉形成食用品质所必需的肉类成熟作用。由于鱼类含水多、组织细嫩，属于冷血动物，带有水中的微生物等原因，经过软化后很快就会腐败变质，因此应防止其死后发生软化。

软化是由于肌肉中所含的自溶酶使蛋白质分解的结果，也叫蛋白质自溶现象。一般受温度的影响较大，高温能加速软化，低温能延迟软化，当降温至 0℃时则可停止软化，因此冷冻储存可以防止动物肉的软化。

二、食品储存中由微生物引起的变化

食品含有丰富的营养，是微生物繁殖的良好条件，在储存中往往由于微生物的污染而发生腐败、霉变和发酵等生物学变化。

（一）腐败

腐败多发生在那些富含蛋白质的动物性食品中，如肉类、禽类、鱼类、蛋品等，在植物性食品中的豆制品也容易发生腐败。引起食品腐败的主要微生物是细菌，特别是那些能分泌体外蛋白质分解酶的腐败细菌。

（二）霉变

霉变是霉菌在食品中繁殖的结果。霉菌能分泌大量的糖酶，因此，富含糖类的食品容易发生霉变，如粮食、糕点、面包、饼干、淀粉制品、水果、蔬菜、干果、干菜、茶叶、卷烟等。霉变的食品，不仅营养成分损失、外观颜色因菌落的寄生被污染，而且使食品带有霉味，如果被含毒素的黄曲霉菌株污染，还会产生败癌性的黄曲霉毒素，所以储存中要防止食品的霉变。

（三）发酵

发酵在食品发酵工业中有广泛的应用，但是在食品储存中它却能引起食品的变质。发酵是在微生物的酶作用下，使食品中的单糖发生不完全氧化的过程。食品储存中常见的发酵有酒精发酵、醋酸发酵、乳酸发酵和酪酸发酵等。

酒精发酵：含糖分的食品（如水果、蔬菜、果汁、果酱、果蔬罐头等）在储存中发生酒精发酵后会产生不正常的酒味。水果、蔬菜在严重缺氧的条件下由于缺氧呼吸的结果，也会产生酒味。这都表明它们的质量已发生变化。

醋酸发酵：某些食品因醋酸发酵可以完全失去食用价值，如果酒、啤酒、黄酒、果汁、果酱、果蔬罐头等。

乳酸发酵：食品在储存中发生乳酸发酵不仅能使风味变劣，而且还因乳酸能改变食品的 pH 值，造成蛋白质凝固、沉淀等变化，鲜奶的凝固就是一例。

酪酸发酵：酪酸发酵是食品的糖在酪酸菌的作用下产生酪酸的过程。食品储存中因酪酸发酵产生的酪酸，会使食品带有令人讨厌的气味，如鲜奶、奶酪、豌豆等食品变质时就有这种酪酸气味。

影响微生物引起变化的因素有水分、温度、pH 值、氧和光线等，其中水分和温度是微生物繁殖最重要的因素。含水量大、水分活性高的食品处在高温之下便容易腐败变质，或者原来食水量不大，水分活性较低的食品处在高温、高湿之下也容易腐败变质。因此，控制食品水分和空气的温、湿度是防止微生物对食品造成危害的主要措施。对于含水量低或干燥的食品应在相对湿度低于 70％ 的条件下存放，尽量保持其原有的安全水分含量。对于含水量较大的生鲜食品应控制在低温条件下储存，因为危害食品的微生物多属于嗜温性菌，一般在 20℃～25℃ 条件下发育，所以储存温度一般应控制在 10℃ 以下，若长期储存则应采取冷冻。

三、食品储存中的颜色变化

食品的颜色是由各种色素构成的，其中有动植物体自有的天然色素，也有由于在加工中酶、热的作用而产生的色素，另外，还有添加的某些食用色素等。这里着重阐述动植物体内的天然色素的变色和食品褐变。

（一）动物色素的变色

家畜肉、禽肉以及某些红色的鱼肉中都存在有肌红素和残留血液中的血红素。

肌红素与血红素的化学性质很相似，它们都呈紫红色，与氧结合能形成氧合肌红素，呈鲜红色。新的肉类多呈现鲜红色或紫红色，但是当肉的新鲜度降低后因氧化形成羟基肌红蛋白或羟基血红蛋白呈暗红色或暗褐色，失去肉类原有的鲜艳颜色。所以，从家畜肉、禽肉的颜色变化，反映它们的新鲜度。肌红素的氧化变色对于肉制品的质量影响较大，为了防止这种变色，一般在肉食加工过程中加入起色剂硝酸钠，利用硝酸钠生成的一氧化氮与肌红素结合生成稳定的鲜红色亚硝基肌红蛋白而保持肉制品的鲜艳颜色。但是这种起色剂用量过多也能产生亚硝胺，而亚硝胺是一种能诱发癌症的物质，因此，在肉食品加工中对硝酸钠的用量需按食品卫生标准规定严格加以控制。

（二）植物色素的变色

植物色素主要有叶绿素、类胡萝卜素和花青素等。这些色素在植物食品的加工、储存中都会发生变化而改变它们的天然颜色。

叶绿素在碱性中比较稳定，在酸性中易分解，因耐热性弱，加热则分解生成黑褐色的植物黑质（脱镁叶绿素），绿色蔬菜经炒煮或腌制后会发生这种变色现象。如果在植物食品中，增加适量的碳酸氢钠，使 pH 值在 $7.0 \sim 8.5$，就可以生成比较稳定的叶绿酸钠盐，使产品仍保持鲜绿色。另外，叶绿素在低温或干燥状态时性质也较稳定，所以低温储存的鲜菜和脱水蔬菜都能保持较好的鲜绿色。

类胡萝卜素，呈现黄色、橙色和红色等，广泛分布在蔬菜、水果中，如胡萝卜、马铃薯、南瓜、柑橘、柿子、菠萝、西瓜等都是含有这种色素的食品。这类菜、果经过加热处理仍能保持其原有色泽，但是光线和氧却能引起类胡萝卜素的氧化褪色，因此在储存中应尽量避免光线照射。

（三）褐变

褐变是食品中比较普遍的一种变色现象，尤其是以天然食品进行加工或储运时，因受机械损伤，容易发生褐变。褐变不仅影响食品的颜色。而且降低食品的营养和滋味。食品的褐变按照其变色的原因不同可分为酶褐变和非酶褐变。

酶褐变是由氧化酶对食品中的多酚类物质氧化聚合而引起的褐色变化。这种褐变所形成的褐色产物叫黑色素。酶褐变主要发生在水果、蔬菜当中；如苹果、梨、桃、藕、马铃薯、茄子、芹菜、花椰菜等，当被切开或摔碰受伤后，出于产品的细胞破裂，空气中的氧直接与产品的多酚接触，而引起产品变为暗红色或黑色。

酶和空气中的氧是促使食品发生酶褐变的主要条件，因此防止食品的酶褐变就要在加工和储存中控制这些条件。目前控制食品酶褐变的方法有多种，或以高温加热破坏酶，或以亚硫酸盐、抗坏血酸溶液浸泡以抑制酶的活性，或以清水、食盐水浸泡和真空充氮包装等隔绝空气中的氧等，都能防止酶褐变。从商业经营单位来讲，在食品储运和销售过程中做到轻装轻卸，轻拿轻放，使食品免受外伤，也是控制酶褐变的有效措施。

美拉德反应是食品中蛋白质或氨基酸的氨基与还原糖的羰基相互作用发生的复杂交化，最后生成暗褐色的类黑质。这种褐变多发生在调味品和某些酒类当中。酱油、食醋、黄酱的褐红色，炼乳的淡黄色，啤酒、黄酒的黄色都与美拉德反应有关系。

促进美拉德反应的因素有水分（10％～15％最适宜）、温度、氧、pH 值（6.5～8.5 最适宜）、光线，以及铁、铜金属离子等。因此，调节食品的水分、降低储存温度、利用亚硫酸盐等，都能防止美拉德反应的褐变。

焦糖化反应，是食品中的糖分在高温（150℃～200℃）条件下发生分解和聚合，最后生成具有黏稠性的黑褐色焦糖。焦糖又叫糖色，呈黑褐色，溶于水，带苦味，常用于酱油、食醋、威士忌酒、熟肉制品的着色，焦糖反应也常应用于一些烘烤加工的食品中，如面包、饼干、糕点等，在食品储存中不容易出现焦糖反应。

四、食品储存中的脱脂氧化酸败

脂肪广泛存在于食品中，在储存期间往往由于脂肪氧化酸败而造成食品的变质。脂肪氧化酸败给食品在感官上造成的明显特点是产生一种难闻的哈喇气味（脂败味），直接影响食品的食味。一般含有脂肪成分的食品，经过储存都会由于脂肪氧化酸败而产生不同程度的哈喇气味。

脂肪氧化酸败是游离脂肪酸氧化、分解的结果。在这一变化过程中，首先是脂肪水解产生游离的脂肪酸，而游离的脂肪酸特别是不饱和的游离脂肪酸，受到空气中氧的氧化则生成过氧化物；然后，这种性质不稳定的过氧化物，再分解成醛、酮和低分子脂肪酸等，使食品带有哈喇气味。脂肪氧化酸败不仅使食品的食味变劣，营养价值降低，而且所产生醛、酮化合物有害于人体健康，如果食用酸败脂肪过多，轻者则引起腹泻，重者还可造成肝脏疾病。

脂肪氧化酸败中生成的氢过氧化物，性质活泼，它不但能分解而且能聚合，并且由于这种氢过氧化物的聚合使脂肪的黏度增加，而影响了食用油脂在烹调中的食用价值，尤其需要指出的是，这种氢过氧化物的存在还能使食品中其他的游离脂肪酸连续不断地形成过氧化物，因此脂肪氧化酸败又是一个自动氧化的过程。

促使脂肪氧化酸败的因素有温度、光线、氧、水分、金属离子（铁、铜）以及食品中的酶等。因此，在储存上采取低温、避光、隔绝空气、降低水分、减少与铁、铜等金属的接触都可以起到延缓脂肪氧化酸败的作用。另外，食品中添加维生素 E 等天然抗氧化剂，也可以延缓脂肪氧化酸败。

第四节　食品的储存与养护

通过第一节对食品的介绍可知，食品的种类繁多，性质各异，适应的环境各不相同。因此食品的储存与养护首先要熟悉各种食物的特点，了解各种食品储存中质量变化的表现，采取适当的存储方法和养护技术。只有这样才能有效保持食物的外观（形状、色泽）和内在的质量（质地、营养成分），防止食品发生腐烂、腐败、变质等情况，减少不必要的损失。

一、粮食的储存与养护

影响粮食安全储存的因素是多方面的。针对各种不利因素，运用现代科学技术，在合理的储存期内保持粮食品质稳定，是粮食储存工作的目的和任务。

（一）粮食储存的质量变化

粮食储存的质量变化主要有发热、霉变、虫害等类型，由于微生物在适宜的条件下，特别是在水分和温度适宜时大量生长繁殖所造成的。

1. 粮食发热

粮食在储存期间，粮温出现反常上升，或粮温该降而不降的现象称为粮食发热。发热的原因是粮食中的生物成分，如粮食本身、微生物、虫、螨等进行旺盛的呼吸作用造成的。通常的情况是，当粮堆温度高、湿度大、氧气充足时，各种生物成分的呼吸就旺盛，并释放出大量的水分和热量；水分、温度的增加，又相应地助长了各种生物成分的生命活动，从而产生更多的水分和热量。由于粮堆是热的不良导体，这些热量集聚在粮堆里不易散失，因而形成发热。

2. 粮食霉变

粮食霉变是储粮微生物分解粮粒有机质的结果，它往往与粮食发热紧密相连，即发热的粮堆如不及时处理，就会进一步恶化以致霉烂变质。粮食霉变大体可分为初期变质、生霉和霉烂三个阶段。在初期变质阶段，微生物在适宜的条件下分泌出各种酶类，分解粮粒有机物质，破坏粮粒表面组织，继而侵入内部，导致粮食初期霉变。此时粮温可能出现不正常上升趋势，粮粒表面湿润，散落性降低，失去原有的色泽和香气，并有轻微的异味。在生霉阶段，粮温每天以 2℃～3℃ 的速度上升，最高可达 45℃～50℃，粮粒胚部及破损部分逐渐出现各种不同颜色的菌落，产生"长毛"和"点翠"等现象，变色明显，并有浓烈的霉味、甜味甚至酸味，粮食品质已严重劣变。在霉烂阶段，高温微生物代替中温微生物继续分解粮食有机质，使粮食进一步霉烂、腐败。此时粮温可升至 65℃，粮粒变形，菌丝缠绕，甚至结块成团，产生腐臭气味，完全失去使用价值。

3. 粮食虫害

粮食虫害是危害储存中的粮食、油料、薯类及其加工产品、副产品，或危害储粮包装物、装具、器材和仓库建筑物的一种昆虫与螨类。储粮害虫可以造成储粮重量损失，降低储粮食用品质和营养价值，对安全储粮危害很大。

（二）粮食储存养护技术

粮食的养护是在合理的储存期内保持粮食品质稳定，主要是预防粮食的发热霉变，防治储粮害虫和鼠害，通常采用的技术有以下几种。

1. 干燥养护技术

干燥养护技术是以干燥为主要手段的养护技术。这是保证粮食安全储存最基本的措施。粮食干燥的方法很多，大多采用日光曝晒和人工干燥。日光曝晒所需设备少，费用低，操作简单，不仅能降低水分，还能杀虫灭菌，并有利于促进后熟。人工干燥是使用烘干设备对粮食进行干燥的一种方法。机械烘干时，应根据不同粮种和水分含量控制热风温度和出口粮温，以免损害粮食品质，影响发芽率。

2. 通风与密闭养护技术

通风储粮的方式主要有自然通风和机械通风。自然通风是适时开门窗，通过空气自然对流来进行气体交换。机械通风则是利用单管或多管通风机，将外界低温干燥的空气吹入或吸入粮堆，以达到气体交换的目的。从气温的年变化规律来看每年气温上升的季节，气温往往高于仓温和粮温，一般不宜通风，应以密闭为主；气温下降的季节，粮温大都高于气温，是通风的有利时机。根据气温的日变化规律，夜间气温低于白天，夜间通风往往比白天有利。但是空气湿度的变化与气温相反，即气温高，相对湿度小；气温低，相对湿度大。因此，要选择低温而又干燥的通风时机，必须事先认真检查仓库内外温度和湿度并进行对比才能确定。

密闭储存方式主要分为全仓密闭和粮面压盖两种。全仓密闭是将仓库门窗全面封闭；粮面压盖是用干燥无虫的谷壳、草木灰或袋装干砂压盖粮面。其目的在于防止外温外湿侵入粮堆，所以一般都在春暖之前进行。

3. 低温养护技术

低温养护技术分为自然低温养护技术、机械低温养护技术和地下养护技术等。自然低温养护技术是在寒冬季节，采取自然通风或仓外冷冻等办法，降低储粮温度，然后在春暖以前采取全仓密闭或粮面压盖密闭储藏，使粮食长期处于低温干燥状态。自然低温养护技术在北方平均气温较低的地区效果较好。机械制冷低温养护技术是利用制冷机械产生冷气送入仓房或粮堆中，使粮食处于冷藏状态，以抑制各种生物成分的生命活动。由于地下储粮受外界的温、湿度影响较小，因此它与其他低温储藏一样，具有制热、防霉、防虫、保鲜的良好效果。

4. 气调养护技术

气调养护技术主要是通过调节密闭粮堆内的气体成分，降低氧气或增加二氧化碳、氮气的浓度，以抑制粮堆内各种生物成分的生命活动，从而达到安全储藏的目的。气调养护技术的脱氧方法很多，可分为生物降氧和机械降氧两大类。生物降氧就是利用生物体的呼吸作用，把密封粮堆中的氧气消耗掉以达到低氧储粮的目的，具体措施有自然缺氧、微生物辅助降氧和异种粮串联降氧。机械降氧是采用一定的机械设备来脱除粮堆的氧气。具体方法有抽氧充氮、二氧化碳灌注排氧、燃烧制氮机充氮脱氧等。

5. "双低"和"三低"养护技术

"双低"养护技术一般指低氧、低药剂量的密封养护技术，是在自然缺氧的基础上，再施放低剂量的杀虫剂的一种养护技术。这种方法能有效地消灭常见的储粮害虫，而且能防止粮食发热霉变。

"三低"养护技术，指低温、低氧、低药剂的养护技术，是粮食储藏的综合措施。目前采用低温储粮，除机械制冷低温仓外，一般都达不到长年控制害虫和微生物发展的目的，必须配合其他有效措施，进行综合治理，才能更为有效。

二、果蔬食品的储存与养护

（一）果蔬食品物理储存与养护

1. 简易储存法

果蔬简易储存法主要有堆储、埋储和窖储 3 种形式。它是利用自然温、湿度尽量达到所需求储存环境，结构简单，储存费用低。

（1）堆储。堆储主要是将采摘的瓜果及部分蔬菜，直接堆放在地面或浅坑（沟）内，根据气温变化，分次加厚覆盖，以此进行防晒、防冻及保温。覆盖物可用苇席、草帘、秸秆及土壤等。堆储一般适应于我国北方秋冬之际的短时间临时储存。

（2）埋储。埋储是在地势较高、干燥、土质较黏、排水效果好、地下水位较低的地方挖沟或坑，将根菜和果实之类的果蔬用沙土覆盖在沟坑中，沟的深度应在冻土层以下进行储存，上层封土厚度应在 40～50 厘米。

（3）窖储。窖储种类很多，主要是利用地下稳定的土温和简单的通风来调节和控制窖内温度，地窖的形式多种多样，主要根据当地的自然、地理条件及储存物等的特性决定地窖的深度及外形，将果蔬类食品堆存在窖中。果蔬可以随时出入地窖，并可及时检查储存物的质量变化。

2. 通风冷储法

利用自然冷热空气对流原理，引入外界冷空气，换出库内热空气，使库内温度降低。一般是采用鼓风机和加冰的措施降低库内温度；采用地上洒水，悬挂湿麻袋、覆盖湿草帘等方法增加湿度。当湿度过低时在库内放置吸湿剂。

3. 温控储存法

冷库是具备很好绝缘隔热的永久性建筑库房及机械制冷装置。利用制冷装置向库房输冷气。根据果蔬种类和品质，调节和控制库房温度，机械制冷设备可以满足不同果蔬对不同温度的需要。温控储存法适宜果蔬的长期储存。

4. 降压储存法

将果蔬放在密封的容器内，利用真空泵抽气降低容器内的压力，根据果蔬特性和储存温度，压力可降至 10～80 毫米汞柱。新鲜空气经过压力调节器和加湿器不断进入容器，是内部压力一直维持在低压状态，用以除去有害气体。这种方法效果好，但是耐压容器造价过高。

5. 电磁处理法

果蔬经电磁处理后，有抑制呼吸、减少腐烂、迟缓成熟的作用。在电磁的作用下，果蔬内部组织间的细胞分子排列更加有序，从而增加果蔬抗病和抗衰的能力，提高耐储存性。

（1）磁场处理。果蔬在一个电磁线圈内通过控制磁场强度和果实的移动速度，使果蔬受到一定的磁力线影响。

（2）高压电场处理。一个电极悬空，一个电极接地，两者便形成不均匀的电场，将果蔬置于电场内，接收间歇的或连续的生理活动，正离子起促进作用，负离子起抑制作用，果蔬储存常用负离子空气处理。

电磁场处理技术在果蔬储存保鲜中的应用，目前尚处于试验阶段，还有待推广应用。

（二）果蔬食品生物储存与养护

1. 气调保鲜法

气调保鲜法主要应用于根菜类、茎菜类、叶菜类、花菜类、果蔬类等。

（1）自然气调法。将果蔬进行密封，果蔬的呼吸作用使氧气降低，二氧化碳增加，当含量达到一定的浓度时，再将多余的二氧化碳排出，通入部分新鲜空气。

（2）置换气调法。利用燃烧液化丙烷等消除空气中的氧并增加二氧化碳的浓度，冷却后通入库内，在短时间内使仓库处于低氧或绝氧状态。

（3）催化燃烧降氧气调法。以汽油、石油液化气等与从库内抽出的高浓度氧气体混合进行催化燃烧反应，反应后的无氧气体再返到仓库内。

（4）充氮降氧气调法。利用真空泵从仓库内抽出富氧空气，然后再充入氮气，以便仓库内氧气含量降到储存所要求值。

2. 涂膜保鲜法

涂膜保鲜法是在果实上涂一层高分子液态膜，干燥后可以隔离果实与空气之间的气体交换，从而减弱果实呼吸作用，降低营养消耗，减少病原菌的浸染而造成的腐烂。目前主要应用于果蔬和蛋类保鲜。主要涂膜操作由浸涂法、刷涂法和喷涂法三种。常用的果蔬涂膜保鲜剂有果腊、可食膜、纤维素膜三种。涂膜保鲜剂必须无毒、无异味，同果蔬、蛋类接触不产生对人体有害物质。果蔬被一层极薄的涂层包裹，也被称为"液体包装"。

（三）果蔬食品化学储存与养护

果蔬食品化学储存与养护方法，主要指果蔬食品中加入对人体无害的化学物质，以延长保鲜时间，保持其品质。

1. 腌制保鲜法

腌制保鲜法通常用盐或盐溶液、糖或糖溶液对食品进行处理，以增加风味、稳定颜色、改善结构，有利于储存和加工。腌制保鲜法不仅适用于果蔬类食品，还适用于水产、鲜肉等食品。

2. 防腐剂保鲜法

防腐剂保鲜法是用于保持食品原有品质和营养价值的食品添加剂，它能抑制微生物的生长繁殖，防止商品腐败变质。防腐剂的保鲜原理大致分 3 种。一是干扰微生物的酶等，破坏其正常的新陈代谢，抑制酶的活性；二是微生物蛋白质凝固和变性，干扰其生存和繁殖；三是改变细胞浆膜的渗透性，抑制其体内的酶类和代谢产物的排除，导致其死亡。由于防腐剂效果好，被广泛应用于各行各业。例如，果蔬、肉奶蛋、水产品、饮料、糕点、面包、月饼等食品的防腐保鲜。但是使用防腐剂必须注意卫生与安全。首先添加量必须受到限制；其次要注意添加时机；最后防腐剂只能在一定时期内起到防腐保鲜作用。

小知识

臭氧在瓜果蔬菜食品保鲜中的应用

臭氧，现在我国基本统一读成（chòu yǎng）。在中国台湾也被称为超氧。鉴于它的超能力，叫超氧一点也不过分。利用臭氧保鲜瓜果蔬菜等食品，被称为21世纪十大保鲜新技术之一。臭氧在食品保鲜中的有效性，已众所周知。在国外，美国继日本、澳大利亚、法国在食品保鲜中大力推广之后，美国食品药物管理局1997年4月《FAD》公告，允许臭氧应用于食品加工业，标志着臭氧保鲜消毒效果得到了充分肯定，为臭氧广泛用于食品加工及储运打开了方便之门。那么臭氧到底为什么能保鲜食品呢？

臭氧保鲜机理：A. 果蔬腐烂变质主要是由于微生物的侵染所致。采摘前，果蔬具有较强的抵抗力，不易被微生物侵染，采摘后仍是个活体，仍在进行呼吸活动，但由于不能再从株体或根部获得水分，果蔬中的水分又不断地蒸发，逐渐地产生失水现象，促使果实中的酶的分解活性增加，糖和果胶等成分分解加快，使果蔬对微生物侵蚀抵抗力下降，此时最容易受微生物的侵染，引起腐烂，臭氧对微生物的杀灭作用已被大量实验证明广有成效。B. 果蔬过于成熟也会加速变质。果蔬采摘大都是因为成熟而收摘，采摘后其个体仍在进行呼吸活动，不断产生的乙烯，对果蔬具有催熟作用，而臭氧对乙烯有降解作用，同样起到保鲜的作用。

现在已经有企事业单位进行"臭氧湿冷保鲜技术"的研究和推广，该技术是目前、国际上利用臭氧保鲜的新趋向。

三、肉类的储存与养护

1. 低温保鲜

低温保鲜又称冷却储存或冷藏，是肉和肉制品常用的保存方法之一。这种方法将肉或肉制品冷却到0℃左右，或略高于食品冰点的低温环境下，并在此温度下进行短期储存。由于冷却保鲜耗能省，投资较低，适宜于保存在短期内加工的肉类和不宜冻藏的肉制品。

低温保鲜是在一定温度范围内使肉及其制品的温度迅速下降，使微生物在表面的生长繁殖减弱到最低程度，并在肉的表面形成一层皮膜；减弱酶的活性，延缓肉的成熟时间；减少肉内水分蒸发，延长肉的保存时间。肉的低温保鲜是肉的冻结过程的准备阶段。在此阶段，胴体逐渐成熟。

目前，畜肉的冷却主要采用空气冷却，即通过各种类型的制冷设备，使室内温度保持在 0℃～5℃。冷却时间决定于冷却室温度、湿度和空气流速，以及胴体大小、胴体初温和终温等。

冷库是低温保鲜的基础设施，是肉类加工、储存的场所。根据冷库的仓容量分为：大型冷库（仓容量在 1 万吨以上）；中型冷库（仓容量在 1000～10000 吨）及小型冷库（仓容量为 1000 吨以下）三种。冷库隔热层的隔热性能要好，隔热层外侧要防潮。选择和安装良好、适宜的抽气系统及制冷系统。

（1）冷冻储存法。

冻肉储存的主要目的是阻止冻肉的各种变化，以达到长期储存的目的。冻肉品质的变化不仅与肉的状态、冻结工艺有关，与冻藏条件也有密切关系。温度、相对湿度和空气流速是决定储藏期和冻肉质量的重要因素。

肉类的冻结方法多采用空气冻结法、板式冻结法和浸渍冻结法。其中空气冻结法最为常用。根据空气所处的状态和流速的不同，又分为静止空气冻结法和鼓风冻结法。

冷冻储存的温度一般保持在 −21℃～−18℃，温度波动不超过 ±1℃，冻结肉的中心温度在 −15℃以下。为减少干耗，冷冻间空气相对湿度保持在 95％～98％。空气流速采用自然循环即可。

在冷库冻肉的堆放方式也很重要。对于胴体肉，可堆叠成 3 米高的肉垛，其周围空气流畅，避免胴体直接与墙壁和地面接触。对于塑料袋小包装分割肉，堆放时也要保持周围有流动的空气。

（2）冷冻储存工艺。

冷冻储存工艺主要由冷却、冻结、解冻三个环节构成冷却室将肉类等食品的温度降低到不低于其汁液的冻结点，一般为 0℃～10℃；冻结是将肉类等食品温度降低到冻结点以下，国际上通用的温度范围在 −18℃以下，冻结食品可以长期储存；解冻是将冻品中的冰结晶融化为水，恢复冻前的新鲜状态。解冻是冻结的逆过程，作为食品加工原料的冻结品，通常只需要升温至半解冻状态即可。

2. 速冻储存

速冻形成的冰晶体颗粒小，对细胞的破坏性也比较小，故速冻食品的质量总是高于缓冻食品。速冻冻结时间短，允许盐分扩散和分离出水分以形成纯冰的时间也缩短。速冻是将食品温度迅速降低到微生物生长活动温度以下，能及时阻止冻结时食品的分解。速冻食品在解冻时能减少汁液的流失，容易使食品恢复原状，更好的保持原有质量，速冻温度根据冻品不同所设置的温度也不同，一般在 −32℃～−18℃的低温下快速冻结，使食品在 30 分钟或更短的时间内迅速通过最大的冰晶生成带（−3.9℃～0℃），将原料中心温度急需降到 −18℃以下。

3. 肉类其他保鲜储存法

（1）辐射保鲜。辐射保鲜是利用原子能射线的辐射能量对食品进行杀菌处理的保存食品的一种物理方法，是一种安全卫生、经济有效的食品保存技术。

（2）化学保藏法。肉的化学保藏是指在肉品生产和储运过程中使用化学添加剂来提高肉的储藏性和尽可能保持它的原有品质的一种方法。与保鲜有关的添加剂主要是防腐剂和抗氧化剂。防腐剂又分为化学防腐剂和天然防腐剂。

（3）气调包装技术。气调包装用的气体有三种：二氧化碳、氧气和氮气。二氧化碳能抑制细菌和真菌的生长，也能抑制酶的活性。氧气的作用是维持氧合肌红蛋白，使肉色鲜艳，并能抑制厌氧细菌，但也为许多有害菌创造了良好的环境；氮气是一种惰性填充气体，氮气不影响肉的色泽，能防止氧化酸败、霉菌的生长和寄生虫害。

四、水产品的储存与养护

（一）水产品储存的质量变化

鱼死后会很快发生变化，这些变化错综复杂，大体分为死后强直、自溶作用及腐烂三个过程。

1. 死后强直

鱼类活着时，其肉柔软而富有弹性，死后不久就硬化，这种现象称为死后强直。这是由于构成肌肉的蛋白质中有肌浆蛋白与肌纤球蛋白相化合而成肌纤凝蛋白所致。处于此反应过程中，肌肉中存在的 ATP（三磷酸腺苷）能被利用，所以正在强直的鱼肉，是新鲜程度的良好证明。

2. 自溶作用

经过强直的鱼肉，不久即开始软化，这种现象称为自溶作用。这是由于肌肉中所存在的蛋白质被酶分解，使肌肉中的氨基酸、肽等的含量增加，从而使肉质变软。对于兽类肉，需经过强直之后进入自溶时为宜，即所谓成熟才可食用。与此相反，鱼肉比兽类肉柔软而富含浆汁，细菌易侵入而致腐败，故鱼肉在强直期其新鲜度最为良好。

3. 腐烂

鱼肉极易腐烂，如在常温下放置 2～3 天，即不能食用。这是由于鱼肉的组织软嫩，富含肉汁，再经过自溶作用而变软，这就给细菌繁殖创造了适宜的环境。随着腐烂现象出现，肉质异常软化，氨气或者一些简单的胺类物质增加。腐烂是由于细菌繁殖而引起的一种现象，因此，控制细菌生长发育的一些影响因素，如温度或者水分等，就可防止鱼肉的腐烂。

（二）水产品的养护技术

1. 水产品的冰储、冷储、冷冻与解冻

将水产品置于低温下，可抑制自身的生理消耗，细菌也不可能繁殖，从而防止了腐烂，因此给储存创造了可能的条件。水产品在低温下储存的方法现在大体上分为冰储、冷储及冷冻等方法。

冰储是利用冰来储存食物的一种方法。如果温度不在 0℃ 以下，鱼类的自身消化和细菌的分解作用就不能完全停止。因此，在不具备简单冷却设备的小型渔船内，或在运输过程中均需利用冰块进行冷却。

冷储是以机器作用所产生的低温，进行食品储存的一种方法。冷库内的温度可保持在 0℃ 左右，只稍稍延长了保存期，与冰储法一样，不能完全防止鱼类的自身消化和

细菌的分解作用。

冷冻法是将鱼肉冻结而进行储存的一种方法，是使新鲜状态的鱼肉能长期贮藏的一种最有效的办法。将鱼类置于 0℃ 以下就会冻结，但在 −20℃ 以上冻结，由于冻结缓慢，形成最大冰结晶生成带需要很长的时间，而且在细胞内形成较大的冰结晶体，在解冻时会产生很多的水珠，影响鱼肉的风味。采取急速冷冻法冻结的鱼肉，细胞内的冰晶体很小，对细胞无损伤。近年来，正逐渐推广液氮（−194℃）瞬间冻结法。

冷冻后的水产品在食用或加工前，必须进行解冻，水产品解冻有以下几种方式：一是自然解冻法，在常温下让鱼解冻，此种解冻方法，鱼的肉质最佳，解冻时间较长。二是急速解冻法，高温解冻，解冻速度快，但肉质会有所破坏。三是其他解冻法，真空解冻法和冷盐水解冻法，成本较高，一般使用较少。

2. 水产品的冷盐水处理法

冷盐水处理法多用于海鲜类产品，这是通过稳定海鲜体内渗透压以达到保鲜目的。使用冷盐水处理法可以减少鱼体细菌和淤血；降低酵素分解，增强保鲜效果；使鱼体色泽润泽光亮，鱼皮有弹性。

五、禽蛋的储存与养护

（一）禽蛋储存的质量变化

禽蛋在仓储保管中，经常发生物理、化学及生物化学的变化。这种变化常常起因于蛋中存在的酶。蛋的腐败形式可分为白色腐败、黑色腐败和混合腐败。白色腐败是由假单孢菌属、无色杆菌属、大肠杆菌等所引起的，它使蛋黄和蛋白混合得像水溶液体，呈酸败臭。黑色腐败是由变形杆菌所引起的，这是蛋内带黑色的绿色腐败，这时将蛋破开，硫化氢的臭气浓厚，蛋黄和蛋白混合成水状态。腐败初期，蛋白质是青白色的混浊物，之后逐渐稀薄，再由绿色转为黑绿色。蛋黄也由柑橘色变为黑绿色，结果和蛋白一样成为带黑色的绿色液状物。混合腐败是这两者的混合，将蛋打开时，可以闻到强烈的硫化氢臭气和酸败臭。

（二）禽蛋的储藏保鲜技术

1. 冷储法

冷储法是利用低温来延缓蛋内的蛋白质分解，抑制微生物生长繁殖，达到在较长时间内保存鲜蛋的方法。我国大中城市的专业蛋库采用冷储方法。冷储法的优点是操作简单，管理方便，储存效果好。一般能储 6 个月以上，仍能保持蛋的新鲜。但由于冷库造价高，储存成本相应高。禽蛋的冷储温度过低，蛋壳易冻裂，最适宜温度为 −1℃ 左右，不得低于 −2.5℃，相对湿度以 80%～85% 为宜。冷库温、湿度保持恒定，每半月对入库禽蛋进行一次质量检查。

2. 气调法

气调法储存的方式很多，下面主要介绍二氧化碳气调法。

二氧化碳气调法就是把鲜蛋储存在含有一定浓度二氧化碳气体的库房内，使蛋内自身所含的一氧化碳不易散发，并渗入蛋内，使蛋内二氧化碳含量增加，从而减弱鲜蛋内酶的活性，减慢代谢速度，抑制微生物生长，保持蛋的新鲜度的方法。适宜的二氧化碳含量是 20%～30%。采用此法在 0℃冷库内储存 6 个月的蛋，新鲜度好，蛋白清晰，蛋黄指数高，气室小，无异味。相较冷储法储存的蛋，该法储存的蛋平均降低干耗 2%～7%，且温、湿度要求不严格，可节省费用。

3. 液浸法

液浸法就是选用适宜的溶液，将蛋浸在其中，使蛋同空气隔绝，阻止蛋中的水分向外蒸发，避免细菌污染，抑制蛋内二氧化碳逸出。用于此法的溶液有石灰水、泡花碱、苯酚盐、苯酚盐苯甲酸合剂等。

（1）石灰水储存法。其原理是生石灰加水后能产生氢氧化钙，氢氧化钙可吸收蛋内逸出的二氧化碳，变成不溶性的碳酸钙微粒，凝积在蛋壳表面，封闭气孔，使微生物不易侵入蛋内，蛋内水分不易蒸发。同时，蛋内集聚残余的二氧化碳，可抑制浓厚蛋白变稀，蛋白 pH 值下降，延缓鲜蛋各种变化。

（2）水玻璃储存法。水玻璃又叫泡花碱，是硅酸钠和硅酸钾的混合溶液。水玻璃遇水后生成偏硅酸或多聚硅酸胶体物质，能附在蛋壳表面，闭塞气孔，减弱蛋内呼吸作用和生化变化，并阻止微生物侵入，达到保存鲜蛋的目的。

（3）混合液体储存法。混合液体的主要组成是石灰、石膏、白矾。其保鲜效果较好，储存保鲜 8～10 个月，鲜蛋品质仍不变。混合液体储藏保鲜法是比较经济可行的保鲜方法之一。

4. 涂膜法

涂膜法是在鲜蛋表面均匀地涂上一层有效薄膜，堵塞蛋壳气孔，阻止微生物的侵入，减少蛋内水分和二氧化碳的挥发，减缓鲜蛋内的生化反应速度，达到较长时间保持鲜蛋品质和营养价值的方法。一般鲜蛋涂膜的涂膜剂有水溶性涂料、乳化剂涂料和油质性涂料等几种。油质性涂膜剂包括液体石蜡、植物油、矿物油、凡士林等。此外，涂膜储存的效果同鲜蛋的质量有密切的关系，蛋越新鲜，涂膜保鲜效果越好。

第五节　案例分析

细看超市如何保鲜食品

近年来，"超市生鲜"因迎合了现代人追求快节奏、高质量生活方式的需要而越来越受青睐，超市生鲜经营也已成为各方关注的热点。然而众所周知，蔬菜、肉类等生鲜食品，即便对于家庭来说，也是"难伺候"之物，稍不注意便会变质腐坏。这样一个"烫手"难题，超市又是如何解决的呢？

1. 气调保鲜确保猪肉鲜美

在苏果南京清凉门超市的肉类柜台，可以见到了一种一人多高的"气调保鲜包裹机"，只要超市员工对鲜肉进行预冷、排酸，再将猪肉装在特定CT材质的塑料托盘上，然后启动按钮，机器就会自动为猪肉添加一层保鲜膜。而这种保鲜包裹又与普通的包裹不同，仔细查看包好的猪肉就会发现，保鲜膜被气体顶得鼓鼓囊囊，而被气体包围着的猪肉似乎特别鲜美。一般来说，大家会对猪肉类进行冷藏、冷冻，以保证猪肉的品质不变。可食用猪一旦死去，体内的厌氧菌就会迅速繁殖，这些厌氧菌会使猪肉内的细菌结构发生变化，导致猪肉腐坏。冷藏冷冻虽然可以延长猪肉产品的保鲜期，但因为不能有效抑止厌氧菌生成，所以它的保鲜时间有限、保鲜质量也不算高。为保证生鲜猪肉在销售期间的质量安全，苏果超市引进了超市生鲜猪肉专用的高氧MAP气调保鲜装设备，它可以在生鲜猪肉冷藏、分割、包装流通操作过程中，采用高氧气调保鲜包装技术，按比例为猪肉充入氧气、二氧化碳、氮气，以确定猪肉包装内的理想气体条件，有效控制致病菌、细菌总数，使得猪肉可以长时间不变质。据介绍，经过设备"充气"的猪肉，即使不冷储，也可以在10℃～20℃的气温下，摆放5天之久。而超市内售卖的那些既经过充氧又经过冷藏的猪肉，绝对可以称为"放心肉"。

2. 多重保鲜法让叶菜鲜亮

除了猪肉用上了特殊保鲜设备外，苏果超市对叶菜所做的保鲜工作也让人称道。叶菜的保鲜期特别短，有的叶菜上午刚上柜，下午便开始发蔫。而叶菜品质的好坏，附着在菜叶上的微生物含量是否超标，肉眼是很难分辨的。为保证叶菜的安全和新鲜，超市已经将自己的触角伸向蔬菜生长基地，目前苏果在常州、和县、六合、沿江等地都有蔬菜生产基地，超市要求这些基地产出的蔬菜均为绿色产品，化肥农药含量必须达国家规定标准。在配送环节上，超市更是将自己的配送车直接开到生产基地去进货，以减少中间环节，让叶菜在最短的时间内能上柜销售。除了严格控制进货渠道外，超市还为生鲜部门配备了专业的安全检测员。这些检测员会对叶菜进行抽检，将菜叶剪成小块放入特定化学试剂中，再根据试剂酸碱变化判定叶菜农药残留量是否超标，一旦发现问题叶菜，便会通知店员将其迅速撤柜。与此同时，超市还会要求员工定时对蔬菜进行喷水保鲜。超市生鲜部负责人告诉记者，很多市民错误认为，对叶菜喷水会增加叶菜重量，以至于自己要为叶菜多付上几分钱，而事实上，不少叶菜在采摘时都还没有成熟，超市对叶菜喷水可以让叶菜充分生长，充分呼吸，让其保持新鲜。

3. 超市为何重视生鲜经营

生鲜经营一向"烫手"，既费工夫花力气，又赚不到钱，就拿苏果超市的清凉门店来说，7000多平方米的经营面积，生鲜柜台占了1/3，可是其营业额却不到超市营业总额的20%。为什么即便如此，超市还要重视生鲜经营？苏果超市相关人士对记者做了解释。原来，超市经营品种可分为三类：食品、百货和生鲜。这三类商品各有角色任务，如百货商品，其毛利很高，可以为超市带来利润，而生鲜经营，超市则纯粹是用它赚"吆喝"。因为生鲜食品与家家户户都有密切联系，安全卫生的生鲜产品，可以为超市聚集大量人气，而人气旺盛，则可带动超市销售，将百货食品的营业额"做上去"。所以，甚至有学者提出观点表示，"生鲜食品是驱动整体卖场的灵魂"，对社区型超市，生鲜经营更是影响成败。此外，生鲜食品对超市品牌号召力有很大影响。"民以食为天"，吃是市民的第一件大事，只有生鲜食品质量可靠，顾客才会对超市内的其他商品"放心"，如果生鲜食品出现质量问题，超市摆放的其他商品即使质量再好，也都会受到消费者质疑。所以，对超市来说，只有做好生鲜经营，才能使超市的品牌号召力得到保证。

4. 超市生鲜必须立体经营

目前国内的连锁超市多是以单店相对独立经营、生鲜厂商直配送模式出现，而用这种原始模式应对快速增多的连锁经营，无疑等于是在现代化战争中使用长矛大刀做武器。超市生鲜经营只有从单店经营模式向有生鲜加工配送中心支持的立体模式进行转变，才能使混淆在一起的生鲜加工和销售适度剥离，才能降低超市生鲜经营的现场管理、成本核算和品质控制的难度，才能使超市更好地监管生鲜原料和产品质量、更好地对消费需求做出分析、更好地进行产品开发等。通过专业化分工，生鲜食品的加工和零售可以各擅其长，相互协调，同步发展，这也可使超市连锁发展的速度得到进一步提高。

（资料来源：http：//finance. sina. com. cn）

分析：

1. 根据所学理论试分析苏果超市"气调保鲜包裹机"的工作原理，经"充气"的猪肉，不进行低温储藏可以长期存放吗？为什么？

2. 由于苏果超市从生产基地开始严把质量关，叶菜是否需要库存？应采取什么样的叶菜养护法。

第六节　实习实训指导

一、实习指导

在教师指导下，选择一食品仓库或其他具有食品储存功能的物流设施（例如，物流中心、配送中心、农产品批发市场等）利用专业实习或其他实习机会进行实习。

（一）实习组织

1. 3～6 人为一组，选出组长，负责组织本次实习。

2. 上网或通过其他方式了解实习企业的经营设施与设备等方面的基本情况。

3. 聘请一位具有理论基础又有丰富实践经验的企业员工或管理人员作为实习指导老师，在实习企业指导老师的指导下进行调查、了解和收集素材及资料。

4. 遵守企业相关的规章制度，特别是与安全关联的各种约束制度，不经企业指导老师许可，不得进入仓库和相关设施内，不经企业指导老师或操作师傅的准许，不得操作或启动设备及检测仪器等。

5. 本实习根据其内容和目标任务要求，可安排 7～10 天的时间，其中，1/3 的时间为撰写实习报告。

（二）实习目标

1. 知识与技能目标

（1）能说明食物腐烂的原因及不同类型的食品保鲜要求与方法。

（2）能够解释生物保鲜、化学保鲜及物理保鲜的技术特点。

（3）能够在日常生活中和未来的工作中熟练运用物理保鲜、气调保鲜等技术与方法。

（4）认识冷藏车和冷库的分类与类型，能阐述低温保鲜、冷冻保鲜的注意事项。

（5）能够根据食品的特性选择不同的储存与养护方法。

2. 职业训练目标

（1）让学生通过上网和现场实习，了解国内外及当地冷链物流现状及发展趋势。

（2）利用网络或学术期刊及统计数据了解我国与当地生鲜食品市场供求情况。

（3）让学生树立爱护食品、节约食品、爱岗敬业等具备冷链物流职员的基本素质。

（三）实习内容

1. 果蔬保鲜（见表 10 - 1）

表 10 - 1　　　　　　　　　部分果蔬保鲜方法简介

果蔬名称		冷储温度（℃）	相对湿度（%）	保鲜技术要点
猕猴桃		0～0.5	90～95	（1）选择晚熟硬毛品种储存；并在硬熟期、晴天无伤采摘，物流过程中防止日晒、雨淋和机械损伤。 （2）同苹果、梨、桃等水果分库储存，以免催熟变软；并且挑选健康果入库，并及时预冷
草莓		0～0.5	90 左右	（1）选择耐储、坚肉品种储存；采摘时避高温暴晒或露湿雨淋，无伤带柄和花萼采摘； （2）选择无病虫害，无机械伤，发育良好的草莓果入库储存
柑橘	甜橙	3～5	85 左右	（1）适宜无伤采摘，严格挑选分级； （2）防腐保鲜剂处理； （3）堆放发汗预处理 7～10 天； （4）单果薄膜包装并装箱或筐； （5）保持仓库内适宜温度和通风
	蕉柚	6～9	85～90	
	红橘	10～12	80～85	
板栗		1～2	85～90	（1）选择耐储性好的中晚熟品种储存； （2）晴天采摘，及时摊凉、降低水分；挑选分级，选择无病虫害、发育良好果实入库； （3）入库后定期检查，特别是第一个月

果蔬名称	冷储温度（℃）	相对湿度（%）	保鲜技术要点
番茄	绿熟期 11～13 成熟期 0～2	80～90	（1）选择耐储性好的晚熟品种，采摘前3天不能浇水，遇到下雨推迟2～3天，采摘前喷过乙烯的果实不能储存； （2）晴天采摘，物流过程中避免日晒、雨淋和机械损伤； （3）选择果皮厚、种腔和子室小，果肉紧密、干物质含量高，中等大小的果实入库；采摘后及时处理和预冷
大白菜	0	85～90	（1）选择色深、叶厚的晚熟品种储存；在冬至后晴天八成熟时采摘，并留3～4厘米短根； （2）采收后适当晾晒，使外叶失去部分水分而折不断；摘除黄烂叶，保留健康外叶； （3）物流过程中防止雨淋及机械损伤

根据表10-1分析各保鲜技术的原理，根据所实习仓库或设施所储存的生鲜食品，进行整理。

2. 生鲜食品冷储及冷冻（见表10-2）

表 10-2　　　　　　　部分生鲜食品冻结点

生鲜食品	冻结点（℃）	含水量（%）	生鲜食品	冻结点（℃）	含水量（%）
牛肉	−1.7～−0.6	71.6	干酪	−8	55
猪肉	−2.8	60	葡萄	−2.2	81.5
鱼肉	−2～−0.6	70～85	苹果	−2	87.9
蛋白	−0.45	89	青豆	−1.1	73.4
蛋黄	−0.65	49.5	橘子	−2.2	88.1
牛奶	−0.5	88.6	香蕉	−3.4	75.5

参照表10-2中的数据，结合实习单位冷链物流设施与设备的基本情况制定出较为详细的冷储与冷冻实施方案。

（四）实习报告提纲

1. 国内外食品养护技术比较分析及发展趋势。

2. 当地在食品养护中存在的主要问题。

3. 实习企业基本情况。

4. 分析表10-2（部分果蔬保鲜方法简介），并整理出实习单位果蔬保鲜方法简介。

5. 制订实习单位冷储与冷冻实施方案。

6. 实习主要收获及存在问题。

二、实验实训指导

1. 利用家用电冰箱或实验室电冰箱在不同温区，分别储存不同类型的生鲜食品，观察变化情况并写出实验报告。

2. 观察烘焙食品（面包、糕点等）及蒸煮食品（馒头、水饺等）腐败过程，如何抑制？写出实验实训报告。

三、成绩评判

由小组内实习指导老师根据实习报告和实习单位意见给以评分；由实验实训指导老师根据实验、实训报告给以评分。

复习思考题

一、概念题

1. 原料食品

2. 加工食品

3. 呼吸作用

4. 后熟作用

5. 褐变

6. 生鲜食品

7. 生物污染

8. 后熟作用

9. 蒸腾

10. 涂膜保鲜法

二、不定项选择题

1. 影响果实后熟作用的主要因素是（　　）。

A. 高温　　　　　　　　　　　　B. 氧气

C. 某些有刺激性气体　　　　　　D. 湿度

2. （　　）是鲜活食品储存中最基本的生理变化。

A. 呼吸作用　　B. 后熟作用　　C. 萌发和抽薹　　D. 蒸腾和发汗

3. 能够出现萌发与抽薹现象的蔬菜是（　　）。

A. 马铃薯　　　　B. 洋葱　　　　C. 大蒜

D. 萝卜　　　　　E. 大白菜

4. 影响鲜活食品呼吸强度的外界条件主要是（　　）。

A. 温度　　　　　B. 湿度　　　　　　C. 空气成分

D. 营养物质　　　E. 酸碱度

5. 影响果实后熟作用的主要因素是（　　）。

A. 高温　　　　　B. 氧气　　　　　　C. 乙烯

D. 酒精　　　　　E. 高湿

三、填空题

1. 食品在流通中，影响其质量下降速度的内因包括：_____、_____、_____。

2. 食品在流通中，影响其质量下降速度的外因包括：_____、_____、_____。

3. 呼吸作用是指鲜活食品中有机成分逐步降解为_____和_____的过程。

4. 菜、果的呼吸作用分为_____和_____两种类型。

四、简答题

1. 简述食品有哪几种分类方法？

2. 简述食品在流通中的质量变化及影响因素。

3. 简述食品在储存中的质量变化。

4. 简述超市生鲜五品包括哪五品？

5. 简述粮食在储存中的质量变化及养护技术。

6. 简述果蔬的几种养护技术。

7. 简述肉类食品的保鲜养护技术。

8. 简述水产品的保鲜养护技术。

9. 简述禽蛋的保鲜养护技术。

第十一章　衣着用品的养护

知识目标

1. 了解衣着用品的材料。
2. 掌握衣着用品霉变原因及防霉方法。
3. 掌握衣着用品的虫蛀因素及防虫蛀方法。

技能目标

能对仓库中存储的衣着用品选择恰当的养护方法。

引导案例

纺织纤维的发展

纺织纤维分天然纤维和化学纤维两种。亚麻、棉纱、麻绳等是从植物中获取的，属于天然纤维；羊毛和丝绸来自动物，也是天然纤维。化学纤维的种类很多，例如尼龙、人造纤维、玻璃纤维等。麻纤维是人类最早用来做衣服的纺织原料。蚕丝是继麻纤维之后的纺织纤维，早在 5000 多年前就开始利用蚕茧缫丝。我国是世界上栽桑养蚕和缫丝织绸最早的国家，大约在 4700 年前就已利用蚕丝制作丝线、编织丝带和制作简单的丝织品。在化学纤维中，最早问世的是碳纤维，是由美国发明家爱迪生于 1880 年研制成功的。1887 年，法国化学家德贝尼戈成功取得了由硝酸纤维素制造人造纤维的专利权，并于 1891 年建立了世界上第一家人造丝厂。1884 年，英国人 Charles F. Cross（查尔斯）和 Edward J. Bevan（爱德华 J. 贝文）申请了第一个醋酯纤维的工业生产专利。1890 年，法国 L. H. 德佩西发明了铜氨法人造丝生产工艺，1891 年开始工业化生产。黏胶纤维是 1891 年由英国的 Cross、Beran、Beadle 三人发明，并于 1904 年开始工业化生产。1924 年德国科学家成功研究了聚乙烯醇纤维，在 20 世纪 30 年代制成纤维，称为津托菲尔（Synthofil）。由于它溶解于水而不能作为纺织纤维，主要作为外科的手术线。直至 1939 年，日本樱田一郎等人成功研究出聚乙烯醇的热处理和缩醛化方法，使维纶成为耐热水性良好的纤维，并于 1940 年 6 月正式投入工业化生产。1940 年

1月聚酰胺纤维开始工业化生产。1941年，英国科学家以对苯二甲酸和己二醇为原料在实验室首先研究成功聚酯纤维，命名为特丽纶（Terylene），1950年开始工业化生产。1953年，美国开始生产商品名为达可纶（Dacron）的聚酯纤维。1941年和1942年美国杜邦公司和德国拜耳公司化学家分别发明了丙烯腈溶剂。1953年，杜邦公司实现了商品化，称为奥纶。1954年，拜耳公司也推出新产品德拉纶。1955年意大利开始聚丙烯纤维的工业化生产。1958年，美国杜邦公司发明了聚氨酯纤维。

　　世界各国都把发展新材料作为发展经济、推动技术进步的重要方面，各种新型纺织纤维用于当今高技术领域的重要材料。目前全球新型纤维产品的市场规模超过千亿美元，已成为纺织行业的新型"战略支柱产业"之一。新型纺织纤维产业具有技术含量高、市场规模大、产业辐射面广、拉动效应显著等特点。同时，新一代新型纤维技术也是我国"十二五"期间新兴产业发展的重要组成部分，大力发展新型纺织纤维产业，实现关键技术和产业的突破，对于提升我国纺织产业核心竞争力、推动产业转型升级意义重大。目前，新型纤维应用于针织品行业占到80％，应用于家用纺织品占20％。我国新型纤维不但市场很大，其产品的平均利润率较高，是纯棉产品的1～2倍。由于其主要生产原料是新型纤维，棉花价格的巨幅波动对企业效益的影响基本上可以忽略不计。各相关企业应在完善纺织纤维产业链的同时，重视新型纺织纤维产业的发展，科学把握技术发展趋势和节奏，超前部署高新技术研究，力争实现我国纺织产业由跟随式发展向引领式发展的跨越。

　　（资料来源：http：//wenku.baidu.com/link？url＝jONn4L8Sb2pyHn5DhNcIinRrmArzL0bvTQSAsALmAs30vKtNaVjY＿u＿IsY7DlH1GoZTPLE9JTrCr6fPiSWeimNWdhGhfuIj4ZUvKpJTJrjy）

　　思考： 生活中常见的纺织纤维有哪些？它们各有哪些特点？在选购衣着用品时如何鉴别其所使用的纺织纤维？

　　衣着用品的品种繁多，主要由纺织纤维组成，其来源分为天然纤维和化学纤维。因其所使用原材料的不同，各种衣着用品的材料成分、结构、理化特性等都有比较大的差异，其养护方法也不尽相同。为了科学养护、储存各类衣着用品，延长其使用寿命，学习和了解相关衣着用品养护的基本常识、掌握衣着用品在储存过程中质量变化的规律、确保流通过程中衣着用品的质量显得尤为重要。

第一节　衣着用品的材料

一、衣着用品的材料

（一）纺织纤维

纤维是天然或人工合成的细丝状物质，是一种细长而柔软的物体，它的长度比直径大千百倍。纤维的直径通常以微米表示，长度则以毫米或厘米表示。在自然界中，纤维的种类很多，并不是所有的纤维都能用作纺织纤维，只有那些适合纺织工艺和穿着需要的纤维，才称为纺织纤维。

纺织纤维是指用来制成纺织品的纤维。纺织纤维按其来源可分为两大类：一类是取之自然界的纤维，称为天然纤维，例如棉花、纺织纤维麻、羊毛和蚕丝等；一类是通过化学方法由人工制造的纤维，称为化学纤维，例如，黏胶纤维、醋酸纤维、聚酰胺纤维等。纺织纤维的使用性能和质量，基本决定了纺织品质量的优劣。纺织纤维具有一定的柔软性、弹性、机械性能、化学稳定性、成纱性及保温保湿性等。例如，棉花、毛、丝、麻等天然纤维是理想的纺织纤维。

1. 天然纤维

天然纤维是指自然界生长或形成的适合于纺织用的纤维。天然纤维根据它的生物属性可分为植物纤维、动物纤维和矿物纤维，如表 11-1 所示。

表 11-1　　　　　　　　　　　　　天然纤维的分类

类别	来源	主要组成	实例
植物纤维	从植物中获得	纤维素（天然纤维素纤维）	棉花、麻、果实纤维等
动物纤维	从动物身上或分泌物中取得	蛋白质（天然蛋白质纤维）	羊毛、兔毛、蚕丝等
矿物纤维	从纤维状结构的矿物岩石中获得	硅酸盐（天然无机纤维）	石棉等

2. 化学纤维

化学纤维是指用天然的或合成的高聚物为原料，主要经过化学方法加工制造成的纺织纤维。按原料加工方法和组成成分的不同，化学纤维可分为再生纤维、合成纤维和无机纤维。

（1）再生纤维。再生纤维是以天然聚合物为原料，经化学方法制成的，化学组成与原高聚物基本相同的化学纤维。例如，黏胶纤维、醋酯纤维。另外，醋酸纤维也是以天然纤维素为原料，经化学方法转换成醋酸纤维素酯的化学纤维，但纤维的化学组成与原高聚物不同，故又称为半再生纤维。

（2）合成纤维。合成纤维是以石油、煤、天然气及一些农副产品等低分子物质作为原料制成单体后，经人工合成获得的高聚物纺制成的化学纤维，如锦纶、涤纶、腈纶、氨纶、维纶、丙纶等。

（3）无机纤维。无机纤维是指主要成分由无机物构成的纤维，如玻璃纤维、金属纤维等。

（二）常见纺织纤维的纺织性能

常见纺织纤维的纺织性能表 11-2 所示。

表 11-2　　　　　　　　常见纺织纤维的纺织性能

常见纺织纤维	纺织性能	适用范围
羊毛	吸湿、弹性、服用性能均好，不耐虫蛀	酸性和金属结合染料
蚕丝	吸湿、透气、光泽和服用性能好	酸性及直接染料
棉花	透气、吸湿、服用性能好，耐虫蛀	直接还原偶氮、碱性媒介、硫化、活性染料
黏胶纤维	吸湿、透气性好，颜色鲜艳，原料来源广，成本低，性质接近天然纤维	适用染料同棉花
涤纶	织物挺，保形性好，耐磨，尺寸稳定，易洗快干	分散染料、重氮分散染料、可溶性还原染料
锦纶	耐磨性特别好，透气性差	酸性染料、散染料
腈纶	蓬松性好，有皮毛感	分散染料、阳离子染料

二、纺织品

常见的纺织品主要有棉织物、毛织物、丝绸、麻织物和化纤织物这五种。

（一）棉织物

以棉纤维和棉型化学纤维为原料，并经过纺织染整工艺加工织造的产品，叫作棉织品。纯棉织物手感柔软，吸湿性好，穿着舒适，保暖性好，耐碱性强，经济实惠，皮肤直接接触无刺激，是大众欢迎和国际流行的面料。但其耐酸性较差，易皱不挺，免烫性差，强力不如合成纤维。而经过防皱处理的棉布，克服了棉织物易起皱褶的缺点，最适宜做贴身内衣和衬衫。织物风格淳朴、浑厚、粗犷豪放，适宜做外衣、休闲装。

棉织物的分类，一般根据原料、印染整理加工、织物组织、商业经验习惯等来分类。按原料分类，有纯棉织物和棉型化纤织物；按印染整理加工分类，分为本色布、色布、印花布、色织布；按经纬纱线结构分类，有纱织品、半线织物、线织品、交织品、混纺织品等；按宽幅分类，分为窄幅布、中幅布和阔幅布 3 类（门幅小于 70 厘米为窄幅布，大于 100 厘米为阔幅布，介于阔幅和窄幅之间的为中幅布）；按用途分类，分为服装用、装饰用及工业用布等。

棉织物的品种主要有：平纹类棉布，如平布、府绸；斜纹类棉布，如卡其、哗叽；缎纹类棉布，如直贡、横贡；色织类棉布，如呢绒、牛仔布；起绒类棉布，如灯芯绒、绒布；起皱类棉布，如泡泡纱、皱布等。

（二）毛织物

以羊毛为主要原料成分，并经过染整等工序加工所制成的产品叫作毛织物。某些纯化纤织物，虽然未含有羊毛成分，但采用毛纺设备及毛纺工艺加工制成，亦往往列入毛纺织产品范围内。习惯上，毛纺织物又称呢绒。

由于毛纤维具有天然卷曲、良好的弹性以及较好的吸湿性等天然特性，所以毛织物弹性好，抗皱性能强，保型性好，穿着舒适。织物风格高贵典雅，色泽浑厚，具永久性。无论是精纺面料还是粗纺面料，都是制作高档服装的首选面料。

毛织物的品种很多，分类方法也不一样。按所用原料分类，分为纯毛品、混纺品、交织品、纯化纤织品。按用途可分为服装用呢、装饰用呢和工业用呢等。由于生产工艺的不同，毛织物划分为精梳毛纺与粗梳毛纺两个系统，其产品也就有精纺呢绒、粗纺呢绒之分。其区别主要在于所用毛纱来自于不同的纺纱加工系统。

精纺呢绒也称精梳呢绒，是使用较好的原毛经过多道机械加工，其中一道重要的工序就是精梳，以获得粗细均匀、纤维排列平直的毛条，再进行纺、织、染、整理工序而得到的织品，主要品种有哗叽、华达呢、花呢等。

粗纺呢绒也称粗梳呢绒，是采用较短的毛纤维，经粗梳毛纺织工艺而制成的织品。粗梳呢绒按照产品风格和染整工艺特点，可分为呢面、绒面和纹面三大类，其中以呢面为大多数，主要品种有麦尔登、大衣呢等。

（三）丝绸

采用蚕丝或化纤长丝为主织成的织品。真丝织品具有柔和的光泽、光滑而柔软的手感、轻盈的外观，其吸湿性、透气性好，对皮肤无刺激，华丽美观，是一种高档的纺织品。

古代的丝织品基本按织物组织、织物花纹、织物色彩来命名。现代丝绸沿用旧名的很多，如绉、绫、绨、绢，也使用了一些外来语，例如，乔其（georgette）、塔夫绸（taffeta）等。目前，根据丝织品种的组织结构、采用原料、加工工艺、质地、外观形态和主要用途，可分成纱、罗、绫、绢、纺、绡、绉、锦、缎、绨、葛、呢、绒、绸等14类。

（四）麻织物

常用的麻分苎麻、亚麻两种。麻一般较硬，用次氧酸（氧漂）浸泡后可使麻稍微变软。麻纤维密度高，横截面、外观都与棉相似。亚麻制品具有独特的凉爽、抗菌功能，也具有一定的抗紫外线和防静电作用，其主要用于夏季纺织品的制作。

（五）化纤织物

化纤织物最常用的原料是涤纶、锦纶、腈纶等纤维。由于化学纤维的特有性质，所以其颜色牢度好，色彩鲜艳，面料花色品种多，而且价格适中，易洗快干，没有皱褶，最适宜做时装和外衣。

三、皮革和毛皮

皮革是指动物生皮经鞣制后的产品，包括皮革和毛皮。皮革和毛皮是衣着用品的重要原材料，例如，皮鞋、皮服、皮靴、皮大衣、皮手套等都是皮革和毛皮制品。皮革和毛皮都是利用动物生皮制作的。毛长、绒厚、保暖性强的动物皮多用于制造毛皮。毛短、毛粗、毛稀不适用于制造毛皮的，多用来造皮革。

（一）皮革和毛皮的原料

1. 制革原料

用于制革的动物皮种类较多，除常见的牛皮、马皮、猪皮、羊皮外，还有骡（驴）皮、鲸皮，海猪皮、鲨鱼皮以及蛇皮等。

2. 制毛皮原料

毛皮原料品种很多，根据原料分类，可分为细毛皮和粗毛皮两大类。细毛皮主要是指一些较珍贵的毛皮，如貂皮等。粗毛皮包括各种羊皮、兔皮、猫皮、狗皮等。

（二）皮革和毛皮的鞣制

把原料皮（生皮）加工成皮革和毛皮的过程叫鞣制。鞣制的目的是把"皮"制成"革"。"皮"和"革"有很大的区别，皮容易腐烂变质，干燥后容易板硬、折裂；革则不同，革的卫生性能、机械性能、化学稳定性能均比较好。按使用鞣剂分为铬鞣革、植鞣革和结合鞣革。

小知识

常见制革原料在衣着用品中的应用

常见制革原料在衣着用品中主要应用以下几种。

1. 黄牛皮

黄牛皮是最常用制革原料皮，它皮纹细致，组织紧密，成革美观耐用。可用作鞋靴面革、底革等。

2. 水牛皮

水牛皮厚而大，皮纹粗糙，纤维组织较疏松，成革耐磨性差，多用作内底革。

3. 猪皮

猪皮张幅较小，毛孔大，皮面粗糙，但组织紧密，成革坚固耐磨。厚的可作鞋底革，薄的可作鞋面革。

4. 羊皮

山羊皮纤维组织紧密，粒面细致，皮张小而薄，毛孔小而均匀；绵羊皮较山羊皮松软，羊皮多用作衣面革、皮帽、皮手套和鞋里革等。

（资料来源：张剑芳，等．商品养护技术［M］．中国石化出版社，2008.）

第二节　衣着用品的温、湿度要求

衣着用品对温、湿度的适应性是有一定限度的。它们在一定的温度和湿度下，一般不会发生质量变化。如果库房中的温度过高或者过低，湿度过大或者过小，超出了衣着用品的适应范围，就会引起其质量变化。

一、衣着用品质量变化与温度的关系

（一）衣着用品霉腐与温度的关系

霉腐微生物正常的生理活动对温度有一定要求，处在最适温度范围内的微生物，才能旺盛地生长繁殖，温度偏高或偏低对其都会产生抑杀作用。大部分霉腐微生物属于嗜温微生物，适宜生长的温度范围为20℃～37℃，在10℃以下或45℃以上难以生长或繁殖。温度过高或过低，都会对微生物的蛋白质和酶的活性及细胞组织结构产生破坏作用，抑制微生物的正常生理代谢，甚至死亡。

（二）衣着用品虫害与温度的关系

仓库害虫的生长繁殖受环境温度的影响很大，仓库害虫生长最适宜的温度范围为20℃～30℃，在该温度范围内，各虫期的生长速度最快，繁殖率最强，存活率最高，对衣着用品的破坏性最大，温度上升到40℃～45℃或下降至0℃～5℃时，仓库害虫的生理机能受到抑制，处于休眠状态，绝大部分仓库害虫在温度高于48℃或低于−5℃时，迅速死亡，所以，环境温度在很大程度上决定了仓库害虫的发育速度、世代数目、成虫寿命、繁殖率、食量和死亡速度。

（三）衣着用品老化与温度的关系

环境中温度较高时，在空气中光、氧等因素的共同作用下，使某些高分子物质如化学纤维中的丙纶、锦纶以及橡胶、塑料等制品产生热氧老化和光氧老化，使衣着用品老化、脆损。而且，气温经常性的变化、冷暖交替频繁也会对衣着用品的老化产生影响。

二、衣着用品质量变化与湿度的关系

（一）衣着用品霉腐与湿度的关系

微生物细胞中的含水量为70％～85％，水是微生物生长繁殖不可缺少的营养物质，微生物体内水分含量的变化，会直接影响其生理机能，使其生长繁殖受到抑制，甚至不能生成。霉腐微生物所需要的水分主要来源于衣着用品。某些微生物（如气生菌丝）还可以从潮湿空气中获得自己需要的水分。同时空气的湿度会影响制品的含水量，衣着用品含水过多就有利于霉腐微生物的繁殖生长，大部分霉腐微生物都喜欢生长在潮湿的环境中，干燥的空气还会造成微生物细胞脱水而死，所以相对湿度较高使制品容易产生霉腐。

（二）衣着用品虫害与湿度的关系

水分是仓库害虫生长、繁殖的重要营养条件，仓库害虫体内的水分含量占其体重的 44%～67%，其生理活动必须借助于水来完成。虫体内水分的来源，主要是从衣着用品的水分中获得，衣着用品发生虫蛀的原因之一，就是因其中含有一定量的水分，而衣着用品的含水量与空气湿度密切相关，干燥的环境不利于害虫生长，衣着用品在潮湿的环境中容易受到仓库害虫的蛀蚀，而使质量受到破坏。

（三）衣着用品锈蚀与湿度的关系

衣着用品中的金属制品在潮湿的空气中，其表面往往凝聚着水膜。相对湿度的大小直接影响水膜的厚薄，空气的湿度较大，会加快金属的电化学锈蚀速度。有的衣着用品在储存环境湿度过低时，易发生脆损或干裂。所以，环境空气的湿度对制品的质量变化有很大影响。

对衣着用品的养护就是合理控制储存的温、湿度，抑制微生物和害虫的生长繁殖、降低衣着用品老化和锈蚀速度。

第三节　衣着用品霉变与防治

衣着用品在储存管理中，主要目的就是防止衣着用品的质量变化，维护商品正常的使用价值。其质量变化有内因和外因。内因，即衣着用品本身的成分结构、理化性质等；外因，即外界条件的影响，包括氧、日光、温、湿度、微生物、仓库害虫等。虽然衣着用品变质起决定作用的是内因，但外界因素亦不容忽视。因此，仓库管理人员必须掌握影响变质的外界因素，强化防范措施，避免造成衣着用品在储存中的损失。

衣着用品若储存保管不当，在温、湿的环境中极易生霉。衣着用品霉变一般包括生霉和变质两种质变现象，经历受潮、发热、生霉、腐烂四个过程。商品材料性质不同，其霉变原理及特征有一定的区别。霉变和腐败的衣着用品，不仅外观发生变化，而且发生物理和化学变化，降低或失去使用价值，既造成经济损失，又影响物品销售。因此，做好衣着用品防霉，是仓库商品养护的一项重要工作。

一、棉、麻类织品的霉腐

破坏棉织品的微生物，主要是霉菌和细菌。霉菌有曲霉菌、青霉菌等；细菌有大肠杆菌、葡萄球菌、纤维素分解菌等。

霉腐比较严重的棉织品，对品质影响极为明显，有的甚至可以成为废品。微生物对棉织品的破坏，主要是引起纤维素的水解作用。能在纤维素材料上生长的微生物，都能分泌出纤维素酶，纤维素在这类酶的作用下发生一系列水解，使纤维素本身受到破坏，天然纤维素首先被水解成纤维二糖。纤维二糖经纤维二糖酶作用水解成葡萄糖。如棉织衬衫被汗液浸湿后，放置温暖潮湿的环境里，任其被霉菌、细菌等微生物侵蚀，经过三十昼夜，其强力下降 30%。

麻纤维的化学组成主要是纤维素、木质素及果胶质等。麻纤维及其织品具有较强的吸湿性及易霉性，是与它的化学组成及纤维的多孔结构有关。麻纤维及其织品受潮霉变后，纤维及织品表面产生不同颜色的斑迹，手感发黏，强力下降，有的可以成为废品甚至引起自燃。许多霉菌及某些细菌可以分解麻纤维中的化学成分。

二、丝、毛类织品的霉腐

常见的丝、毛类织品的材料主要是蚕丝和羊毛。蚕丝是一类蛋白质纤维。蛋白质是多种氨基酸的缩聚物。丝素就是由多种氨基酸组成的蛋白质，其中以氨基乙酸、氨基丙酸、酪氨酸等组成。丝素不溶于水，但它具有较强的吸湿能力。吸湿后纤维发生膨化，相对湿度在 60% 时，纤维的直径增加 3.8%；相对湿度在 90% 时，纤维的直径增加 8.9%。吸湿时产生的热能，会使商品垛内温度上升，从而进一步促使霉变加速。羊毛也是一种天然蛋白质纤维。羊毛纤维大分子，除了以肽键形成主化合键的多缩氨酸长链以外，在长链间还有氢键、胱氨醛键以及游离的氨基和羧基所形成的盐式键的联结。由于羊毛纤维分子中含有较多的亲水基团如 $-OH$、$-COOH$、$-NH_2$、$-CONH$ 等，加之水分子是极性分子，于是促使羊毛纤维具有较强的吸湿性。当环境相对湿度为 65% 时，羊毛纤维的吸湿率为 16%。

丝毛类商品是一类易于霉变的商品，这是因为：①丝毛纤维的化学成分为蛋白质，是微生物能够分解利用的营养物质。②纤维大分子上含有较多的亲水性基团，因而具有较强的吸湿性，并在一定限度内因吸湿而放出一定热能，提高了商品的温度，更加有利于微生物的生长繁殖。③纤维具有多孔结构，表面积越大，吸附的能力亦越大。由于这种吸附作用，纤维的表面就容易形成一层水膜，可供微生物充分利用。由此可见，在比较潮湿的仓库里存放丝毛类商品时，只要温度适宜，就会引起霉变。霉变后的织品表面产生各种颜色的霉斑迹，不同程度地影响了物品的外观。

丝毛类商品霉变后，其光泽和强力都受一定的影响。这是因为蛋白质纤维在微生物分泌的蛋白酶的作用下，蛋白质分子发生水解而形成氨基酸等物质所致。丝毛类商品霉变后，表面会发黏，尤其是丝绸最为明显，并且产生腐臭味，严重地影响了商品的使用价值。

三、化纤类织品的霉腐

化学纤维织品大部分是黏胶纤维与其他纤维的合成，黏胶纤维的主要成分是纤维素，许多霉菌和纤维素分解菌，均具纤维素酶，因而可以在黏胶纤维织品上生长繁殖，获得微生物本身所需要的养料，这就是纯黏胶纤维织品及与黏胶纤维混纺或交织的织品之所以容易生霉变质的根本原因之一。

黏胶纤维具有较强的吸湿性，相对湿度 65% 时，其吸湿率为 12%；相对湿度 95%

时，吸湿率则高达 25%～30%，为霉菌及细菌的生长提供了良好的条件。

除此之外，锦纶、涤纶及维纶等在适宜的条件下能被某些霉菌和放线菌破坏。锦纶生霉后纤维表面无腐蚀现象，但强力下降。

四、皮革类制品的霉腐

皮革制品是以皮革为主要原料，辅以其他材料所制成的制品，常见的有皮鞋、皮手套、皮箱、皮包、皮腰带、皮衣等。皮革具有易于霉腐的特点，每年 6—10 月间，一些温暖潮湿的地区，皮革半成品和成品的生霉现象十分严重。

皮革易于霉腐的主要原因：与皮革的化学组成有关；与皮革的理化性能，特别是与吸湿性有关；与皮革的多孔结构有关。皮革的主要组成部分是皮质，为原料皮鞣制后保留下来的一种蛋白质，能被霉菌和细菌分泌的蛋白酶所水解。

皮革是用动物的真皮部分加工制成的。动物真皮由许多胶原纤维、弹性纤维和网状纤维所组成，尤如植物叶子的网络，层层叠叠，错综复杂地交织在一起，在纤维之间构成了无数微小的空隙。另外，皮组织中还含有脂腺、汗腺、毛囊等组织，在制革过程中用化学方法将它们除去以后，也留下了许多小孔。这样，无数细微的孔隙构成了皮革多孔的结构，赋予了皮革制品十分良好的排汗透气性能，但也为皮革的吸湿性和易霉性等提供了条件。

根据霉菌及其他微生物的生理生化特点，以及对营养物质的需要，皮革的化学组成正是霉菌及其他微生物的营养物质。加之具有适合霉菌生长繁殖的 pH 值，以及能够"长驱直入"的多孔结构，于是决定了皮革及其制品易于霉腐的特性。

生霉的皮革制品，表面上可以看到白色、灰色、墨绿色、黄色、棕色、黑色等菌落，一丛丛或大片地分布着，其中尤以绿色的曲霉、青霉以及白色的黏液菌沾染最多，在铬鞣革和植鞣革的粒面，形成非常明显的斑污，不同程度地损害了皮革表面的光泽和美观。被霉菌侵蚀后的皮革，不能得到均匀的染色和光泽，造成斑污的色光很不一致。有些细菌还能在淡色革面上形成桃红色的斑污，其直径在 0.2～2 厘米。

皮革发霉，如果仅仅发生在表面，而且比较轻微，一般不致严重影响它的品质，干燥后可以刷去。但在多数情况下，霉菌不仅在表面生长，而且不断地向皮革内部发展，这就不能不使它受到损伤，作用的时间越长，破坏的程度也就越大。

霉菌及其他微生物在破坏皮革时，蛋白质大分子局部发生水解，聚合度降低，许多多肽链断裂而形成低分子的氨基酸。

当皮革受到霉菌的破坏后，皮革的耐磨、强度、弹性等优异的特性受到影响，随着分解物的产生，皮革发生腐臭的气味。

皮革中的油脂（包括原料皮本身的油脂和制革过程中加入的油脂）对皮革的机械性能、抗张强度、延伸率、弹性和耐水性能等影响很大，当霉菌侵蚀了皮革之后，油脂在脂肪酶的作用下，酯键被水解，生成脂肪酸和甘油。在氧化还原酶的作用下，还会生成更为低级的物质。

五、橡胶类用品的霉腐

橡胶制品主要用于制作雨衣、橡胶鞋、水靴及特种防护工作服等。衣着用品上使用的橡胶主要是天然橡胶和丁苯、顺丁、氯丁、丁基等合成橡胶。橡胶衣着用品一般情况下不易生霉，但条件适宜时也会霉变。这是因为天然橡胶大多含有杂质，包括蛋白质、糖分及其他水溶物；橡胶衣着用品使用的配合剂中含有脂肪酸及其他油类物质；橡胶衣着用品里料和面料使用的棉织品、涤棉、维棉制品等。生霉的橡胶衣着用品一般在表面及夹缝里有明显的斑污，胶面光泽减弱，严重者出现龟裂、强度及耐磨性下降，制品老化加速。

微生物在胶鞋、自行车胎以及橡胶制的劳动保护用品等商品上生长繁殖的结果，会给这些商品的质量带来下列坏的影响：①使制品的表面及夹里，甚至于胶鞋的中底部位产生斑污，有的斑污可以刷去，但夹里布上斑污大部分不能刷净，影响了销售和穿用；②微生物生长中的某些代谢物，促使胶面的光泽减弱，甚至完全丧失；③棉织品中的棉纤维，在纤维素酶的作用下，局部发生水解，使纤维结构遭到破坏，降低了织品的强力和耐磨等性能；④加速了橡胶的老化，使橡胶制品的表面逐渐龟裂，并且降低了制品的电气性能等。微生物引起的橡胶变质，可以加速物品的老化。

塑料制品的种类很多，性能也不相同。其中有霉菌感受性的，例如有聚酰胺、密胺树脂、低分子量的聚乙烯、加填料的酚醛树脂和脲醛树脂、加增塑剂的聚氯乙烯树脂。许多塑料制品由于加有增塑剂、填料等，往往会遭到霉菌的破坏，从而导致制品老化。因此，高分子材料加工成制品，有的就具有殖霉的可能性，如聚氯乙烯塑料制品和酚醛塑料制品。

六、衣着用品防霉

衣着用品霉变应以预防为主，在储存过程中经营管理人员要加强检查，经常倒垛、通风、保养、吸湿、上药，控制好库房温、湿度，防止物品生霉。

（一）衣着用品防霉方法

1. 干燥防霉

干燥防霉也称管理防霉，是指通过对所储存的衣着用品加强入库和库存检查，适时进行温、湿度调节，科学堆垛与保持仓库清洁等管理措施，来控制制品含水量，防止霉变的方法，这也是仓库管理中最常用的防霉措施。

坚持物品入库和库存检查。检验物品是否有受潮、发热、霉腐等现象，含水量是否符合安全储存规定，衣着用品外、内包装是否完好等。若出现上述问题，应及时摊晾降湿，除去多余水分。此外，新旧衣着用品、不同种类的衣着用品要分库存放，以便于库房的温、湿度管理，保证物品安全。

加强仓库温、湿度管理。及时掌握库内外温、湿度变化，做好记录。把握库房密封时机，采取合适的密封方式，正确运用通风方法，调节仓库温、湿度，选择合适的吸潮方法，注意倒垛排热、排潮，根据气候条件和库内温、湿度适时通风换气，以保持库内干燥、空气新鲜。对于衣着用品尽可能地采用通风效果好的货架存放，避免小间距的高堆垛，使得通风不畅，检查和盘点不顺。

加强库内外环境卫生管理。保持库内外卫生，切断微生物的传播源，是防止物品霉变的重要措施。库房要经常清扫，做到仓内"六面光"，垛上垛下无杂物；库房周围环境做到"三不留"（即不留垃圾、杂草、瓦砾）和排水沟无污水。

2. 气调防霉

气调防霉又称CA防霉，是在密封条件下，通过改变空气组成成分，降低氧气的密度，以抑制微生物的生理活动，达到防霉的目的。常用的方法：一是充氮，将密封包装物品内的空气抽至真空，接着注入工业高纯度氮，当氧气的浓度下降到1.5%～1.7%，即可达到防霉要求；二是充二氧化碳，一般不直接抽成真空，二氧化碳比空气重，氧气会排出，当二氧化碳浓度达到30%～70%时，方可起到防霉作用。

3. 辐射防霉

辐射防霉是利用电离辐射、紫外线、红外线等对物品进行照射，消灭霉菌的一种防霉技术。辐射防霉具有效果显著、不影响物品质量等优点，但设备要求较高、技术比较复杂。

4. 药物防霉

药物防霉是利用对霉菌具有杀灭或抑制作用的化学药品，达到防霉的目的。常见的防霉药物有多菌灵、水杨酰苯胺、百菌清等。

（1）多菌灵。化学名称为苯骈咪唑氨基甲酸甲酯。多菌灵为白色结晶粉末，不溶于水，溶于稀盐酸和醋酸，一般配成0.3%左右的悬浮液，是一种高效低毒、广谱性的内吸杀菌剂，热稳定性好，能抑杀大部分霉菌（对毛霉、根霉无效），适用于纤维、皮革及橡胶等织物的防霉处理。

（2）水杨酰苯胺。白色晶体，微溶于水，溶于乙醇等有机溶剂，是一种高效低毒的防霉剂，一般配成0.3%～0.5%浓度的溶液，可抑制一般霉菌和细菌，尤其对毛霉抑杀效果最好，可用于包装材料、纤维、皮革、塑料、橡胶等织物的防霉处理。

（3）百菌清。化学名为四氯间苯二甲腈，无臭白色粉末状，难溶于水，可溶于大多数有机溶剂，高效低毒，对霉菌和细菌均有较好的抑杀效果，可用于皮革制品的防霉处理。使用时一般配成0.2%～0.5%液度的溶液直接处理制品。

（二）衣着用品霉变救治

当发现衣着用品生霉时，必须迅速采取晾晒、干燥、清扫、药剂等有效除霉措施，以防止物品因进一步腐烂变质而受损失。对已生霉的衣着用品，可以曝晒的应尽量晒，不能晒的应放到通风处晾干，再清扫掉枯死的霉菌或用湿布擦去，不能除去的霉迹可用2%的稀氨水或30%的双氧水（皮革制品肥皂水也可）擦拭，待自然冷却后重新严密包装，在库内排潮去湿和通风后入库上垛。对生霉的皮革制品，除去霉菌后应涂上保革油。

第四节　衣着用品虫蛀与防治

仓库害虫对衣着用品危害极大，不仅造成制品外观污染，而且会使物品和简易包装品报废。运用科学手段对仓库害虫进行有效治理，也是衣着用品养护的一项重要工作。

一、衣着用品虫蛀

棉麻类衣着用品因成分中的纤维素、半纤维素，能被少数喜食纤维素的害虫所分泌的纤维素酶或半纤维素酶分解吸收，加上被多数喜食纤维素的害虫利用肠道中的共生物（如纤毛虫、变形虫等）及各种真菌、细菌分解，若储存不当便会造成腐烂和穿洞现象，严重危害物品质量。

毛、丝衣着用品不抗虫蛀。因为其成分蛋白质能被仓虫分泌的蛋白酶作用，切断蛋白质分子中的肽键，使蛋白质水解成为游离的氨基酸而被其吸收利用。毛、丝织品被危害的特点，常常是纤维被仓虫咬断，出现孔洞，严重时孔洞逐渐扩大，使制品失去使用价值。

皮革衣着用品也容易被虫蛀。这是因为生皮鞣制后保留了一部分胶原蛋白质，这种蛋白质可被虫体内的蛋白酶水解利用。另外，皮革中的油脂可被相应的脂肪酶水解，某些皮革表面的涂饰剂或上光剂也可成为仓虫的营养物质被仓虫体内多种生物酶水解、消化利用。皮革制品遭虫蛀后常出现断毛或浅绿色斑痕的现象。

纯化纤制品一般不出现虫蛀，但在食物极端缺乏的情况下，也会被蛀咬出现拉丝、断丝、脱绒、蛀洞等现象。

二、衣着用品防虫

（一）管理防虫

管理防虫是通过对仓库环境卫生、入库物品检查和虫情监察等管理措施杜绝虫源，防止物品发生虫蛀的方法。此方法投资小、无污染、收效好，适用于所有仓库的仓虫防治。

1. 杜绝仓库害虫来源

根据害虫的来源及其繁殖与危害所需要的环境条件，仓库应该选择在地势较高通风良好的地方，严格对入库衣着用品的检验，尽量将害虫消灭在库外；严格控制库内温、湿度，适时通风换气，破坏害虫的繁殖条件，改变适宜害虫活动的环境；开展经常性的虫情检查，一旦发现害虫，则应视衣着用品性能及库房环境，采取相应的灭虫方法，例如，采用阳光暴晒等高温灭虫法、冷冻灭虫法，或采用氯化苦、溴化甲烷熏蒸等药剂灭虫法。

2. 保持库内外清洁卫生

铲除周围杂草，及时清理附近沟渠污水，并注意关闭库房门窗，及时堵塞裂缝，防止害虫进入库内，同时墙根、地脚等较隐蔽的地方是仓库害虫的主要栖息地，应重点检查清理。仓库要建立经常性的清洁卫生制度，库内六面光，库外三不留，恶化仓库害虫生活环境，达到防虫目的。

（二）药物防虫

药物防虫是利用有毒的化学药剂预防或杀死害虫，这是广泛采用的防治方法。所用化学药剂分为驱避剂、杀虫剂和熏蒸剂。

（1）库内外要经常消毒。用杀虫剂对仓库四周墙角、货垛底部、货架等进行消毒，腾空的垛位要彻底清扫，以杜绝仓库害虫滋生。

（2）投放药剂。将驱虫药剂，如精茶、卫生球、樟脑丸等放于制品包装内，利用其药味防止害虫侵入。这种方法对棉织品、毛织品等较适用。需要注意的是药剂最好要用纸简单包装一下，不要同物品直接接触。

（3）适时熏杀。虫卵繁殖一般在 5 月、6 月间，可用硫黄、磷化铝等进行熏杀，亦可结合仓库消毒同时进行。

（三）物理防虫

物理防虫是通过各种物理手段，破坏仓库害虫生理机能，改变其生活条件，促进仓库害虫死亡。包括利用仓库害虫的趋光性进行灯光诱杀，以及利用冬季低温抑制仓库害虫生长，使其死亡等，仓库可根据气候、环境等条件，结合自身实际，采取多种办法防治仓库害虫。

（四）气调防虫

气调防虫是将仓库害虫周围空气的含氧量降低至难以维持其生命活动的标准以下，从而起到杀虫目的。气调杀虫与气调防霉方法大致相同。一是在密封的条件下将氧气抽出，达到缺氧目的；二是以氮或二氧化碳充入，排除含氧空气。气调防虫适用于棉、毛及皮革制品等。

第五节　衣着用品老化防治

衣着用品中，纺织纤维、橡胶、塑料、皮革等高分子材料，在加工、使用和储存过程中，由于本身分子结构及受到外部环境因素（如光、热、氧、水等）的影响，品质逐步下降，机械性能变差，降低或丧失使用价值。衣着用品老化防治也是衣着用品养护的一项重要工作。

一、衣着用品老化特征

衣着用品在加工、使用和储存中，老化现象较为普遍，如雨衣胶面出现裂纹或剥落；胶鞋储存或穿用时间过长，会出现变色、弹性下降或硬化；皮革及毛皮制品会出现发硬、龟裂、掉毛等；纺织纤维制品会出现泛黄、褪色、脆损现象等。衣着用品老化主要出现以下三个方面的变化：

（1）外观变化。如表面失光、变色、粉化、起泡、拉丝、起毛、斑点，以及材料出现发黏、变软、变硬、变脆、龟裂、变形等。

（2）性能变化。物理性能表现在比重、导热性、折光和透光率、耐热、耐寒、透水性的变化；机械性能如拉伸率、抗冲击性、抗疲劳强度及硬度、耐磨性的改变；电性能表现在绝缘性的变化。

（3）分子结构的变化。如分子量分布、分子链几何形状的变化，含氧基团和不饱和键的形成和破坏。老化是一种不可逆的变化，是高分子材料的一种通病，对物品危害较大。

二、衣着用品老化预防

虽然衣着用品老化是一种不可逆转的过程，但如果采取科学的方法，可以延缓其老化。如在生产过程中加入抗老化剂或改变其结构等，通过科学储存和养护来减少外因对制品的影响。具体措施如下。

1. 控制温、湿度

根据衣着用品对储存的环境要求，要尽量避免高温和相对湿度太高，及时通风、吸潮、密封，将库房温、湿度调节到适于储存的范围，保持库房清洁、干燥、凉爽。

2. 加强管理

衣着用品出入库要认真检查，发现有出现变色、变形、发硬、发黏、龟裂等老化现象，要及时处理，特别是储存期较长的物品是检查管理的重点。

3. 科学堆垛

衣着用品堆垛除考虑安全稳固和有利于散热外，同时还应根据一些物品的特殊要求科学堆垛。如塑料和橡胶制品不得重压，一般不堆垛太高或放于底层。

4. 推陈储新

衣着用品老化与时间也有一定关系，随着时间的延长，制品老化加剧。如橡胶制品保管期限以不超过一年为宜。为减少物品因储存时间过长而老化造成损失，衣着用品应贯彻"推陈储新"和"储备轮换"的原则，掌握库存物品的生产时间和有效储存期限，切实做到"先进先出"。

第六节　案例分析

案例一：

常见织物入库感官质量检验

作为服装的主要原料织物在进入物流仓库时，必须进行感官抽查检验，如果发现质量问题而且还须证据或没有充足依据的情况下，如抽样到检测中心（检验剂）进行仪器等检测。感官检验主要依据织物的特征进行。

1. 纯棉织物

纯棉织物光泽较暗、柔和自然，手感较软，无身骨，手摸有温暖感；布面有杂质，手捏布料放开后有明显褶痕不易恢复；同规格纯棉织物较蚕丝织物重而且垂感差。

2. 化纤棉纺织物

化纤棉纺织物的混纺比一般为涤纶65％、棉35％，织物表面平整，光泽明亮，色泽淡雅，手感滑爽挺括，纱线粗细均匀，无杂质，单纱拉断裂强力很高，褶皱少且较快恢复原状。

3. 人造棉织物

人造棉织物是纯粘胶短纤维织物。其颜色鲜艳，有光黏胶类似金属的光泽，手感柔软、光滑、无身骨，有飘逸下垂感觉，同规格较蚕丝织物重，用手捏布料后放开，有明显褶痕且不易恢复，织物下水后明显变厚变硬。单纱易拉断，强度低，湿态强度较干态强度明显低。

4. 纯毛织物

纯毛织物光泽柔和，色泽纯正，手感柔润，温暖有弹性，用手捏布料后放开，褶痕不明显且迅速恢复原状。精纺毛织物纹路清晰，外观精致细腻，织物中纱线为股线；粗纺毛织物质地厚实丰满，织物中纱线为单线。

5. 化纤纺毛织物

化纤纺毛织物大多是涤纶50％～55％，毛45％～50％的混纺，是精纺织物，光泽亮，纹路清晰，手感滑爽挺括，弹性好于纯毛织物，但柔润悬垂性能不如纯毛织物，用手攥紧布料后放松，几乎不产生褶痕，单纱强度较高。

6. 蚕丝织物

桑蚕丝织物光泽华丽，优雅柔和，手感柔软滑润，有身骨及凉感，悬垂性好，飘柔舒适。用手捏后放开，布料褶痕较少，但恢复原状较毛织物慢。单丝拉断强度较高，揉搓织物时有独特的响声，下水柔软易皱。柞蚕丝织物光泽手感不如桑蚕丝。

7. 化纤仿丝织物

黏胶丝织物光泽明亮，不柔和，色泽鲜艳，手感滑爽，柔软但不挺括，悬垂性好但不如丝织物，手捏后放开易皱且不易恢复。单丝拉断强度较低，湿强度更低，织物下水后变硬；涤丝织物是主要的仿真丝绸产品，其次是锦类丝织物。

8. 麻织物

麻织物光泽自然柔和，手感挺括，有凉爽感，布面粗糙，有的有刺痒感，有随机分布的粗细节，弹性差，较丝织物重，垂感差，手捏布料放开，有明显褶痕且不易恢复。单丝拉断强度较高，纤维硬直，长短不齐，含有胶质而聚成小束。麻织物色泽多为本色或浅淡色。

9. 化纤仿麻织物

化纤仿麻织物外观多疙瘩、结子，高低不平，风格粗犷，组织以平纹和透孔组织为主，色泽以本色和浅色为主，比麻织物鲜亮。手感挺括，弹性好，织物紧捏不皱，有较好的悬垂感。

10. 合成纤维织物

合成纤维织物一般具有类似金属的光泽，不自然，有的有蜡状手感和光泽，除维纶外，用手捏布料后放开，布面褶皱少，恢复快，一般同规格下轻于棉、麻、黏胶纤维织物，垂感较好。单纱拉断强度较高，纱中纤维长度、整齐度较好。

分析：针对上述 10 种织物感官检验特征分析其原理，并分析以 10 种织物为原料的服装在养护中的注意事项。

案例二：

服装的储存与养护

任何一家外贸服装企业都不可能是只交一笔货，仅接一批货。服装不能被及时消费掉，这样必然造成一定量的库存，会增加管理的难度，造成一定的损耗。储存是物流的一种静止状态，是服装流转中的一种作业方式，又是服装流通不可缺少的环节。在服装储存期间还需要对其进行必要的养护，以保证服装的质量和品质，减少损耗，节约费用开支，为企业创造经济效益。

宁波有服装企业 2000 多家，逐渐形成了多元化、集聚化、国际化的格局，正向着建成服装生产基地，贸易中心的国际服装名城奋进。宁波已成为中国服装的主要出口城市、世界男装的重要生产基地之一。服装业基本上做外贸加工，出口服装为主。而做外贸的服装厂商多把经营的重点放在生产、销售环节上，对服装的储存和养护方面相对比较粗放，导致了库存过大、物流成本过高、反应速度过慢、退货烦琐等一系列问题。服装企业如何进行服装的储存与养护，建立"小批量、多批次、快出货"的现代经营管理模式，合理有效地储存服装和在储存期间的养护，以维护好服装的质量，降低服装的损耗，有效地维护服装的使用价值，满足订货商和消费者的需求，已成为迫切需要解决的课题。

无论采取什么形式的库存管理，除了做好防火、防盗、防雨、防霉、防湿、防风、防冻等工作外，还要掌握好"合理"的原则下的库存控制。在不发生脱销的前提下，库存越少，资金周转越快，周转效益也就越高。合理的库存直接影响企业的资金运用，关系到经济效益。因此，要根据货架柜组的特点，市场销售动态，季节变化周期，合理定出各种款式、各种规格的合理储存量。库存管理是服装企业管理的一个重要组成部分。

库存服装要经常保养，服装受外界自然条件影响，如受空气、温度、湿度等的影响，如果仓库温度和湿度过高或过低，会引起发热、霉变、老化。一定的温度又是微生物和各类害虫生长繁殖的条件，引起质量改变或造成损失。库存养护应坚持以防为主，防治结合的方法，严格验收、科学堆码、妥善保管。仓库管理要了解各种服装所适应的温、湿度，并对库房内外的温、湿度，经常进行测量和记录，掌握温、湿度变化的规律，采取相应的措施进行调节，随时控制库内的温、湿度，使其适于储存服装的条件。根据纺织面料及服装容易受潮发霉和被虫蛀的特性，服装的养护要做到"一细三勤"。即处处细心，一丝不苟和勤清洁、勤整理和勤处理。要建立健全库房卫生制度。库房里的灰尘、垃圾是霉菌、害虫繁殖的场所，因此库房内要经常打扫，货架要擦洗干净，可使用杀虫剂预防各种害虫滋生。由于各种服装面料的保养性能不同，要时刻预防霉变泛色、残损变质、虫蛀鼠咬等。发现苗头，及时报告并处理。

分析：各种面料的服装有哪些特点？如何将不同面料的服装进行储存和养护？

第七节　实习实训指导

一、实习指导

在任课教师的指导下，选择经营有衣着用品的物流中心、配送中心等物流企业或服装加工企业仓库、贸易公司剂批发市场纺织品仓库等，利用专业实习或其他实习的机会进行 2～3 天的实习。

（一）实习组织

1. 3～5 人为一组，选出组长负责本次实习。

2. 通过网上或其他方式了解实习单位的基本情况。

3. 在实习单位聘请一位有一定理论基础和丰富实践经验的校外指导老师。

4. 在校内外指导老师的指导下，制订实习大纲，深入实习单位及社会进行调研。深入衣着用品储存仓库调查其分类、储存环境及养护方法。

5. 严守实习单位规章制度和实习纪律，注意安全。注意同指导教师保持联系。

6. 实习结束前撰写不得少于 1500 字的实习报告。

（二）实习目标及内容

1. 知识与技能目标及内容

（1）能说明实习单位衣着用品及原料的分类及储存位置。

（2）能够了解衣着用品入库检验的程序、内容及标准，初步体验感官检验。

（3）了解实习单位衣着用品及其原料储存环境（温度、湿度等），堆垛或货架储存，通风是否顺畅，作业是否便捷。

（4）能够根据不同种类的衣着用品制订出不同的科学合理的储存及养护方案。

2. 职业训练目标

（1）通过现场实习和社会调研，了解本地区衣着用品储存与养护存在的主要问题，并分析其主要原因。

（2）让学生通过实习知道将来不管是就业还是创业，必须具备诚实可信、爱岗敬业的素质。

（三）实习报告提纲

1. 实习单位的基本情况概述。

2. 分析实习单位衣着用品及其原料储存及养护的科学性和合理性。显著成就和存在的主要问题及其原因。

3. 利用所学理论知识结合本次实习，制订出实习单位衣着用品储存及养护方案。

二、实验实训指导

（一）衣着用品存放与养护实训

本人及家庭的衣着用品分类，服装原料感官检验。衣着用品存放是否合理，是否有过腐败、霉变及其他损伤经历，是什么原因造成的？写出实训报告。

（二）皮鞋感官检验及养护实验

感官检验皮鞋的原料，存放不同的环境所发生的变化。采取不同的养护措施对皮鞋质量做出评价。写出实训报告。

（三）实验报告提纲

1. 实验目的。

2. 实验内容。

3. 实验步骤。

4. 实验实训结果。

5. 问题讨论。

三、成绩评判

（一）实习成绩

由校内实习指导教师根据实习报告水平，征得校外实习指导教师的同意给出实习成绩。

（二）实验实训成绩

由校内实验实训指导教师根据实验报告给出实验实训成绩。

复习思考题

一、概念题

1. 纺织纤维

2. 天然纤维

3. 纺织品

4. 衣着用品

5. 化学纤维

6. 棉织物

7. 毛织物

8. 管理防虫

二、填空题

1. "皮"和"革"有很大的区别，_____容易腐烂变质，干燥后容易板硬、折裂；_____则不同，其卫生性能，机械性能，化学稳定性能均比较好。

2. 衣着用品老化主要出现_____、_____和_____三个方面的变化。

3. 根据害虫的来源及其繁殖与危害所需要的环境条件，仓库应该选择在地势_____、通风_____的地方，严格对入库物品的检验，尽量将害虫消灭在库外。

4. 利用有毒的化学药剂预防或杀死害虫，这是广泛采用的防治方法。所用化学药剂分为_____、_____和_____。

5. 衣着用品中的金属制品在潮湿的空气中，其表面往往凝聚着水膜。相对湿度的大小直接影响水膜的厚薄，空气的湿度较大，会加快金属的_____锈蚀速度。

三、选择题

1. 化学纤维可分为（　　）、合成纤维和无机纤维。

A. 再生纤维　　　　B. 黏胶纤维　　　　C. 涤纶　　　　D. 蛋白质纤维

2. 环境温度较高时，使某些（　　）产生热氧老化和光氧老化。

A. 毛织物　　　　B. 高分子物质　　　　C. 丝绸制品　　　　D. 棉织物

3. 衣着用品使用的橡胶主要是（　　）和合成橡胶。

A. 丁苯　　　　B. 丁基　　　　C. 蛋白橡胶　　　　D. 天然橡胶

4. 化纤棉纺织物一般为（　　）的涤纶和棉花混纺。

A. 35％　　　　B. 85％　　　　C. 50％　　　　D. 65％

四、简答题

1. 衣着用品的制作材料有哪些？

2. 影响衣着用品质量变化的因素有哪些？

3. 衣着用品为什么会虫蛀，怎样防虫蛀？

4. 衣着用品为什么会老化，怎样防老化？

5. 简述衣着用品霉腐变化与温度和湿度的关系。

6. 简述衣着用品的虫害与温度和湿度的关系。

第十二章 家用电器的养护

知识目标

1. 掌握家用电器的分类。
2. 掌握家用电器商品的质量要求与检验，选用和维护。
3. 熟悉家电的性能。

技能目标

1. 能够利用所学的知识，正确使用家电。
2. 能够运用所学知识和技能，对家用电器商品进行质量鉴别和有关的养护工作。

引导案例

××家电经销公司空调仓库

某大学一位物流教授作为专家随同当地商务部门调研组一起赴××家电经销公司进行调研，调研时间为 6 月份，公司位置为中部省市，其中该公司空调储存仓库为 20 世纪 60 年代建设的苏式仓（一种起脊、小跨度、砖结构的仓库）。仓库内外地坪等高。库内空调为多家生产，多种品牌和型号。库内人工堆码、拆垛、堆垛约 2 米高，同一个品牌、型号、规格及厂家为一垛，库内一纵一横两个主通道。调研后教授就空调仓库管理指出了 3 个问题：空调堆垛距墙只有 5～10 厘米，太近，应 25～30 厘米。家电堆垛 2 米太高。同一个品牌、型号、规格及厂家应并排堆两垛。

思考： 从家电储存和养护的角度上考虑教授为什么提这三个问题？随着本章的学习利用所学理论请同学们讨论该案例。

随着现代科技的迅猛发展，电子商品的新品种不断涌现，其更新换代的速度惊人，技术和功能不断翻新，普及率越来越高，给人们的工作和生活带来了极大的方便。正因为家电已融入我们的日常生活，人们需要了解更多的家电基础知识，家电商场每天经营着很多家电，作为仓储管理人员，如何有效地对家电商品进行养护，如何给消费者提供更多的服务，保证家电的质量成了摆在仓储管理人员面前的一项重要任务。

第一节　家用电器分类及主要质量特性

一、家用电器的分类及特点

（一）家用电器的分类

家用电器是指用于家庭和类似家庭使用条件的日常生活用电器。

家用电器的分类方法在全球尚未得到统一。通常把家电分为白色家电、黑色家电、米色家电和新兴的绿色家电4类。

白色家电指可以替代人们进行家务劳动的产品，包括洗衣机、冰箱等，或者是为人们提供更高生活环境质量的产品，如空调、电暖器等。黑色家电指可提供娱乐的产品，如彩电、音响、游戏机等。米色家电指计算机信息产品；绿色家电指在质量合格的前提下，可以高效使用且节约能源的产品。绿色家电在使用过程中不对人体和周围环境造成伤害，在报废后还可以回收利用的家电产品。

家用电器一般按用途大致可划分以下9类产品。

（1）空调器具。其主要用于调节室内空气温度、湿度以及过滤空气之用，如电风扇、空调器、加湿器、空气清洁器等。

（2）制冷器具。它利用制冷装置产生低温以冷却和保存食物、饮料，如电冰箱、冰柜等。

（3）清洁器具。清洁器具用于清洁衣物或室内环境，如洗衣机、吸尘器等。

（4）熨烫器具。其用于熨烫衣服，如电熨斗等。

（5）取暖器具。它通过电热元件，使电能转换为热能，供人们取暖，如电加热器、电热毯等。

（6）保健器具。其用于身体保健的家用小型器具，如电动按摩器、负离子发生器等。

（7）整容器具。如电吹风、电动剃须刀等。

（8）照明器具。如各种室内外照明灯具、整流器、启辉器等。

（9）家用电子器具。它是指家庭和个人用的电子产品。它不仅门类广，而且品种多。

在我国家用电子器具的分类

音响产品,如收录机等;视频产品,如黑白电视机、彩色电视机、录像机、VCD、DVD等;计时产品,如电子手表、电子钟等:计算产品,如计算器、家用电脑等;娱乐产品,如电子玩具、电子乐器、电子游戏机等;其他家用电子产品,如家用通信产品、电子稳压器、红外遥控器、电子炊具等。

(二) 家用电器的特点

(1) 家用电器一般在有电能的条件下才能正常运转。

(2) 家用电器要求寿命长、可靠性高。

(3) 家用电器要求耗电少、经济费用低。

(4) 家用电器的安装、使用和维护都直接影响着家用电器的质量。

(5) 家用电器一般都要带电工作和操作,因此安全性是这类商品的首要指标。

(6) 家用电器结构比较复杂,要求电器元件可靠性高,要达到质量需要的规定值。

(7) 家用电器既是家庭用品,又是美化家庭环境的装饰品,要求造型美观、装饰新颖、色调柔和、外形结构合理。

家用电器安全标准

家用电器产品安全标准是为了保证人身安全和使用环境不受任何危害而制定的,是家用电器产品在设计、制造时必须遵照执行的标准文件。严格执行标准中的各项规定,家用电器产品的安全才有可靠的保证。

安全标准涉及的安全方面,分为对使用者和对环境两部分。

1. 对于使用者的安全

(1) 防止人体触电。据统计,每年我国因触电造成死亡人数均超过3000人,其中因家用电器造成触电死亡人数超过1000人。因此,防触电保护是安全标准中首先应当考虑的问题。

(2) 防止过高的温度。过高的温度不仅直接影响使用者的安全,而且还会影响产品其安全性能,如造成局部自燃,或释放可燃气体造成火灾;高温还可使绝缘材料性能下降,使塑料软化造成短路、电击;高温还可使带电元件、支承件或保护件变形,改变安全间隙引发短路或电击的危险。

(3) 防止机械危害。家用电器中像电视机、电风扇等,儿童也可能直接操作。因此对整机的机械稳定性、操作结构件和易触及部件的结构要特殊处理，防止台架不稳或运动部件倾倒。防止外露结构部件边棱锋利、毛刺突出，直接伤人。

（4）防止有毒有害气体的危害。家用电器中所装配的元器件和原材料很复杂，有些元件和原材料中含有毒性物质，它们在产品发生故障，发生爆炸或燃烧时可能挥发出来。常见的有毒有害气体有一氧化碳、二硫化碳及硫化氢等，因此，应该保证家用电器在正常工作和故障状态下，所释放出的有毒有害气体的剂量要在危险值以下。

（5）防止辐射引起的危害。辐射会损伤人体组织的细胞，引起机体不良反应，严重的会影响受到辐射人的后代。家用电器中电视机显像管可能产生X射线，激光视听设备会产生激光辐射，微波炉会产生微波辐射，这些都会影响到消费者的安全，因此在设计这些产品时应使其产生的各种辐射泄漏限制在规定数值以内。

2. 对于环境的安全

（1）防止火灾。起火将严重危及人们生命财产安全。据统计，北京市每年平均因家用电器引发火灾66起。由于使用劣质"热得快"造成触电、火灾时有发生。由于劣质电热毯引发火灾每年达700起，烧毁民居、商店损失达数千万元。因此家用电器的阻燃性防火设计十分重要。在产品正常或故障甚至短路时，要防止由于电弧或过热而使某些元器件材料起火，如果某一元器件或材料起火，应该不使其支承件、邻近元器件起火或整个机器起火，不应放出可燃物质，防止火势蔓延到机外，危及消费者生命财产安全。

（2）防止爆炸危险。家用电器有时在大的短路电流冲击下会发生爆炸，电视机显像管受冷热应力或机械冲击产生爆炸。安全标准要求，电视机显像管万一发生爆炸，碎片不能伤害在安全区内的观众，安全区是指正常收看位置（最佳收看距离约为屏幕高度的4~8倍），以及离电视接收机更远的地区。

家用电器的使用寿命是由其设计寿命决定的。各种家用电器的功能、使用环境和使用率不同，决定了它们的使用寿命各有差异。除设计、工艺和材料等因素外，使用寿命受实际使用环境的影响。恶劣的使用环境和不正确操作，会影响家用电器的局部或整机使用寿命，如受潮、经常骤冷骤热，强烈震动等都对家用电器使用寿命产生影响。当一件家用电器接近使用寿命时，由于整体老化会不断出现故障，从安全和经济角度考虑，应尽早弃旧更新。

二、家用电器的质量特性

（一）彩色电视机的质量要求和检验

1. 彩色电视机的质量要求

质量要求有以下几个方面。

（1）图像重现率。它指电视机能够完整地重现电视台发送图像的能力。标准规定，水平与垂直方向的图像重现率不低于90%。

（2）亮度鉴别等级。它指不同的图像调制度与屏幕亮度之间的关系。亮度等级多，则图像层次丰富，画面柔和，伴音效果好。一般要求亮度鉴别等级不低于 8 级。

（3）图像分辨力。这是电视机清晰度指标，反映电视机接收图像细节的能力。图像分辨力线数越多，则图像越清晰。

（4）白平衡。它指彩色电视机所接收的黑白图像或彩色黑白图像部分不带任何色调的底色。

（5）同步灵敏度。它指电视机保持图像稳定的情况下，接收微弱信号的能力。

（6）选择性。它指电视机对邻近频道电视信号的抑制能力。

（7）自动增益控制（AGC）作用。它指在接收强弱不同的电视图像和伴音信号时，电视机自动调整增益，以保证有稳定的输出的能力。要求输出电平变化±1.5 分贝时，输入电平变化不小于 60 分贝。

（8）色纯度。它指在电视机工作中，某一种基色不受其他两种基色混杂的程度，就是要求红、绿、蓝三束电子束分别击中其对应的荧光粉，而不能击中其他颜色的荧光粉。

（9）保持同步的电源电压变化范围。它指在图像仍能保持稳定同步状态时，电源电压相对于标称值的最大正负变化范围，一般要求不小于标称值的 10%。

2. 彩色电视机的质量检验

质量检验从以下几个方面考察。

（1）外观检验。查看外观有无划伤或破损，各装饰件是否完整无缺、牢固，荧光屏表面是否干净平滑，有无气泡和划痕，荧光屏内的荧光粉是否均匀，有无局部颜色不匀。然后检查各种开关、旋钮、天线等是否完好、灵活有效。

（2）光栅检验。在检验光栅时，将频道置于空频道上，把对比度、色饱和度旋小、音量调在正常工作位置，这时荧光屏应发光部分出现的一条条水平扫描线即为光栅。当人靠近观察光栅时，应能分辨出一条条水平亮线，这种扫描亮线应当平直，边缘部分不出现倾斜及波浪线，线间距离应相等，没有半亮半暗或暗角、黑条等。线数越多电视图像越清晰。

（3）可靠性检验。要求电视机各部分之间连接可靠，不允许出现虚焊、漏焊，最简单的办法是轻拍电视机，这时图像、伴音均正常则可靠性良好。

（4）消色和色饱和度检验。当接收彩条信号时，将色饱和度调至最小位置，荧光屏上应呈现出不同等级的灰度条块，任何一条中都不应呈现颜色，则消色效果好。如再将色饱和度由最小调到中间位置，这时每条灰度都应加上颜色，变成按白、黄、青、绿、紫、红、蓝、黑顺序的彩条，然后再将色饱和度调至最大位置，这时荧光屏上的彩条除了有浓淡变化外，其他稳定不变，则说明色通道的自动控制性能优良。

（5）图像、伴音质量的检验。电视机的首要任务是使观众在荧光屏上能看到高质量的重视图像，即画面上的图像应与被送的实际景物一致。一般要求图像清晰，色彩逼真，层次丰富柔和，如观察到人的皮肤眉毛、头发等细节都很清楚、逼真，则说明图像质量好。如用方格观看时，方格不方；用测试卡观看时，大圆不圆，则图像就会失真。对伴音质量，检验其声音是否洪亮、优美；噪声是否很小，音量开大，应无机振声，无明显失真，音量关小，类似交流噪声的声音应很小。

（6）灵敏度检验。检验灵敏度时，可用几台电视机做比较。先看图像的浓淡程度，接着可将天线去掉，此时如图像仍能清晰、稳定，色彩无变化，伴音好，噪声小，则灵敏度高。也可以借助观察噪声颗粒来判断，即将电视机放在无信号位置，此时在荧光屏上出现的噪声颗粒多，则灵敏度高。当然这种噪声颗粒太多，容易受干扰。

（7）选择性检验。将频道开关置于欲收频道的上一个频道或下一个频道，这时不应收到欲收频道的电视信号，反之则选择性不佳。

（8）抗干扰性检验。当存在汽车、日光灯、机器等干扰源时，看看电视机上的图像、伴音是否受到干扰，如图像是否出现局部扭曲、歪斜、跳动等现象。如仅在画面上出现黑白亮点线，只要不影响图像的稳定，可以认为是正常的。

小知识

电视机的选用

1. 选购

电视机选购时应根据自己的使用目的、环境合理选择，如边远地区的用户，可选灵敏度高的，小电网供电的用户可选宽电压电视机，城市用户选灵敏度适中的即可。

在具体选购时还须考虑品牌、尺寸、功能、价格、造型、色彩等因素，然后进行电视质量方面的检查。

2. 彩色电视机的使用

彩色电视机在使用过程中要注意以下几个问题。

（1）摆放位置。电视机周围不能有强磁场性物体，应通风干燥、避免强光直射，摆放高度与人眼视觉高度一致为好，人眼观看距离以屏幕高度的5～7倍为佳。

（2）调试。先调清楚黑白图像再加彩为好，因人眼对彩色的分辨力低，会感觉到电视图像更清晰。

（3）环境光线。以8瓦灯光亮度为适宜，如环境背景太暗，电视图像稍有些变化也能被人眼感觉，反而显得图像不稳定、不清晰。

使用时前必须先仔细阅读说明书，弄清各部件的功能，然后再按说明书上规定的操作程序操作使用，注意不要将亮度开得太大，不要频繁开关机，以免影响电视机寿命。

（二）组合音响的质量检验

1. 外观检验

组合音响的外观要求设计新颖、豪华、美观，各种指示要醒目大方，对外壳要求平整、光洁，不应有划伤、脱漆、锈蚀等现象，各开关、按钮等应操作灵活自如。

2. 性能检验

收音部分高低端频率的各电台信号强弱大体一致，大、小信号均无失真现象，距人耳1米处倾听应无交流声，无各种噪声、杂音，无混台串音、哨叫和自激振荡等现象，调谐指示器的反应灵敏，用电平表指示的表针摆动应平稳，用发光二极管指示的跳动应准确，颜色应明亮鲜艳。灵敏度越高越好，信噪比越大越好。灵敏度高，能收到微弱电信号能力强，收到的台多，声音清晰。

（1）录放音部分。选择一盘质量可靠的空白磁带，把音量开到最小，逐个按下放音、录音、倒带、快进等功能按键，分别观察磁带卷绕情况，磁带应卷绕整齐，没有上下参差不齐现象。同时倾听录音机械运转时发出的沙沙声，工作于录、放音状态时，声音应流畅而均匀；工作于快进和倒带状态时，由于速度较快，机械动转声稍大是正常的，但必须均匀，不应带有节奏的响声或其他撞击声，更不允许有转动呆滞或停转现象。随后把音量开至最大，重复上述各动作，此时除机械传动系统的沙沙声外，在扬声器内有轻微的响声，在各种工作状态以及由一种工作状态转换成另一种工作状态时，在扬声器中均不应有其他杂声出现。再将短路插头插入话筒插孔，按下录、放音按键使录音机呈录音状态（实际处于消音状态），运转数分钟后，倒带至原起始位置进行放音功能，如噪声显著增大，则说明录放音部分消音功能不佳。最后进行录放试听，将音量开至适中位置，按下录音装置，距话筒半米至1米处讲几句话或唱一段歌曲，然后倒带放音，此时听到的声音应清晰、噪声小、有真实感，熟人能很快判断出谁的声音。如声音颤抖、混浊、噪声明显、变调等则说明该音响录放音或机械部分质量有问题。将音量开至最大放音略有失真是正常的。对于立体声检查，可放入一盘立体声磁带，观察两个声道是否平衡，检查时距音响1米远地方，检查者所在的位置对两组音箱的张角为$40°\sim50°$，调节声道平衡按钮，应能听到立体声。

（2）音箱部分。一观工艺，从音箱外表的第一印象来判断该箱的档次和品质优劣，最好的音箱多用天然木材打造；现在一般用MDF中密度纤维板敷一层木皮做装饰，表面打磨得油光锃亮如乐器，可以算中档以上音箱；如表面敷的是PVC塑料贴皮，则档次要低一等。二掂重量，好的音箱每只箱子可能有10～20千克，低档大路货多半重量比较轻。三敲箱体，用指节敲击箱体上下左右发出坚实的脆响，说明箱体木质坚硬，内部有多根筋支撑，并有一定的吸音和驻波措施，可以认为是正规厂家产品。四是认名牌，箱体背面有一块制作精致的铭牌，上面印有商标厂家、生产序号、各种技术指标等，可以说是音箱的身份证。一般来说试听时，好的音箱应该是很耐听的，具有明显的个性，能表现出音乐背景中最细微的信息。

（3）唱片、CD唱片的播放效果。进行试听时，要求音响效果达到高音清晰明亮；中音丰满而舒适，并且有弹性；低音温柔而有力度，立体声效果强，真正体现出音乐厅演奏的真实感、空间感和临场感。

（三）空调器的质量要求与检验

1. 空调器质量要求

空调器质量要求要参照以下几个指标。

（1）制冷量。它是在空调器进行制冷时，单位时间内从密闭空间、房间或区域内除去的热量，单位为瓦。标准规定空调器的实测制冷量不小于额定制冷量的 95％ 为合格。

（2）能效比。它是指空调器在额定工况和规定条件下进行制冷运行时，制冷量与输入功率之比，简单地讲就是单位输入功率的产冷量。空调器能效标准规定共分 5 个等级，能效比要求不应小于 2.6，1～5 级的后两个等级的产品属于淘汰产品。

（3）噪声。标准规定，窗式空调器的噪声应小于 60 分贝，分体式空调器的室内外机组额定制冷量小于 25 千瓦的应小于 45 分贝和 55 分贝，25～45 千瓦的应小于 48 分贝和 58 分贝，45 千瓦以上的应小于 52 分贝和 62 分贝。市场上的空调器已远远小于该值。

（4）空气循环量。窗式空调器的空气循环量应在 600～1100 立方米/小时。

（5）制冷消耗功率。空调器制冷运行时所消耗的总功率，要求实测值不大于额定值的 110％。

2. 空调器质量检验

检查空调器的质量从以下几个方面进行。

（1）外观检查。外形美观大方，机壳平整光洁、无损伤、脱漆和锈蚀；各开关、旋钮动作灵活，操作自如；垂直、水平导风板，松紧适宜，拨在任何位置都能定位，进风滤网拆装方便，没有破损。

（2）启动性能检查。电源电压波动在 220 伏上下，正负不越过 10％时，空调器均能正常启动和运转，每次停机后，间隔 3 分钟再重新启动，运行应正常。

（3）通电检查。接通电源，先启动风扇，再启动压缩机，均不应有较大的噪声和较强的振动；调节风速旋钮，应有不同的风速吹出。

（4）制冷性能检查。将温控调至最低温度，然后选择强冷挡运行 5 分钟后，应有冷风吹出。冷暖两用型空调器，将温控调至最高温度，然后再选择强热挡，几分钟后应有热风吹出。

小知识

空调器的分类与型号

1. 空调器的分类

（1）按主要功能分为冷风型、热泵型、电热型、热泵辅助电热型四种。冷风型空调器只能制冷，不能制热，俗称单冷型；热泵型空调器在压缩和排气管上装有电磁换向阀，可以改变制冷剂流向，既可制冷又可制热，俗称冷暖两制式；电热型空调器采用电热元件制热；热泵辅助电热型空调器在制热时同时采用电磁换向阀和电热元件。

（2）按结构形式分为整体（窗式）、分体式、大型集供式（中央空调）三种。窗式空调结构紧凑，体积小，安装方便，使用可靠，并装有新风调节装置，能长期保持室内空气新鲜，但噪声较大；分体式空调最大的优点是室内机组噪声小，而且室内机组还可以做成多种式样，较为美观；大型集供式空调以上、下风道形成向某一区域房间提供冷气或暖气，适用于整幢建筑或某个单元房间等。

（3）按制冷量分为18千瓦、20千瓦、25千瓦、32千瓦、40千瓦、50千瓦、60千瓦、70千瓦、100千瓦、200千瓦等。

（4）按特殊功能分为健康空调、燃气空调、静音空调、声音舒适度空调、节能空调、智能空调等。

（5）按冷却方式分为风冷式和水冷式。

（6）按调控方式分为普通式和变频式。变频空调器采用智能变频装置来改变电流频率，以实现自动增减空调输出功率的目的，随环境状况的改变，变频空调通过及时调整电流频率来保证电机以最佳输出功率运行。变频空调与传统空调相比，具有寿命长、省电、电压适应性强、快速制冷、超低温制热、舒适性好，低噪声运行、除湿功能合理等优点，但结构复杂、价格较高。

2. 空调的型号

空调器型号的表示如下：

分体式室内机组代号分别为，壁挂式G、吊顶式D、落地式L、嵌入式Q、台式T等。例如，KFR-35GW/A表示第一次改进设计、制冷量为3500瓦的热泵型壁挂式分体空调。

（四）电冰箱的质量要求与检验

1. 电冰箱的质量要求

合格的电冰箱要考察以下几个质量标准。

（1）冷却性能。在规定的电压及频率波动范围内，当环境温度为15℃～32℃时，电冰箱运行并达到稳定状态后，其冷藏室温度为3℃±1℃，冷冻室温度应达到各星级标准的规定值。

（2）冷却速度。这指在规定条件下，在环境温度为32℃±1℃时，待箱内外温差大体一致的情况下，关上箱门，启动压缩机连续运行，使冷藏室温度降到10℃、冷冻室温降到－5℃所需的时间，标准规定冷却速度不应超过3小时。

（3）耗电量和输入功率。在规定条件下，耗电量和输入功率的实测值，不应超过标定的15%。

（4）启动性能。在规定条件下，压缩机均能正常启动和运行。方法是开机停机各3次，每次开机3分钟，停机3分钟，各次启动均正常，无自动停机现象。

（5）耐泄漏性。以灵敏度为0.5克/年的卤素检漏仪检查制冷系统，不应出现制冷剂泄漏现象。

（6）负载温度回升速度。以分钟表示，它反映了电冰箱箱体的保温性能。在规定测试条件下，切断正常运转的冰箱电源，冷冻室从－18℃上升到－9℃的时间为负载温度回升时间，标准要求不应小于300分钟。

（7）噪声和振动。冰箱运行时，电冰箱振动振幅应不大于 0.05 毫米，不应产生明显的噪声。标准规定，250 升以下电冰箱不应大于 52 分贝，市场上的冰箱已远远小于该值。

2. 电冰箱质量检验

检验电冰箱的质量需从以下几个方面进行。

（1）外观检查。外表涂层应平滑光亮，色泽均匀、牢固，不应有划痕、流疤、皱纹、起泡、麻点、漏涂和尘粒集聚现象等缺陷；电镀件和装饰件应平整光亮，镀层应光滑细密，色泽均匀，不应有斑点、针孔、气泡和镀层剥落等缺陷；塑料件表面应平整光滑，色泽均匀，无明显缩孔和变形等缺陷；铭牌和一切标志齐全，冰箱体不应有明显的缺陷，搁架等完全平直不变形。

（2）气密性检查。门封应有良好的气密性，检查时，将一层厚 0.08 毫米，长 200 毫米的纸片放在门封条任意一点处，纸片不应自由滑动。开箱门的拉力应大于 5 千克。

（3）运行检查。冰箱在市电条件下应能无故障地启动并运行，压缩机无异常杂音出现；门开关应能拉制照明灯亮、熄、并接触良好；温控器应能控制冰箱开、停，并且接触良好，通电 10 分钟应能制冷；手接触箱体能感觉到微微振动感，振动越小越好，人站在冰箱前方 1 米远的地方，以听不到声音为好。

（4）制冷性能检查。开机后 3～5 分钟，用手摸箱体两侧，应能感觉到箱体温度上升，升温迅速而均匀为好；开机 30 分钟后打开箱门，此时用手沾水摸冷冻室内壁，应有冰黏的感觉；如有冰箱温度计，在冷藏室和冷冻室中间位置各放一只，将温控器旋至冷挡，关上箱门，开机 1.5～2 小时，冷冻温度达到各星级标准，冷藏室温度达到 5℃左右，说明冰箱制冷性能正常。

（5）冰箱节能性能检查。按照国家将要推出的《家用电冰箱耗电量限定值及能源效率等级》新标准规定，电冰箱的能效等级将分成 A、B、C、D、E 五个等级：A 级表示最高节能水平，B 级表示一般节能水平，C 级表示普通水平，D、E 级则属于国家将要强制性淘汰的产品水平。

国家相关部门将要求国内所有冰箱企业必须拥有通过此标准的"能效标志"标签才能进入市场销售。消费者通过贴在每台冰箱上的"能效标志"，即可对节能冰箱进行明明白白的消费。

小知识

电冰箱的分类

电冰箱按不同的标准分为以下几类。

（1）按冷却方式分为直冷式和间冷式两种。

直冷式电冰箱，又称有霜电冰箱，具有两个蒸发器，分别安置于冷冻室和冷藏室内壁，直接制冷形成低温，具有结构简单、冻结速度快、耗电省、寿命长、噪声小等优点，但冷冻室结霜，使用较麻烦；间冷式电冰箱，又称风冷式、无霜式电冰箱，只有一个蒸发器，安置于冷冻式与冷藏室之间的隔层背部的夹层内，靠专用风扇通过风道强制性制冷，具有箱内温度均匀，不结霜、冷却速度快等优点，但结构复杂、耗电量较大、噪声较大、存储食品干耗也较大。

（2）按制冷方式分为电机压缩式、电磁振荡式、吸收式、半导体式四种。以电机压缩式电冰箱应用最广，吸收式电冰箱小批量生产，其他两类应用较少。

电机压缩式电冰箱制冷效率高、降温快、制冷量大、可靠性好、使用方便等，但噪声大；吸收式电冰箱是利用制冷剂汽化热制冷，且无噪声，还可利用电能以外其他能源制冷，但制冷效率低，主要用于小型船舶或无电源地区；电磁振荡电冰箱，它的制冷原理与电机压缩电冰箱基本相同，主要是利用共振弹簧扩大振幅，压缩制冷气体，达到制冷目的，它结构简单、工艺要求低，因此成本低，但工作稳定性差，一般仅适用50升左右的小型冰箱；半导体式电冰箱是利用两块不同金属片接触，通过直流电产生热端和冷端，以冷端为主，它结构简单，无噪声，但制冷效率低，适合制造小型冰箱。

（3）按星级的多少分为一星级、二星级、三星级、四星级等。一星级是指冷冻室温度不高于−6℃，其他类推。

（4）按使用的气候环境分为亚温带型（SN）、温带型（N）、亚热带型（ST）、热带型（T）4种，它们分别适合的气候环境温度是10℃～32℃、16℃～32℃、18℃～38℃、18℃～43℃。

（5）按有效容积分为50升、75升、100升、150升、180升、220升、300升等。

（6）按用途分为冷藏箱、冷藏冷冻箱、冷冻箱等。

（7）按功能还可分为绿色、无菌、智能、静音冰箱等。

（五）洗衣机的质量要求与检验

1. 洗净比

洗净比是指在标准规定的洗净条件下，洗衣机洗净率与参比洗衣机洗净率之比。波轮式洗衣机洗净比不小于0.8。

2. 织物磨损率

织物磨损率是指在达到一定洗净度指标情况下，被洗衣物的磨损程度。用失重比率来表示，波轮式洗衣机应不大于0.2%。

3. 漂洗性能

漂洗性能是指洗涤的衣物放在清水中漂洗，去除附着在衣物上的洗涤剂溶液及污垢，最后达到漂清、洗净的能力。漂洗性能通常用漂洗比表示，洗衣机的漂洗比应大于1。

4. 脱水率

标准规定，全自动波轮洗衣机脱水率应大于45%，普通和半自动洗衣机脱水率应大于50%，滚筒式洗衣机脱水率应大于45%。

5. 噪声

噪声要求不高于 65 分贝。市场上的洗衣机已远远小于该值。

6. 消耗功率

消耗功率应在额定输入功率的 115% 以内。

7. 节能环保性能

《家用电动洗衣机国家标准》已经正式实施。此次新国标按照洗净比、节能、节水、噪声、含水率、寿命六项指标对洗衣机进行评级，并把洗衣机分为 A、B、C、D 四个等级，规定低于 D 级的产品不得上市销售。

8. 绝缘电阻

洗衣机带电部分与外露的非带电金属部分之间的绝缘电阻不小于 2 兆欧。

9. 接地电阻

洗衣机的外露非带电金属部分与接地线末端之间的电阻应不大于 0.2 欧。

三、绿色家用电器

随着我国人民生活水平的提高，人们自我保护意识和环保观念在不断加强，消费水平和消费质量在不断提升。绿色消费正成为一种消费趋势，绿色商品越来越受到消费者的欢迎。绿色商品按用途可分为绿色食品、绿色纺织品、绿色家用电器、绿色日用工业品等。

绿色家用电器是指无公害的家用电器。绿色家用电器的要求是节约能源（如高效电源）、降低污染（如低电磁辐射和低噪声）、推行无氟氯碳化物（如无氟冰箱）的制造工艺等。目前绿色家用电器主要是绿色冰箱、绿色电脑等。绿色家用电器有效降低了对环境的污染和破坏，降低了对人体健康的损害。

第二节　家用电器在流通及使用过程中的养护

一、家用电器在流通过程中的养护

流通过程对商品质量的影响主要体现在包装、储运、销售等方面。家用电器多为电力驱动，结构复杂，品种繁多，并且每种家电产品都有较多的零部件组装而成，其技术、性能与操作比较复杂，质量要求严格。因此家用电器在储运、储存、使用过程中必须按规定要求做好安全养护工作。

（一）包装要求

对于家用电器的包装，根据所包装件的实际情况，一般要做到防震、防潮、防霉、防锈包装。比如电视机体积大、重量也重，且为易损、易爆商品，因此，电视机的外包装一般用厚实的纸箱，整机应用防潮或塑料套包裹，并且泡沫塑料模压衬垫妥善填衬，不允许电视机在包装箱内晃动。外包装上应有明显的"防潮""向上""小心轻放"

等标志。

（二）储运要求

运输对家用电器质量的影响与运距的远近、时间的长短、运输的气候条件、运输路线、运输方式、运输工具、装卸工具等因素有关。家用电器在不同运输方式中会受到温度、湿度、风吹、日晒、雨淋等自然条件的影响，商品在装卸过程中还会发生碰撞、跌落、破碎、散失等现象，对家用电器搬运时，必须注意轻搬轻放，避免强烈的震动，防磕碰、撞击、跌落，有的家用电器要注意防磁、防高温、防尘等，如录像机等。储存时最好放在多层仓库的中层，如储存在一般库房的低层时，垛底必须垫高30厘米以上，以免潮气侵入。存放时不能贴墙堆垛，放置必须平衡可靠，可堆叠台数以包装标注为准。库房温度应在−5℃～35℃，相对湿度以50％～80％为宜。

（三）销售要求

商品销售即商品从生产者手中或零售商手中到达消费者手中的过程。家用电器销售过程中，要做好商品的陈列、包装、搬运、装配、维修等相关工作。家用电器的进货验收、入库、短期存放、商品陈列、提货搬运、装配调试、包装服务、送货服务、技术咨询、维修和退换货服务等工作要严格把关。良好的售前、售中、售后服务已逐渐被消费者认为商品质量的重要组成部分。例如，家用电器的陈列方式不当，装配维修水平低，陈列时间长、环境及卫生条件差等，都会使家用电器在外力、温、湿度、光、热、环境污染等影响下引起其质量的变化。

（四）使用条件

家用电器使用时必须遵循一定的条件，才能使商品的功能得以充分发挥，进而延长商品的使用寿命。家用电器的使用要区分直流电和交流电以及电源电压值。如果违反了规定要求不仅损坏了商品，降低商品的使用价值，还会直接危及人身财产安全。如家庭常用的燃气热水器的使用条件是：四周应有安全距离，不要密封在吊柜内，上面或周围不要放置易燃物，不要把毛巾、抹布堵挡在热水器的进排气口上以预防火灾；当燃气热水器出现漏气、漏水、停水后火焰不灭、燃烧状况不良等现象时，应停止使用，并及时通知特约维修单位修理，严禁私自拆卸修理；每次使用燃气热水器前都应检查安装热水器的房间通风是否良好；勿使用过期燃气热水器。按国家标准 GB 17905—2008《家用燃气燃烧器具安全管理规则》规定，燃气热水器从售出之日起，液化石油气和天然气热水器报废年限为 8 年，人工燃气热水器报废年限为 6 年。

表 12−1　　　　　　　　　　　常见家用电器国际通行使用年限

家电	使用年限	家电	使用年限
冰箱	12～16 年	空调	8～10 年
电饭煲	10 年	煤气灶	8 年
电吹风	4 年	电视	8～10 年

续　表

家电	使用年限	家电	使用年限
微波炉	10 年	电风扇	10 年
吸尘器	8 年	电热水器	8 年
电脑	6 年	电热毯	6 年

（资料来源：http：//gd.qq.com/a/20131101/013580.htm）

小知识

空调开机前清洗不可少

天气渐渐变热，各家各户的空调又将启动起来。但是，经过一段时间的停用后，空调内部会存积大量的灰尘与污垢，这些有害物质会随着空调开启后在室内循环，污染空气，不利于人体健康。

近日，疾控机构的一项调研结果显示：家用空调散热片中检出大量病菌，其中真菌平均检出 9998 个/25 平方厘米，细菌平均检出 11150 个/25 平方厘米。参照中央空调通风系统风管的卫生检查标准：每平方米细菌总数≤100 个，真菌总数≤100 个。可见，家用空调散热片的污染情况是相当严重。

通常家用空调在冬天使用较少，多数是集中在夏天使用。经过漫长的"冬眠"后，空调开机前一定要进行一次全面的"检查"，做好维护清洗工作，然后再开启空调。

空调机的清洗应该包括三个部分：第一，空调机体外壳和裸露部分，容易受污染的部件；第二，过滤网清洗，是核心最重要部位；第三，冷凝器和蒸发器部分，比较少见，可与维修结合在一块，相当于小系统的清洗，属于比较大的"手术"。

关于空调机体外壳和相应部件的清洗非常简单，只要清水中加少许肥皂粉和洗洁精，或用专门空调机清洗液就可以把这些部分清洗干净。而家用空调清洗的关键部位是过滤网，首先把空调室内机盖打开，取出过滤网，用干净的过滤网刷子刷一刷，把附在过滤网上的绝大部分脏物刷干净，然后浸泡在含有特效空调机清洗液或洗洁精和肥皂粉的混合液中，浸泡 10~20 分钟，视过滤网肮脏度而定，浸泡完用瓶刷轻轻刷过滤网，让每个滤孔清澈透明，无脏堵痕迹，再用布擦干，检查完好无损，把过滤网安装到机体后，检查运行是否正常。家用空调机的清洗不光有利于健康，还有利于提高制冷效率，增强制冷效果，延长家用空调机设备的寿命，提高节能效果。

专家建议，空调机每年清洗 2~3 次最佳。通常空调开机前清洗一次，空调开机中间时段清洗一次，空调关机时清洗一次，这样比较合理。用户可以视自己的使用情况而定，进行自己的清理计划，保证室内空气的清新与健康，实现健康使用空调。

（资料来源：大众数字报，http：//paper.dzwww.com/dzrb/content/20120510/Articel09003MT.htm 2015.05.10）

二、家用电器在养护过程中注意事项

（一）家用电器防水保护程度分类

家用电器一般都防水、防潮，这是家用电器最基本的养护注意事项。但是根据防水保护程度可分为普通型、防滴型、防溅型、水密型及家用电淋浴器、快速式电热水器。部分房间用空调器属于防溅型，吸尘器有普通型、防溅型两种，部分电热毯也有做成水密型，其标志为 IPX0～IPX7。

（二）电视机养护注意事项

电视机体积大，重量大，属易损、易爆商品，因此，外包装需要厚实的纸箱，整机应用防潮或塑料套包裹，泡沫塑料模压衬垫填衬，不许电视机在包装箱内晃动。外包装应标明"防潮""向上""小心轻放"等标志。装卸搬运时避免碰撞与振动。储存时如果是楼房仓，最好储存在中间层，如果是单层仓，垛底必须垫高 30 厘米以上，以防受潮。存放时不能贴墙堆垛，保持 25～30 厘米，堆垛必须平衡牢靠，堆叠台数以包装标准为准。库房温度维持在 -5℃～35℃，相对湿度以 50%～80% 为宜。库房内不得同酸、碱及其他易释放腐蚀性气体的商品混存。

（三）洗衣机养护注意事项

（1）将洗衣机放置在干燥、通风的地方，以免受潮生锈和降低电器元件的绝缘强度。放置地点远离火源，无腐蚀气体，不受强酸、强碱侵蚀。

（2）洗衣桶在无水状态下，不用通电开机运行，以免磨损密封圈。

（3）洗衣机长期不用时不得用塑料袋套装，以免影响通风和干燥。2～3 个月短时间开机驱散潮气，以防受潮生锈。

（四）电冰箱养护注意事项

（1）电冰箱在装卸搬运时，应搬底部，轻搬轻放，装卸搬运过程中不得将电冰箱倒置或倾斜角度过大；避免强烈振动，堆码不得超过两层。

（2）电冰箱应放置在通风、干燥、远离热源，避免阳光直晒的地方。电冰箱背部冷凝器距墙 10 厘米以上，以保证良好的散热效果。放置地面平整坚实，电冰箱不得晃动，配备专用电源插座。电冰箱应保持连续使用以延其寿命。

（3）电冰箱应经常保持内外清洁，做到定期清洗。

（五）空调器养护注意事项

（1）空调器在仓库储存时应做到防水、防潮，堆垛平稳操作方便，装卸搬运做到防止碰撞和振动。堆垛高度人工作业不超过 2 米，做到"先进先出"的仓库管理原则。

（2）平时使用中做到外壳清洁，空调每工作 100 小时左右进行一次滤网清洁，使用 3 年应对其内部进行一次清洁。

（3）空调房间严禁存放易挥发的可燃物品及易爆物品。

第三节　案例分析

洗衣机的新功能及发展趋势

1. 洗衣机的新功能

随着科学技术的发展洗衣机的功能不断扩展，以适应不同消费者。以全自动洗衣机为例，其新的功能将有以下几种。

（1）自动配水功能。自动配水是由新型的进口阀直接与洗涤剂盒的不同水槽相连，通过自动程序控制器直接控制进水阀的开启，完成不同程序过程的进水以及洗涤剂、添加剂的溶解配制和投放。

（2）自动平衡功能。该功能是针对洗衣机脱水时，衣物负载分布不均匀而引起的整机振动或噪声增大而设置的。一旦振动量大则通过降速或"点动"等，将衣服负载抖松散、均匀后转为高速正常脱水。

（3）臭氧洗净功能。它是在洗涤时，由臭氧发生器有条件地注入臭氧，形成一定浓度的臭氧水，有效杀灭各种细菌和病菌。

（4）磁化水功能。在洗衣机的进水管路中加设磁水器，水在磁场的作用下，活性得到激发，增强了溶解能力和渗透能力，改善洗涤性能。

（5）断电记忆功能。在洗衣机工作过程中遇到停电，无论停多长时间，来电后洗衣机均将执行停电前的工作程序。

（6）"一键通"功能。智能洗衣机的微电脑能够自动检测到衣物的料质、体积和重量，只需一按电钮就会开始工作，甚至完成。

2. 洗衣机的发展趋势

（1）智能化和自动化。智能型洗衣机不仅提高了自动化程序度，同时还具有多种保护功能和自动检测及故障快速自动检测显示功能。未来还将有智能语言识别功能的洗衣机推向市场。

（2）节能化与健康化。节能不仅仅是省电的问题，而是家电绿色化的发展。另外抗菌技术应用于洗衣机，它是家电健康化的良好开端。

（3）组合化与一体化。根据消费者的需要，将5.5千克大桶容量和2.5千克小桶容量并列为一体化，不仅缩小了占地面积，同时满足不同衣物分开洗，大量衣物同时洗，小件衣物即时洗的需求。另一种组合是将洗涤、漂洗、脱水和烘干功能一体化，省去晾晒工作。

分析： 根据洗衣机所具有的新功能和洗衣机的发展趋势，如何在使用和物流过程中更好地养护洗衣机。

第四节　实习实验实训指导

一、实习指导

在任课老师指导下，选择经营有家用电器的物流中心，配送中心等物流企业或批发市场家电仓库、零售企业家电仓库等利用专业实习或其他实习的时间，抽出 2～3 天进行家用电器储存与养护的实习。

（一）实习组织

1.3～5 人为一组，选出组长负责组织本次实习。

2. 通过朋友介绍或网上了解实习单位的基本情况。

3. 在实习单位聘请一位熟悉家用电器储存与养护业务的校外指导老师。

4. 在任课老师及校外指导老师的指导下，深入家电仓库调查家电分类，存储环境及养护方法。

5. 严守实习单位规章制度，注意安全。

6. 实习结束前撰写不少于 1000 字的实习报告。

（二）实习目标及内容

1. 能够说明实习单位的经营情况，特别是家用电器经营状况及趋势。

2. 清楚实习单位家用电器的分类及储位分布。

3. 调查不同产地，不同品牌、不同型号、不同规格的家电储存环境，堆垛情况，装卸搬运及作业程序及流程。

4. 能够找出实习单位在家用电器储存及养护中存在的主要问题，并分析其原因。

5. 根据不同厂商、品牌、型号、规格的家用电器制订科学合理的储存和养护方案。

（三）实习报告提纲

1. 实习单位经营家用电器的品牌、型号等，经营业绩及经营模式。

2. 对实习单位家用电器的储存与养护方法的科学分析，找出存在问题。

3. 利用所学理论知识制订科学的家用电器养护方案。

4. 请分析一个问题：如果家用电器仓库同一个企业生产、同一个品牌、同一种类、同一型号、同一规格的家用电器在仓库堆垛，出库时能否做到先进先出，如果做不到会给家电养护带来什么问题？

二、实验实训指导

请了解家庭或实验室实训中心家用电器使用过程中养护情况，你认为是否科学合理，应用本章所学知识，制订一个家用电器使用过程中合理养护方案。然后写出实验实训报告，实验实训报告的格式见下面附表。

三、成绩评定

1. 由校内任课老师根据实习报告水平，征得校外实习指导老师的同意给出实习成绩。

2. 由校内任课老师根据实验实训报告，给出实验实训成绩。

实验实训报告

时间：　　年　　月　　日

学生姓名		专业		班级		学号	
实习实训题目		家用电器使用过程中合理养护				实习实训地点	
实验实训目的							
各种家电规格型号							
各种家电使用过程中的养护措施							
合理养护方案							
备注							

复习思考题

一、概念题

1.（空调）能效比

2.（洗衣机）洗净比

3. 织物磨损率

4.（电视机）抗干扰性

5. 智能型洗衣机

6.（电冰箱）冷却速度

二、选择题

1. 音箱又称（　　）。

A. 木箱　　　　　　B. 扬声器箱　　　　　C. 纸箱　　　　　　D. 声响

2. 在标准规定的洗净条件下，洗衣机洗净率与参比洗衣机洗净率之比叫（　　）。

A. 洗衣比　　　　　B. 洗涤比　　　　　　C. 洗净比　　　　　D. 物比

3. 全自动波轮洗衣机脱水率应大于（　　）。

A. 15%　　　　　　B. 25%　　　　　　　C. 35%　　　　　　D. 45%

4. 在规定的条件下，电冰箱耗电量和输入功率的实测值，不应超过标定的（　　）。

A. 5％　　　　　　　　B. 10％　　　　　　　C. 15％　　　　　　　D. 20％

5. 电视机库存时如在一层堆垛，垛底必须垫高（　　）厘米以上。

A. 10　　　　　　　　B. 20　　　　　　　　C. 30　　　　　　　　D. 40

6. 电冰箱在安装时，背部冷却冷凝器应距墙（　　）厘米以上。

A. 10　　　　　　　　B. 5　　　　　　　　C. 25　　　　　　　　D. 30

三、填空题

1. 家用电器是指_____。

2. 中国的经销商通常把家电分为_____和_____两种。

3. 绿色家用电器是指_____。

4. 电视机在储存时，堆垛距墙应保持在_____厘米，库房温度维持在_____之间，库房湿度_____为宜。

5. 家用电器结构比较_____，要求电器元件可靠性_____，要达到质量需要的规定值。

6. 电冰箱在装卸搬运过程中不得将冰箱_____或_____过大。

四、简答题

1. 家用电器是如何分类的？

2. 彩色电视机是如何分类的？

3. 波轮式洗衣机的质量检验应从哪几个方面进行？

4. 电冰箱的质量检验应从哪几个方面进行？

5. 家用电器在流通中的养护应注意哪几个方面？

6. 电冰箱养护过程中应注意哪些事项？

7. 空调的养护注意事项有哪些？

第十三章　工业品商品的养护

知识目标

1. 了解工业品商品的原料特性、质量特性。
2. 掌握工业商品的分类。
3. 熟悉工业品商品的加工工艺和质量检验要求。

技能目标

1. 根据工业品商品的原料及质量特性，使用和养护工业品商品。
2. 按照工业品商品的特性，科学合理地使用并提高其管理能力。

引导案例

在机械设备中，常用胶管作为流体输送管道，但是随着日晒、高温、油污等外界环境因素的侵蚀，胶管机械强度降低而出现裂纹、内层脱胶、爆裂等故障。特别是胶管内层脱胶，极具有隐蔽性，轻者造成流体堵塞而导致设备功能或功率下降，输油管堵塞还能致使设备冒黑污染环境，水管堵塞导致排水流量减少，扬程降低，噪声增大；堵塞严重时会导致胶管破裂液体外渗，更甚者损坏机械设备。

思考：

1. 如何延长塑料胶管的使用寿命？
2. 更换发动机的空气滤清器滤芯是为了养护输油管胶管吗？

第一节　以塑料为原材料的工业品商品

20世纪后期以塑料为原料的工业品商品蓬勃发展以来，目前较为成熟广泛应用的制品有40多种，新的商品还在不断涌现，塑料制品在工业品市场中占有较大的市场份额，还正在发挥着重要的作用。

一、塑料的分类

塑料是一种具有可塑性的材料，一般是指以合成树脂为基本成分的高分子有机化合物，在常温下保持形状不发生变化。塑料的分类方法有多种，最常见的有根据用途、成型性能、树脂类型三种分类方法进行分类。

（一）根据塑料用途进行分类

（1）通用塑料。这是一种应用范围广、生产量大、价格较低的塑料。这种塑料占市场流通量的80％以上。例如聚乙烯、聚丙烯、聚苯乙烯等都属于此类塑料。

（2）工程塑料。主要指用于化工设备、机械零部件、工程构件及家具等方面的塑料，这种塑料具有机械强度大、耐热性能好等特点，例如，聚酰胺、聚甲醛、ABS等都属于此类塑料。

（二）根据塑料成型性能进行分类

（1）热固性塑料。这种塑料在成型前初加热具有一定的可塑性，成型后便会固化而失去塑性，再加热只能分解或碳化，不再具有软化变型的特性。其废旧商品无回收再利用价值。例如，酚醛、脲醛、密胺都属于此类塑料。

（2）热塑性塑料。这种塑料的特点是成型后受热逐渐软化熔融，在熔融状态再次加工成一定形状，然后冷却固结成型。由于成型过程仅发生物理变化没有发生化学变化，该过程可以反复多次进行。其废旧商品可以回收再利用。例如，聚乙烯、聚丙烯、聚氯乙烯、聚苯乙烯等塑料。

（三）根据塑料的树脂类型分类

最常见的塑料分类方法是按照树脂类型进行分类，这种方法突出了塑料的主要成分，能够反映塑料的基本性能。例如，聚乙烯、聚氯乙烯、聚苯乙烯、聚丙烯、聚甲醛、聚酰胺、硝酸纤维、醋酸、脲醛及酚醛等塑料。

除上述分类外，还有按照塑料的可燃性能，分为易燃性、可燃性和难燃性塑料；按照塑料的含毒性分为有毒塑料和无毒塑料等。

二、塑料的主要品种及制品

目前，批量生产的塑料有300多种，最常用的40多种，其中产量大，用途广的有十大品种。

（一）聚乙烯塑料（PE）

聚乙烯塑料主要有聚乙烯树脂和少量的稳定剂、着色剂组成，是应用范围最广，应用量最大的塑料，属于热塑性塑料。聚乙烯本身呈白色半透明状，无毒、耐酸碱，质轻而柔软，在水中能够浮起，有蜡一样的手感，不怕碰摔和挤压。

（二）聚氯乙烯塑料（PVC）

聚氯乙烯具有来源广，价格低廉、用途广泛等特点，其产量曾为世界塑料王国之冠，后被聚乙烯所取代。以前聚氯乙烯原料以电石和食盐为主要原料，随着石油化工的发展，目前多以石油中的乙烯与氯气反应制取。此种塑料具有机械强度大、抗化学性、电绝缘性、耐腐蚀性及难燃性等优点。但是热稳定性较差，适宜温度 5℃～45℃，低温下变硬变脆，140℃以上开始分解出氯化氢气体，韧性、抗冲击性能稍差。聚氯乙烯塑料掺入不同量的增塑剂后可分为硬质和软质制品。

硬质聚氯乙烯制品具有较高的机械强度、耐酸碱腐蚀，可替代不锈钢等贵重的耐腐蚀金属材料，用于输送腐蚀性流体。用作管道输送内壁光滑，摩擦阻力小，较同直径的其他管道输送量大 30％，广泛用于管材和板材及建筑结构材料。软质聚氯乙烯制品质地柔软，具有良好的弹性、透光性、不透水性和酸碱性，主要用于各类薄膜、人造革、电线和电缆的绝缘及各种软管和日用塑料商品。

（三）聚丙烯塑料（PP）

由于丙烯来源于石油废气、数量多、价格廉、性能优，聚丙乙烯塑料产量及市场流量均位于塑料行业的第四位。它具有无色、无味、无毒、透明、结晶度高、相对密度小、质地轻（能漂浮于水中）、耐热性强（沸水中不软化不变形）、耐化学腐蚀、耐油性能好，机械强度高等优点；缺点是不耐低温，低温下弹性逐渐消失，抗冲击强度较差，长期光照易老化、染色性能差。

聚丙烯塑料制品广泛应用于医疗器械、餐具、防腐管道、化工容器、电缆、汽车及自行车零部件、家电零部件等；加入发泡剂可制作发泡板材作为家具原料；还可以制作绳索、载重编织袋、渔网等；聚丙烯纤维可制作工作服、各种保暖制品、滤布、运动用品等。

（四）聚苯乙烯塑料（PS）

聚苯乙烯具有光泽、透光（透光率仅次于有机玻璃）、易着色、耐酸碱、几乎不吸水（在水中形状尺寸不发生变化）、刚性好、表面硬度大、电气性能好、无毒、无味等优点；缺点是脆性大怕碰易碎，使用温度超过 80℃会变形，180℃会成为黏稠液体。产量及市场流通量是位居塑料制品的第三位。

聚苯乙烯塑料适宜制作光洁漂亮的杯子、盘等餐具，还可制作家电外壳、台灯、纽扣、梳子等日用品，加入发泡剂可制成轻质塑料；用于建筑物隔音、隔热、防震、防潮制品，共聚改性后可制作成安全帽、电话、家具等。

（五）ABS 塑料

ABS 塑料是由丙烯腈（A）、丁二烯（B）和苯乙烯（S）联结共聚而形成的热塑性塑料。丙烯腈使 ABS 塑料具有良好的化学稳定性和表面硬，丁二烯使 ABS 塑料具有一定的韧性，苯乙烯（S）使 ABS 塑料具有良好的加工性和染色性。ABS 塑料具有无毒、不透明、一定的光泽和刚性，机械性能均衡，抗冲击力在低温下不降低，加工性能好，有良好的电气性能、耐酸碱等优点。但是，也具有紫外线作用下易老化可溶于酮或烃类等缺点。

ABS 塑料广泛用于机械、电气、纺织、化工、汽车、飞机、船舶等工业品及儿童玩具等方面，还可制作各种家电外壳及家具等。

（六）有机玻璃塑料（PMMA）

有机玻璃塑料是甲基丙烯酸甲酯的聚合物，是丙酮、甲醇、氰化钠、硫酸等经过化学反应生成的甲基丙烯酸甲酯单体，再经加工聚合制成。

有机玻璃塑料具有透明度好，表面光泽好（能透过93％的普通光线）和70％的紫外线），无毒、质轻脆性小、耐冲击、耐酸碱和油脂、耐－60℃至－50℃低温，易加工成型（可制造形状复杂的产品）等优点。同时具有耐热性差（超过100℃易软化变形及损坏，适宜80℃以下使用），受潮后透明度降低，遇火易燃烧；表面硬度低，耐磨性差（易擦伤划痕）等缺点。

有机玻璃塑料可用于车船，飞机的舷窗式挡风玻璃、仪表外壳、光学仪器、眼球、假肢及纽扣、发卡、伞柄、眼镜架、文具、标本等工业品商品。

（七）纤维素塑料

（1）硝酸纤维素塑料（CN）。俗称是"赛璐珞"，主要是由硝酸纤维素（70％～90％）与增塑剂樟脑（20％～30％）及其他助剂经热处理而制成热塑性塑料。具有质轻、弹性好、强度高、韧性好及表面光滑、富有光泽等特点，缺点是化学稳定性差、易燃烧和老化，避免直接受热和日晒。适宜制造日用工业品、文教用品、儿童玩具等。还可制成各色透明、不透明、夹色或珍珠花纹的产品。

（2）醋酸纤维素塑料（CA）。它是在硫酸等脱水剂存在的条件下与酸酐反应制成三醋酸纤维素，再进一步酯化形成。它具有透明、着色好、耐冲击、阻燃性、耐折叠、不易老化、吸水率高等特点。被广泛应用于电器外壳、手柄、汽车方向盘、笔杆等。

（八）酚醛塑料（PE）

酚醛塑料俗称电木，是热固性塑料，其产量及市场流通量排名第六位。它是由苯酚和甲醛制成。一般色泽深暗，具有耐热、耐寒、不易变形，表面硬度大而光滑，机械性能好，化学稳定性强，抵抗油类及各种溶剂，电绝缘性能优，价格低等特点。但是，脆性大、韧性小、填充木粉的制品具有吸水性，有一定的毒性，不宜存放食品。

（九）密胺塑料（MF）

密胺塑料又称三聚氰胺甲醛塑料，三聚氰胺甲醛树脂是其主要成分，再加上一定量的填料、助剂制成模塑粉，在一定的压力下和温度下模压制成塑料制品。它具有无毒、无味、易清除污渍、外观及手感好（极似瓷器）、强度高、硬度和抗冲击度强、耐磨性能好、耐热性和耐水性均好（可沸水中消毒）、可任意着色、加工性能好、耐酸碱、不易燃烧及烫焦等特点，适宜制造各种餐具，制作类似玻璃的装饰贴面板、灯罩等。但是密胺塑料制品价格较贵。

（十）脲醛塑料（VF）

脲醛塑料是由脲醛树脂与纤维木浆填料制成。脲醛树脂呈白色，半透明状，外观如玉（俗称电玉制品）。具有良好的耐压和曲折强度，表面极硬，耐光、耐油、耐弱碱及有机溶剂，不易燃烧，但是化学稳定性较电木差，易吸水，不耐酸和热，在水中煮时会析出有毒的甲醛。适宜制作发卡、各类箱盒、琴键、地板、电器开关、插头等。

三、主要塑料制品的养护

（一）塑料制品的主要特征

塑料制品的种类很多，根据其主要成分和形成机理，各自具有不同的特征，按照各种塑料制品的主要特征有针对性地进行商品养护，才能降低其在物流及使用过程中的损耗，延长使用寿命，进而降低物流成本，做到物尽其用。主要塑料制品的特征见表 13－1。

表 13－1　　　　　　　　　主要塑料制品的特征

类别	名称（俗名）	外观	机械性能	沸水中（100℃）	盐水中（20℃）	燃烧性能			备注
						速度	火焰	气味	
热固性塑料	酚醛塑料（电木）	黑色与深色	硬、脆	不变形	沉	难燃	无火焰，变焦	苯酚臭味	
	脲醛塑料（电玉）	鲜艳光亮	硬、脆	不变形变色	沉	难燃	无火焰，变焦	尿臭味	
	密胺塑料	鲜艳光亮	硬	不变形不变色	沉	难燃	无火焰，变焦	甲醛刺激味	
热塑性塑料	硝酸纤维（赛璐珞）	透明彩色	柔、韧、弹性	很软	沉	速燃	白光	樟脑气味	有鱼鳞石纹
	醋酸纤维	鲜艳彩色透明	柔、韧、弹性	很软	沉	慢燃	黄，缘边冒火光	醋味	
	聚苯乙烯（硬性塑料）	鲜艳彩色极透明	硬、脆	软	浮	易燃	焰橙黄，烟浓黑	苯乙烯臭味	敲有金属声
	聚乙烯	深如蜡有彩色缺光	极柔韧有弹性	很软	浮	易燃	焰尖黄，底部绿	石蜡味	燃烧时烟少
	聚氯乙烯	透明或彩色	柔软如皮	很软	沉	难燃	焰尖黄，底部绿	氯化氢气味	燃烧时冒白烟
	聚甲基丙烯酸甲酯	极透明也有颜色	柔软不耐磨	软	沉	易燃	焰蓝白，无烟	水果香味	俗称有机玻璃

注：根据田丽的《商品学基础》，中国轻工业出版社，p.217，表 9－3 编制。

（二）塑料制品在商品养护中注意事项

根据塑料制品的主要特征在商品养护中应注意如下事项：

（1）聚乙烯塑料易燃，聚乙烯塑料制品在物流和使用过程中注意防火。由于低密度聚乙烯机械强度较小，其制品尽可能避免在仓库堆垛过高而承受重压，在装卸搬运中不得碰撞和自重下落，尽量减少机械设备的冲击力及震动。

（2）对于聚氯乙烯塑料所存在的缺点，其制品在物流过程中保持在5℃～45℃温度范围，夏季不得露天暴晒，冬季注意保持温度不低于5℃，减少减轻作业中的冲击力和撞击力，以确保其质量不发生变化。

（3）对于聚丙烯塑料制品不得在低温环境下储存，冬季长距离、长时间运输需保持运输工具内具有适宜的温度，为避免老化，不得长期光照，避免物流作业过程中产生较强的冲击力。

（4）对于聚苯乙烯塑料制品，在储存及短时存放时和运输过程中注意隔离日光和油性物品、防潮和雨淋，物流作业过程中不得碰撞和摔打，周围环境温度不得超过80℃，由于易燃注意防火。

（5）由于ABS塑料存在紫外线作用下易老化的缺点以及可溶于酮或烃类的特点，不宜在露天环境长期使用和存放，在储存及短时存放时和运输过程中注意与酮或烃类隔离。

（6）有机玻璃塑料制品宜在80℃以下环境使用及储存，作业环境不得超过100℃，由于遇火可燃，必须与火隔绝；在物流和使用过程中防止坚硬物件触及磨划。

（7）硝酸纤维素塑料制品由于化学稳定性差，在储存及短时存放时和运输过程中注意隔绝化学溶剂等，必须避免直接受热和日晒，以防燃烧和老化，由于燃烧速度速烈，在储运及使用过程必须严格杜绝火灾。

（8）酚醛塑料制品的韧性小，注意在使用和物流过程中尽可能减少弯折，由于具有吸水性注意防潮养护。

（9）由于密胺塑料制品化学稳定性较差，不得接触酸等化学溶剂，注意防水、防潮、隔热，使用过程中不得在水中蒸煮。

第二节　陶瓷与搪瓷工业品商品

一、陶瓷制品

陶瓷是由黏土与长石、硅石等天然原料，经混合、成型、干燥、烧制而成的耐水、耐火、坚硬的材料和制品的总称，主要包括陶瓷、瓷器等。瓷器同陶瓷相比，具有洁白、质坚、半透明的特点。

（一）陶瓷制品的原料及制造

陶瓷制品是由内部胚体和覆盖在胚体表面的釉所组成，胚体决定制品的形状和主特性，釉是为了增强陶瓷制品的机械性能、绝缘性、抗腐蚀性和表面强度、光洁性等功能而覆盖于胚体表面的薄层，并且起到装饰表面的作用。

陶瓷胚体的常用原料主要有可塑性原料高岭土和黏土，减黏性原料硅石和长石，溶剂原料长石，此外，还有花刚石、霞石、白方石和方解石等。釉的常用原料是长石、硅石、黏土等，还有少量的着色剂，锆石英等辅料。制造时可根据需要选择一种或一种以上的氧化物作为釉的主体原料。

陶瓷制品制造包括胚料制备、胚体成形、干燥、烧制、施釉及装饰共六个步骤。

（二）陶瓷制品的质量及养护

陶瓷制品内在质量主要指瓷质地是否致密，瓷化程度、吸水率及铅、镉溶出量等。根据国家标准（GB 3532—1983）规定日用细瓷器吸水率在 0.5% 以下，瓷盘瓷碗一类产品从 $200℃$ 投到 $20℃$ 水中热交换一次不裂，白度大于 65 度（特殊产品除外），食品用陶瓷铅溶出量小于 $7×10^{-9}$，镉溶出量小于 $0.5×10^{-9}$。外观质量：色泽要求釉色光润，色泽纯正，花纹清晰，色彩协调，布局和谐，绘制精良。瓷胚质地致密、坚硬，瓷化完全，轻敲发出清脆悠扬的金属声。

根据陶瓷制品的原材料特性、加工步骤以及质量要求，在养护中需要注意以下几点：

（1）对于陶瓷制品必须采用防震包装技术，在内外包装之间全部用防震材料充填，以防在物流过程中产生的冲击力和震动损坏其制品。内外包装容器之间不得有空隙而使陶瓷制品晃动。

（2）在物流过程中，尽可能减少冲击、碰撞及摔落，装卸搬运及堆、码、苫、盖作业过程中，做到小心轻放，杜绝野蛮作业。注意防潮防水，不可裸体陶瓷长时间露天存放，任其风吹日晒。

（3）不得同有毒、有害、易燃、易爆物品混储、混运。

二、搪瓷制品

搪瓷制品是在金属胚胎上涂搪瓷釉，再经熔烧，使瓷釉与胚体烧结而得到的制品。

（一）搪瓷制品的原料及制造

搪瓷胚胎原料主要是薄钢片（俗称钢板、铁皮），搪瓷釉（又称珐琅）是由多种矿物质经高温熔制成的硼硅酸盐玻璃状物质，它起到保护金属胚胎不受侵蚀和美化产品的作用。

搪瓷制品的制造要经过胚胎制造、制釉、搪烧和饰花四个工艺过程。

（二）搪瓷制品的质量与养护

搪瓷制品根据国家标准的理化性能主要有密着性（瓷釉在胚胎上的附着力大小来评定）、耐热骤变性、耐酸碱性、无毒性、光泽和白度等；外观质量主要是搪瓷制品的表面色泽光亮、表面光滑、涂釉均匀、装饰花纹清晰、色彩协调、具有艺术性。

搪瓷制品在商品养护中应注意以下事项：

（1）采用防震包装技术，以防在物流过程中产生的碰撞而损坏变形及搪瓷釉的脱落；为避免硬物划痕，内包装需严实和柔软。

（2）在物流作业中，避免碰撞和摔落，做到小心轻放，避免出现损坏、脱釉及影响使用寿命和外观的其他缺陷。

（3）避免被有毒、有害物品污染。

第三节　以玻璃为原材料的工业品商品

以玻璃为原材料的工业品商品具有透明而质硬，有很高的化学稳定性和耐热性，能够加工成不同形状和规格的制品，在工业、科学研究、日常生活领域广泛应用。

一、玻璃的主要成分及制造工艺

玻璃的基本成分是二氧化硅和各种金属氧化物，按一定的配比，经高温熔融、冷却制成透明（也有少量的不透明玻璃）的无定型的无机物。为了使玻璃具有某种特性或加速熔制，还需加入辅助成分，根据其作用常用的辅助成分有助熔剂、澄清剂、乳浊剂、脱色剂、着色剂等。

玻璃制品的制造工艺是配料、熔制、成型、退火、后加工及装饰等工序。

二、玻璃制品的特性

玻璃制品具有光泽好、透明度大、色泽鲜艳、易洗涤及抗腐蚀性强、原料来源广、制品易成型、价格低廉等特点，由于玻璃化学成分复杂其制品性能也有所不同，其基本特性如下所述：

（1）机械性能。主要有强度、硬度、脆性等，它对玻璃制品的耐用性起着决定性的作用。玻璃是一种脆性材料，其耐压强度和硬度高但抗折强度和抗张强度不高。可采用退火、钢化、表面处理与涂层、微晶化、同其他材料制成复合体等措施，改善玻璃制品的机械特性。

（2）热学特性。主要有导热性、热稳定性、热膨胀性等。它表现在玻璃制品在物流及使用过程中受冷受热变化情况。玻璃制品的热稳定性并不太好，然而它是电的不良导体。

（3）光学特性。它指玻璃制品的透射性和折光性。它具有良好的光学效果。

（4）化学稳定性。它指玻璃制品抵抗酸、碱、水及水汽以及其他化学因素作用下的变化。玻璃制品化学稳定性好。

小知识

钢化玻璃

　　钢化玻璃是指经过钢化处理提高玻璃的机械强度和热稳定性。钢化处理方法分为物理法和化学法。物理法是将玻璃制品均匀加热到接近软化的温度，快速冷却和淬火，使其外层成为压应力层，内层成为张力层，以此增大其强度和热稳定性。化学法是利用离子交换改变玻璃制品表面的组成状况，增强其强度，提高其热稳定性。化学法又分为低温型处理和高温型处理两种工艺。

三、玻璃制品的质量及养护

（一）玻璃制品的质量

　　玻璃制品质量的基本要求主要是具有准确的规格和形状必要的坚固性和耐热性、外观美、图案清晰、卫生安全等。一般是从以下几个方面进行评价。

　　（1）规格。它指玻璃制品的外形尺寸、重量、容量的要求。由于玻璃制品种类太多，国家尚无制定统一的标准。

　　（2）结构。它指玻璃制品的形态，主附件的构成及配合状况等。

　　（3）色泽。无色玻璃制品需透明、洁净、富有光泽；有色玻璃制品需色泽鲜艳、颜色深浅一致。

　　（4）耐温急变性。依据我们国家专业标准（ZBY 22004—1990）进行测定，把玻璃制品放入2℃左右的冷水中5分钟，取出立即用沸水冲试，炊具及咖啡壶等温差须不小于200℃，无炸裂者为合格。

　　（5）化学稳定性。在常温下，玻璃制品对大多数化学物品有一定的抵抗能力，但是长期受大气和雨水的侵蚀表面会失去光泽，有油状薄膜或斑点，透明度明显下降。

　　（6）透光性。这是通过测定它的透光率来评价。

　　（7）外观缺陷。外观缺陷主要指砂粒、斑痕、气泡、口不圆、装饰不良等，这些缺陷还会影响商品的性能。

（二）玻璃制品在养护中的注意事项

　　根据玻璃制品的特征和性质，在商品养护中须注意以下事项：

　　（1）玻璃制品具有脆性特征，在包装时必须采用防震包装技术，在物流及使用过程中，避免冲击、碰撞、摔落及震动。特别是装卸搬运过程中做到小心轻放，不得有重物和尖锐物品重压或跌落在玻璃制品上。

　　（2）玻璃制品同坚硬和锋利等物品保持一定的间距，不得发生相互碰撞和摩擦，以免发生划痕和损坏。

　　（3）不得将玻璃制品长期接触水或水蒸气，避免长期受大气和雨水侵蚀，确保表面光泽和透明度。

（4）不得将玻璃制品所处环境形成巨大温差，以防玻璃炸裂。

（5）由于玻璃的抗折和抗张强度差，玻璃制品在物流作业过程避免产生折弯和扩张受力，以免产生不必要的损耗。

（6）玻璃制品尽可能不要长时间露天储存或摆放，以免空气和尘土侵蚀而降低其光泽度和透明度。

第四节　机电产品的储存与保养

机电产品在生活中的应用非常广泛，包括电工仪器仪表、低压电器、高压电器、电缆、布电线、电瓷件、泵、阀门、钢制对焊无缝管件、钢制管法兰、焊条、钻头等。

一、机电产品储存保养的一般要求

机电产品应存放在干燥、阴凉的库内，不得与化学物品混存，以免腐蚀。不宜与金属产品同库存放和同车船运输，以免碰伤产品和损坏包装。库内温度一般保持在5℃～35℃，相对湿度一般保持在70％以下。对无法进库的大型设备，必须上苦下垫或搭建棚架以防水、防潮、防晒，其随机副机、备品、备件入库存放。库内地面上应有木板等防潮隔垫物，保持库房清洁。

成套设备及随机附件应集中保管，在料卡中标明总箱数及部件名称，避免散失、错发或漏发。对金属制品和金属部件应定期检查防锈层是否有效，发现锈蚀及时保养。保护好包装、包装上的标识和包装衬垫材料，发现包装损坏，应立即修复加固。发现包装上的标识模糊不清，应补写清楚。保持包装衬垫材料完好、干燥。按包装标识轻拿轻放，避免倾斜、倒置、震荡、挤压、碰撞和剧烈震动。

不宜长期储存，对有效期限的机电产品，记录出厂日期、保质日期，对即将到期的产品，及时通知有关部门，及时发出，以免失效。

二、部分常用机电产品的储存保养

（一）电工仪器仪表的储存保养

应存放在干燥、通风、防尘的库房内。库温不得有剧烈变化，一般应在5℃～30℃，相对湿度在70％以下。库内不得有腐蚀性气体、化学药品和酸性物质存在，库房周围应防震、防磁。

仪表应放置于仪表盒内；不能堆放过高，以防底层压坏。仪表在保管期间，必须严防受潮。一旦发现受潮，立即将仪表取出，待干燥并加防潮剂后，再将仪表包装入盒或箱。

在搬运和码垛时，严禁翻滚、摔掷、侧卧、倒置，轻拿轻放，按包装上的储运图示标志储存。仪器仪表储存期一般为一年。

（二）低压电器的储存保养

应存放在干燥、通风、防尘的库房内，库内温度一般以 5℃～35℃为宜，相对湿度不得超过 80％。储存继电器的库内温度以 21℃～30℃为宜，相对湿度不得超过 70％。储存蓄电池的库内温度以 10℃～30℃为宜，相对湿度在 30％～70％。库内不得有对金属及绝缘体有害的气体和物资存在。按包装储运图示标志进行搬运、堆码，轻拿轻放。发现有灰尘、发霉、生锈现象时，应用布轻微擦拭干净。按产品说明书中的储存期限保管。

（三）高压电器的储存保养

存放在干燥、通风、防尘的库房内，库温一般 5℃～35℃为宜，相对湿度 80％以下。露天货场存放的大型户外式高压电器，应妥善采取苦垫措施，下垫 30～50 厘米，避免雨淋、地潮及恶劣气候的影响。不能与破坏绝缘和腐蚀金属的物资混存。高压电器应根据包装及形状采用适当的堆码方法。瓷件要防压，非组装整台的多件高压电器应配套存放。电器产品的手柄及操作机构、金属部件的表面可涂一层防锈用工业凡士林。

（四）电缆的储存保养

应存放在干燥、通风、无腐蚀性气体的库内或四周有遮蔽的料棚内保管，防止日晒、雨淋、过冷、过热。橡胶电缆及聚氯乙烯电缆不能与酸类及矿物油等接触。电缆可以重叠码垛，垛高以立码两盘为宜。垛形为立放压缝，在垛的底层两端必须用三角形的木块卡住，以防滚动翻码。垛底可根据地面防潮情况适当垫高，以利通风不受地潮。电缆零星切割发货，应先在切割点的两端约相距 15 厘米的地方，用铁丝扎紧后切割，以免电缆护层松散。切割后，铅包电缆的端头用铅皮焊封，其他电缆的端头用绝缘胶布、胶带严密封包。每隔半年滚动一次，将向下存放的铁盘或木盘边滚翻朝上。按产品说明书中的储存期限储存。

（五）布电线的储存保养

应存放通风、干燥库房内，库温一般 0℃～35℃为宜，相对湿度不超过 80％。不能与酸、碱物品及矿物油类接触，库内不得有破坏绝缘层及腐蚀金属的有害气体存在。零星、小批的布电线可在货架内码垛，垛高以 5～10 卷为宜。大批的电线，可码成梅花式的通风圆形垛，层层交叉压缝，循环向上堆码。单芯的可适当高码。重叠码垛垛高不得超过 1 米。堆码时应下垫枕木，枕木上铺平木板。堆垛时应注意保持一定的垛距和墙距，以保持通风良好。不同型号规格的产品应分开堆码，捆好产品标签。防止烈日暴晒和闷热，以免橡皮发黏变质、胶体熔化、硬化。库房必须在向阳玻璃窗上涂上白漆，防止日光直射。定期检查，冬季每月一次，夏季每周一次。为防止久压变形应每隔三个月倒垛一次。储存期最长不宜超过两年。

（六）电瓷件的储存保养

应存放在干燥、通风的库房或料棚内，相对湿度不得超过 80％。不得与有害气体及其他笨重物资同存一库，防止金属件锈蚀和瓷件撞击破碎。成批装箱瓷件可连箱码垛，垛底应垫高 30 厘米以上。零星瓷件上货架保存，每层瓷件间应垫一层薄板，不宜重叠过高。按包装储运图示标志进行搬运、堆码，严禁撞击、震动。储存期限以出厂保质期为限，最长不宜超过一年半。

（七）泵的储存保养

应存放在干燥、通风的库房内，远离腐蚀性物资。因仓库条件不能进库的，应选择干燥的地面，上苫下垫或搭建棚架，防止风沙雨水浸入。保护好包装、包装上的标识和包装衬垫材料，发现包装损坏，应立即修复加固。发现包装上的标识模糊不清，应补写清楚。保持包装衬垫材料完好、干燥。泵体的疏排水口应开启，保持内部干燥，泵体内不得有积水，泵的进水口和水管的浸出口应用木盖和木塞堵住。对金属部件应定期检查防锈层是否有效，发现锈蚀及时保养。按包装标识吊装和搬运，避免倾斜、倒置、震荡、挤压、碰撞和剧烈震动。储存期限以产品说明书上的保存期或出厂保修期为限。

（八）阀门的储存保养

应存放在通风、干燥的库房。公称通径大于 250 毫米的阀门可放入料棚内保管。公称通径小于 40 毫米的阀门可整箱码垛保管。阀门通道两端应用非金属盲板封闭，以防杂物进入或雨水进入而锈蚀阀门。加工过的外露表面（阀杆的升降螺纹、连接螺栓的外露螺纹表面、法兰面等）、内腔、阀座的金属密封面均应涂防锈油脂以防锈蚀。入库存放时间较长的阀门，应对脱落的色标进行补刷。在阀门的进、发货过程中，严禁用手轮、手柄或其他传动机构作起重吊钩来使用或将阀门倒置。储存期限以产品说明书上的保存期为限。

（九）钢制对焊无缝管件的储存保养

应存放通风、干燥的库房内。对管径大于 300 毫米的管件可露天存放，选择干燥水泥地面或经过硬化的地面，做好上苫下垫。库内温度 $10℃\sim35℃$，相对湿度 70% 以下。远离有害气体，不得与化学物品混存。库内存放应下垫木板，堆码可采取压缝式码垛。对防潮、防尘有较高要求的管件，应采取密封措施。定期检查，发现锈蚀要除锈保养。

（十）钢制管法兰的储存保养

应存放通风、干燥的库房内。库内温度 $10℃\sim35℃$，相对湿度 70% 以下。远离有害气体，不得与化学物品混存。库内存放应下垫木板，配套发放的法兰不得分隔存放，带紧固件的法兰应注意保护好紧固件不要丢失。对表面有不洁附着物或已有锈蚀的，应清除和除锈，再加涂防锈剂。在搬运和码垛时，轻拿轻放，严禁翻滚、摔掷、摩擦、撞击，严防密封面的损伤。

（十一）焊条的储存保养

必须存放于干燥、通风的库房内。库内应设置温度计、湿度计，库内温度不低于

5℃，相对湿度低于 60%。不得与有害气体和腐蚀介质共存。垛或货架离地面高度不小于 300 毫米，离墙距离不小于 300 毫米。按种类、牌号、批次、规格、入库时间（含生产时间）分类堆放，先进先出。焊条应按包装储运图示标志搬运、堆码作业。储存期限以一年为宜。

（十二）常用钻采工具的储存保养

大部分钻采工具如钻头、吊钳、吊卡、卡瓦、方补芯、接头、稳定器、悬浮器、套管鞋、旋流短节、套管扶正器、套管悬挂器、公锥、母锥、打捞筒等，其本体均属于钢铁制品，应存放于干燥、通风的库房内，防止雨淋和高温日晒。远离有害气体，不得与化学物品混存。配套或带附件的钻采工具应集中存放，不能拆套，如套管头。带螺纹护丝的要保护好护丝不受损坏，如接头。存放两个以上磁力打捞器时，严格按放置方向顺序存放，以防削弱磁性。搬运、堆码注意轻拿轻放，不得使螺纹、牙齿等损坏和变形。储存期间发现锈蚀要除锈涂油保养。

第五节　案例分析

案例一：

唐三彩

唐朝的"唐三彩"早已成为传世珍品，唐三彩属于美术陈列品，它产于河南洛阳及陕西等地，是唐代陶器和陶俑上的一种多彩釉以及有这种釉色的陶制品。

所谓三彩是在白色陶胎上涂以黄、绿、蓝、紫等颜色的釉，以黄、绿和白色为主色调，因盛产唐朝，故称"唐三彩"。但是，"三彩"是表示多色，并不是在一件器物上只限于三种色釉。釉色以蓝色和紫色较多，也非常名贵。唐三彩色调富丽、图案优美，主要产品有唐马、骆驼、仕女、炉、壶、罐及台灯、花瓶、烟缸、茶具等日用品。唐三彩原料也是由可塑性原料和熔剂原料三部分组成。制造工艺一般为胚料设备、胚体成型及干燥烧制、施釉和装饰等工序。

分析：请分析唐三彩该如何包装？在储运及陈列中如何养护？

案例二：

从塑料瓶底数字看商品的使用养护

大多数塑料容器底部都有一个三角形符号，三角形符号里边标有 1—7 的数字，每个数字编号代表一种类型的塑料容器，不同的塑料容器制作材料不同，使用和养护也不相同。

"1"表示聚对苯二甲酸乙二醇酯（PET）。常用于矿泉水瓶、碳酸饮料瓶等，耐热

70℃易变形，使用 10 个月后，可能释放出致癌物 DEHP，不能放在汽车内晒太阳，不要装酒、油等物质。

"2"表示高密度聚乙烯（HDPE），常用于白色药瓶、清洁用品、沐浴用品等。使用后清洁不彻底不要循环使用，不要再用来做水杯，或者用来做储物容器装其他物品。

"3"表示聚氯乙烯（PVC）。常用于雨衣、建材、塑料膜、塑料盒等。有良好的可塑性，价格便宜，被普遍使用。但是只能耐热 81℃，高温易产生有害物质，一般不用于食品包装，难清洗易残留，不可循环使用，不可装饮料、酒水等。

"4"表示聚乙烯（PE）。常用于保鲜膜，塑料膜等。高温时易产生有害物质，有害物质随食物进入人体有损于人体健康，因此，保鲜膜别随食物进微波炉。

"5"表示聚丙烯（PP）。常用于豆浆瓶、优酪乳瓶、果汁饮料瓶、微波炉餐盒。熔点高达 167℃，是唯一可以放进微波炉的塑料制品，也可在清洁后重复使用。

"6"表示聚苯乙烯（PS）。常用于碗装泡面盒、快餐盒等。不能放进微波炉中，以免温度过高而释放出化学物质。装酸（如柳橙汁）、碱性物质后会分解出致癌物质。避免用快餐盒打包滚烫食物。不要用微波炉煮碗装方便面。

"7"表示其他类（PC）。常用于水壶、太空杯、奶瓶等。很容易释放出有毒的物质双酚 A，对人体有害，使用时不要加热，不要在阳光下直晒。

讨论：1. 不要引用塑料容器底部标有什么数字的饮料，为什么？
2. 试分析上述 1—7 数字编号的制造材料及使用禁忌，为什么？

第六节　实习实训指导

一、实习指导

利用在物流中心或配送中心等物流企业实习过程中，抽出半天时间到工业品商品仓库实习半天，或者专门到其他企业设有的工业品商品仓库实习 1 天。

（一）实习组织及要求

1. 分组实习。每组 3～5 人，选出组长，并将组长姓名报校内外指导老师，同时由组长负责实习中同校内外指导老师联系。

2. 聘请一位在工业品商品的养护中专业知识丰富的实习企业员工或部门负责人作为校外指导老师。

3. 在校外老师指导下，深入工业品商品仓库进行调研实习。

4. 遵守实习单位的相关规章制度和学校的实习纪律，注意安全。注意同指导老师保持联系。

5. 实习结束撰写不少于 500 字的实习报告。

（二）实习的目标及内容

1. 知识技能目标及内容

（1）能够说明实习仓库工业品商品的分类和储存位置。

（2）能够熟悉工业品商品仓库进货和发货及检验。

（3）分别调研塑料制品，陶瓷与搪瓷制品，玻璃制品及机电产品的储运环境，例如，温度、湿度、堆垛及货架储运情况，装卸搬运的作业状况，商品包装情况等。

（4）根据实习仓库工业品商品储运中养护的成绩及问题，制订更为合理的养护方案。

2. 职业训练目标

（1）如果你毕业后从事工业品商品的养护或其他工作，应该向实习单位的员工学习什么？你怎么能够做得更好？

（2）通过这次实习，工业品商品的养护技术及方法有无创新空间？请将思路请写入实习报告。

（3）做到诚实可信、爱岗敬业。

（三）实习报告提纲

1. 实习仓库基本情况概述。

2. 分析实习仓库在工业品商品储运中的成绩和不足并制订科学合理的工业品商品养护方案。

3. 通过实习在员工素质方面你学到的或能更好做到的有哪些？

4. 通过实习对工业品商品的养护的创新思路。

二、实验实训指导

1. 工业品商品养护实训

你的家庭、学校及所能接触到塑料制品、陶瓷及搪瓷制品、玻璃制品和机电产品等工业品商品的使用、陈列和存放中是否得到很好地养护，应该如何养护。

2. 塑料袋毒性鉴别实验

塑料袋在我们日常生活中广泛应用，一般是由两种塑料薄膜制成，一类是聚乙烯、聚丙烯和密胺等为原料制成，属于无毒塑料袋；另一类是由聚氯乙烯制成属于有毒塑料袋。对于食品包装所用塑料袋一般都用前者，后者不能用于食品包装。塑料有无毒可用下列方法鉴别：

1）水中检测法：将塑料袋放入水中，无毒塑料袋浮出水面，有毒塑料袋则不上浮。

2）手感检测法：将塑料袋抓在手中凭触摸感觉，有润滑感者为无毒塑料袋，反之则为有毒塑料袋。

3）声音检测法：将塑料袋一端抓在手中，用力抖动，发出清声音的塑料袋无毒，否则为有毒。

4）火烧检测法：用火燃烧塑料袋，有毒的不易燃烧，无毒的遇火易燃烧。

分析：

（1）请自己动手实验，结合各种塑料原料构成、特性及质量分析其原因，说明为什么？

（2）撰写实验实训报告提纲

①实验实训目的；

②实验实训内容；

③实验实训步骤；

④实验实训结果；

⑤总结讨论。

三、成绩评判

1. 实习成绩：由校内指导老师根据实习报告质量和实习表现征得校外指导老师的意见给出实习成绩。

2. 实验实训成绩：由校内实验实训指导老师根据实验报告质量及实验实训表现给出实验实训成绩。

复习思考题

一、概念题

1. 塑料

2. 工程塑料

3. 有机玻璃塑料

4. 陶瓷制品

5. 搪瓷制品

6. 玻璃

7. 玻璃制品

二、判断题

1. 聚乙烯塑料最怕碰撞、摔落和挤压。　　　　　　　　　　　　　　（　　）

2. PVC 适宜温度为 5℃～45℃。　　　　　　　　　　　　　　　　　（　　）

3. 储存电工仪器仪表的仓库周围应防震、防磁。　　　　　　　　　　（　　）

4. 储存蓄电池的仓库温度为 10℃～30℃，相对湿度为 30％～70％。　（　　）

5. 零星、小批量的布电线可在货架内码垛，堆高以 5～10 卷为宜。　　（　　）

6. 焊条堆垛墙距不得少于 30 厘米。　　　　　　　　　　　　　　　（　　）

7. 储存布电线的仓库必须在向阳玻璃窗上涂白漆。　　　　　　　　　（　　）

8. 高压电器的金属部件表面可涂一层工业凡士林。　　　　　　　　　（　　）

9. 电缆可以重叠码垛，垛高以立码两盘为宜。　　　　　　　　　　　（　　）

10. 聚丙烯塑料长期光照不易老化。　　　　　　　　　　　　　　　（　　）

11. 酚醛塑料（PE）适宜做食品袋。　　　　　　　　　　　　　　　（　　）

12. ABS 塑料不易在堆场露天储存。 （　　）

13. 陶瓷制品需采用防震包装技术。 （　　）

14. 玻璃制品长期受雨水和水蒸气侵蚀易失去光泽。 （　　）

15. 为了提高仓库利用率，玻璃制品可以同任何物品混合堆放。 （　　）

16. 机电产品养护时，库内温度一般保持在 5℃～35℃，相对湿度一般保持在 70% 以下。 （　　）

三、选择题

1. 属于热固塑料的有 （　　）。

A. PE　　　　　　　B. MF　　　　　　　C. PS　　　　　　　D. CN

2. 塑料的缺点主要有 （　　）。

A. 质量轻　　　　　　　　　　　B. 尺寸稳定性差

C. 易老化　　　　　　　　　　　D. 化学稳定性差

3. 聚氯乙烯塑料制品储存时仓库温度应保持在 （　　）。

A. 5℃～45℃　　　B. 5℃～80℃　　　C. 0℃～10℃　　　D. 10℃～30℃

4. 陶瓷制品在物流作业中应做到 （　　）。

A. 仅防潮　　　　B. 仅防日晒　　　C. 防潮防水　　　D. 防风吹日晒

5. 陶瓷制品由于是金属胚胎，在物流作业中不需要 （　　）。

A. 防震包装技术　　　　　　　　B. 防止碰撞

C. 防水防潮　　　　　　　　　　D. 小心轻放

6. 玻璃制品在商品养护中不得 （　　）。

A. 冲击碰撞　　　　　　　　　　B. 接触水蒸气

C. 有尖锐物品跌落玻璃制品上　　D. 同坚硬物品摩擦

四、简答题

1. 常用塑料有哪些品种？它们各自有什么特性及用途？

2. 热塑塑料有哪些主要品种，它们各自有什么特性？

3. 陶瓷与搪瓷制品的质量要求有哪些？

4. 玻璃的主要成分是什么？有什么质量要求？

5. 塑料制品在商品养护中应注意哪些事项？

6. 阀门在商品养护中应注意哪些事项？

第十四章　危险品的安全储存与养护

知识目标

1. 了解危险化学品概念、分类。
2. 掌握各类危险化学品的特征及其标识。
3. 掌握不同类别的化学品的储存、养护要求。
4. 了解和掌握国家关于危险化学品管理的法律法规。

技能目标

1. 能基于预防为主的观念，在危险化学商品储运期间严格按国家标准、法律法规和严格管理规章制度运作，防止灾害事故发生。
2. 能对部分危险化学品危害做相对的应急处置。

引导案例

8·12 天津滨海新区爆炸事件

2015 年 8 月 12 日晚 11 时许，天津滨海新区第五大街与跃进路交叉口的一处危险品集装箱码头发生爆炸。第一次爆炸发生在 2015 年 8 月 12 日 23 时 34 分 6 秒，近震震级（ML）约 2.3 级，相当于 3 吨 TNT 炸药，第二次爆炸在 30 秒种后，近震震级 ML 约 2.9 级，相当于 21 吨 TNT。现场火光冲天，多位市民反映，事发时 10 千米范围内均有震感，抬头可见蘑菇云。爆炸发生后天津塘沽、滨海等，以及河北河间、肃宁、晋州、藁城等地均有震感，造成轻轨东海路站建筑及周边居民楼受损。截至 2015 年 8 月 23 日 15 时遇难者人数升至 123 人，并全部确认身份。另外，尚有 50 人失联。在全部确认身份的遇难者中，公安消防 20 人，天津港消防人员 50 人，民警 7 人，其他人员 46 人。在失联者中，公安消防 4 人，天津港消防人员 30 人，民警 4 人，其他人员 12 人。

思考： 危险品如果得不到很好的养护，带来的是财产损失，带来的是伤亡。如何正确地对危险品进行养护？

第一节　化学危险品的特性及分类

所谓化学危险品是指：凡具有爆炸、助燃、易燃、毒害、腐蚀、放射性等危险性质，在物流和生产过程中，达到一定条件能引起燃烧、爆炸，导致人身伤亡和财产损失等事故的化学物品，统称为化学危险品，根据 GB 13690—2009 的规定共分为 8 类：爆炸性物品、压缩气体和液化气体、易燃液体、易燃固体及自燃物品和遇湿易燃物品、氧化剂和有机过氧化物、毒害品和感染性物品、放射性物品、腐蚀物品。

一、爆炸性物品

爆炸性物品是指在外界作用下（受热、摩擦、撞击、震动或其他因素的激发），能发生剧烈的化学反应，瞬时产生大量气体和热量，使周围压力急剧上升发生爆炸，对周围环境造成破坏的物品。

（一）爆炸性物品的分类

（1）具有整体爆炸危险的物品，例如，TNT。

（2）具有抛射危险，但无整体爆炸危险的物品，例如，白磷、烟雾、弹药。

（3）具有燃烧危险和较小爆炸或较小抛射危险或两者兼有，但无整体爆炸危险的物品，例如，烟火。

（4）无重大危险的爆炸物品，例如，烟火。

（5）非常不敏感的爆炸物品，例如，铵油炸药。

（二）爆炸性物品的特性

（1）爆炸威力大；

（2）起爆能量小，敏感度高；

（3）殉爆。

二、压缩气体和液化气体

压缩气体和液化气体是指压缩、液化或加压溶解的气体，在钢瓶中处于气体状态的气体称为压缩气体，处于液体状态的气体称为液化气体。

（一）压缩气体和液化气体的分类

按照气体性质分为以下几类：

易燃气体，例如，氢气。

不燃气体，例如，氮气。

有毒气体，例如，液氯。

（二）压缩气体和液化气体的特性

（1）遇热易爆；

（2）有些气体相遇有燃烧爆炸的危险；

（3）助燃气体遇油脂有燃烧爆炸的危险；

（4）在空中高速喷射易产生静电危险。

根据上述特性，所有压缩气体和液化气体在物流和应用过程中必须装入特制的耐压气瓶中。一般气瓶的承受压力在 150 千克/平方厘米以上，发生火宅或其他因素使气体受热膨胀压力增加，如果气体压力超过气瓶承受压力时，就有爆炸的可能。一个普通氧气瓶的爆炸威力相当于 5 吨 TNT 炸药。

三、易燃液体

易燃液体是指在常温下以液体状态存在，遇火容易引起燃烧的物质。液体的蒸汽与空气组成的混合物，当与火源接近时，初次发生蓝色火焰闪光的温度成为该物质的闪光。凡是闭杯试验闪点等于或低于 60℃ 的液体都属于易燃液体。

易燃液体的分类：

按闭杯试验的闪点分类：

（1）低闪点液体 闪点＜−18℃，例如，汽油。

（2）中闪点液体 −18℃≤闪点＜23℃，例如，丙酮。

（3）高闪点液体 23℃≤闪点≤61℃，例如，二甲苯。

易燃液体的种类很多，有化工原料、燃油、有机溶剂、黏合剂等。

易燃液体的特性：易燃烧性；蒸汽与空气混合后达到一定的浓度范围内，形成爆炸混合物；热膨胀系数大；黏度低，易流淌扩散；有的有毒；有静电性。另外，石油产品还有沸溢喷溅性，沸溢性油品是指含水率为 0.3%～4% 的原油、渣油、重油等油品。

四、易燃固体及自燃物品和遇湿易燃物品

（一）易燃固体

易燃固体是指燃点低、对热、撞击、摩擦敏感，易被外部火源点燃，燃烧迅速，并可能散发出有毒烟雾或有毒气体的固体，但不包括已列入爆炸性物品的物质。

1. 易燃固体的分类

（1）一级易燃固体，燃点低于 200℃，例如，赤磷；

（2）二级易燃固体，燃点 200℃～400℃，例如，镁粉。

一级易燃固体燃点和自燃点较低、易爆、燃烧速度快、毒性大。

2. 易燃固体的特性

（1）燃点低、燃烧速度快；

（2）与强氧化剂剧烈反应，有发生燃烧爆炸危险；

（3）易与氧化酸起作用，存在燃烧爆炸危险；

（4）性质不稳定，遇水反应有燃烧爆炸危险；

（5）有的易氧化粉末状物质，易燃易爆；

（6）大部分易燃固体有毒，或燃烧产物有毒。

（二）自燃物品

自燃物品是指自燃点低，在空气中易于发生氧化反应，放出热量，而自行燃烧的物品。自燃物品包括发火物质和自热物质两类。发火物质是指与空气接触不足5分钟便可自行燃烧的液体、固体或液体混合物；自热物质是指与空气接触不需要外部热源便自行发热而燃烧的物质。

1. 自燃物品的分类

按氧化反应速度和危险程度分为：

一级自燃物品，例如，黄磷；

二级自燃物品，例如，硝化纤维制品。

2. 自燃物品的特性

（1）自燃物品大部分化学性质活泼，有极强的还原性，接触空气中的氧时，会产生大量的热，达到自燃点燃烧、爆炸；

（2）自燃点低，凡是能促进氧化作用的一切因素都能促进自燃；

（3）相对湿度大，能促进自燃物品燃烧或爆炸。

（三）遇湿易燃物品

遇湿易燃物品是指遇水或受潮时发生剧烈的化学反应，放出大量易燃气体和热量的物品。有的不需明火，即能燃烧或爆炸。

1. 遇湿易燃物品的分类

（1）一级遇湿易燃物品，例如，电石；

（2）二级遇湿易燃物品，例如，石灰氮。

2. 遇湿易燃物品的特性

（1）遇水或潮湿空气中的水分，放出易燃气体和热量，具有易燃爆照危险；

（2）与酸反应更加剧烈，更加迅速放出易燃气体和更多热量，更加易燃易爆；

（3）大部分遇水易燃物品具有还原剂性质；

（4）硼氢类化合物毒性大；

（5）金属钠、钾在煤油内具有易燃危险。

五、氧化剂与有机过氧化物

氧化剂是指处在高氧化态，具有强氧化性，易分解并放出氧和热量的物质，是含有过氧化基的无机物，自身不一定可燃，但能导致可燃物燃烧，与松软的粉末状可燃物能组成爆炸性混合物，对热、震动或摩擦较为敏感。有机过氧化物是指与分子组成中含有过氧基的有机物，自身易燃、易爆、易分解，对热、震动或摩擦极为敏感。

（一）氧化剂与有机过氧化物的分类

（1）一级无机氧化剂，例如，高锰酸钾；

（2）二级无机氧化剂，例如，亚硝酸钠；

（3）有机过氧化物，例如，过氧化苯甲酰。

（二）氧化剂与有机过氧化物的特性

（1）分解温度低，有的遇光易分解；

（2）氯酸盐、硝酸钠、过氧化醋酸、过氧化苯甲酰等经摩擦、撞击、震动、明火、高温等作用易引起爆炸；

（3）遇有机物、易燃物、可燃物发生氧化反应，具有燃烧爆炸危险；

（4）遇酸剧烈反应，有发生爆炸的危险；

（5）无机氧化物遇水分解，放出氧和热量，促使可燃物燃烧；

（6）具有毒性和腐蚀性。

六、毒害品

毒害品是指进入人或动物体内后，达到一定的量，能与体液和组织发生生物化学作用或生物物理学变化，扰乱或破坏人体或动物的正常生理功能，引起某些器官和系统处在暂时或持久性病理状态，甚至危及生命。

毒害品的分类：一级毒害品（剧毒品），例如，氰化钠。二级毒害品（有毒品），例如，氯仿。

毒害品的特性：毒性大，部分毒害品能与酸起化学反应，释放剧毒气体，增加危害性；具有易燃、易爆、腐蚀性的危险。

七、腐蚀性物品

腐蚀性物品是指接触人体能发生腐蚀、灼伤或接触其他物质能发生破坏，甚至引起燃烧和爆炸的物品。

（一）腐蚀性物品的分类

1. 酸性腐蚀性物品

（1）一级酸性腐蚀性物品，例如，硫酸；

（2）二级酸性腐蚀性物品，例如，磷酸。

2. 碱性腐蚀性物品

（1）一级碱性腐蚀性物品，例如，氢氧化钠；

（2）二级碱性腐蚀性物品，例如，氨水。

3. 其他腐蚀性物品

（1）一级其他腐蚀性物品，例如，甲醛；

（2）二级其他腐蚀性物品，例如，次氯酸钠。

八、放射性物品

放射性物品是指放射性比活度大于 74×104 贝可/千克（Bq/kg）的物品。放射性物品所放射出来的射线称为放射线。放射线分为甲、乙、丙三种。

（1）甲种射线（α射线）。它是带有阳电的氮原子。速率为每秒钟 20 万千米。这种射线穿透力很弱。遇到固体物品液化物质时，能缩短它很大的射程。但是甲种射线的电离性很强，若进入人体能引起很大的伤害。

（2）乙种射线（β射线）。它是带阴电的电子，速率为每秒钟 20 万千米。这种射线穿透力较大，可以穿透铅、箔，在空气中的射程可达几百厘米。

（3）丙种射线（γ射线）。它没有电荷，是甲、乙两种射线和周围物质冲撞而引起的光波，速率为每秒钟 30 万千米，这种射线穿透力最强，在空气中的射程达几万厘米，可以穿透很厚的金属。

第二节　化学危险品的安全储存与养护

一、爆炸性物品的安全储存

（一）库房建筑的要求

储存爆炸物品最好是半地下库。库顶宜用质轻不燃的材料，库外四周修建排水沟，库内四壁和地面要充分做好防水层，地面平整，通风条件要良好。如系地面上的库房，不论采取何种建筑结构，均宜采用轻型隔热库顶，地面宜用沥青压平，建筑面积不宜过大，一般每幢以不超过 100 平方米为宜，要求通风条件良好，经常保持干燥。

为了防止日光照射，库房门窗安装不透明玻璃或用白色涂料涂刷，库内照明可安装电灯（最好安防爆式电灯），电源开关应设在库房外避雨的地方，无电源的地方，可用于电池照明，绝对不可用明火灯具。

（二）加强库存养护

1. 分区分类储存

储存爆炸物品，必须按其性质严格分区分类管理，分别专库储存。一切爆炸物品绝对禁止与氧化剂、酸类、碱类、盐类以及易燃物、金属粉末等物质同库储存，更不能堆放在办公室、宿舍、俱乐部、商店货架等地处。

2. 入库验收

爆炸性物品入库时，除核对品名外，应仔细核对规格、数量是否与入库单相符。

验收，主要是感官验看有无受潮、结块、变色、变质等异状。如有稳定剂的爆炸品，要检查其稳定剂是否漏失等。

验收时，要逐件检查包装有无异状，如破损、残漏、水湿、油污以及混有性质互相抵触的杂物等。对破漏的不符合安全要求的包装，应移到专门用于整修的包装室或适当地点，整修完好后方能入库。发现水湿受潮足以影响质量变化的情况，应拒绝入库。在验收中，如发现已经装有雷管时应拒收验收，炸药一般不宜开箱（桶）检查，如必须开箱验明数量或质量变化情况，均应分批移送验收室或安全地点进行。开启包装要严格遵守安全操作规程，要用铜工具，拆箱用力不要过猛，严防撞击、震动。验收人员应配带适当的防护用具。

3. 堆码苫垫

储存爆炸物品的库房，一般应垫有 10 厘米以上高度的方型枕木，堆垛要整齐，堆垛高度不宜超过 1.5 米，宜堆行列式，墙、柱距不应少于 0.5 米，垛与垛的间隔不少于 1 米，留有适当的间距，以利通风、检查和出入库安全操作。

4. 温、湿度管理与安全检查

爆炸性物品大多数品种都具有吸湿性，因此，必须加强库房的温、湿度控制与调节，应在库房内设置干湿计，每日定时（2～3 次）观测并记录清楚，根据需要做好通风、密封或吸潮工作。夏季库温应保持不高于 30℃。库房相对湿度最好能经常保持在 75％以下，最高也不宜超过 80％。冬季储存炸药的库房、库温不得低于－10℃，以防药体变脆，发生危险。

储存爆炸物品的仓库必须严格执行安全检查制度，除每日定时检查库内温、湿度是否适宜外，还要注意检查包装有无异状，堆放是否安全，有无受潮和日光曝晒，门窗是否严密，消防器材和电源控制是否安全有效。在风雨季节中要加强雨中和雨后检查，发现问题及时处理解决。

爆炸物品在储存期间一般不开启包装检查，必要时应严格遵守各项安全操作规程，以防发生意外。要经常保持库内外环境卫生，对垃圾、杂草、废旧包装应随时清除。对检查发现的失效变质、失去使用价值的爆炸物品，经有关部门鉴定后，按公安机关规定，慎重地进行处理。

（三）消防方法

储存爆炸物品的仓库必须建立严格的消防安全管理制度。

（1）仓库范围内绝对禁止吸烟和使用明火。入库人员禁止携带打火机、点火用具和武器等，也不准穿带铁钉的鞋进入库房，并应建立入库登记制度。

（2）库房作业完毕后，要关闭门窗并上锁，夏季需要夜间通风时，要有专人值班。

（3）仓库应有专人值班巡逻检查，万一发生火灾，可用水和各式灭火机扑救。消防人员应带防毒面具，并站在上风头，以防中毒。参加抢救的人员必须听从消防人员统一指挥，以保障安全。

二、氧化剂的安全储存

（一）入库验收

入库验收工作应在验收室或库外的安全地点进行。同时应保持现场的清洁卫生，并配备有与所验商品相适应的消防器材。

根据不同的物品特性，按比例或全部验收，主要检验商品包装的密封程度，包装和衬垫物料是否适合商品性质，商品的形态、结晶形状、颜色、气味、杂质沉淀等。

有稳定剂的商品，特别注意稳定剂的含量，发现问题，及时采取有效的措施处理，**做好详细的验收记录。**

（二）操作及堆码

安全操作：在操作过程中，不能使用能够产生火花的铁制工具（如锤子、改锥等），而应使用铜制工具，要防止摩擦、震动。使用机器操作时，特别要防止摔、撞。桶装商品不得在地上滚动，应使用专用车或机器搬运。开启包装检查、串倒、整理时，一律不得在库内进行。对于有毒和有腐蚀性的氧化剂，操作人员应配戴相应的防护用具，如防护服、防毒口罩等，以保证人身安全。

堆码：这类物品不论是箱装、桶装或袋装，都应码成行列式货垛。桶装应层层垫木板或橡皮垫，以防止摩擦。堆垛不宜过高过大，要求安全牢固，便于操作和检查，同时便于机器操作。各种苫垫物料最好专用，若无条件时，也必须保持清洁，注意不能黏有有机物、易燃物、酸类和还原剂等。

（三）储存和养护

根据商品性质和消防扑救方法的不同，选择适当的库房分类存放。如有机氧化剂不能和无机氧化剂混存，氯酸盐、硝酸盐、高锰酸盐和亚硝酸盐都不能混存，过氧化物则宜专库存放。库房不宜过大，并和爆炸物、易燃物、可燃物、酸类、还原剂、火种、热源以及生活区隔离。储存怕潮易溶化物品的库房要密封或设置双层门，以便掌握和控制温、湿度。

为确保商品储存安全，商品在库储存期间必须做好以下工作。

1. 仓库的温、湿度管理

库房应设置温、湿度计，定时记录和观察温、湿度变化情况；采取整库密封、货垛密封或密封与自然通风相结合的方法或采用库内吸嘲或人工降温方法控制库房的温、湿度。一般氧化剂的库内相对湿度宜保持在 80％以下，最高不宜超过 85％。库内温度不宜超过 35℃，有机过氧化物库内温度不宜超过 28℃，相对温度不宜超过 75％。

2. 库存商品的质量检查

除了温、湿度记录和每日班前班后检查外，还应根据商品特点订出固定的商品质量检查日期和检查内容，按时进行质量检查，并及时采取相应的养护措施，确保商品自入库时起到出库时止的全部储存过程的质量。

（四）消防方法

在储存过程中，对各种氧化剂要坚持"以防为主"的方针，万一不慎发生火灾时，对过氧化物和不溶于水的有机液体氧化剂等，不能用水和泡沫扑救，只能用干砂、二氧化碳、干粉灭火机扑救；其余大部分氧化剂都可用水扑救。粉状物品应用雾状水扑救。在扑救时，要配备适当的防毒面具的情况下，可将一般口罩用 5％的小苏打水浸泡后使用，但有效时间短，必须随时更换。

三、压缩气体和液化气体的安全储存

(一) 入库验收

入库验收时，首先检查气瓶上的涂色、品名是否与入库单相符，安全帽是否完整，瓶壁腐蚀程度有无凹陷及损坏现象，然后脱去安全帽，用下列方法检查是否漏气：

(1) 感官检查有无漏气和有无异味，注意有毒气体不能用鼻嗅，可以在瓶口接缝处涂肥皂水，如有气泡发生，则说明有漏气现象，但必须注意，对氧气瓶严格禁止使用肥皂水检漏，以防因肥皂水含油脂而发生爆炸。

(2) 用软胶管套在气瓶的出气嘴上，另一端连接气球，如气球膨胀则说明有漏气现象。

(3) 检查液氯气瓶，可用棉花蘸氨水接近气瓶出气嘴如发生氯化铵白气，则证明气瓶漏气。

(4) 检查液氨，可用水湿润后的红色石蕊试纸接近气瓶的出气嘴，如试纸由红色变成蓝色，则说明气瓶漏气。

(5) 用压力表测量气瓶内气压，如气压不足，说明有漏气的可能，应再作其他方面检查。

(二) 储存条件

压缩气体或液化气体宜专库专存。库房建筑宜采用耐火材料或半耐火材料，库房墙壁坚固并有隔绝热源的能力。库顶应使用质轻不燃的材料。库内高度应不低于 3.25 米，门窗应向外开，以防万一发生爆炸时减少波及面。库房要保持干燥，窗户应使用磨砂玻璃或涂成白色。地坪应光滑而不易在摩擦时发生火花。库内照明禁用明火灯具，应采用防爆照明或干电池灯。储存易燃易爆气体的库房，应有避雷装置。库与库之间的距离应不少于 20 米，库与生活区距离应不少于 50 米，在储存气体的库房周围不能堆放任何可燃材料。压缩气体和液化气体必须与爆炸物品、氧化剂、易燃物、自燃物及腐蚀性物品隔离。各类气体应根据其性质分别储存。

(三) 堆码

堆码气瓶应有专用木架、必须保持气瓶放置稳固。气瓶要直放，切勿倒置。每个气瓶外套两个橡胶圈，木架可设二层，但不宜过高，瓶口向同一方向排列。

(四) 温、湿度管理

库内设干湿计，定时观测，作出记录，库温最高不宜超过 32℃，相对湿度控制在 80% 以下，以防气瓶生锈。夏季库温过高时，可于早晨或夜间通风降温。通风后气瓶出现水泥时，应及时擦干。

(五) 检查

库存气瓶除每日检查外，应随时查看有无漏气和堆垛不稳等情况。人进入毒气瓶库房前，应先将库房适当通风，并应配戴防毒用具。如发现钢瓶漏气时，一般应采取

如下措施：

（1）气瓶漏气，首先要了解是什么气体，并根据气体性质做好相应的人身防护，人站在上风头向气瓶倾泼冷水，使之降低温度，然后再将阀门旋紧。

（2）发现气瓶漏气，将其浸入冷水池中或石灰水池中，使之吸收，以避免作业环境受到污染，然后再旋紧阀门。如气阀失控，最好浸入石灰水中，不仅可以冷却降压，而且可以使大量毒气溶解在石灰水中。

（3）氨气钢瓶漏气时，不要浸入石灰水中，最好浸在清水中。

（六）消防方法

储存压缩气体和液化气体的仓库，根据所存气体的性质和消防方法不同，设置相应的消防器材和用具。最主要的消防方法为雾状水。

遇到火灾应迅速扑救，如来不及扑灭时，将未着火部位的气瓶迅速移至库外安全地带，无法移出库外时，可用雾状水浇在气瓶上，使其冷却。在火势尚未扩大时，可用二氧化碳灭火机扑救。

消防人员需戴防护用具，以防中毒，并且注意不要在气瓶头尾部站立，防止爆炸伤害人体。如发现有人中毒，立即移至空气流通处，重者立即送医院就诊。

四、自燃物品的安全储存

（一）入库验收

自燃物品本身质量和包装不符合安全要求时，就容易发生自燃，要防止将不安全因素带入库内。

1. 检查外包装有无异状

如包装破损、渗漏、不严密、外包装水湿等。

2. 检查商品情况

查看自燃物品，主要是检查安全隐患。

3. 检查比例

在检查时，应根据物品的性质和包装条件等不同情况检查。一级自燃物品，须逐件检查，二级自燃物品，须结合当时气候特点和包装好坏，适当抽查。

4. 检查地点

一级自燃物品，须在库外适当地点检查。二级自燃物品，原则要求在库外找适当地点检查，如库外条件差（太阳曝晒）或进仓数量大，可进仓库抽查。

5. 问题处理

发现问题须及时采取措施，抓紧处理，不能拖延，更不允许让有问题的物品入库堆码。如发现有包装破损，须立即换包装，稳定剂减少，也应立即添加（化学试剂级的黄磷须加干净的蒸馏水）。

（二）储存条件

一级自燃物品（不包括黄磷）和桐油配料制品，温、湿度要求比较严格，须储存在阴凉、干燥、通风的库房，库房条件要求有防热隔热措施，如双墙双层顶或库内墙壁屋顶加隔热层。不宜存放在平顶单层或石棉板屋顶的库房，更不宜存在铁皮屋顶的库房。存放黄磷的库房结构要求冬天能防冻，这些物品都须专库存放。消防方法不同的三乙基铝、铝铁熔剂需要和其他自燃物品分库存放。库房都不宜过大，和邻库须有一定的安全距离。

（三）储存和养护

1. 堆码

自燃物品堆码苦垫应根据不同的要求，采取不同措施和不同堆码形式。如桐油配料制品须堆通风垛形，堆垛也不能高大，也可用货架排列存放，更利于散热。其他自燃物品堆行列式垛，以便于检查。

2. 温、湿度管理

一级自燃物品（不包括黄磷），库温不宜超过28℃，相对湿度不宜超过80%。二级自燃物品，库温不宜超过32℃，相对湿度不宜超过85%。黄磷库房温度，冬天不低于3℃。要达到上述湿、湿度要求，应严格加强库房湿度管理，采取一定的措施，及时做好密封、通风、吸潮等工作。

3. 库存检查

根据自燃物品的性质，结合气候特点以及库房条件好坏，储存时间长短，包装情况，出厂质量等，有重点地开展检查工作。

库存检查的方法、步骤和注意事项，可参照入库验收。但对硝酸纤维废胶片和桐油配料制品，必须及时、准确地掌握它们的温、湿度变化情况，有条件的可在物品入库堆码时，将插扦或电子测温湿两用仪的传感器，定点埋藏在堆垛的上、中、下各层的不同部位，以便随时掌握货垛不同部位的变化，检查时既方便又难确。

自燃物品发生问题后，变化较快，所以对检查发现的各种问题要及时认真研究，迅速采取有效措施处理。

4. 消防方法

自燃物品起火时，除三乙基铝和铝铁熔剂不能用水扑救外，其他物品均可用大量的水灭火，也可用砂土和二氧化碳、干粉等器材灭火。

三乙基铝、铝铁熔剂与水能发生作用，产生易燃气体，会加大燃烧的火力和速度。它们燃烧时，不能用水灭火，可用砂土、干粉等物料。

五、遇湿燃烧物品的安全储存

这类物品若受潮或遇水后，能发生燃烧或爆炸，因此，在入库验收，操作堆码和保管养护中，特别要防止雨淋、受潮等，以确保安全。

（一）入库验收

入库验收工作不得在库内进行，应在验收室或离开库房的安全地点进行。验收场所应保持清洁卫生，备有相应的消防安全设施。

验收方法，以感官验收为主，有条件的应使用仪器检验。

验收范围，根据这类物品危险性较大的特点，最好能逐件验收，以做到入库前心中有数。检验内外包装时，要特别注意检查在运输途中有无雨淋水湿情况，有无和性质相抵触的物品同时运输的情况，要求外包装牢固，内包装严密，能保证商品安全储存。对不同的遇水燃烧物品，验收方法也不相同。

在各项验收中，如发现问题，应及时处理，并做好详细的验收记录，以备在保管养护中参考。

（二）操作堆码

在装卸、堆码、拆装、搬运、包装整理等各项操作中，必须轻拿轻放，禁止撞击和震动，以防止包装损坏引起商品损失。堆垛时，必须选用干燥的枕木或垫板，不能使用带有酸、碱、氧化剂及其他性质有抵触的物品作垫料。

这类物品必须选用地势高、夏季绝对不会进水的库房。为防止受潮，必须垫一层或两层枕木，码行列式货垛，堆垛不宜过高过大，以便于操作和检查。

（三）储存和养护

这类物品应储存在地势高、干燥、便于控制温、湿度的库房内，不能在露天储存。不能和含水物、氧化剂、酸、易燃物以及灭火方法不同的物品同库存放。雨雪天气不能出入库和运输。

库房的温、湿度管理可根据这类物品的特性，采取通风散潮、密封防潮或库内用氯化钙、吸潮机吸潮等方法。库内相对湿度一般应保持在 75% 以下，最高不宜超过 80%。

在仓库管理方面，应根据商品特点，制订出一套较完整的质量检查办法，定期按比例对库存商品进行感官质量检查。发生问题，及时采取有效的养护措施。

（四）消防方法

由于这类物品遇水能发生燃烧或爆炸，所以在灭火时绝对不能用水，也不能使用酸、碱灭火机和泡沫灭火机，只能用干砂、干粉扑救。在存放这类物品的库房内或适当地点备好干砂土，并在库外做出明显的灭火方法标志："严禁用水"，以防扑救方法错误，扩大灾害。

此外，碳化物、磷化物、保险粉等燃烧时能放出大量剧毒性气体，扑救时，人应站在上风头，戴防毒面具，以防中毒。

六、易燃液体的安全储存

（一）入库验收

商品验收应在验收室或安全地点进行，验收场所应保持清洁卫生，验收现场不能有氧化剂、酸类等与易燃液体能发生强烈反应的物品，并应配备好适当的消防器材。

验收方法：以感官验收为主，配合以仪器验收，必要时做闪、沸点和受热膨胀等试验，以弄清商品的物理性质和化学性质，便于保管和养护。

验收范围：主要是验收外包装和商品质量。桶装商品注意有无膨胀、破裂、渗漏。瓶装的内外包装要求牢固，内外封口严密有效。发现渗漏或气味太大时，应及时采取修补、串倒或封口等措施。

验商品质量：由于这类物品多属于澄清透明（各种油漆和涂料除外）液体，须检验颜色有无变化，查看沉淀杂质情况。发现问题，及时采取有效措施。

（二）操作及堆码苫垫

1. 安全操作

由于这类物品极易燃烧，所以，验收、拆箱、整理、倒装等各项操作，均不得在库内进行，必须在远离库房的安全地点进行，并不得使用能够产生火花的铁制工具（如铁锤、扳手等），宜用铜制工具。

2. 堆码苫垫

可根据库房的大小和高低，结合商品的危险性和包装牢固程度确定堆码垛形，货垛一般不宜太大太高。垛高以 2.5 米为宜，并使用与商品性质相适应的苫垫物料。

一般宜码成行列式垛形货垛，货垛之间要留有一定的间隔和墙距，以便操作和检查。各种铁桶包装，人力操作时，可码两个桶高，使用机器时，可码三个桶高。为防止摩擦和保持货垛牢固，应层层垫木板，注意瓶（桶）门向上，不得倒置，以确保安全。

（三）储存和养护

1. 储存

易燃液体的沸点都较低，容易挥发，宜储存在阴凉、通风条件好的库房内。不能在铁皮顶库内和在露天储存。库内外墙壁也不宜安装电器设备和开关、电闸等。可用防爆灯在库外通过玻璃窗照射库内，或用干电池手电照明。不能使用明火或电瓶照明。库房周围一定距离内不准有明火，以防库内散发出来的蒸气引起燃烧。储存时，不能与氧化剂和强酸等性质不同并能互相起反应的或消防方法不同的物品同库存放。

2. 储存养护

仓库的温、湿度管理：库内温度过高，是造成易燃液体挥发损耗和火灾事故的主要原因。比较有效的降温方法有以下几种。

（1）密封库降温：库房门窗挂棉门帘，库门加一层避风门，做成双道门。这样，在库外温度高时，密闭门窗，在早晚和夜间，库外温度低于库温时，可开启门窗，进行通风降温。

（2）库房涂白降温：把库房内外墙壁喷刷成白色，利用白色的反射作用，减少墙壁吸收日光的辐射热。一般能降低库温 $1^{\circ}C \sim 3^{\circ}C$，这种方法费用低廉，简单易行。

（3）埋藏降温：如储存量不大时，可在密封库内用砂土埋藏的方法降温。这样，还增加了外部压力，对于防止高温容器爆破也有作用。

（4）用泡沫塑料保持低温：在原库房的墙壁四周，使用不燃性聚苯乙烯泡沫塑料板粘贴一层，厚5～10厘米。库房顶上再加一层石棉瓦顶，用以做成低温库，其隔热效果很好，一般可降低库温3℃～4℃。

各种降温措施要结合库房条件和商品性质加以综合利用，才能收到较好的效果。可采用上述方法，把库内温度控制在适宜范围内。

一般沸点在50℃以下、闪点在0℃以下的易燃液体，库内温度宜控制在25℃左右，沸点在51℃以上、闪点在1℃以上的，宜保持在30℃以下。

二级易燃液体的库房，温度宜保持在32℃上下，最高不宜超过35℃。

有的易燃液体受冻后，容易造成变质或容器爆破，冬季应注意防冻。

湿度一般对多数易燃液体影响不大，但如湿度过大，会使金属包装生锈，物品吸潮后，能分解并产生有腐蚀刺激性的气体，所以必须注意防潮。对商品的质量检查。保管人员除认真做好每日班前班后和风雨雪中、风雨雪后的日常检查及温、湿度记录外，还必须根据商品性质和不同季节，制订出一套比较完整的定期质量检查办法，定期对库存商品进行感官质量检查。发现问题，及时采取各种有效的封口、修补或串倒措施。

（四）消防方法

易燃液体的火灾发展迅速而猛烈，有时甚至发生爆炸，且不易扑救。所以在消防工作中，要认真执行"以防为主"的方针，根据不同物品的特性、易燃程度和消防方法，配备足够的和相应的消防器材，同时加强职工的消防教育。

这类物品的消防方法，主要根据它们的比重大小、能否溶于水以及哪一种消防方法对灭火有利来确定。具体扑救方法，一般来说，对于比水轻又不溶于水的烃基化合物，如乙酸、石油醚、苯等的火灾，可用泡沫或固体干粉灭火机扑救，当火势初燃、面积不大或着火物不多时，可用二氧化碳扑救。

能溶于水或部分溶于水的物品，如甲醇、乙醇等醇类、乙酸乙酯、乙酸戊酯等酯类、丙酮、丁酮等酮类发生火灾时，可用雾状水、化学泡沫、干粉等灭火机扑救，使用化学泡沫灭火时，泡沫强度必须比扑救不溶于水的易燃液体大3～5倍。火势不大，着火物数量不多时，可用二氧化碳扑救。

不溶于水、比重大于水的，如二硫化碳等着火时，可用水扑救，因为水能覆盖在商品的液面上，但水层必须有一定厚度，方能压住火焰。

易燃液体多具有麻醉性和毒性，消防人员灭火时应站在上风头，穿戴必要的防护用具。如火势太大，不能扑救时，应立即采取隔离火源的办法，保护周围的其他物品和建筑，以防火势扩大。灭火人员如有头晕、恶心、发冷等症状，应立即离开现场，安静休息，严重者，速送往医院诊治。

七、易燃固体的安全储存

（一）入库验收

易燃固体因燃点低，性质不稳定，易受外因影响而引起燃烧。所以，入库时，必须认真对包装及商品进行验收，防止把隐患带入库内。

查外包装是否完整无破损，或沾染与物品性质互相抵触的其他杂物。还应检查有无受潮、水湿等现象。对外包装不合要求的，须经过加工整理或换装后才能入库。对标志不清、性质不明的物品，须查清楚后再分类入库或加工改装。

查商品质量，以感官为主，观察有无溶解、结块、风化、变色、异味等现象。对硝酸纤维素要注意检查稳定剂酒精是否充足。发现问题，经处理后才能入库堆码。检查操作，须在库外指定地点进行，以防止发生不安全事故，影响库内其他物品。

（二）储存条件

储存一级易燃固体物品的库房，要阴凉、干燥，有隔热、防热措施，门窗应便于通风和密封，窗玻璃要涂成白色。夏天挂门帘、窗帘，防日光和辐射热。库房照明应使用防爆封闭式的电灯，严禁用煤油灯之类的明火照明。如果硝化棉、赛璐珞和赤磷的储存量如大，并且条件允许，应专库储存。

二级易燃固体物品须储存在阴凉、干燥及便于通风必须专库储存。

（三）储存养护

1. 堆码苫垫

易燃固体的堆码，须根据该物品的性质而定，如容易挥发的樟脑、茶叶等宜堆密封踩。堆垛不宜过于高大（一般高度不宜超过 2.5 米），并须整齐稳固，防止倾斜倒垛。

多数易燃固体受潮后容易变质，所以，须根据商品性质和包装情况，注意下垫方法，一般可用枕木垫，如要求防潮严格的火柴、赛璐珞、硫黄及各种磷的化合物等，可在垛垫上加一层油毡，再铺一层芦席（不适宜垫铁桶装的物品，因油毡和芦席容易被损坏），有防潮地坪更好。

2. 温、湿度管理

温度过高或湿度过大都会直接影响易燃固体物品的安全储存。所以，商品库存期间，加强温、湿度管理是很重要的养护措施。因此，一级易燃固体物品和二线易燃固体物品中的樟脑、赛璐珞制品、火柴等怕热商品，库房温度宜保持在 30℃ 以下，相对温度宜在 80% 以下。

二级易燃固体物品，库房温度不要超过 35℃，相对湿度在 80% 以下为宜。

3. 库存检查

易燃固体在储存期间，会受各种因素的影响发生变化。特别是对硝化棉、赛璐珞、各种磷的化合物和火柴等，需加强检查，对查出的问题应及时、迅速采取防护措施，以防止事故发生。

（四）消防方法

易燃固体燃烧时迅速、猛烈，在储存期间失火时不容易补救。所以，一个库的储存量不宜过大，最好选择面积较小的库房，和邻库还要有一定的安全距离，并不宜和酸性物品库房接近，以防酸性气体或酸性蒸气影响，更不能和酸、碱、氧化剂等物品混存。

易燃固体发生火灾时，可以用水、砂土、石棉毯、泡沫、二氧化碳、干粉等消防用品扑灭。但金属粉末着火时，须先用砂土、石棉毯覆盖，再用水扑救。

磷的化合物和硝基化合物（包括硝化棉、赛璐珞）、硫黄等物品，燃烧时产生有毒和刺激性气体，消防人员须注意戴好防毒口罩或防毒面具，一旦发生中毒现象，必须离开现场，到空气流通的地方，呼吸新鲜空气，并服用浓茶、食糖水、水果、汽水之类的解毒食品，以增加抵抗力。重者须送医院急救，并向医生讲明燃烧的物品品名，便于医生选用药物解毒。

八、毒害性物品的安全储存

（一）入库验收

入库前首先检查是否和性质相抵触的物品混装混运，途中有无经雨淋、水湿、污染，包装是否完整并符合规定要求，同时注意验收数量。

验收采取感官检验其形态、颜色、异杂物、沉淀、潮解等现象，必要时可进行理化检验，如含水量、酸碱度、熔点、沸点等测定。验收人员必须戴好必要的防护用具，在验收室或安全地点进行验收，操作完毕时，更换工作服，必须洗净手脸和漱口后，才能饮食、吸烟，以防中毒。

（二）储存和养护

这类物品虽没有严格的温、湿度要求，但一些有机易挥发液体剧毒品，库存温度过高时能加速挥发，不仅使库内有毒气体浓度加大，影响人身健康，而且加大了商品损耗。因此，库内温度以不超过 32℃ 为宜，相对湿度应控制在 80％ 以下。有些毒品受潮后易结块，甚至降低质量。如氰化钙等，受潮后分解，放出剧毒气体，所以库内应经常保持干燥。

剧毒品可按性质专库储存，包装必须严密，如氰化钾、氰化钠等氰化物酸类及酸性物质隔离存放。

在储运过程中，除经常性检查外，还应按商品性质、季节变化制定定期检查制度。对受温、湿度影响易发生变化的物品，可采取抽查办法。对有挥发性毒物仓库，根据不同季节，对空气内所含气体浓度进行测定。还要经常检查操作人员的防毒设备是否齐全有效，以保证人身安全。

（三）储存条件和堆码苫垫

这类物品应选择干燥的通风条件良好的库房。有条件的库房可安装机械通风排毒设备，以保持库内空气清洁。门窗玻璃应涂成白色，以防日光直接照射。库房建筑可采取一般砖木结构，以保持低温。

这类物品的苫垫物料宜专用，不能和其他物品特别是不能和食品共用苫垫。垫垛方法根据具体情况定。

这类物品一般可堆成大垛。挥发性液体毒害品则不宜堆大垛，可堆成行列式。

（四）包装整理

毒害物品的包装应保持完整密封，有破漏时，必须修好或串倒、改装后才能出库。无论整修、倒装、改装、分装均应在包装室进行，操作时认真执行操作规程和人身防护措施。木箱或铁桶装固体毒品可用水玻璃涂抹后，再粘牛皮纸条等。撒在地面的毒物，可用潮湿锯末清扫干净，必要时用水冲刷。对替换下来的仍有使用价值的废旧包装，必须洗净后方能使用，不能修复的应集中存放，统一处理或销毁。

（五）消防方法

大部分有机毒品都能燃烧，在燃烧时产生有毒气体。为了防止消防人员中毒，必须根据毒物的性质采取不同的消防方法。如氰化物、硒化物、磷化物等着火时，就不能用酸碱式灭火机，只能用雾状水、二氧化碳等灭火，消防人员必须戴防毒面具，站在上风处。一般毒品着火时，可用水灭火。

（六）毒害性物品安全管理注意事项

为了保障人身安全和仓库安全，对毒害性物品的管理，应做好以下工作：

（1）选好保管人员。具有一定业务知识的人，担任毒品保管工作。

（2）加强安全储运毒害品的宣传教育。

（3）对储运毒害性物品的各个环节如装卸、搬运、堆码、验收、检查、包装整理、改装等，要分别制定安全操作规程。

（4）储存毒害品的库房，在操作前，必须通风散毒，操作后，立即清扫现场。

储存不同性质毒害品的仓库，应有包装室、验收室，以及对人身防护的必要措施，以防工作人员中毒。并应备有用于中毒救护的简易药械和药物，以便必要时救治中毒人员。此外，还应有更衣室和简单的淋浴设备。

九、腐蚀性物品的安全储存

（一）入库验收

查包装情况：腐蚀性物品的内包装，绝大多数是陶瓷和玻璃容器，外包装为木箱或花格木箱，内有衬垫物。入库时，须认真检查外包装是否牢固，有无腐蚀、松脱，内包装容器有无破损渗漏，衬垫物是否符合要求等。

查商品情况：玻璃瓶装的液体物品，可轻轻摇动，看有无沉淀物和杂物，静置后再看颜色是否正常。固体物品可开启包装或在瓶外观察形态颜色是否正常，有无异物。对坛装或捅装的液体物品，可用玻璃管吸取底层液体，查看有无沉淀及其他杂物，颜色是否正常。对固体物品，查看外包装有无破损或吸潮、渗漏现象。冬天应特别注意检查冰醋酸是否结冰，甲醛是否沉淀。

（二）储存条件

库房建筑要求：库房顶最好是水泥的平顶结构，里面涂耐酸漆，以防腐蚀。地坪可以用一般的水泥地面。对于木结构的屋架、门窗和各个结构部位的铁附件，都应涂上耐酸漆或比较耐酸的油漆，以防酸性物品挥发出来的气体或蒸气腐蚀库房建筑结构。库内不宜安装电灯，在建筑上必须考虑库房的采光，也可以采取在库外向库内照明的方法。

腐蚀物品的储存条件要求：对易燃、易挥发的甲酸、丙酰氯等，受冻结冰的冰醋酸，受冻聚合沉淀的甲醛、三氯乙醛等以及低沸点的溴素、乙酰氯、四氯化硅等，均须存于冬暖夏凉的库房。遇水分解发烟的卤化物（多卤化物）的库房，必须干燥和通风良好。碱性腐蚀物品，如硫化碱、氢氧化钠（钾）等，只要包装和封口严密，可以存放在地势较高的一般库房。工业用品可以存放在露天货场，但须注意包装完整严密，注意苫垫周密，不受雨淋水湿。氨水库房既要阴凉，又要便于通风。其他如硝酸、硫酸、盐酸，可储存在一般库房或货棚里，工业用坛装硫酸、盐酸，可露天存放，但须在坛盖上加盖瓦钵，防止雨水浸入。冬天过于寒冷、夏天过于炎热的地区，在冬、夏两季，最好移入库内存放。化学试剂的硫酸、盐酸不宜露天存放，以防分解变质。

酸性腐蚀物品和碱性腐蚀物品，性质互相抵触。所以，须注意分库存放。氧化性强的硝酸、高氯酸等也不宜和其他酸性物品混存。

（三）储存和养护

堆码苫垫：露天存放的坛装硫酸、盐酸，可除去外包装，平放一个坛高，但库内堆码宜带外包装。为便于搬运，宜堆行列式垛两个坛高，中间留 0.5 米左右宽的走道。

用花格木箱或木箱套装的瓶装液体物品，宜堆直立式垛，垛形大小，可根据进库数量多少具体掌握，但垛高不宜超过 2 米。

桶装的腐蚀物品可堆行列式垛，行列之间稍留点距离，便于检查物品，垛高不宜超过 2.5 米。固体物品可堆至 3 米。各种形式的容器包装的液体物品，严禁倒放，堆码时要注意轻拿轻放。

各种形式的外包装，在堆码时，垛底必须有防潮设备，如枕木、垫板等，以防由于地潮造成外包装腐烂脱落，在搬运时发生事故。

温、湿度管理：腐蚀性物品品种较多，性质各异，对温、湿度要求也不尽相同，必须掌握它们的性质以及受温、湿度等外界因素影响的规律性，以便采取相应的控制和调节方法。

对沸点低和易燃的腐蚀性物品，库房温度宜保持在 30℃ 以下，相对湿度不宜超过 85％。

对怕冻的腐蚀性物品，冬天须做好防冻工作，库房温度须保持 10℃～15℃。可采用谷糠围垛或装箱，也可搬入窑洞、地窖保管。这些都是比较有效的保暖措施。

对吸湿后分解、发热、发烟的腐蚀性物品，除须经常保持包装完整，封口严密外，还须尽力保持库房干燥，相对湿度不宜超过 70％。

库存检查：腐蚀性物品的化学性质都比较活泼，容易受外界因素影响发生变化。所以，须根据物品性质，结合季节特点，有重点的加强库存期间的检查工作，防止发生安全和质量事故。检查的方法，可参考入库验收。

由于腐蚀性物品具有易分解挥发出有腐蚀性的气体或蒸气的特性，对库房的建筑物和人身安全影响较大。所以，除检查商品外，还须检查库内有害气体的浓度。库房空气中的酸度或碱度较强时，必须进行通风排毒。有条件的还可用鼓风机进行排毒。

（四）消防方法

腐蚀性物品着火时，可用雾状水和干砂、泡沫、干粉扑救，不使用高压水，以**防酸液四溅**，伤害扑救人员。硫酸、卤化物、强碱等物品遇水发热，卤化物通水产生**酸**性烟雾，所以不能用水扑救，可用干砂、泡沫、干粉扑救。

消防人员须注意防腐蚀、防毒气，应戴防毒口罩、防护眼镜或防毒面具，**穿橡胶**雨衣和长筒胶鞋，戴防腐蚀手套等。灭火时，人应站在上风头。如发现中毒者，**应立**即送医院治疗，并说明使人中毒物品的品名，以便医生抢救。

十、放射性物品的安全储存

（一）入库验收

验收放射性物质，主要验收包装，发现渗漏及时剔出整修。放射剂较强的物品**如**夜光粉，箱内应有适当厚度的铅皮防护罩。用木箱内加玻璃瓶包装的物品，应使用柔软材料衬些妥实，瓶口必须密封。有条件的单位在入库时，应用放射性探测仪（乙丙种）测试放射剂量，以便于安排储存和进行人身防护。

（二）储存条件

储存放射性物品，应建特型库，不应在一般库房或简易货棚内储存。库房建筑宜用混凝土结构，墙壁厚度应不少于 50 厘米，内壁和天花板应用拌有重晶石粉的混凝土抹平，地面光滑无缝隙，便于清扫和冲洗。库内应有下水道和专用渗井，防止放射性物品扩散。门窗应有铅板覆盖。库房要远离生活区。

放射性物品应专库储存，并应根据放射剂量、成品、半成品、原料分别储存，**以**便于操作和防护。

（三）装卸搬运和堆码苫垫

运输放射性物品应有专用车、船，不得与其他物品混合运输。运完后，应将车、船用清水冲洗干净（污水不得流入河道）。装载放射性物品的车厢和船舱不准载人。工作人员应有防护设备。

装卸搬运放射性物品时，宜用机械操作，要求技术熟练，操作迅速，以减少与**人**体的接触机会。对玻璃瓶包装，注意轻拿轻放。无机械设备时可用手推车推或抬运。码垛人员应轮换，工作时间根据不同放射剂量定，不宜过久过累。其堆码垫架**方法**，参照毒害性物品。

（四）温、湿度管理和库存检查

放射性物品对库内温、湿度无特殊要求，只须防止湿度过大损坏包装。商品在**库**期间，除必要的检查和收发业务外，工作人员尽量减少进入库房次数。库内应经常**保**持清洁、干燥。

（五）消防和救护方法

放射性物品沾染人体时，应迅速用肥皂水洗刷，最好洗刷三次。发生火灾时，消防人员须穿戴防护用具，并站在上风处。注意不要使消防用水流散面积过大，以免造成大面积污染。

第三节　案例分析

案例一：

××大学×××实验室剧限药品和危险品管理办法（部分摘抄）

第二章　储运与发放

第五条　所有购置的剧限药品和危险品必须要"三证"俱全（生产许可证、企业合格证、工商营业证），严禁许可证失效的产品流入学校。

第六条　剧限药品和危险品仓储必须制定和执行剧限药品、危险品的保管制度，设置具有相应储藏条件的专库、专柜，并指定至少两名专职人员共同承担剧限药品和危险品的保管和供应工作。

第七条　剧限药品和危险品的仓储必须做到分类定位、整齐存放。

第八条　剧限药品和危险品的储运、供应，由采购部门做到专人服务到位。严格发放手续，按规定程序和数量发放。

第九条　剧限药品和危险品的仓储必须按规定做好安全和防盗工作，储位标签与台账及实物必须相符。

第十条　每批次的剧限药品和危险品应有领用记录，其内容应包括品名、规格、批号、数量、领用单位、使用者及发货日期。

第十一条　发货记录至少应保存至剧限药品和危险品失效期后一年，未制定失效期的剧限药品和危险品应保存三年。

第十二条　按照具体各类剧限药品和危险品的要求进行库内堆垛、货架式货柜存放，并做到通风，避免日光晒，维持库内温、湿度。

第十三条　做好剧限药品和危险品的消防工作，仓库内部和周边禁止抽烟和其他明火，禁止携带打火机等进入仓库，库内及周边消防设施及设备齐全。

第十四条　定期对库存剧限药品和危险品进行检查，检查商品外包装是否有异常现象，检查储存环境有无变化，检查消防设施与设备有无故障等。在检查中发现过期失效变质的不得使用。

第十五条　剧限药品和危险品做好退货记录，记录内容应包括：品名、规格、批号、数量、退货单位、经办人、退货原因、日期、处理意见等。

注：剧限药品是指：剧毒药品、麻醉药品、精神药品、放射性药品；危险品专指

易燃易爆化学危险品。

分析：

1. 上述管理办法对我们做好化学危险品的储存与养护有何启示？

2. 如果本学校有关类似仓库设施，是否有类似的管理办法？根据所学理论知识是否还需要完善？

案例二：

DGM CHINA 的成功之道

DGM 是总部设在阿姆斯特丹的专业危险品服务公司，它持有国际航空运输协会（IATA）及荷兰民航局颁发的特别执照，有资格提供有关危险品运输的任何特殊服务，包括咨询、危险品鉴定、代理运输、仓储、包装、准备文件、应急服务、办理豁免等，同时它被授权提供 IATA 危险品操作培训。DGM 接受货主的委托，同时为鉴定结果承担法律责任。它投保由瑞士 ZURICH SCHADE 保险公司承保的危险品意外事故险，在发生事故时，保险公司将承担赔偿责任，其年保险额为 17500000 欧元。DGM 在全球范围内已自成体系，它采用最先进的技术与管理办法，为全球的危险。品运输安全提供了可靠的保障，其成员现已分布在荷兰、丹麦、英国、挪威、比利时、意大利、西班牙、澳大利亚、新加坡、俄罗斯、美国、南非等 20 个国家的 30 个城市。

DGM CHINA 成立于 1996 年，总部设在北京，并已在天津设办事处、在上海设立分公司。DGM CHINA 的成功可以总结成以下三方面。

1. 掌握充分的技术资料

DGM CHINA 的识别分类报告以当年版的 IATA DGR 为基本技术标准，并拥有英、美、德、荷兰、比利时及国内的最新版有关各种化学品的中英文资料可供参考。

同时作为 DGM 全球网络的一员，可以利用 DGM 国际网络，及时获得最新技术信息并可查找到许多国内无法得到的技术资料。

2. 拥有标准的实验室

实验室为符合 IATA 规定的标准实验室，可做易燃液体、固体，自燃物品及遇水易燃物试验，氧化剂强弱的试验，腐蚀性强弱的试验，某些纯净化学品的真伪辨别、判断试验，以及磁场强度的测定。根据某些政府部门的检验，可以判断爆炸品、放射物品的分类，以及高压容器的制造标准。

3. 拥有专业的技术人员

DGM CHINA 拥有一批高素质、极富责任感的专业技术人员，他们不仅具有丰富的专业知识，同时熟悉航空运输及危险品空运的国际法规，严格按国际规范进行操作，竭诚为客户提供最优服务。

分析：

1. 分析 DGM CHINA 的成功之道。

2. 分析我国危险品物流的发展还存在哪些方面的不足，并谈谈如何改进。

第四节　实习实验实训指导

一、实习指导

在任课老师的指导下，选择一家化学危险品物流中心或转运仓库或生产厂商仓库等，利用专业实习或其他实习时间（按照教学计划的安排）进行为期 2～3 天的化学危险品储存与养护的实习及调研。

（一）实习组织

1. 5～6 人为一实习小组，选出一名组长负责组织实习和同校内外指导老师联系。

2. 在实习单位聘请 1～2 位在化学危险品储存与养护方面实践经验丰富且具有一定的理论基础的员工式管理人员作为校外指导老师。

3. 遵守实习单位的有关规章制度和学校有关实习的要求。在仓库服从指导老师的指导，不经指导老师同意不得动用仓库内所有危险品及改变其储存环境。

4. 实习结束前撰写不得少于 1500 字的实习报告。

（二）实习的目标及内容

1. 能够大体了解实习单位的基本情况，了解国内外有关化学危险品在流通过程中的相关法律法规及标准和规范。

2. 能够熟悉实习单位化学危险品的分类、储位及相互之间的关联。仓储设施与设备的情况。

3. 熟悉化学危险品的入库检验内容、方法及步骤。

4. 熟悉化学危险品的垛形及堆、码、苫、垫，货架或货柜储存状态，熟悉化学危险品的包装情况、储存周围温、湿度等环境。

5. 熟悉化学危险品的发货及退货程序、步骤。了解仓库台账内容，如何做到账、卡、物一致。

6. 了解化学危险品分类储存的消防设施与设备情况。

7. 根据所学知识和国内外化学危险品息息相关的法律法规及标准规范与分析实习单位化学危险品储存与养护是否科学合理，有无需完善或修正的内容。

（三）实习报告提纲

1. 实习单位的基本情况，储存的化学危险品种类、名称、数量等。

2. 实习单位的化学危险品储存及养护现状同国际、国内相关法律法规及标准规范相比较，存在哪些问题，如何纠正。

3. 利用所学知识针对实习单位的情况，制订一套科学合理的化学危险品的储存及养护方案。

4. 化学危险品运输包装的要求如下：

（1）防止危险品因不利气候或环境影响造成变质或发生化学反应。

（2）减少运输过程中各种外力的直接作用。

（3）防止危险品洒漏、挥发和不当接触。

（4）便于装卸搬运。仓装物上的图形、文字清晰。

分析实习单位接收和发放的化学危险品运输包装是否符合上述要求，如果不符他们是怎样处理的，该怎样处理？

5. 本次实习的主要体会。

二、实验实训指导

事故一

某地区一建筑工地的简易仓库内的气瓶储存间存放了三瓶氧气和三瓶乙炔。有一天几名工人在该房间避雨，由于下雨下的时间长，其中一名工人点燃香烟，由于乙炔泄漏，引起爆炸，造成一死两伤的惨剧。

请同学们讨论：请指出该事故中化学危险品储存与养护存在哪些问题。

事故二

某年元月 24 日 10 时左右，在某路段发生特大交通事故，4 辆汽车追尾相撞，其中一辆被撞坏的运输车上装载 15 吨四氯化钛开始泄漏。四氯化钛是一种有毒的化工原料，大量吸入可致人死亡。事故现场下雨，此物质遇水后发生化学反应，产生大量毒气。当地政府组织 200 多人采取以土掩埋等处理措施。

请同学们上网查找并学习交通运输部 2005 年 7 月 12 日发布的《道路危险货物运输管理规定》（交通部 9 号令），讨论对化学危险品运输车辆的安全要求。

三、成绩评定

1. 实习成绩：由任课老师根据实习报告水平，征得校外指导老师的同意，给出实习成绩。

2. 实验实训成绩：由任课老师根据同学们讨论发言情况评判为实验实训成绩。

复习思考题

一、概念题

1. 化学危险品

2. 闪点

3. 毒害品

4. 腐蚀性物品

5. 易燃液体

6. 易燃固体

7. 自然物品

8. 遇湿易燃物品

9. 氧化剂

10. 放射性物品

11. 放射线

二、多项选择题

1. 爆炸性物品的分类有（　　）。

A. 点火器材 　　　　　　　　　　 B. 起爆器材

C. 炸药和爆炸性药品 　　　　　　 D. 其他爆炸性物品

2. 氧化剂的特性有哪些（　　）。

A. 遇热和酸分解 　　　　　　　　 B. 吸水性

C. 氧化性 　　　　　　　　　　　 D. 化学敏感性

3. 根据气体的性质，压缩气体和液化气体的分类有哪些（　　）。

A. 剧毒性 　　　 B. 易燃性 　　　 C. 助燃性 　　　 D. 不燃性

4. 毒性物品的分类（　　）。

A. 有机剧毒品 　　 B. 无机剧毒品 　　 C. 有机有毒品 　　 D. 无机有毒品

5. 腐蚀性物品的分类（　　）。

A. 无机酸性腐蚀物品 　　　　　　 B. 有机酸性腐蚀物品

C. 碱性腐蚀物品 　　　　　　　　 D. 其他腐蚀性物品

三、填空题

1. 化学危险品主要包括 ＿＿＿＿＿ 、 ＿＿＿＿＿ 、 ＿＿＿＿＿ 、 ＿＿＿＿＿ 、 ＿＿＿＿＿ 、 ＿＿＿＿＿ 、 ＿＿＿＿＿ 。

2. 爆炸性物品具有 ＿＿＿＿＿ 、 ＿＿＿＿＿ 、 ＿＿＿＿＿ 等特性。

3. 按照气体性质，压缩气体和液化气体分为 ＿＿＿＿＿ 、 ＿＿＿＿＿ 、 ＿＿＿＿＿ 三大类。

4. 自燃物品按氧化反应速度和危险程度分为 ＿＿＿＿＿ 、 ＿＿＿＿＿ 两大类。

5. 放射性物品的放射线分为 ＿＿＿＿＿ 、 ＿＿＿＿＿ 、 ＿＿＿＿＿ 三种。

四、问答题

1. 如何做好爆炸性物品的库存养护？

2. 为了确保氧化剂的储存安全，在库存储期间必须做好哪些工作？

3. 怎样做好压缩气体和液化气体的入库验收？

4. 自然物品的基本储存条件是什么？

5. 简述遇湿燃烧物品的消防方法？

6. 易燃液体在库存养护中有效降温方法有哪些？

7. 易燃固体库存养护中如何控制其温、湿度？

8. 毒害性物品安全管理应注意哪些事项？

9. 腐蚀性物品对仓库建筑有什么要求？

10. 放射性物品装卸搬运中应注意什么？

第十五章　常用物流设施与设备的养护

知识目标

1. 了解物流设施与设备的发展现状。
2. 熟悉物流设施与设备的种类。
3. 掌握物流设施与设备在日常运行中的保养方法及维护要求。
4. 熟练掌握物流设施与设备生锈机理及预防措施。

技能目标

1. 了解各种物流设施与设备在物流系统中的作用及地位。
2. 熟悉各种设施与设备在物流作业中的规律与特性。
3. 掌握各种设施与设备正常保养和维护技术。
4. 熟练掌握设施与设备常见故障的排除及预防。

引导案例

据相关资料报道，全世界每年生产的钢铁大约有 1/10 因腐蚀而变成铁锈，有 30％的以钢铁为原料的设施与设备因锈腐而损坏。这不仅白白浪费了原材料，还会造成停产、人身安全、环境污染及影响商品市场的供应等。世界上几个经济发达国家的统计数据显示因金属腐蚀造成的直接经济损失约占 GDP 的 2％～4％，数字惊人，损失巨大。

思考：

1. 造成供水管道的跑、冒、滴、漏的主要原因？
2. 分析物流设施与设备的金属表面涂油、镀锌等外貌的机理与作用？

工欲善其事，必先利其器。没有先进的物流设施与设备的支撑，就不可能有高效的现代物流系统。先进的物流设施与设备是现代物流系统的物质技术基础，它是现代物流高效运行，降低物流成本，提高物流服务质量的根本保证。物流设施与设备是完成各项物流活动的工具和手段，应用于现代物流的各个环节，贯穿于整个物流系统。

第一节 物流设施与设备的发展及作用

一、物流设施与设备的构成

物流设施与设备种类繁多，形式多样，根据不同的要求，从不同的角度，大致由以下三部分构成（见图 15－1）。

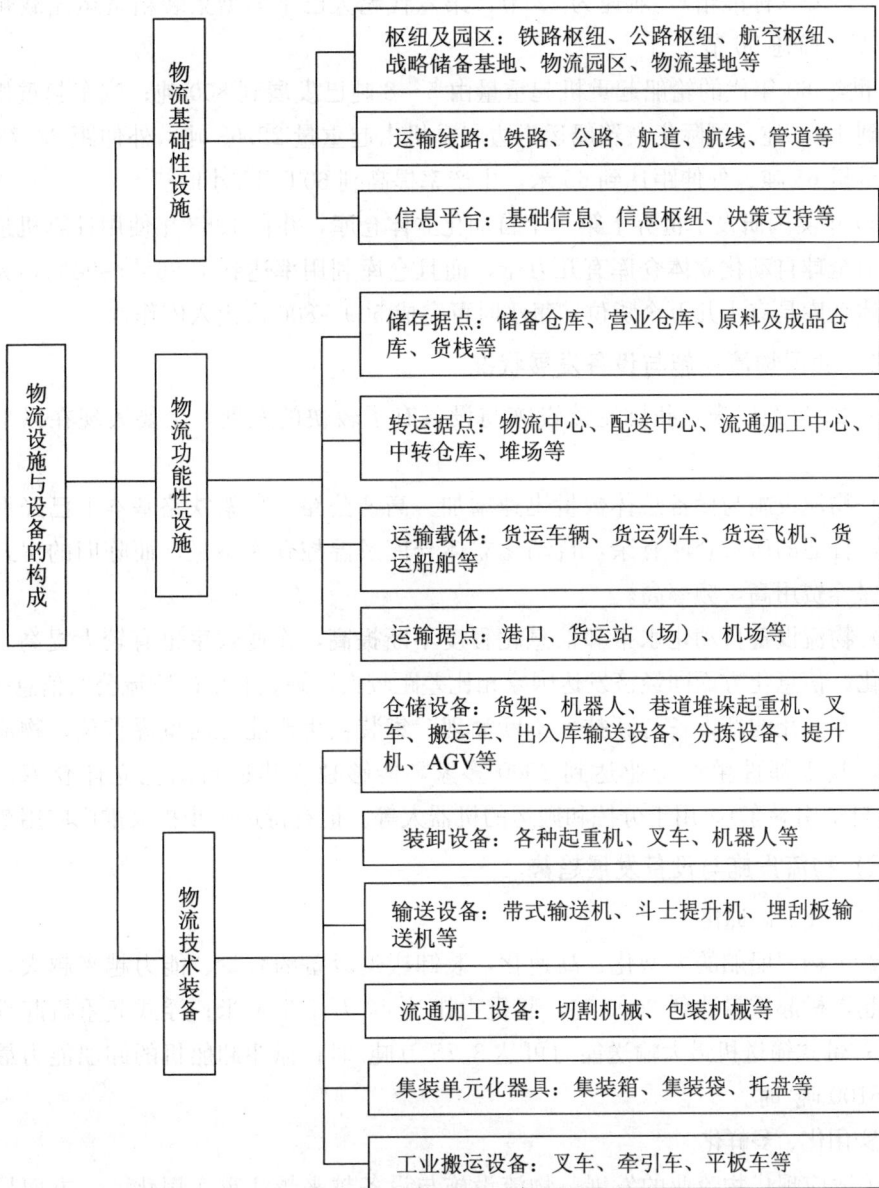

图 15－1 物流设施与设备的构成

二、物流设施与设备发展现状及趋势

随着工业生产、科学技术以及经济的快速发展，作为现代物流业的硬保障——物流设施与设备也得到了相应的发展。

（一）国外物流设施与设备发展状况

20 世纪 50 年代，散货船的载重量在 1 万吨以下，到 1987 年建成最大载重量为 36.5 万吨的散货船。

20 世纪 60 年代末，首次出现了集装箱公路运输，1976 年第一代集装箱运输船载箱为 200TEU（标准箱），航速为 22 节，第六代超大巴拿马型集装箱货运船载箱量达 8700TEU，航速 36 节。

20 世纪 60 年代的轮船起重机起重量由 5～8 吨已发展到 800 吨；汽车起重机的起重量达到 1000 吨。国际集装箱船运岸边起重机由起重量 22.68 吨、外伸距 23.78 米发展到起重量 65 吨、外伸距达到 65 米，生产率提高到 60TEU/小时。

1959 年美国研发了世界上第一个自动化立体仓库，并在 1963 年使用计算机进行管理。目前全球自动化立体仓库有几万个，而且仓库利用率达到了 96％～98％，大型自动化立体仓库具有十几万个货位，每小时可完成 500～800 次出入库作业。

（二）我国物流设施与设备发展状况

进入 21 世纪以来，我国物流设施与设备有了较快的发展，主要表现在以下几个方面。

（1）物流设施与设备总体数量迅速增加。高速公路、高架铁路基本上已经形成网络体系，普通的房式仓库有余，自动化立体仓库及温控仓库不足，而陈旧的房式仓库维修、保养费用高，频率高。

（2）物流设备自动化水平和信息化程度不断提高，作业效率也有较大提高。但是在智能化、信息化方面同经济发达国家相比差距较大，缺乏必要的物流公共信息平台。

（3）专业化的新设备与新技术不断涌现。集装箱生产能力居世界首位，物流设施与设备及其零部件生产企业达到 3000 多家，能够独立建造自动化立体仓库，生产 AGV（自动引导车），用于分拣和搬运的机器人等。但有待进一步扩大推广应用范围。

（三）物流设施与设备发展趋势

1. 大型化、高速化

随着车辆、船舶的大型化、高速化，装卸搬运设备的容量、能力越来越大，例如履带式起重机起重量达到 3000 吨，起重力矩达 40 万千牛·米；浮式起重机起重量达 6500 吨；带式输送机最大输送能力可达 3.75 万吨/时；抓斗卸船机的卸船能力最高为 4200～5100 吨/时。

2. 实用化、多样化

为了适应现代物流业的发展，物流设施与设备越来越注重实用化。一方面尽可能做到提高利用率，确保安全运转，便于养护，减少停运检修时间；另一方面力争做到无（低）废气排放，低噪声，低振动，向绿色物流设施与设备发展。物流设施与设备也向多品种、广阔的服务领域发展。

3. 自动化、智能化

广泛运用电子技术、自动控制技术、人工智能技术、物联网、云计算大数据等实现物流设施与设备自动化、智能化。例如，起重机采用全数据控制及遥控方式；带式输送机采用中央集中控制、远程监控；AGV 由计算机控制自动寻址和载荷交换。自动诊断排除故障；自动化立体仓库普遍采用射频技术，提高信息传输速度及准确性。

4. 系统化、标准化

在实现物流设施与设备自动化作业的基础上，将其组成一个系统通过计算机控制，使它们在作业中有效衔接、协调和高效工作。物流设施和设备采用标准化设计和标准化的作业模式，有利于降低成本，提高运行效率。同时物流设施与设备将向系列化、模块化、成套化的方向发展。

5. 绿色化、节能化

节能化还体现在设施与设备的使用及养护等方面，提高物流设施与设备利用率，有效利用能源，进而减少污染能源的排放。散粒状物料作业时装置通风除尘装置，避免粉尘飞扬。

三、物流设施与设备在现代物流系统中的作用

（一）现代物流系统的物质技术基础

物流设施与设备作为生产要素对于发展现代物流业，强化物流系统能力起到非常重要的作用，同时也是衡量现代物流业现代化水平的重要标识。

（二）现代物流系统的重要资产

物流设施与设备既是科技密集型的生产资料，又是投资较大的重要资产，同时在日常使用过程中还须继续不断投入资金进行养护。

（三）涉及现代物流活动中所有作业环节

在所有的现代物流活动的作业环节中，高效率、低成本运行必须具有高效率的物流设施与设备作为支撑和保障。

（四）提高物流生产率的决定性因素

一个完善的现代物流系统离不开现代水平的先进物流设施与设备。例如，自动化立体仓库的发展和应用，不仅仅做到了节约集约用地，更重要的是提高仓库利用率和库存周转率，有利于应用零库存技术。随着互联网、物联网、云计算等现代科技运用于现代物流系统，必须促进物流向效率化阶段迈进。

第二节　物流设施与设备的养护

一、物流设施与设备的使用管理

物流设施与设备的使用管理是从采购、使用到报废的全过程管理，它包括组织管理、技术管理、安全管理、经济管理等内容。

（一）物流设施与设备使用管理的基本要求

（1）使物流设施与设备始终处在良好的技术状态。合理地组织生产，充分发挥其效能，安全、优质、高效、低耗地完成物流作业并取得最佳的经济效益。

（2）正确使用物流设施与设备，控制其技术状态的变化。延缓其工作能力，特别是在使用过程中受环境、操作方法、持续工作时间、工作量及工作负荷等因素影响，使其应有的功能和技术状态发生变化，通过合理、正确使用物流设施与设备，使这种变化在有效控制范围。

（二）物流设施与设备的正确使用

1. 正确使用物流设施与设备的主要评价指标

（1）效率。在物流作业过程中充分发挥物流设施与设备应具有的作业能力，提高其作业效率。

（2）经济。物流设施与设备在完成一定工作量的作业所需的运行费用最低，运行费用主要包括日常消耗的费用、养护费用、人工操作费用。

（3）故障。在规定的使用寿命内发生的故障率低。制定合理的操作规程及养护制度并严格执行，是降低故障率，保持技术状态完好和延长使用寿命的根本保证。

2. 正确使用物流设施与设备的主要措施

（1）严格按规程操作。对异常情况应采取应急处理措施及异常事故报告制度。

（2）实行岗位责任制。按有关规定作业、交接班、维护保养，班组、部门、企业应对物流设施与设备的正确合理使用承担责任。

（3）严格使用程序管理。建立定人定机、教育培训、操作考核和持证上岗制度。

（4）实行物流设施与设备养护的奖惩制度。

3. 正确使用物流设施与设备注意事项

（1）做好物流设备安装工作。严格安装质量标准及按设备使用说明书要求安装设备，并经试运行验收合格方能投入使用。

（2）根据物流设施与设备的性能和工作环境合理安排其工作量。既要充分发挥物流设施与设备的效能，提高利用率，又要防止过度疲劳和磨损。

（3）强化对使用人员的规范管理，使用人员必须熟知物流设施与设备的性能、操作规程及使用程度。做到懂性能、懂结构、懂原理、懂用途，会使用、会养护、会检查、会修理。

（4）完善物流设备的技术保障体系。例如，能及时提供质量合格的各类油品、配件等日常消耗品，保证物流设备正常运行。

二、仓库及其常用设备的养护

（一）仓库的日常养护工作

（1）仓库管理人员每天定时清洁仓库墙面和地板，定期清理货架和货物表面灰尘。

（2）仓库管理人员每周进行一次大扫除，及时清除废料及废品。

（3）仓库管理人员每月对周边环境进行一次清理及预防害虫的处理。

（4）仓库管理人员及时登记台账和明细账，确保数据准确无误，保证账、物、卡一致；并定期盘点，确保损耗在正常范围之内。

（二）仓库常用设备的养护工作

仓库设备养护好坏直接影响设备的利用率、作业效率和质量。

1. 仓库设备养护的程序

（1）操作人员加强仓库设备的清洁、加油、停放等日常养护工作。

（2）仓库管理人员做好日常巡回检查工作，及时发现问题，解决问题。

（3）对于暂停使用的设备利用篷布遮盖，封堵管口，涂覆防锈层等多种措施进行养护。

2. 仓库设备养护计划

仓库设备养护计划如表 15 - 1 所示。

表 15 - 1　　　　　　　　　　仓库设备养护计划

设备类型		编制：	审核：	批准：
设备编号		日期：	日期：	日期：
养护时间：　　年　　月			负责人：	

	发生时间	异常内容	处理办法	养护人
异常记录				

3. 仓库设备养护具体要求

（1）清洁。设备内外整洁，各滑动面、丝杆、齿条、齿轮箱、油孔等部位无油污、不漏油、不漏气、设备周围无杂物、脏污及垃圾。

（2）整齐。设备停放整齐、工具附件、工件（产品）放置整齐有序，管道、线路有条理。

（3）完好。设备按时加油或换油，使其不断油，无干磨现象，表面油漆明亮，货架摆放齐整，架面畅通，存取货物按照相关规定操作。

（4）安全。操作人员严格遵守操作规程，不超负荷作业，防护装置齐全可靠，及时清除不安全因素。

（三）仓库货架的养护方法

仓库货架的养护方法主要有擦拭、清扫、润滑、油损等作业，维护货架的机械性能和技术状况。

清洁：货架内外机结合处无油污和生锈现象。

整齐：货架各结合处、滚轴润滑良好，货架结构及承载完好。

完好：遵守操作规程，不超负荷使用货架，及时清除不安全因素。

货架日常养护方法如下所述。

（1）用目视检查货架立柱、横梁及层板是否干净整洁，个固定部位是否松动、变形、损坏等，工件结合处是否润滑，有无生锈腐蚀现象。

（2）经常擦拭和清扫，保持货架整洁。

（3）如发现货架超重、变形、损坏或生锈现象，及时调整和处理。

（四）仓库用叉车日常养护工作

1. 手动液压叉车的养护

清除叉车表面油污灰尘，保持外部清洁；检查各部位紧固件，如有松动或缺少，必须紧固配齐；检查液压油是否充足，按规定时间准时加油和注入润滑油。手动液压叉车日常养护应注意以下事项。

（1）清洗叉车上的污垢、泥土和垢埃。

（2）检查各部位的紧固情况。

（3）检查转向器的可靠性和灵活性。

（4）检查制动踏板、微动踏板、离合器踏板等。

2. 电动叉车日常养护工作

（1）检查液压管接头是否牢固，蓄电池及制动系统是否有异常现象。

（2）检查轮胎有无破损，胎压是否正常，轮钢有无变形，螺丝是否松动。

（3）检查蓄电池电解液比重，两级接线是否松动或破损。电池箱内是否有积水等。

（4）定期清洁直流电机内部灰尘，检查碳刷和弹簧是否合格。

3. 仓库用叉车日常养护计划表

手动液压叉车日常养护计划表如表15-2所示。

表 15 - 2　　　　　　　　　　　　**手动液压叉车日常养护计划**

序号	养护内容	标准	1	2	3	4	5	……	29	30	31	备注
1	整机内外卫生	干净、整洁										
2	液压系统是否正常	无漏油、正常										
3	润滑油是否充足	充足										
4	操作手柄灵敏度	灵活										
5	各挡位切换正常	无异响										
6	各部位螺丝情况	牢固										
7	有无锈蚀	光洁										

注：状态栏正常打"√"，有问题打"×"，并将问题报告给班长。

电动叉车日常点检表如表 15 - 3 所示。

表 15 - 3　　　　　　　　　　　　**电动叉车日常点检**

电动叉车日常点检表		编制：		审核：			批准：		
		日期：		日期：			日期：		
目的		为了叉车高效运行，出现异常及时发现并排除							
定义		每日使用叉车前进行必要的检查							
适用范围		×××××××× ××××公司		点检日期			点检者		

序号	点检项目	基准	方法	周期	1	2	3	4	5	……	29	30	31
1	5S	表面无尘土，内部无油污	目测	1次/日									
2	充电器	各指示灯正常	目视	1次/日									
3	灯光	无异常	目视	1次/日									
4	仪表盘	正常，无损坏	目视	1次/日									
5	挡位手柄	正常	目视	1次/日									
6	紧固装置	无松动	目视	1次/日									
7	绕车检查	胎压、螺栓、管路无异常	目视	1次/日									
8	手刹、脚刹	操作正常	试车	1次/日									
9	电解液	处于电瓶 3/4 以上	目视	1次/日									

续　表

判定	良好○，异常×，休息△	点检者签名							
		确认者签名							
异常记录	发生时间	异常内容			处置方法				

（五）集装器具的日常养护

集装器具主要指集装箱、集装袋、托盘等集装单元化所采用的包装器具。维修人员应对其进行日常检查，建立日常巡回制度。外协维修单位应根据协议规定制订合理的养护计划，严格按照计划进行日常养护。

仓储管理人员每天对集装器具要进行养护，班后、周末、节假日前要对集装器具进行大清扫及擦洗。发现隐患及时排除；发现故障应及时报告维修部门，由维修人员进行处理。

集装器具连续使用3个月，由维修部门负责对其进行清洗和检查，调整配合间隙和紧固零部件，处理日常养护无法处理的故障及隐患。之后，由维修部门及其主管进行验收，填写养护记录，确保集装器具始终保持整齐、清洁、润滑、安全、经济运行。

维修部门对集装器具重要部位进行日常巡查及定期检点，并做好记录。

（六）输送设备日常养护工作

输送设日常养护工作主要是按时检查相关内容，并做好记录，发现问题及时维修。

（1）每天检查输送带是否松动，输送胶带或钢板是否异常，出现异常及时停机调整；检查上下托辊是否齐全，转动是否灵活；检查各零部件是否齐全，螺栓是否紧固、可靠；检查减速器、联轴器、电动机及滚筒的温、湿度是否正常，有无异响。

（2）定时检查各安装保护装置；检查减速器和液力耦合器是否有泄漏现象，油位是否正常；检查传动链轮与链条的吻合度，及时调整链条张紧程度，并给链条添加润滑油。

（3）每月一次用气枪吹去控制箱内灰尘，以防灰尘积厚发生故障。

（4）认真填写输送设备检查和养护记录。由设备维修部门根据不同类型的输送设备特性编制定期检查记录表。

三、输送管道设备的养护

管道运输的流体主要是石油、自来水等液体，天然气等气体，粮食、水泥等颗粒状和粉状物料以及固体煤等。输送管道线路设施是管道运输的主体，因此输送管道的养护是管道运输中的主要作业内容。

（一）输送管道的防腐技术

由于输送大多深埋于地下，给日常养护带来一定困难，特别是管道及储罐一类的设施一旦被腐蚀，会出现穿孔、崩裂等故障，不仅流体跑漏造成损失、污染及材料、人力的浪费，还会引发火灾和爆炸。因此，下埋输送管道需采取以下防腐技术。

（1）选用耐磨的聚氯乙烯管或含钼和含钛的合金钢管等。

（2）在输送或储存流体中加入缓蚀剂抑制或缓解管道内壁腐蚀。

（3）采用内外壁绝缘层，将钢管与腐蚀介质隔离。

（4）采用阴极保护法。由于阴极保护法费用较高，目前国内外普遍采用防腐绝缘层加阴极保护法的综合措施，经济可靠。

（二）输送管道清洗技术

管道运输的油、气、水等中含有各种盐类、杂质、硫化物等，长期运行管道内会有结垢、被腐蚀，需要进行清洗和修复。目前管道清洗技术有物理清洗法、化学清洗法、物理和化学结合清洗法。

1. 物理清洗法

物理清洗法有高压水射流清洗、机械法清洗、喷砂清洗、电子跟踪式清洗、爆炸清洗等方法。

2. 化学清洗法

化学清洗法一般用于金属管道、不锈钢管道和管道脱脂。它是向管道内投入含有化学试剂的清洗液，与污垢发生化学反应，然后用水冲洗或用蒸汽吹洗干净。

3. 物理和化学结合清洗法

物理方法清洗输送管道难以达到理想效果，化学方法清洗输送管道降低管道寿命，清洗成本高，两种方法结合已成为发展趋势，这种复合清洗法可获得最佳清洗效果。

第三节　案例分析

河南省某煤炭物流企业主要从事煤炭采购、集货、储存、流通加工、煤炭运输等物流活动。其中 NO.6 托辊式胶带输送机主要用于流通加工车间的配煤输送、该输送机长度 500 米、带宽 1 米、输送量为 500 吨/时。为了更好地养护该输送机，特编制了定期检修记录表（见表 15-4）。

表 15－4　　　　　河南×××煤炭物流中心胶带输送机定期检修记录

位置：流通加工车间	编号：NO.6	用途：配煤输送
安装时间：　年　月	大修时间：　年　　月	连续工作时间：　　时

检修期间	检修内容	状态	问题	处理意见	处理结果	检查人签名	维修人签名
日检	制动装置、护栏、过桥、托辊、直滚、三连滚、机架的完整与可靠；防滑、堆煤、跑偏、急停、撕裂、自动洒水、防逆转、断带、温度						
周检	驱动轮、导向轮、各减速箱、机尾转载处、机头溜煤筒、张紧装置、分绳装置。主电机、变频器、滤波器、主变压器的接线、电控、动力系统						
月检	紧固接头螺栓及绳轮、过渡轮、导向轮、驱动轮、胶带轮、张紧车、滚筒的检查及注油；快速开关、换向器、机道内脱槽保护、限位保护、急停保护、机头及机尾报警系统、给煤机开关接线盒、信号灯、机头及机尾信号保护						
季检	主减速制动器、油缸、压簧、拉杆及闸瓦闸皮各轴销；主电机、调压器、绝缘测定、高压接触器、脱槽紧急停车保护开关、主电机换碳刷						
年检	驱动轮及导向轮的绳衬更换、紧固螺栓、主减速器、更换润滑油、稀油站油箱、油泵阀、滤清器、清理油箱、齿轮联轴器换油、主减速器制动器的解体检查、绳轮注油、给煤机、溜煤筒、主电机抽芯、摇测、刮槽、吹尘、换碳刷、轴瓦刮研、变压器油质						

注：①每次检修都应检查机架、滚轮等金属部件的锈腐情况和有无脱漆现象。

②状态栏：正常打"√"，有问题打"×"。

③检查人、维修人签名后须在本人名字下方写明日期。

分析：

1. 请同学们 2～3 人一组，就学校实训中心、学校物资仓库或实习企业的某一设备，根据设备使用说明书并请教有关设备养护和使用人员，参照表 15 - 4 编制设备定期检修表。

2. 在年度检修中发现胶带张紧装置与机架连接处由于煤尘积厚，出现大面积锈腐和脱漆现象，根据商品养护中的防锈技术，检查人员应做出什么样的处理意见，维修人员应该如何处理？

第四节　实习实训指导

一、实训目标

通过实训能够将理论与实践相结合，在现实环境中了解物流设备的类型、使用及养护状况，同时培养调查资料的收集、整理和分析能力。

二、实训内容与要求

（一）实训内容

1. 参观当地的物流企业，了解物流设备的种类。

2. 对物流设备使用及养护状况进行分析。

3. 对物流设备状况提出建议。

（二）实训要求

根据具体情况，选择一定代表性的仓储企业完成调查分析工作，最后形成调查报告。

三、成果检验

小组	设计构想（35%）	设计效果（25%）	报告表述（25%）	分工合作情况（15%）	总分
1					
2					
3					
4					
5					
6					

复习思考题

一、填空题

1. 物流设施与设备根据不同需求大致由 ＿＿＿＿＿＿、＿＿＿＿＿＿、＿＿＿＿＿＿三部分构成。

2. 物流基础设施是指＿＿＿＿＿＿、＿＿＿＿＿＿、＿＿＿＿＿＿。

3. 物流功能设施是指＿＿＿＿＿＿、＿＿＿＿＿＿、＿＿＿＿＿＿。

4. 物流技术装备是指＿＿＿＿＿、＿＿＿＿＿、＿＿＿＿＿、＿＿＿＿＿。

5. 物流设施与设备发展趋势是＿＿＿＿＿、＿＿＿＿＿；＿＿＿＿＿、＿＿＿＿＿；＿＿＿＿＿、＿＿＿＿＿；＿＿＿＿＿、＿＿＿＿＿；＿＿＿＿＿、＿＿＿＿＿；＿＿＿＿＿、＿＿＿＿＿。

6. 正确使用物流设施与设备的评价指标体系有＿＿＿＿＿、＿＿＿＿＿、＿＿＿＿＿三方面组成。

7. 仓库设备养护过程中在＿＿＿＿＿＿、＿＿＿＿＿＿、＿＿＿＿＿＿、＿＿＿＿＿＿四个方面提出了具体的要求。

8. 集装器具主要指集装单元化所采用的物流包装器具，＿＿＿＿＿＿、＿＿＿＿＿＿、是具有代表性的、国际上普遍使用的器具。

9. 输送管道清洗的方法有＿＿＿＿＿＿、＿＿＿＿＿＿、＿＿＿＿＿＿。

二、选择题

1. 物流信息平台是（　　）。

A. 物流基础性设备　　　　　　　　B. 物流功能性设备

C. 物流技术装备　　　　　　　　　D. 现代物流设备

2. 配送中心是属于（　　）。

A. 储存据点　　　　　　　　　　　B. 转运据点

C. 运输载体　　　　　　　　　　　D. 运输据点

3. 叉车是属（　　）设备。

A. 仓储　　　　　　　　　　　　　B. 装卸

C. 搬运　　　　　　　　　　　　　D. 集装单元化器具

4. 科学合理地使用物流设施与设备主要是为了（　　）地完成物流作业。

A. 安全　　　　　　　　　　　　　B. 优质

C. 高效　　　　　　　　　　　　　D. 低耗

5. 集装器具连续使用（　　）由维修部门负责对其进行清洗。

A. 一个月　　　　　B. 三个月　　　　　C. 一周　　　　　D. 一年

6. 输送管道采用喷砂清洗法清除管道内的污垢，这种方法属于（　　）。

A. 物理清洗法　　　　　　　　　　B. 化学清洗法

C. 物理和化学结合法　　　　　　　D. 气体

三、简答题

1. 物流设施与设备在现代物流系统中的主要作用是什么？
2. 科学合理使用物流设施与设备的基本要求是什么？
3. 正确使用物流设施与设备主要措施有哪些？
4. 仓库设备养护程序是什么？
5. 如何做好手动叉车和电动叉车的日常养护工作？
6. 怎样搞好输送设备的养护工作？
7. 输送管道防腐技术有哪些？
8. 为什么说输送管道采用物流和化学复合清洗方法是发展趋势？

参考文献

［1］高伟. 商品条码监督检查应注意的问题［C］//标准化改革与发展之机遇——第十二届中国标准化论坛，2015.

［2］连鑫. 我国食品追溯体系标准化的现状与发展［C］//标准化改革与发展之机遇——第十二届中国标准化论坛，2015.

［3］蒋琪. 低碳包装的发展现状与实现方式解析［C］//科学发展惠及民生——天津市社会科学界第八届学术年会，2012.

［4］张甲习. 发展商品绿色包装的对策研究［C］//商品学发展与教育高级论坛——暨中国商品学会第十二届学术研讨会，2009.

［5］杨静，穆存远. 产品的过度包装与环保. 促进自主创新，应对金融危机，确保振兴发展——第六届沈阳科学学术年会，2009.

［6］张剑芳，黄晓英，苏家振. 商品养护技术［M］. 北京：中国石化出版社，2008.

［7］窦志铭. 物流商品养护技术［M］. 北京：人民交通出版社，2001.

［8］朱江. 商品养护［M］. 郑州：河南科学技术出版社，2009.

［9］孙彦东. 物流商品的养护技术［M］. 北京：知识产权出版社，2006.

［10］王海刚，杨玮. 商品学［M］. 北京：北京大学出版社，2013.

［11］陈锦权. 食品物流学［M］. 北京：中国轻工业出版社，2007.

［12］刘建学. 食品保藏学［M］. 北京：中国轻工业出版社，2008.

［13］刘永华. 食品贮藏保鲜［M］. 北京：中国计量出版社，2006.

［14］邓舜扬. 食品保鲜技术［M］. 北京：中国轻工业出版社，2007.

［15］刘北林. 食品保鲜与冷藏链［M］. 北京：化学工业出版社，2004.

［16］苏东海，苏东民. 面包生产工艺与配方［M］. 北京：化学工业出版社，2008.

［17］曾洁，刘骞. 酱卤食品生产工艺和配方［M］. 北京：化学工业出版社，2014.

［18］严泽湘. 禽蛋食品加工技术［M］. 北京：化学工业出版社，2014.

［19］曾洁，刘骞. 腌腊肉制品生产［M］. 北京：化学工业出版社，2014.

［20］孙宏岭，等. 物流包装实务［M］. 北京：中国财富出版社，2014.

［21］田丽，等. 商品学基础［M］. 北京：中国轻工业出版社，2014.

［22］郭奕崇. 物流用发泡包装材料无害化生产过程数据采集方案探讨［J］. 物流技术，2011（10）：73－75.

［23］杨力敏．国内物流仓储机械智能化状况及发展趋势［J］．物流技术，2012
（9）：18-20．

［24］宣以刚．矿山设备的采购管理［J］．中国物流与采购，2005（6）：60-61．

［25］李燕东，等．物流商品养护技术［M］．北京：北京大学出版社，2013．

［26］徐辉增，等．物流设施与设备［M］．北京：中国财富出版社，2014．

［27］孙宏岭，周行．物联网在我国猪肉供应链管理中的应用研究［J］．中国畜牧
杂志，2010（8）：18-21．

［28］汪永太．商品检验与养护［M］．大连：东北财经大学出版社，2012．

［29］杨登想．商品养护技术［M］．北京：化学工业出版社，2009．

［30］齐成．浅谈防霉腐包装［N］．中国包装报，2008-06-16．

［31］郭建波．出口农副产品仓储昆虫检疫调查及白腹皮蠹生态学特性研究［D］．
扬州：扬州大学，2005．

［32］丁苏华．建筑密封材料的老化试验与耐久性研究［D］．郑州：郑州大
学，2006．